广视角·全方位·多品种

权威·前沿·原创

区域蓝皮书

BLUE BOOK
OF CHINA'S REGIONAL DEVELOPMENT

中国区域经济发展报告
（2010~2011）

主　编／戚本超　景体华
副主编／王　振　游霭琼　魏书华

ANNUAL REPORT ON CHINA'S REGIONAL ECONOMY
(2010-2011)

社会科学文献出版社
SOCIAL SCIENCES ACADEMIC PRESS (CHINA)

法 律 声 明

　　"皮书系列"（含蓝皮书、绿皮书、黄皮书）为社会科学文献出版社按年份出版的品牌图书。社会科学文献出版社拥有该系列图书的专有出版权和网络传播权，其LOGO（▧）与"经济蓝皮书"、"社会蓝皮书"等皮书名称已在中华人民共和国工商行政管理总局商标局登记注册，社会科学文献出版社合法拥有其商标专用权，任何复制、模仿或以其他方式侵害（▧）和"经济蓝皮书"、"社会蓝皮书"等皮书名称商标专有权及其外观设计的行为均属于侵权行为，社会科学文献出版社将采取法律手段追究其法律责任，维护合法权益。

　　欢迎社会各界人士对侵犯社会科学文献出版社上述权利的违法行为进行举报。电话：010－59367121。

社会科学文献出版社

法律顾问：北京市大成律师事务所

摘　要

在经历了最为复杂的 2010 年之后，我国经济信步踏入"十二五"开局之年。"十一五"是我国经济发展战略思路的转换期。在这一关键的历史拐点上，区域经济作为变革的空间横轴，发展的重点布局从东部沿海迅速推向全国不同地区，形成领跑与后续团队衔接有序的动态梯队。这是我国区域经济向前推进的一个重要里程碑。同时，为经济发展方式转型铺下了第一块基石。

"十二五"将是转型的攻坚时期。从 2010 年各区域的谋划来看，以下思路显示了未来的走向：

第一，在世界经济结构进入调整期的大环境中，我国各区域以及城市群的集聚发展都以全球化为参照，界定自己的角色。

第二，在全国主体功能区规划编制的同时，与主体功能区规划相衔接，多个重点区域的空间规划启动。从已获批的 10 多个规划实施过程来看，各地十分重视其科学性、可持续性，生态环境保护通过具体支持措施逐步到位，正在成为重中之重。

第三，各区域在转变发展方式上，以功能区定位为基础，注重比较优势，力求建立具有本地区特色的产业分工体系。这种错位互补发展，有利于全国的产业合理布局，将促成以现代农业为基础、先进制造业为主体、生产性服务业为支撑的产业协调发展新格局。

第四，各区域十分重视城乡统筹发展，除了成渝的先行先试，东部的江苏苏州、浙江嘉兴等地也在实践中进行大胆探索。"先行先试"的探索包容不同，不同有利于"更上一层楼"。

第五，各区域开始重视跨行政区的经济圈和城市群的发展态势，意味着区域发展将在资源要素优化配置、规范空间开发秩序和协调发展方面登上一个全新的阶梯。

Abstract

Experienced the most complex in 2010, Chinese Economy walks into the first year of "Twelfth-Five". "Eleventh Five-Year" is the transition period of China's economic development. In this crucial historical turning point, regional economy as the changes of space horizontal axis, the focus of the layout of the development will be from the east coast to different parts of the country quickly to form a team leader and follow the dynamic convergence of echelon order. This is an important milestone of our regional economy to move forward. Meanwhile, it lays the first stone for the transformation of economic development.

"Twelfth-Five" will be crucial transition period. From the planning of different regions point of view, the following lines show the trend of the future:

First, under the background of world economic structure in the period of djustment, our group of regional and urban development is to gather the light of globalization, to define their own roles.

Second, the main functional areas in the country while planning, planning with the main functional areas of convergence, a number of key areas of spatial planning to start. More than 10 have been approved from the planning and implementation process, the country attached great importance to the scientific, sustainable, ecological and environmental protection through specific support measures to gradually put in place, is becoming a top priority.

Third, the development of the regional changes in different areas based on localizing functional areas, focusing on comparative advantage, and strive to establish industrial division system with the regional characteristics. This dislocation complementary development is conducive to rational distribution of the country's industry, and will lead to a new pattern of the coordinated development of modern agriculture of the basis, advanced manufacturing as the main and producing services industries as the support.

Fourth, the regions attache great importance to urban and rural development, in addition to the pilot Chengdu and Chongqing, Suzhou, Jiangsu Province, Jiaxing of Zhejiang and other places in the eastern area are also in a bold exploration in practice. The content of exploring of "Pilot" is different, and this difference benefits to go to "higher level".

Fifth, the regions began to take seriously of the cross-administrative group circle and urban development trend. It means that regional development will be in a new boarding ladder in the optimal allocation of resources, standardizing the order of space development and coordination of development.

目 录

B Ⅳ 长三角区域

B Ⅴ 珠三角与南部沿海

B Ⅵ 中西部及东北地区

B Ⅶ　区域经济发展大事记

皮书数据库阅读**使用指南**

CONTENTS

B IV　The Yangzi River Delta

B V　The Pearl River Delta and Southern Coast

B VI   Mid–Western and the Northeast Region

B VII   Chronicle Events of Regional Economic Development in 2010

前　言

在经历了最为复杂的 2010 年之后，我国经济从"十一五"信步踏入"十二五"开局之年。本书通过对过去及未来五年的回顾与展望，解析在这一关键历史时期，我国空间区域发展的转向与跨跃。

"十一五"是我国经济发展战略思路的转换期。前三年，我国的对外依存度出现了新中国成立以来的高峰值，达到 60% 以上的水平，成了真正的"世界工场"。然而，这种依赖低成本人力、"高投入、高消耗、高污染"的增长模式，也给前进道路上设下了不可逾越的层层路障。在 2008～2009 年国际有史以来最深刻的金融危机中，我们抓住了这场危机给传统增长方式布下的难以生存的危局，"危"中求"机"，以科学发展观为指导，做出了转变发展方式的重大抉择。这是决定中国现代化命运的又一次艰难转型。在这一关键历史拐点上，区域经济作为变革的空间横轴，五年完成了从局部率先发展到区域统筹协调这一重大战略转身。发展的重点布局从东部沿海迅速推向全国不同地区，形成领跑与后续团队衔接有序的动态梯队。这是我国区域经济向前推进的一个重要里程碑。

"十一五"是我国经济发展战略思路的转换期，同时也是不同区域根据主体功能区规划，按照本地实际，丰富新思路主线条和具体实践路径的形成期。发展差异很大的区域如何在快速发展中迅速转轨，如何在科学发展观的指导下成为活跃的"增长极"，区域作为转型的空间实现，各自根据本地区的实际选择了不同的着力点，开始了转型多元路径的鲜活的变革探索。

一是东部在率先发展的模式上开始了根本性的大转型：战略性新兴产业的培育步伐加快；同时，为制造业升级和战略性新兴产业发展配套服务的生产性服务，以信息和知识密集型服务业作为发展重点，迅速扩展，经济结构服务化率先推进；为此，以深度改革开放促整体转型成了必然选择，虽然艰难，但"柳暗花明又一村"已经依稀可见。

二是西部在区域统筹发展政策的指引下，明晰主体功能，根据自身优势，积

极承载东部产业转移，形成特色产业；并在城乡统筹，建立"两型社会"上信步进入深化改革开放的前沿，成为对我国未来发展有重大影响的政策先行试验区。可以说，西部在经济与社会改革的深化配套上，正在探索一条独具特点的转型之路。

三是东北老工业基地，以深化国有企业改革，健全现代企业制度，完成了向市场经济的转轨，改变了国有经济比重偏高，所有制结构较为单一，产业结构调整缓慢，企业设备和技术老化，经济发展活力不足等一系列问题，走上了一条快速改变面貌的发展之路。在我国社会主义市场经济体系形成和完善进程中，东北老工业基地的振兴是浓墨重彩的一笔。

四是以粮食主产区为特点的中部区域崛起之路。以中原经济区为代表，总结十几年奋斗历程，今后的发展理念已经清晰：在加快推进工业化、城镇化的过程中，建立健全工业反哺农业、城市支持农村、稳步推进农业现代化的长效机制。在实践中探索走出一条不以牺牲农业和粮食、资源和环境为代价的"三化"协调发展路子，破解中国改革与发展中的难题，为全国粮食主产区科学发展积累经验，提供示范。

"十二五"将是我国工业现代化、农业现代化、城镇化的加速发展期。中原经济区不但是我国最重要的农业区和粮食主产区，担负着维护国家粮食安全的重任，同时也是我国人口密度最高，二元经济结构十分突出地区。其发展思路不仅有非同一般的意义，它的稳定发展也将是全局稳定的一着重棋。

五是资源大省的转型之路。2006年，12个城市被国务院定为首批资源枯竭型城市。2010年12月，山西省正式被定为"国家资源型经济转型综合配套改革试验区"。理性告诫我们，传统产业60年的发展，已经到了一个不进则衰的大调整的关口，而资源性城市或地区则是这种转型的风口浪尖，是一种"死而后生"的艰难历程，不可能一蹴而就。山西资源大省的"变脸"将是"十二五"的期待。

各区域因地制宜的路径选择丰富了转型的主线条。但是，条条路径，千里归一。以下四点综合性的变化值得关注：一是经济增长的驱动力布局发生着根本性的变化，从东部带动转向东、中、西部共同推动。二是驱动力本身结构的优化，即从主要依靠出口、投资拉动，转向消费、投资、出口的均衡、协调推动。三是在全球经济寒风中各区域从不同的切入点全面加大科技创新的实施力度，以此为主轴加快结构调整、升级，踏实地迈出了经济转型的步伐。四是制度改革指向经济、社会综合配套，全面破冰、深化，为以上艰难的大幅度调整、转型开辟道路、保驾护航。不同区域走出了不同的实现路径，互补互促，整体提升。

"十二五"将承接"十一五"的战略转向。从改革顶层设计和长远设想来看，稳定物价、产业转型，着力民生改革，将成为转型的三大支柱。以下四方面，既是攻坚难点，也是突破点。

1. 区域统筹协调发展将从寻求缩小速度差，转向以功能区定位为基础，产业合理布局、生产要素有序流动、错位互补发展的协调之路。

2. 拆解发展中国家在创新和产业转型孕育期所遇到的多重栅栏，为重点领域和关键环节实现战略性突破、抢占未来发展战略制高点，打基础、蓄力量、重点突进。

3. 积极稳妥推进城镇化。

4. 尽快完善我国的支持、保护农业政策体系，将是"十二五"各区域推进"三化"中的一项重要任务。

对以上转型难题的攻坚，将构成未来五年区域统筹发展的主框图。

2011 年 1 月 27 日

总 报 告
General Report

B.1

回顾 "十一五" 展望 "十二五"
——我国区域经济发展走势的评析与展望

北京市社会科学院区域经济研究课题组*

　　"十一五"是我国加入 WTO 后，在世界经济的跌宕中定力转向的五年。前三年，我国的对外依存度出现了新中国成立以来的高峰值，达到 60% 以上的水平，成了真正的"世界工场"。然而这种依赖低成本人力、"高投入、高消耗、高污染"的增长模式，也给前进道路上埋下了不可逾越的层层路障。在 2008 ~ 2009 年国际有史以来最深刻的金融危机中，我们抓住了这场危机给传统增长方式布下的难以生存的危局，"危"中求"机"，以科学发展观为指导，做出了转变发展方式的重大抉择。从"制造大国"转向"制造强国"，这是决定中国现代化命运的又一次艰难转型。发展方式的变革意味着改革开放的全面深化；工业化

---

　　* 北京市社会科学院区域经济研究课题组成员：景体华、魏书华、杨维凤等；报告执笔人：景体华、魏书华。景体华，北京市社会科学院研究员，主要研究方向为首都经济、区域经济；魏书华，北京市社会科学院副研究员，主要研究方向为城市经济、区域经济；杨维凤，北京市社会科学院助理研究员，博士，主要研究方向为区域经济。

模式大幅度转型;农业现代化加速;城镇化步伐加快。在这几大变革的交点上,区域经济作为变革的空间横轴,以区域统筹发展为主线,亮点频出,为"十二五"发展方式大幅度转型,铺下了第一块稳固的基石。

一 回顾"十一五"看2010年我国区域经济的谋变

(一)"十一五"发展战略思路的转换

"十一五"是我国经济发展战略思路的转换期,同时也是新思路主线条和实践路径的形成期。

改革开放20多年以来,以深圳等经济特区为基础,浦东开发为引导,珠三角、长三角迅速跃升为中国经济最活跃的"两极"。但是步入21世纪,无论是长三角还是珠三角,再按照原来的成长轨道走下去,如何解决快速发展中已经显露出的不平衡、不协调、不可持续问题,如何应对外部复杂环境的挑战,已经显出难以应对的疲态,调整发展方式的"变轨"之势急切地摆在我们面前。

1978年以来的大变革,没有铺就的路,我们是"摸着石头过河"走过来的。2003年提出科学发展观,开始了对粗放式的传统发展之路回首反思。2005年10月,十六届五中全会关于《中共中央关于制定国民经济和社会发展第十一个五年规划的建议》明确指出:依靠物质资源投入量增加实现的"传统增长方式"已经不能适应未来的发展,并提出了建立节约型、环境友好型社会的目标。在这一思路主导下,2006年3月,全国人大十届四次会议审议通过《关于国民经济和社会发展的第十一个五年规划》,增长方式的转变落实到具体实现目标,即:在优化结构、提高效益和降低消耗的基础上,经济年均增长7.5%;到2010年实现人均国内生产总值比2000年翻一番;资源利用效率显著提高,单位国内生产总值能源消耗比"十五"期末降低20%左右。其中,"提高自主创新能力",被提上首要位置。

2007年10月党的十七大以科学发展观为核心,更加明确指出:加快转变经济发展方式,是关系国民经济全局紧迫而重大的战略任务。自此,既定的"经济增长方式"转型,提高到一个新的战略层次——"经济发展方式"转型。

为此,"十一五"明确了以下四条主线:一是加强区域统筹发展的协调性;

二是产业结构调整、升级；三是深化改革开放，从以出口导向为主的外向型经济，转向内需为主的开放型经济；四是民生为主导的社会目标成为转型的标志性战略目标之一。这四大指向决定了从增长方式转型到发展方式转型的目标与途径。

在"变轨"的实际运作中，区域经济是一组以空间为基底的实践主体。变革离不开实现空间。新发展战略的路径实现，需要不同区域按照本地实际一步一步地走出来。鲜活的变革探索，同时也是主线条的实践与完善过程。发展差异很大的区域如何在快速发展中迅速转轨，如何在科学发展观的指导下成为活跃的"增长极"，是"十一五"区域经济发展的着力点。就此，区域发展进入了一个大的变化期。

（二）"十一五"区域经济的布局与发展主线条

"十一五"期间，区域经济的发展如何实践上述战略思路的转换？可以概括为以下几个方面：

1. 从重点区域率先发展到区域统筹发展

面对国内外大环境变化，区域统筹发展在"十一五"实现了一个阶段性的大跨度提升。

（1）里程碑——领跑与后续团队跟上的动态布局

20世纪80年代，为了适应改革开放的需要，我国实行了"特区""摸石头过河"的非均衡发展战略，东部沿海地区得以率先发展。进入90年代以后，沿海地区与内陆地区之间发展差距扩大问题日益受到各方面的广泛关注。东部如何发挥领跑作用，后续团队如何跟上？区域统筹发展提上议程。但是，打破原有发展定式，形成新战略，需要一个孕育过程。以科学发展观为核心，从理论、战略思路到政策出台，"十一五"的五年，完成了从局部率先发展到区域统筹协调这一重大战略转身。发展的重点布局从东部沿海迅速推向全国不同地区，形成领跑与后续团队衔接有序的动态梯队。这是我国区域经济向前推进的一个重要里程碑。

（2）科学规范空间开发秩序

科学规范空间开发秩序是从局部率先扩展到区域统筹协调的重要基础性工作，是区域科学统筹的导向标，同时也是调整结构、转变发展方式的空间基本

框图。

编制全国主体功能区规划，是"十一五"的一项重大举措。从 2007 年 7 月国务院发布了《关于编制全国主体功能区规划的意见》，到 2010 年 6 月 12 日，国务院常务会议审议并原则通过《全国主体功能区规划》，历经三年。该规划根据不同区域资源环境承载能力，将国土空间划分为优化开发、重点开发、限制开发和禁止开发四类主体功能区。科学地确定开发与保护的边界，规范区域的空间开发秩序，形成合理的空间开发结构，为实现人口、经济、资源环境和城乡、区域协调发展，以及今后的政策和绩效评价奠定了基础。主体功能区规划是科学的约束性规划。这是在区域发展中贯彻落实科学发展观，提高宏观调控水平的重要保证。①

从区域的角度看，这仍然是一个非均衡发展战略。但是已经以科学发展观为支撑，完成了一个螺旋式地上升：即在明确不同区域主体功能基础上，寻求东中西各区域的功能互补与互动，跨上整体发展的新水平。各区域不同主体功能的科学组合，构成了系统整体活力。每一个区域的主体功能对于整体的发展来说都有不可替代的地位和作用。科学性与整体性相统一，突破了区域孤立发展的模式，注入了系统工程的理念，为区域发展方式转型奠定了科学基础。

各区域响应迅速，省级主体功能区规划正在修订、完善中。2010 年 9 月，《广东省主体功能区规划（2010～2020 年）》正式上报国家发改委②。通过各地区对实施路径积极地探索，主体功能区正在从规划蓝图迅速走向操作实践。这个"螺旋式地上升"对发展落差最大的西部地区的影响显而易见。我国 22 个限制开发地区，西部地区占 17 个，包括三江源、四川若尔盖湿地、甘南黄河重要水源补给区等，这些地区在保障我国生态安全方面具有特殊的地位和作用，是其他地区无法替代的。如何正确处理好生态建设、环境保护、资源节约与经济社会发展的关系，西部地区大胆实践，正在走出一条自己的路。

然而，要确保主体功能区规划在各区域的实践中落地，成为区域建设与发展方式转型的稳定基石，还需要一系列配套的财政政策和生态补偿机制等法律法

① 《国务院审议并原则通过全国主体功能区规划》，2010 年 6 月 12 日中国政府网。

② 陈韩晖、吴哲：《区域协调发展不是拉近 GDP 而是生活水平》，2010 年 11 月 10 日《南方日报》。

规、政策支持。

（3）在抗危机中区域规划全面启动

虽然实施西部大开发（2000年10月）与东北老工业基地振兴战略（2003年10月），在"十五"期间就提出并开始逐步实施，但是区域发展从点到面的大跨度转向，却是在"十一五"期间进行的。特别引人瞩目的是，在金融风暴肆虐的情势下，配合一揽子抗危机方案，从2009年到2010年3月，相继批复了11个区域规划和两个地区发展的《意见》①。这一系列的区域规划、意见，出台速度与密度是空前的。此举措与经济刺激方案形成支撑性互补，取得了双突破的效果：一方面，一揽子经济刺激计划将资金重点投向了最需要的地方，解决了发展落差较大的中西部地区的基础设施和民生保障资金短缺；另一方面，通过将中西部重点区域跃升至国家战略层面，从政策上再给这些区域迅速改变发展弱势创造独特的发展机遇。可以看到，在抗危机中我们以最小风险、最快的速度从倚重东部沿海大幅度转向了区域统筹布局、协调发展之路。

实践的结果令人瞩目：进入"十一五"以来，中国区域经济增长格局出现了新的变化。地区生产总值、全社会固定资产投资、社会消费品零售总额、出口以及实际利用外资等主要经济指标均显示，经济增长高地形成从东、南沿海向北部沿海和从东部向中、西部和东北地区转移两大趋势。在东、南沿海地区遭受国际金融危机的重创之时，上述两大趋势得以进一步稳固和显现。地区生产总值，中、西部地区增速快于东部地区；在东部地区中，北部沿海增速快于东、南沿海。2010年，中、西部地区生产总值所占份额，分别达到24.75%和13.67%，比2005年的22.65%和13.10%分别增加2.1个和0.57个百分点；东部地区生产总值所占份额，则从2005年的55.58%降为53.01%，减少2.57个百分点。中、西部和东部地区发展差距缩小的绝对幅度虽然不大，但相对于东部地区雄厚的基础和庞大基数，仍然值得关注。而全社会固定资产投资、社会消费品零售总额、出口以及实际利用外资等主要经济指标增长，中、西部和东北地区明显快于东部地区；东部地区中，北部沿海明显快于东、南沿海地区（见附表）。中、西部和东北地区以及北部沿海地区发展潜力大，经济增长速度将进一步加快。

---

① 《关于支持福建省加快建设海峡西岸经济区的若干意见》和《关于推进海南国际旅游岛建设发展的若干意见》。

上述一系列区域发展战略的实施，不仅将危机冲击降至"最小化"，同时，也给东部的深化改革、加速转型以时机。

（4）区域改革向纵深突进，转型步伐加快

2010年1～3月，国务院正式批复《皖江城市带承接产业转移示范区规划》以及《青海省柴达木循环经济试验区总体规划》之后，国家对地区规划的批复从空间面的扩展开始转向发展与改革的纵深面。从2010年5月，国务院正式批准实施《长江三角洲地区区域规划》，到重庆"两江新区"，再到深圳、厦门经济特区扩容，在这些已经具有一定基础的区域中，进一步的发展指向十分明确：更注重区域协调发展、集约式发展、可持续发展、人与自然和谐发展。而新思路指导下的实践，国家给予的也不再是政策优惠，而更多、更突出的是：进行制度创新与实验的自主权力。比如2010年5月7日获批的"两江新区"，是继上海浦东、天津滨海之后，我国第三个副省级新区，因此也被称为"中国第三区"。规划其将享受国家给予上海浦东新区和天津滨海新区的政策，而其中最重要的是：对于土地、金融、财税、投资、对外贸易、产业发展、科技创新、管理体制等领域赋予先行先试权，以及一些重大的、更具突破性的改革措施的试验权。

资源型经济转型是一大难点，大胆进入这一领域是区域发展向纵深突进的又一大步：2010年12月1日，经国务院同意，国家发改委正式批复设立"山西省国家资源型经济转型综合配套改革试验区"，这是我国设立的第九个综合配套改革试验区，也是我国第一个全省域、全方位、系统性的国家级综合配套改革试验区。煤炭业是山西的标志性产业。山西119个县（市、区）中有94个以煤炭业为主导，资源型经济极具典型性和代表性。发展中面临结构单一、事故频发、环境污染问题，已经是不转变没有出路。金融危机对这样的"弱态经济"杀得重、来得长，难刹车、难掉头，下降幅度为全国最深。地区生产总值增长速度从2007年的15.9%，下降到2008年的8.5%和2009年的5.4%。这一警示也使山西和我国以资源性经济为依托的地区，更急于寻求改革突破之路和可持续发展之路。如何打破资源型地区发展瓶颈？该试验区将通过深化改革，在产业升级和结构调整上的先行先试，再建一个资源节约型和环境友好型的新山西，冲出我国资源型经济地区转型的新路，破解我国在未来转型中的重大难题。

2011年1月4日，国务院正式批复《山东半岛蓝色经济区发展规划》，这是"十二五"开局之年第一个获批的国家发展战略，也是我国第一个以海洋经济为主题的区域发展战略。其深远意义在于：我国区域发展从陆域经济延伸到海洋经济，陆海统筹战略大步跨入实施阶段。

从局部率先发展到区域统筹协调的战略转换，是"十一五"的重大进展，也是区域发展的主轴。在这一大背景下，深度改革带动区域创新，特别是方方面面的制度创新将成为我国经济发展的新动能。

2. 区域统筹与对外开放深化同步

对外开放更上一层楼：从单纯地开放东部口岸，扩大对外贸易、招商引资，以出口导向为主的外向型经济，进一步踏上加大开放力度，在区域统筹中深化改革，有目标地建设一个以内需为主，内外协调，统筹利用好国内国际两个市场、两种资源，有能力应对复杂国际环境的开放性经济体。

2006年是"十一五"的启动年，也是我国加入WTO五年过渡期的最后一年，我国进出口贸易总值为140971.4亿美元，占GDP的比重达66.52%，是改革开放以来的最高值。随着经济持续快速增长，中国在国际经济中的权重也日益提高。这个变化的深刻启示是：开放已经不能再局限于对外贸易政策和引进外资导向的变化，还要在汇率、知识产权保护、二氧化碳排放和环境治理等多个方面，以及在发展市场经济的制度方面与国际接轨。

2007年召开的中央经济工作会议，强调必须坚持内外协调，统筹利用好国内国际两个市场、两种资源。这预示着我国经济将在更大的范围、更宽的领域和更高的层次上融入世界经济；在发展方式和总体开放水平上再跨一个新的台阶。

（1）国际环境的变化与角色转换

21世纪的第二个五年，新兴经济体的群体性崛起，成了世界风云的主要聚焦点，其中我国的和平崛起更是引起世界各国的高度关注。高盛全球市场研究所总裁、资深投资策略师艾比·柯恩研究表示，从2000年到2009年十年间，"金砖四国"对全球经济增长的总体贡献率达到约35%；其中中国对于全球GDP增长的贡献率超过20%，略高于美国①。2010年，据国际货币基金组织最新统计：这一年世界经济摆脱危机进入复苏，增速达4.8%，要好于诸多专家的预测；而

---

① 《中国10年来对全球经济贡献超过美国》，2010年11月5日第4版《法制晚报》。

以"金砖四国"为首的新兴市场国家的增速则达 7.1%①。世界经济实力以及与之相匹配的权力格局进入了一个重要变化期。

在以往的国际经济活动中，发达国家从来都是国际经济秩序的主导者。8国集团就是这种理念的代表。新兴经济体在 2008 年的经济风暴中的稳定力，使得 8 国集团对全球经济的决定权更显失去意义。2009 年 9 月 25 日，20 国集团会议在美国匹兹堡发表联合声明，宣布 20 国集团取代 8 国集团，成为国际经济合作与协调的首要平台。在 G20 的会议桌上，以中国为首的新兴国家堂而皇之入座其中。同时，匹兹堡峰会就扩大新兴国家话语权取得一致意见，主要目标指向国际货币基金组织（IMF）的份额。世界政治、经济发展格局正在重构。

2010 年 10 月，IMF 执行董事会就份额和治理改革一揽子方案达成一致。国际货币基金组织（IMF）总裁卡恩宣布，IMF 执行董事份额改革完成后，中国的份额将从当前的 3.72% 升至 6.39%，投票权也将从当前的 3.65% 升至 6.07%，位列美国和日本之后。根据方案，发达国家份额整体将降至 57.7%，发展中国家升至 42.3%，发达国家向新兴市场和发展中国家整体转移份额 2.8 个百分点。调整后，在 IMF 内份额位居前十名的国家将是美国、日本、中国、巴西、印度、俄罗斯、英国、法国、德国和意大利。卡恩表示，这是一个历史性的协议，是 IMF 65 年历史中作出的最大一次治理调整，也是对新兴市场国家和发展中国家在 IMF 影响力上做出的最大的改变。从 G8 到 G20，再到 IMF 份额改革，国际力量进入一个新的平衡期，原来进行协调的旧秩序渐渐失效，新秩序正在逐步形成。2010 年 11 月 G20 的首尔峰会虽然并未取得实质性的成果，但是关于如何调整过时的全球体制和秩序的较力已经开始。

2010 年是我国适应全球经济格局变动，角色转换的一年。单纯依靠对外贸易悄然增长的时期已经过去了。我国作为具备全球性经济影响力、为数甚少的发展中大国参与全球合作，棘手问题如潮涌来。2009 年，我国出口占全球 9.6%，而我国遭遇的贸易摩擦案件则有 116 起，涉案金额 127 亿美元；遭受的反倾销占全球 40% 左右、反补贴占全球 75%……②面对全球经济失衡，以及随之而来的贸

---

① 《2011，世界经济继续"双速复苏"？》，2011 年 1 月 1 日《参考消息》第 4 版。
② 《把握世界全局　定位中国发展》，2010 年 12 月 14 日光明网。

易战、汇率战、货币战，我国的市场经济制度与运行机制急需在深度改革中不断完善。同时还应该看到，我国只有在复杂的国际环境中自如地应对各种地缘政治、经济的挑战，才能在全方位国际合作中紧紧抓住发展的重要战略机遇期，保持稳定发展。在这种复杂、多变的大环境中，实现内需为主，内外协调，统筹利用好国内国际两个市场、两种资源，是定力指针。区域统筹成为这一转身的横向主轴。

（2）从东部沿海口岸开放，到内陆口岸的开放与发展共促

2009 年 11 月 18 日，《中国图们江区域合作开发规划纲要——以长吉图为开发开放先导区》正式上升为国家战略。这是我国政府迄今为止批准的第一个沿边开发开放区域规划。该规划被赋予了沿边开放先行先试的战略使命。从东部沿海口岸到内陆沿边口岸，开放口岸的扩展给人的启示已经远不仅空间意义了。开放与发展的辩证关系，对于经济发展不理想的长吉图沿边地区来说是首先面对的问题。从 2010 年底回头看该规划纲要实施的第一年，图们江开发"窗口"和"前沿"的延边地区首先解决的是突破对外开放的制约瓶颈，即路网建设问题。一年的奋斗，铁路、公路、航空、海上通道建设都取得了突破性进展，延边四通八达的综合交通体系正在形成。与此同时，招商引资也在抓紧进行。2010 年 1～9 月，全州共组织实施 3000 万元以上的项目 807 个，其中亿元以上项目 77 个。支撑经济发展的支柱产业骨架基本形成。①

以开放促发展，以发展促开放，正在成为沿边欠发达地区改革开放的新路。近年来我国高速铁路的快速发展，从基础设施建设的角度将支持更多沿边地区成为与周边国家友好贸易的内陆口岸。我国与缅甸、老挝、柬埔寨的高铁已进入建设或论证阶段；青藏铁路也将接近尼泊尔边界；我国与西亚国家联手共建铁路将再现古丝绸之路的辉煌。改革开放 30 年集聚的实力将支持沿边口岸在开放与发展的共促中走上快速成长之路。我国将以一个全方位开放的新兴经济体屹立于世界。

（3）东中西部对外贸易差距拉大趋势开始弱化

在抗金融危机中，中西、东北区域的开放进程逐步加快，进出口增长速度明显超出了东部（见表1）。

---

① 邓凯：《沿边开发开放突破通道制约》，2010 年 11 月 25 日人民网。

表1 四大区域对外贸易动态比较表

单位：亿美元，%

	经济区	2005年进出口额	2009年进出口额	2005年进出口占比	2009年进出口占比	2005~2009年增长
东部	北部沿海综合经济区	2715.89	4469.54	19.10	20.20	64.57
	东部沿海综合经济区	5216.49	8043.80	36.69	36.35	54.20
	南部沿海综合经济区	4849.18	6994.38	34.10	31.61	44.24
	东部合计	12781.56	19507.72	89.89	88.15	52.62
中部	黄河中游综合经济区	227.24	364.23	1.60	1.64	60.29
	长江中游综合经济区	282.39	556.90	1.99	2.52	97.21
	中部合计	509.63	921.13	3.59	4.16	80.75
西部	大西南综合经济区	235.23	565.77	1.65	2.56	140.51
	大西北综合经济区	121.56	226.14	0.85	1.02	86.03
	西部合计	356.79	791.91	2.50	3.58	121.95
东北	东北合计	571.07	908.90	4.02	4.11	59.16
全国		14219.05	22129.66	100.00	100.00	55.63

资料来源：根据相关年度中国统计年鉴整理得出。

表1显示：

①在四大区域中，领跑团队增势东部最低，西部最高，其次是中部。西部地区的增长率是东部增长率的2.32倍。其中大西南综合经济区增长率最高，达到140.51%。

②从2005年和2009年各区域对外贸易总额的占比来看，在金融危机中，东部整体占比呈下降状态，降低1.74个百分点，而其中的北部京津冀、环渤海湾经济区的占比则提高了1.1个百分点。除东部外其他三大区的占比均有提高，但是提高幅度仅在1~2个百分点之间。我国已经是世界贸易第一出口大国。对外贸易量已经有相当规模。考虑到分母的价值量，占比1~2个百分点的递升，亦非同一般。

30年来，在东部领跑，与其他地区对外贸易额一路拉开的情势下，"十一五"期间出现的这种其他区域整体追赶之势仍然值得重视。虽然这当中有金融危机的影响，但是从区域发展的大势来看，从东部地区的"一枝独秀"到区域全方位"百花竞放"将成为今后的主流。

（4）深化对外开放度与贸易平衡

"十一五"期间，我国扩大内需与稳定外需相结合，充分利用两个市场、两种资源，注重优化外贸结构，促进贸易平衡的思路逐步形成。

我国从 2001 年 12 月 11 日起正式成为世贸组织成员。此后的五年过渡期，对外贸易呈现出快速增长势头。"十五"后期，外贸顺差迅速扩大，同时对外需求亦出现过旺增长：2000 年我国的外贸依存度为 39.58%，到了 2006 年则升至为 66.52%。对外贸易非均衡增长成了一大特色。

金融风暴唤醒了对贸易非均衡的反思。"十一五"后期我国的贸易顺差开始减少。在力挺内需、扩大进口战略的指导下，2008 年起我国进口同比增速开始高于出口，2009 年起贸易顺差逐年攀高的趋势被打破。2010 年我国进出口总值 29727.6 亿美元，比上年增长 34.7%。其中出口 15779.3 亿美元，增长 31.3%；进口 13948.3 亿美元，增长 38.7%；贸易顺差为 1831 亿美元，减少 6.4%，贸易平衡状况有所改善。

（5）"走出去"实施海外并购战略促转型

"十一五"期间，我国的境外投资，呈现稳定上扬之势。《中国对外投资合作发展报告 2010》分析指出：中国人均国内生产总值已接近 3700 美元，根据国际直接投资发展周期理论和国际经验，中国已具备大规模"走出去"开展对外投资的条件。中国对外投资进入加速增长期。据商务部统计，截至 2009 年底，我国 1.2 万家境内投资者在境外设立对外直接投资企业 1.3 万家，分布在全球 177 个国家和地区，境外企业资产总额超过 1 万亿美元，对外直接投资累计净额 2457.5 亿美元，居全球第 15 位和发展中经济体第 3 位[①]。2010 年，可以称得上是"井喷之年"：我国成为新兴市场第二大对外投资主体。仅前三季度，我国跨国企业在 118 个国家和地区投资了 363 亿美元，比上一年同期增长 9.4%。

联合国贸发会议《2010 年世界投资报告》显示，2009 年全球外国直接投资流量 1.1 万亿美元，年末存量 18.98 万亿美元。在世界金融风暴肆虐之时，我国对外直接投资净额却逆势上扬，再创历史新高，对外直接投资净额 565.3 亿美元，较上年增长 1.1%。由此计算，2009 年，中国对外直接投资占全球当年流量的 5.1%，位居发展中国家地区之首，名列全球第五。中国对外直接投资连续 8 年保持了增长势头，年均增速达 54%。[②]

---

① 《中国对外投资进入加速增长期》，2010 年 11 月 2 日人民网。

② 《中国对外投资累计 2400 亿美元》，2010 年 9 月 6 日《香港文汇报》。

特别值得注意的是，"十一五"后期，各区域对外直接投资出现爆发之势。从区域看东部地区虽然仍是领跑者，但后续团队的紧跟势头也引人注目；特别值得注意的是，企业的海外并购活动与促转型相一致，更具理性。2009年，中国地方对外直接投资达96亿美元，同比增长63.4%，其中上海、湖南、广东对外直接投资流量位列前三。目前浙江是中国拥有境外直接投资企业数量最多的省份。① 另据《华尔街日报》消息：2010年7月，北京的太平洋世纪汽车系统有限公司与美国通用汽车公司在底特律签署了通用旗下萨吉诺公司的转让协议。该子公司有着104年历史，在全球拥有22个工厂、6个工程中心、14个客户支持中心和8300名员工。《华尔街日报》评论，中国投资者首次收购了如此大规模和悠久历史的美国制造业公司，是这个时代具有里程碑意义的交易之一，也是我国"走出去"实施海外并购战略促转型的一着重棋。萨吉诺公司的1000多项专利，将有助于缩小我国该领域和世界其他国家的技术差距②。另一吸引世人眼球的是：2010年12月中国南车与美国通用建立合资公司，承建美国高铁。中国高铁技术输出美国，将成为我国在战略新兴产业领域的第一次技术输出。

3. 区域产业结构调整、升级与转型

淘汰落后产业，振兴新兴产业，在产业升级中进行大跨度的转轨，是发展方式转型的核心。"十一五"所展示的这种产业轮动，是在区域扩展中推开的。这一步重棋，大大激发了各地区经济可持续发展的内在动力机制，构成我国当前和未来立体式的发展框架。

（1）区域互动与产业转移

区域互动、区域发展方式的转型以及区域统筹协调是同一个过程。转型要求互动，而区域经济也须在转型与互动中才能促进协调发展。"十一五"区域发展鲜活的现实，从理论到实践都进一步验证了这一点。

"十一五"期间，在国家一系列战略性政策引导下，东部沿海地区产业向中西部地区转移逐渐加速。2010年9月，国家出台了《关于中西部地区承接产业转移的指导意见》，从财税、金融、产业与投资、土地、商贸、科教文化6个方面明确了大力推动东部沿海地区产业加快向中西部地区梯度转移的原则、政策：

---

① 《中国对外投资累计2400亿美元》，2010年9月6日《香港文汇报》。
② 《中国收购通用汽车子公司意义非凡》，2010年11月10日凤凰网。

承接地区以资源承载能力、生态环境容量作为承接产业转移的重要依据，严把产业准入门槛，因地制宜承接发展优势特色产业，推进资源节约集约利用，由此培育和壮大一批重点经济区，发挥规模效应，提高辐射带动能力。观察看到，这一转型中的产业转移，杜绝了简单的复制，摒弃了转移污染和落后，保证了科学、有序地转移，这无疑是形成更加合理有效的区域产业分工格局的重要一步。五年中，转向中西部的产业总规模将超过 10 万亿元①。

西部重点高新区在承接转移中也是两手并进：西川成都高新区的产业承接不仅瞄准东部，同时还抓住国际产业调整的历史机遇，主动确定承接产业转移的领域和重点，有针对性地锁定一些重点国家和重点地区进行招商，目前软件及服务外包方面，已聚集企业 600 余家，2009 年软件销售收入突破 300 亿元大关；全球软件 20 强中有 11 家在成都高新区落户。在 2010 年国家科技部高新区评价结果中，成都高新区位列全国 55 个国家高新区综合实力第四；可持续发展能力排名第二，仅次于中关村。②

北京首钢向河北的转移，则创造了另一种模式：既不是简单地"搬家"，也不是异地复制。首钢与唐钢瞄准国际水平，联合打造一个具有国际竞争力的钢铁精品生产基地。这一转移与组合，在自主创新上攀登到了一个新的更高的平台。其不仅出精品，同时通过采用国际先进技术，还将实现大幅度降耗，并按照循环经济思路寻求"零排放"，力争"零污染"。在首钢搬迁的引领下，作为粗钢生产的钢铁大省——河北开始了一场前所未有的淘汰落后产能的"瘦身"行动。

区域间的产业转移，形成一条条新的产业带，正在引起关注。2008 年京津高速开通，沿线京津冀产业带加速集聚；2009 年武广高铁的开通，带动鄂、湘、粤三省"产业转移"加快，沿线一条新的经济带——"武广经济带"正在形成。

通过产业转移与互动，大幅度地提升经济品质，将构成区域互动的主旋律。

（2）区域发展活力与战略性新兴产业三种模式

2009 年 9 月，47 名专家在温家宝总理主持的国务院新兴产业发展座谈会上提出了发展战略性新兴产业的意见和建议。2010 年同样是 9 月，国务院常务会

---

① 《回眸十一五 展望十二五：产业大转移区域齐步走》，2010 年 11 月 6 日《新闻联播》。

② 《四川成都高新区综合排名全国第 4 位》，2010 年 9 月 24 日《四川日报》。

议，审议并原则通过《国务院关于加快培育和发展战略性新兴产业的决定》，节能环保、新一代信息技术、生物、高端装备制造、新能源、新材料和新能源汽车等七个产业被作为中国的战略性新兴产业，成为中国"抢占国际经济技术竞争制高点的主攻方向"，并初步给出了战略性新兴产业发展的时间表和发展目标：即到2015年，战略性新兴产业增加值占国内生产总值的比重力争达到8%左右；到2020年，战略性新兴产业增加值占国内生产总值的比重力争达到15%左右。

发展新兴产业，是我国从"制造业大国"转向"制造业强国"的关键转向轴。其中最关键的是要有自己的技术创新和知识产权，形成抢占国际经济技术竞争制高点的主动权。显然，这已经从低层次的"来料加工"走上了一个全新的阶梯。从新技术研发与储备，到产业开发实践，是一个艰辛的过程。如何走，有前人踏出的路，也有我们根据自己实际创新的空间。从目前的情况来看，出现三种模式，值得观察、思考。

第一种模式是先引进技术，在适应本国市场过程中，深一步研发，形成自己的技术优势。这是一条发达国家都走过的路。我国的高速铁路装备制造业，在6年的引进、消化、吸收、再创新的艰难跌打中，走出了一条令世人惊叹的快速成长之路。特别提出注意的是，这一进程几乎与区域的战略扩展同步。

2004年1月，国务院常务会议讨论并原则通过了我国历史上第一个《中长期铁路网规划》。这一超过1.2万公里"四纵四横"快速客运专线网的建设蓝图，催化了铁路装备制造业的升级。2004～2005年，中国南车青岛四方、中国北车长客股份和唐车公司先后从加拿大庞巴迪、日本川崎重工、法国阿尔斯通和德国西门子引进技术，并通过联合设计启动了高速动车装备生产的技术升级。从既有线铁路时速达到200～250公里，到全长1318公里京沪高铁，运营时速380公里，动车装备用了九大关键技术以及10项配套技术，完成5万个零部件的改造、升级。2003年以来，我国已申请高速铁路相关专利共计1902项，其中已经授权1421项。尖端技术高度集成，在我国路网应用中不断突破，2010年12月3日，国产"和谐号"新一代高速动车组在京沪高铁枣庄至蚌埠先导段综合试验中，创造了世界运营铁路从未有过的最高时速——486.1公里。我们用6年左右的时间跨越了世界铁路发达国家一般用30年的历程，形成了具有完整自主知识产权的高速铁路技术体系。在"十一五"驶入终点时，我国高速铁路建设也进入全面收获时期：到2010年10月，中国新建投入运营高铁14条，中国高速铁路营业里程已经达到 7531 公里，在建 1 万多公里，成为世界上运营速度最高、运营里程最长、在建规模最大的国家；支撑完成这一"中国梦"的铁路装备制造业，不仅以世界最快的速度大跨度地进行了结构、技术升级，还形成了一个高铁系统技术最全、集成能力最强的尖端技术研制产业链，成长起了一批可以在世界市场风云中立足的企业。

需要提起注意的是，铁路装备制造业的上述蜕变，恰值区域扩展期。这种巧合不是偶然的。我国重点发展区的扩展，要求交通运输的适度超前。以交通运输建设提速为核心的产业链加速与转型升级是支持重点发展区域扩展的必要条件。京津、武广、郑西、沪宁、沪杭等高铁开通后，不仅连接起东部沿海三大经济区，还将东中部连通。"一条路，带活一方经济"，高铁网路是区域统筹发展的高速助推器。另一方面，区域统筹、城镇化稳步发展也为其创造了一个世界最大的需求市场，引领高铁建设登上一个新的高峰：到 2020 年，我国新建高速铁路将达 1.6 万公里以上，快速客运网将达到 5 万公里以上，全国所有省会城市和 50 万人口以上城市，90% 以上人口都将享受到这张高速铁路网带给人们的便利和经济红利。

高铁装备制造是"十一五"战略性新兴产业中的最早发力者，带动着机械、冶金、建筑、电力、信息等相关产业链的开发研究，像一只无形的大手，拉动着这些产业的升级、转型。

虽然这是发达国家走过的一条常规道路，但是推动一个行业整体领先世界，我们却以自己的步态，创造了追云赶月的"中国速度"。2010 年 7 月，阿根廷与中方签署金额高达 100 亿美元的 10 个铁路项目、多项铁道科技出口合约。目前，中国铁路相关企业在境外承揽的铁路项目遍及世界 50 多个国家和地区，合同金额达 260 亿美元。铁路技术装备已出口亚洲、非洲、澳洲、美洲 30 多个国家。出口结构的战略性调整已经启动。铁路装备制造业迅速抢占这一发展战略制高点，还会引起什么变化，带给我们什么启示，尚待进一步观察、思索。

这种模式的启示是：区域统筹发展为新兴战略性产业铺垫需求大市场；后者则是区域发展转型的主动力。我们认为，区域横向轴与产业竖轴的互动，将成为下一个新征程的主旋律。

第二种模式是摆脱传统旧模式，以自主创新、两个市场为立足点，"走出去"，在国际市场的竞争中拼出一条成长之路。

　　发展新兴产业，各区域反应快，迅速成立促进战略性新兴产业发展领导小组，积极选择战略性新兴产业基地。然而，在各地区争相大上新兴产业的同时，前进中出现的问题也不少。我们认为，各区域首先面临的是摆脱以往的发展惯性。以风电装备产业为例，各区域都上新能源装备制造，目前已经出现产能过剩，2010年我国风电机组整机制造企业已经超过80家，风电装备产能超过2000万千瓦，超过年风电装机规模的一倍。同时，技术创新不足，拥有自主知识产权、有国际竞争力的产品较少等诸多传统产业的多发病都出现了。如何解决这些新产业中出现的老问题？明智者转身放眼世界：在全球都在寻觅低碳经济之路的时候，支撑低碳经济的新产业，已经迅速出现在新一轮国际竞争中。2007年11月，广东民营企业明阳风电与美国格林亨特风能集团正式签署了72台寒冷（北方）型1.5MW变桨变速双馈式恒频并网风力发电机组合同，合同涉及标的7.2亿元人民币。这是我国拥有自主知识产权的MW级大型风机项目首次出口到美国。同时双方还签署了美方出资1000万美元向明阳风电入股合同，形成中美两公司在新能源开发技术领域的全面合作关系。① 新产业要走新路，关键是要有自己的知识产权，并且敢于占领国际技术制高点。我们认为，像明阳风电这样以国际、国内两个市场为立足点，力主自主创新，敢于走出去在激烈的国际竞争中完成蜕变，将会突破传统方式的羁绊，推动我国新能源装备制造踏上新的成长阶段。

　　第三种模式是摆脱行政羁绊，通过经济开发区示范组团，以培育产业规模与本地市场为双向目标，突破瓶颈，滚动扩大。2010年12月2日，财政部、科技部、住房和城乡建设部、国家能源局等四部门联合公布了首批13个光伏发电集中应用示范区名单，地区扩大到后续团队，且明后两年将因地制宜进一步扩大示范区域，力图通过有一定规模的经济开发区集中连片示范，形成规模效应，降低系统造价，加快建立有效的光伏发电商业模式。力争2012年以后每年国内应用规模不低于1000兆瓦，形成我国持续稳定、不断扩大的光伏发电应用市场。

　　战略性新兴产业的培育和振兴，从目前的情况看，中央政府与市场两只手的联动不仅十分重要，而且优势明显。但是，落实到区域，都将在各区域"因地制宜"产业政策支持下，以不同的路径实现。现实情况是：无论是领跑者还是后续团队，无一不在借产业振兴规划之东风，通过战略重点区增长极的选择和培

---

　　① 《明阳风电设备全面进军美国市场密谋上市》，2010年9月10日《中国经济周刊》。

育，力推本区域整体产业结构的调整与升级。以新兴产业的突进转变发展方式，思路是对的，但在发展路径上如何尽速摆脱传统困扰，提高全社会资源配置效率，建构从南到北，从沿海到内地，区域多极、各具特色的高效发展布局，将是迈进"十二五"首先面对的问题。

（3）传统产业集聚区摒弃落后产能，产业在重组中升级

传统产业升级是我国发展方式转型的一大拐点。钢铁工业是传统产业的支柱。我国是钢铁生产和消费大国，粗钢产量连续 13 年位居世界第一。2008 年，粗钢产量达到 5 亿吨，占全球产量的 38%，占世界钢铁贸易量的 15%[①]。但是钢铁企业小而分散，集中度低，粗放式发展，布局不尽合理，创新能力弱，资源环境压力大，这些已经不能适应国内外两个市场，成为发展的痼疾。

河北是我国钢铁大省。2006 年 11 月 29 日，河北公布了 2007 年底前第一批淘汰名单，共涉及 26 家落后企业的 398 万吨炼铁能力、373 万吨炼钢能力。但是从"淘汰"转向重组升级，却是在 2008～2009 年的金融危机中大力度进行的。我国钢铁工业是这次全球金融风暴中受影响最严重的行业之一。钢铁企业大面积减产、库存大量增加、成本与价格倒挂。到 2009 年底大中型钢铁企业亏损面已达 59.15%[②]。就是在这种形势下，2008 年 12 月"抗危机"倒逼河北 12 家钢铁企业组建完成渤海钢铁集团；27 家钢铁企业组建完成长城钢铁集团。2009 年底，河北钢铁集团旗下的唐钢股份又以换股方式吸收合并邯郸钢铁和承德钒钛。河北钢铁集团成为位居全国第二、世界第四的钢企。全国各大钢铁企业均看准战略整合大趋势，大步走出传统重化工业升级、转型的新路，将给我国发展方式的转型奠定坚实的基础。

（4）看好低碳经济，注重环境保护

从被动控制污染恶化到主动改善环境质量，是"十一五"期间区域发展的一个根本性转变。

21 世纪以来，这一主题作为可持续发展的着力把手，已经成为世界各国增强竞争力的战略选择。我国经济增长很大程度上依赖低成本人力和物质资源的大量投入。高污染、高能耗问题是这种发展方式不可克服的痼疾。根据国际能源署

① 《钢铁产业调整和振兴规划》来源：中国政府网 2009 年 3 月 20 日。
② 《钢铁产业调整和振兴规划》来源：中国政府网 2009 年 3 月 20 日。

（IEA）统计，我国在2008年碳排放量达60多亿吨，已超过美国成为全球最大碳排放国。IEA同时预测未来20年我国的碳排放将平均增速2.7%，居全球首位。① 总之，30年的传统发展方式，已经到了一个大调整、大转型的十字路口。

"十一五"期间，这一重大国策从目标逐步落实到操作层面。2006年区域经济的高增长令人瞩目，但是，节能降耗指标下降4%的目标除北京市达标外，其他省市均亮红灯！而且区域单位GDP能耗、电耗以及万元工业增加值能耗，出现了从东向西逐步递增且逐渐拉大的态势。2007年出台的一系列配套政策，特别是将节能减排目标作为对领导干部综合考核评价的重要依据，实行问责制和"一票否决"制，加上严格的项目区域限批政策，其执行的刚性，使得"又好又快"发展，以"好"为引领的实现路径现出曙光。各区域根据本地实际出现三种节能减排方式：一为北京的产业结构调整模式；二为以天津滨海新区和江苏泰兴为代表的工业主导型城镇的发展循环经济模式；三为西部地区的节能减排与生态治理并进模式。以上三种模式，各地区几乎都在交叉使用，只是由于情况不同，各有侧重。2007年节能减排出现"拐点"。"十一五"后期，区域的环境保护开始从被动控制污染恶化的趋势向主动全面改善环境质量转变。地区生产总值和能耗占全国1/10的工业大省山东，通过预警调控，前四年完成了"十一五"节能减排目标进度的82.4%，节能保持全国领先，并为"十二五"奠定了一个好的基础②。环境保护站在了一个新的历史起点上。

以2005年为基数，"十一五"污染减排目标是化学需氧量（COD）和二氧化硫（SO_2）排放量分别减少10%。2009年底，全国COD排放量累计下降9.66%，SO_2排放量累计下降13.14%③；2010年底，污染减排两项指标首次超额完成了上述五年计划规定的任务。但实现"十一五"单位国内生产总值能耗降低20%的目标，完成得却十分艰难。

低碳经济是以低能耗、低污染、低排放为基础的发展模式，是继农业文明、工业文明之后的又一次革命性提升。要实现低碳，从人类生存发展理念到制度创新，产业结构转型，均要有大幅度地提升。没有如此系统性突变，低碳发展模

① 《宏观政策定调在即四角度扫描中国经济》，2009年12月5日人民网。
② 《山东：五年预警调控领跑节能减排》，2010年12月4日中央电视台《新闻联播》。
③ 《科学发展铸就辉煌"十一五"》，2010年10月25日《人民日报》。

式不可能变为现实。所以，尽管节能减排是衡量各区域发展方式转型的一个重要指标，各区域在一定阶段经努力也可以达到既定指标，但是要实现这一重大转型，却是一个长期而艰难的过程。而且这一转变，不仅对于生产方式，对于人们的生活方式以及消费的观念与模式都会带来巨大的冲击，不是可以一蹴而就的。

4. 国家战略经济区空间范围扩延与改革维度的拓展和深化同时进行

"十一五"国家战略经济区的空间范围向中西、东北延扩，是与改革维度的拓展和深化同时进行的。新的战略经济区的改革重点与先行先试，从经济扩展到城乡、社会和环境等多个领域。其中以城镇化为核心的西部统筹城乡综合配套改革是重中之重。由此，我国新一轮的区域改革试验与探索，进入一个深化的新阶段。

后危机时代，我国将进入工业现代化、农业现代化与城市化加速的并行期，这必然伴随着经济结构和社会结构的深刻转换。30 年来以经济改革为主的思路，将转换为经济与社会综合配套改革，这将是转型攻坚期的最大难点。

2009 年底，我国城镇化水平达到46.59%，城镇人口低于世界50%的平均水平①。推进城镇化，将成为发展转型的另一主轴。2010 年 11 月 16 日，成都市政府宣布了《关于全域成都城乡统一户籍实现居民自由迁徙的意见》②。这个由西部城市提出的户籍改革方案，核心是"彻底破除城乡居民身份差异，城乡统一户籍，实现居民自由迁徙"。该项户籍改革，计划到 2012 年实现全域成都城乡统一户籍，即取消"农业户口"和"非农业户口"性质划分，统一登记为"居民户口"，不再有身份差异和基本权利不平等。成都为推行户籍制度改革精心准备了 7 年。从理论到实践彻底破除城乡二元结构这一大难题，才可能实现水到渠成的惊人一跳。

重庆也是 2007 年与成都一并成为全国统筹城乡综合配套改革试验区的，情况不同，两市的改革方案也不同。"先行先试"内容不同，不同有利于"更上一层楼"。西部两市充分运用改革先行先试的自主权，成为统筹城乡综合配套改革

---

① 《中国城市发展报告》2009 年卷，社会科学文献出版社。

② 郑莹莹、李晓帆：《新华社：成都统一城乡户籍是最彻底改革方案》，2010 年 11 月 18 日《成都日报》。

"摸石头过河"的尖兵。

"十一五"在统筹城乡综合配套改革上的"石头"摸准了，"十二五"全国城镇化的铺开将成为我国发展方式转型的关键性一跃。1978 年改革开放的东部"率先"迎来了我国发展的起跳；30 年后西部在统筹城乡综合配套改革上的"率先"将推进我国进入新一轮的起飞。

5. 粮食主产区为转型夯实基础

"十一五"的五年，自然灾害频发，发生四川汶川特大地震这样的大灾难，加上国际金融危机肆虐，国际农产品市场发生粮价飞涨等剧烈波动，农业和农村经济面临空前挑战。但是我国不仅没有出现历史上大灾之后大减产的现象，而是连续五年增粮增收，后 4 年稳定在五亿吨以上，标志着我国粮食综合生产能力保有了五亿吨水平。

我国有 13 个粮食主产区：河北、河南、黑龙江、吉林、辽宁、湖北、湖南、江苏、江西、内蒙古、山东、四川、安徽。这五年，预计粮食平均亩产比"十五"高 26.5 公斤；农民年人均纯收入年均实际增长 8.3% 以上。可以说，"十一五"时期是国家支农力度最大、农业发展形势最好、农村面貌变化最快、农民得到实惠最多的时期之一。①

从"十五"后期开始，我国逐步实行了米袋子省长负责制，实施了世界上最严格的耕地保护制度。在大力度进行农业机械化的同时，重推发展农业科技。2010 年，农业科技贡献率超过 52%，比"十五"末期提高了 5 个百分点。我们不仅培育和推广了一大批适合我国的丰产优质品种，使良种覆盖率达到 95% 以上，同时还配套了一系列科学栽培技术。农业的现代化已经不是梦，我们正一步一步地走在实现的路上。

长期以来，坚决把住 18 亿亩的耕地红线和 95% 的粮食自给率，是我国农业给经济稳定发展坚守的底线。"十一五"我们实现了主要农产品供给由长期短缺到总量平衡、丰年有余的历史性转变②。这将给我国"十二五"的发展打下更坚实的基础。

---

① 《农业部部长韩长赋：农业发展赶上了"黄金时期"——农业部部长韩长赋回顾"十一五"展望"十二五"》，2010 年 12 月 8 日人民网。

② 《农业部部长韩长赋：农业发展赶上了"黄金时期"——农业部部长韩长赋回顾"十一五"展望"十二五"》，2010 年 12 月 8 日人民网。

应当看到，我们用世界8.06%的耕地养活了全球22%的人口，"世界粮荒，中国不慌"，这不仅是对世界粮食安全的重大贡献，对世界发展也是一大稳定力。

（三）"十一五"结语：区域多维探索转型大格局初显

"十一五"的经济走势出现了一个过山车式的大起大落。从2007年，国内生产总值增长率达到14.2%，出现偏热；到国内经济调整和国际金融危机冲击的叠加作用下，2009年第一季度降为6.2%，处于偏冷状态；在及时、有效实施应对国际金融危机冲击一揽子计划的推动下，2009年全年国内生产总值增长9.1%，率先回升向好。2010年，据统计局初步测算，全年国内生产总值增长回升到10.3%。由此，"十一五"年均增速为11.2%。比"十五"平均增速加快了1.4个百分点。但我们更看重的是，这五年，在世界金融危机风暴的摧压下，我国转"危"为"机"，加速了战略转型。可以说，"十一五"是我国战略转型的起步期和实践路径的形成期。区域作为转型的空间实现，各自根据本地区的实际选择了不同的着力点，开始了转型多元路径的探索。

一是东部在率先发展的模式上开始了根本性的大转型：战略性新兴产业的培育步伐加快。同时，为制造业升级和战略性新兴产业发展配套服务的生产性服务，以信息和知识密集型服务业作为发展重点，迅速扩展，经济结构服务化率先推进。为此，以深度改革开放促整体转型成了必然选择，虽然艰难，但"柳暗花明又一村"已经依稀可见。

二是西部在区域统筹发展政策的指引下，明晰主体功能，根据自身优势，积极承载东部产业转移，形成特色产业；并在城乡统筹，建立"两型社会"上进入深化改革开放的前沿，成为对我国未来发展有重大影响的政策先行试验区。可以说，西部在经济与社会改革的深化配套上，正在探索一条独具特色的转型之路。

三是东北老工业基地，以深化国有企业改革，健全现代企业制度，完成了向市场经济的转轨，改变了国有经济比重偏高，所有制结构较为单一，产业结构调整缓慢，企业设备和技术老化，经济发展活力不足等一系列问题，走上了一条快速改变面貌的发展之路。"十一五"不仅增长速度高于全国平均水平，在对外开放上，外商投资亦跃居全国前列。实际利用外资，2009年是2005年的3.35倍，远高于全国的1.24倍。在我国社会主义市场经济体系形成和完善进程中，东北

老工业基地的振兴是浓墨重彩的一笔。

四是以粮食主产区为特点的中部区域崛起之路。以河南为主体，延及周边山西、山东、河北接壤区十三个地（县），于1985年联合成立中原经济区域。总结十几年奋斗历程，今后的发展理念已经清晰：在加快推进工业化、城镇化的过程中，建立健全工业反哺农业、城市支持农村、稳步推进农业现代化的长效机制。在实践中探索走出一条不以牺牲农业和粮食、资源和环境为代价的"三化"协调发展路子，破解中国改革与发展中的难题，为全国粮食主产区科学发展积累经验，提供示范。①

"十二五"将是我国工业现代化、农业现代化、城镇化的加速发展期。中原经济区不但是我国最重要的农业区和粮食主产区，担负着维护国家粮食安全的重任，同时也是我国人口密度最高，二元经济结构十分突出的地区。其发展思路不仅有非同一般的意义，它的稳定发展也将是全局稳定的重要的一着棋。

五是资源大省的转型之路。2006年，12个城市被国务院定为首批资源枯竭型城市。2010年12月，山西省正式被定为"国家资源型经济转型综合配套改革试验区"。理性告诫我们，传统产业60年的发展，已经到了一个不进则衰的大调整的关口，而资源性城市或地区则是这种转型的风口浪尖，是一种"死而后生"的艰难历程，不可能一蹴而就。山西资源大省的"变脸"将是"十二五"的期待。

各区域因地制宜的路径选择丰富了转型的主线条。但是，条条路径，千里归一。以下四点综合性的变化值得关注：一是经济增长的驱动力布局发生着根本性的变化，从东部带动转向东、中西部共同推动。二是驱动力本身结构的优化，即从主要依靠出口、投资拉动，转向消费、投资、出口的均衡、协调推动。三是在全球经济寒风中各区域从不同的切入点全面加大科技创新的实施力度，以此为主轴加快结构调整、升级，踏实地迈出了经济转型的步伐。四是制度改革指向经济、社会综合配套，全面破冰、深化，为以上艰难的大幅度调整、转型开辟道路，保驾护航。不同区域走出了不同的实现路径，互补互促，整体提升。

---

① 河南省中国特色社会主义理论体系研究中心：《加快中原崛起河南振兴的战略选择》，2010年12月13日《光明日报》。

二 展望"十二五"

经历"最为复杂一年"之后，2011年的中国经济，顺利踏入"十二五"开局之年。为了应对国际金融危机冲击，2008年年底货币政策由适度从紧转向适度宽松，2009年新增贷款9.59万亿元，较上年新增额扩大了一倍以上。这对支持经济力克危机发挥了重要作用，但是这种外延式的增长道路是难以持续的。2010年通货膨胀风险逐渐加大。从我国宏观政策基调的重大转向来看，既要调整高速发展中的总量失衡，也必须防止通胀超警戒线。

2010年，我国GDP总量超过39万亿元人民币，人均GDP达4000美元以上。但是，进入当代中等收入发展中国家水平还没有来得及惊喜，这一轮通胀却已经在警示：不要踏入"中等收入陷阱"！在长达30年的高速增长之后，如果我们不能终结低效率经济活动支持的高增长，由这种高增长拉动各类要素价格上升，形成需求加成本推动的通胀，将很难治理，高增长也难以维持。这就有可能使我们的总量失衡进入"滞胀"的状态。避免这种"中等收入陷阱"的根本思路是转变经济发展方式。"十二五"从改革顶层设计和长远设想来看，稳定物价、产业转型，着力民生改革，将成为转型的三大支柱。

这一战略思路，将使我国经济运行转向稳定增长阶段。预计"十二五"期间，我国经济增速将低于上一个五年，理想状态是实现8%～10%之间轻微起伏的稳定增长态势，以达到既可以保证社会就业和改善民生；又留出空间，把经济工作的重点放到调结构、加快转变经济发展方式上来。从目前区域经济增速的把握上看，"十二五"开局之年，防止经济增长向上偏离，由平稳转向过热，是需要注意的问题。从长期来看，各区域的增长态势虽然各有不同，但是从赶速度到重转型，应该是"十二五"的一大变化。下面我们就以转型为讨论重点，分析区域经济的转型着力点与发展的重点方位。

（一）把握世界经济发展中长期趋势，努力创造一个和平、有利于我国发展的大环境

1. 世界经济结构进入调整期

金融危机后的经济复苏期，世界贸易不平衡凸显。发达国家贸易赤字过大，

新兴经济体贸易顺差过多。这种不平衡，本质上是两类经济体内部经济结构不合理的表现：美国、欧洲发达国家，过度消费的发展模式带来了以债务危机为核心的诸多问题，只有通过家庭、企业和金融机构、政府等的资产负债表修复，提高储蓄率才能从根本上纠正失衡程度。而中国在内的新兴市场，以贸易顺差过大所体现出的不平衡，则是内部储蓄与投资不平衡的外向延伸。因此，扩大进口虽然可以逐步纠正失衡的程度，但重要的是要从内部着手调整内部经济的不平衡，只有这样才能从根本上缓解表现在外部的国际贸易失衡。另外，资源输出国也开始增强内生动力，以调整过度依赖资源出口的发展模式。总之，全球经济结构的失衡需要各经济体根据自己的情况进行内部的深层次调整，才能解决问题。2010年全球经济复苏的缓慢与反复，警示各国充分重视进行深层次结构调整的必要性和迫切性。由此可以判断：2011年及未来一段较长时期内，发达国家将逐步倡导储蓄、扩大出口，并通过实体经济的回归和制造业再造来支持出口、削减进口，以最大限度地纠正贸易不平衡。新兴市场国家则必须启动内需、扩大进口以实现宏观经济的内外平衡。

调整同时带来机遇。目前，中国是第一大出口国，第二大进口国。我国要做实、做好本身的调整，并且从全球动态结构调整的角度，审视并抓住机会，努力培育立足全球发展的新优势。包括：①在扩内需的同时促进口，给力主要进口国经济加速复苏，改善国际关系。②我们有2.85万亿美元的外汇储备。在购买美国国债的同时，积极购买欧洲国家国债，不仅可以优化外汇结构，降低风险，提高收益率；同时帮助欧元区摆脱主权债务危机，保持欧元与欧元区经济坚挺，也有利于稳定我国的出口市场。③积极实施"走出去"战略，提高在全球范围内实现最佳资源配置的能力。④2010年，人民币国际化开始进入"提速期"。从贸易开放逐渐向资本项目和金融进程开放迈进，促进人民币的国际化，已经时不我待。⑤在稳定商品出口之时，着力服务与项目出口，深化开放度。比如上述的高铁项目出口，有利于形成出口、资本输出、人民币国际化三者相互推进①。上述几点概括并不全面。很多事情，我们以前没有做过，还需要在实践中认真体会。本轮全球性的经济调整，是一次我国通过调整，培育优势，进一步壮大自己，取得全球化红利的重大机遇期。不可错过！

---

① 熊建：《中国高铁"冲击波"》，2010年12月15日《光明日报》。

2. 世界经济治理体系、机制进入变革期

在全球金融危机和后危机时期，发达国家的经济受挫、复苏乏力；新兴国家力量快速上升，并成为带动全球增长的主动力。据权威人士初步测算，2010年全球经济增速将超过4.5%，其中三大发达国家美国、欧盟、日本的贡献约为25%，新兴市场国家贡献约为60%，中国预计可以贡献20%左右的增长份额①。国际经济实力对比格局发生根本性的变化。在这种情况下，原来的治理结构已经不能适应新的形势。2010年，国际社会针对这种动态，正积极推动全球治理结构的改革，目标是通过改进和完善已有架构，力图反映发展中国家经济的影响力，形成一个有利于兼顾公平和效率的全球治理体系。为了使体现国际经济秩序的框架更加有效，国际货币基金组织正在讨论设定国际宏观经济架构内的"数量化规则"，为贸易顺差、汇率水平、外汇储备等一些关键指标设置一些量化标准，并成为约束各国的基本准则。

然而，美国次贷危机导致全球金融风暴所引起的世界沉思，却提醒人们：全球化的深入，浅层次治理结构的变化已经不能适应，需要的是一个更全面、更严格的治理体系。建立有序的国际金融、货币、贸易秩序；改善生态环境并减少全球温室气体排放等诸多重大问题，摆上了"地球村"管理层的桌面。

应该说，改革全球治理结构，对我们这样一个正在崛起的发展中大国是有利的。所以，我们应当是这一进程的推动者。预计，国际贸易体系，国际货币体系与国际金融监管体系改革必将逐步提上日程。为此，在抓紧市场经济改革与国际经济秩序接轨的同时，大力培育国际型高端人才，努力增强我国的参与能力，将是"十二五"必须踏过的一道门槛。

3. 创新和产业转型处于孕育期，努力抢占未来发展战略制高点

世界正在进入下一轮产业革命的关键期。国际金融危机惊醒发达国家重新认识实体经济与虚拟经济、先进制造业与服务业的关系，提出了再工业化的政策思考，力图运用其在新兴技术上的显著优势，大力发展新兴制造业，包括以新的服务业态，比如智能互联网络，增强竞争优势，占据未来产业发展制高点，以保持在全球经济中的领先地位。

改革开放30年来，我国工业生产能力和产品产量迅速增长，已成为制造业

---

① 巴曙松：《中国须在世界经济格局调整中更有作为》，2010年12月21日《人民日报》。

大国。但是，仔细回顾走过的路，算一下生产能力的增长与资源消耗的账，就可以清醒地意识到，在资源环境的硬约束面前，已经不允许我们再这样走下去了。综观世界制造业大国的兴与衰，没能站在科学技术的前沿，掌握该时代处于领先地位的新兴产业，形成具有自主创新能力的现代产业体系，均为其从辉煌走向一蹶不振的根本原因。发达国家力推新兴产业以强实体经济的大形势，已经将我国企业推到了一个新的拐点上。新技术及其向产业转化，目前还处于孕育期，这就给我们拼力抢占未来发展战略制高点提供了可能。但是，必须清醒看到，犹如"自古华山一条路"，这也是我国保持崛起之势的唯一选择。

抢占战略制高点的过程中，知识与技术创新目标的国家导向，以及政府积极推动科技创新和产业创新的互动和结合，实现两大创新系统的集成，是我们发挥自身优势，集中力量办大事，克服"后发追赶"劣势的重要战略举措。如果从区域实践的角度来审视这一过程的话，中央政府、地方政府以及企业的协同配合，则是关键的一环：既要严格统筹规划，各地区又要充分发挥积极性、主动性和创造性；既要有全国统一的战略规划安排，又要充分考虑地方实际，坚持因地制宜、量力而行，切忌盲目发展。

4. 新兴市场国家力量步入上升期，把握特点，努力发展壮大自己

新兴市场国家，是在20世纪80~90年代后兴起的一批发展中国家。它们普遍具有经济增长速度快和市场潜力大的特点，而且正力图通过体制改革和经济发展逐步融入全球经济体系。自2008年9月美国次贷危机全面爆发以来，主要发达经济体深陷经济衰退，以占世界人口43%，全球GDP36%的"金砖四国"引领新兴经济体，在逆境中总体保持了较好的经济走势。后危机时期的发展格局进一步表明，新兴经济体已经作为一个群体，不仅仅有着日益增长的经济规模和远高于发达国家的增长速度，而且在全球经济中逐步扮演越来越重要的角色。

2009年，胡锦涛同志在"金砖四国"领导人会晤时的讲话中曾指出："金砖四国已从一个经济学概念发展成为一个新的国际合作平台。"2010年被认为是新兴经济体经历的最好年份，新兴经济体的经济增长将达到7.1%，远高于发达国家。"金砖四国"中加入了新的成员——南非。但是，围绕世界经济"新秩序"的讨论刚有起色，我国贸易、外交形势便进入了空前严峻的时刻。目前我国对外贸易相对集中在发达国家市场，其中，对美、欧、日的出口占出口总额的 45% 左右。在西方发达国家贸易保护主义抬头、贸易摩擦频繁、风险难控的情况下，通过新兴经济体的国际合作平台，扩大与该群体的经济贸易、科技交流合作规模，在合作中相互借鉴，共同发展，将成为应对复杂形势的又一着战略性调整高棋。如何把握发展中国家经济力量整体上升的好时机，在复杂形势中避开各种激流险滩，努力发展壮大自己，是"十二五"面对的重要难题。

（二）"十二五"区域发展的大趋势与发展建议

从局部率先发展到区域统筹协调，是我国"十一五"发展方式战略性转型开步的第一着重棋。这一具有里程碑意义的转向，不仅意味着改革开放从局部"摸着石头过河"，转为全面拓开；更重要的含义在于，以深化改革开放为动力，全国经济与社会两大主轴互动，"转型中国"全面启动。

"十二五"将承接这一战略转向。对转型难题的攻坚，将绘声绘色成就未来五年的主框图。以下四方面，既是攻坚难点，也是突破点。各区域因地而异，侧重点不同，不尽如人意的突出点也不一样。

1. 区域统筹协调发展将从寻求缩小速度差，转向以功能区定位为基础，产业合理布局、生产要素有序流动、错位互补发展的协调之路

"十一五"后两年间，一系列的区域规划、意见，以空前的频度出台。金融危机肆虐，但是在抗危机中我们却以最小风险、最快的速度，从倚重东部率先发展，大幅度转身打开了区域统筹布局、协调发展之路。

但是，如何从战略上正确理解区域经济协调发展，如何科学地实施？转型之快，各区域的行动似乎没有给思索留下时间。从目前的情况来看，各区域按传统思维方法，更多的是看重缩小区域之间发展水平的差距。欠发达地区首先将工作的重点集中在迅速提升经济发展速度。按照惯性，GDP 依然是第一目标。路径也主要是两个：一是招商引资，以投资促速度；二是在区域互动中承接产业转移。于是在热点行业出现了无视地区优势、创新不足的产能过剩、过度竞争。像风力发电这样的新兴产业同样出现这种状况，更引人深思。

大多数区域的主体功能规划尚未完成。在科学的主体功能定位基础上，各个区域从本区域实际出发，准确把握自身在区域分工中的定位，合理确定和调整区域产业结构，形成区域间生产要素有序流动、收益分配合理、发展

差距适度、相互依存、相互适应、相互促进、错位发展的状态，是"十二五"各区域需要重点把握的问题。这种分块融合、整体提升的动态，将使各区域发展差在总体平衡中缩小到一个合理的水平。可以预计，各区域的实践路径将千差万别，但是，"条条道路通罗马"，从宏观来看，还是要统一到以非平衡求平衡，形成协调发展。可以说，这是"十二五"必须首先打好的一场硬仗。

2. 拆解发展中国家在创新和产业转型孕育期所遇到的多重栅槛，为重点领域和关键环节实现战略性突破，抢占未来发展战略制高点，打基础、蓄力量、重点突进

进入后危机时期，发达国家对美国次贷问题引发全球经济衰退的深度思索，经济发展重心出现显著变化。综观各国的中长期战略调整，通过"再工业化"，培育和发展战略性新兴产业成了突出的重点。走在世界前位的国家抢占未来发展战略制高点的竞争之势已经凸显。

我国是"后出发"的新兴经济体，尽管目前这些对中长期发展具有战略性的新兴产业还不成熟，发达国家的产业转型仍处于孕育期，但是，从前期的科技准备与研发来说，我们瞄向这些领域，依然是"追赶"式的。"十二五"开局要起好步，就要突破重重障碍，包括我们本身的认识误差，以及市场体系的不完善，制度与法规体系的缺失等。为此，提出以下几个值得关注的问题：

（1）完善新兴产业的界定标准和相应的统计制度，理顺各地促进新兴产业发展的思路和实践，避免引进高端产业"无核心技术"的低端产业链，形成战略新兴产业低端制造的困境。这一工作刻不容缓。尽快出台战略性新兴行业准入标准，包括技术、环境保护、生产安全等方面。这一举措，将引导我国新兴产业起步期在各区域的有序健康发展。

（2）对于发达国家已经掌握的先进技术，要勇于站在巨人肩上，走"引进发展带动科技创新"，从"追赶"到领先的道路。"高铁"实践，充分运用了我国的优势，经验值得总结，大有可借鉴之处。

（3）"十二五"期间，大力发展"低碳经济"是国际环境和我国发展的必然选择。强化"低碳技术"研发，包括太阳能技术、生物能源技术、轻水反应堆技术、电池技术、碳捕获技术等等，建立低碳技术创新体系，是加快低碳相关产业发展的重中之重。但是，除此之外，一套相应的政策法规体系和投融资市场也是运用市场发展低碳经济不可缺少的。在这一强有力系统的支持下,"低碳经济"才能正常成长,并持续、高效地运行。

不但"低碳经济"如此,每一个战略性新兴产业均如此。"十二五"期间,探索如何充分发挥我国优势,加速新技术体系在市场中的加速转化、成长,缩短从追赶到占领制高点的距离,完成"高铁式"的飞跃,也是新兴产业起步期实践的重要命题。

(4)重视信息网络对战略性新兴产业的发展支撑。在这一轮产业革命中,任何产业的发展都离不开信息通信技术铺就的网络平台。信息网络融入其他产业,不仅催化了产业升级,还生长出一些新的产业形态。而新兴产业中,这些新形态的作用也正在提升,比如智能电网。据统计,信息网络产业对欧盟生产力增长的贡献率达40%,对欧盟 GDP 增长的贡献率达25%。[1]

(5)促进新兴科技与传统产业深度融合

在给力战略性新兴产业的同时,促进新兴科技与传统产业深度融合,推动传统产业的升级,也是重要抓手。纺织业是我国传统产业中的主力之一,也是出口大户。2010 年末引人注目的消息是:我国纺织业规模以上企业产值将突破 4 万亿元,出口额将超过 2000 亿美元,利润增幅有望达 40%。业内人士在谈及这一业绩时,特别突出了这样一点:纺织业中的产业用纺织品,为新能源、环保、生物医药等产业提供基础产品,像高铁路基土工布、风力发电机叶片、人工心脏瓣膜、汽车安全气囊等,都是战略性新兴产业的重要产业链。德国等纺织强国,产业用纺织品纤维加工量占比均超过一半。我们目前占比仅为17%,"十二五"期间该比例有望提高到 19%[2]。

在新一轮技术革命中,传统产业要以创新跟上,在以下三个方面是突破点:一是进入新兴产业的产业链;二是从能源动力结构上向节能环保的绿色产业转型;三是与信息化融合。这是传统产业与新技术的深度融合。"十二五"既要以新技术支撑新兴产业,也要大力度带动传统产业,缺一不可。

3. 积极稳妥推进城镇化

"城镇化"一词是中国学者对我国农村人口转为城镇人口,而不单是城市人

---

① 郑胜利:《主要经济体经济发展战略取向及其对我国战略性新兴产业发展的启示》,《中国发展观察》2010 年第 10 期。

② 《2010 年纺织业利润猛增 40%:告别低成本赢得高利润》,2010 年 12 月 22 日《人民日报》。

口过程的一种概括，以区别于其他国家①。2000 年，中共第十五届四中全会通过的《关于制定国民经济和社会发展第十个五年计划的建议》正式采用了"城镇化"一词。"十一五"期间，特别是在抗金融危机中，城镇化在经济发展和结构调整中的重要作用越来越突出，重庆和成都的户籍制度改革试验也在稳步推进。2010 年，在《中共中央关于制定国民经济和社会发展第十二个五年规划的建议》中，将"在工业化、城镇化深入发展中同步推进农业现代化"，正式作为"十二五"时期重要任务确定下来。

从发达国家走过的历程来看，城镇化是工业化过程中的一个重要的里程碑。权威人士预测：由城镇化带来的国内投资消费需求的增长至少可以支持我国未来 10~20 年经济的快速增长。2001 年诺贝尔经济学奖获得者、美国经济学家斯蒂格利茨（Joseph E. Stiglitz）在世界银行的一次讨论会上指出：如果中国能在 21 世纪中期成为世界上高度城市化的国家，拥有 10 亿以上城市人口，其经济实力、科技影响力肯定会很大程度上改变世界政治经济的大格局，成为人类历史上的一次重要转折。但是，他同时指出，21 世纪中国面临三大挑战，而居首位的是城市化。1995 年底，联合国助理秘书长及"人居署"秘书长沃利·恩道（Wally Ndow）在为《城市化的世界》一书作序时写道：城市化既可能是无可比拟的未来光明前景之所在，也可能是前所未有的灾难之凶兆。总之这一大变革影响深远，但是，其操作难度也是空前的。发达国家经验教训的概括，值得重视。从发达国家发展的进程来看，工业化中后期，当人均 GDP 达到 3000 美元的时候，相应的城市化率为 55%~60%。2008 年我国人均 GDP 达到 3266.8 美元，但城市化率只有 45.68%，远低于一般国家工业化中后期的水平，这在很大程度上抑制了国内消费需求的释放与升级。权威人士认为，城市化率的合理上限为 78%，78∶22是城乡比率的"黄金结构"。我国新中国成立后第一个三十年，城市化率每年不足 0.3 个百分点。改革开放三十年，城市化率年均 0.8 个到 0.9 个百分点。目前距发达国家还差至少 30 个百分点，有很大的上升空间。②"十一五"末期，重庆、成都等地以前所未有的力度推进城乡统筹，从各地城镇化的速度明显加快来

---

① 1991 年，辜胜阻在《非农化和城镇化研究》中首先使用并拓展了"城镇化"的概念。参见《城镇化首度升格为经济发展持久动力，农民工返乡创业获扶持》，2010 年 1 月 24 日《东方早报》（上海）。

② 《中国城镇化战略即将破题》，2010 年 1 月 21 日《联合早报》（新加坡）。

看,"十二五"我国的城镇化进程将呈现前所未有的快速发展趋势。如何走好这具有里程碑意义的每一步,必须认真对待。

城镇化是一个与工农业现代化同步,城乡协调发展,社会改革全面推进,多维度、大跨度的变革过程。这种同步与协调是刚性的,缺少任何一方面的配合,都会带来灾难性的后果。国外一些国家城市化过程所留下的城市边缘区的大片贫民窟,难以解决的贫困人口,很多都是这一历史过程留下的永久伤痛。在我国城镇化滞后的情况下,目前不少地方城镇化在加速。但是观察这种加速的动因,不少地方是为解决用地缺口,而非随着工业化发展到一定程度的人口集聚。这种以征地为目标,靠"土地财政"支持的"城镇化",并没有把保障农民权益放在首要位置。除了基本的征地安置补偿和养老保险外,失地农民的就业、医疗、就学等公共服务严重缺失。不少地方城镇建起来了,却因招不来商,引不来资,不能给农民提供应有的就业机会。这种违背规律的城镇化,将从"滞后"迅速转向"过度",而其灾难性的创伤将是很难解决的,绝对不可取。

实际上这个问题的苗头早就引起了注意。2007年4月,城乡规划法草案首次提请十届全国人大常委会审议;10月通过,自2008年1月1日起施行。其对现行的城市规划法一字之否定,打破原有的城乡分割规划模式,进入城乡总体规划的新时代。2010年10月,党的十七届五中全会特别强调,要"统筹城乡发展,积极稳妥推进城镇化,加快推进社会主义新农村建设,促进区域良性互动、协调发展"。

应当清醒地认识到,城市化是一个漫长的历史过程。发达国家经历了上百年。按照近年来我国城镇化的加速度,如果每年提高一个百分点,那么,要完成该进程虽然还需要三十年,但已经将这上百年的历程大大缩短了。因此,在实施过程中,切忌激情"超速",不顾条件,违背规律,甚至忽视生态环境的承载能力。我国是个水资源缺乏的国家,目前的655个城市中,近400个城市缺水,约200个城市严重缺水[①]。这是城镇化不能不高度重视的问题。"十二五"应当成为实施科学的城镇化战略,以城市规划法严格规范城镇化,实现"积极稳妥推进城镇化"的五年。这种科学地"积极稳妥",法治地"积极稳妥",在"积极稳妥"中寻求合理速度,将为未来的城镇化打下坚实的基础。另外,国外学者

① 《我国城镇化面临四大挑战》,2011年1月5日人民网。

提出的上述城乡比率"黄金结构",对于我国是否就是最佳"黄金结构"?已经有研究者提出疑义①。我们认为,应该根据我国国情进行研究和思考,不可脱离实际地盲目照搬。

在看到城镇化将为内需提供巨大的消费空间的同时,还应当看到,这一过程还需要庞大的公共建设投资。在踏入"十二五",面临货币"流动性过剩"的情况下,除了政府和社会投资,建议借鉴发达国家的做法,培育金融体系,比如各级政府以财政部门为发起人,建立上下协调的专门融资机构,为城镇化设立专门的建设基金、专项基金、可转换债券和可上市基金。这既可用市场化方式为城镇化持续融资,促进就业;又可以为过多的流动性货币找到一个大有用武之地的退出通道,降低通货膨胀压力。

4. 在"三化"中进一步完善具有我国特色的一整套保护农业、支持农业现代化的政策体系

从 2004 年起,我国农业实现了半个世纪以来首次连续 7 年丰收增产,实现了主要农产品供给由长期短缺到总量平衡、丰年有余的历史性转变。与此同时,农民收入增长迅速,新农村建设扎实推进。正是有了这样的基础,我们才有底气沉着应对国际金融危机、国际粮价飞涨,以及国内的特大自然灾害。"十一五"时期"三农"发展的宏伟篇章,为"十二五"开好局保持了一个向上的大势。

但是必须深知:我国农业基础薄弱,粮食安全形势仍然不容乐观。

一是如果以人口的正常增加来测算的话,加上生活水平的提高,饲料和工业用粮将明显增加,粮食需求将呈刚性增长。如果不按总量,而按品种结构来看的话,目前我国进口的农产品至少要用国外 6 亿亩以上的农用土地。显然这一缺口将会加大,而国际市场调剂余缺的空间相当有限。

二是粮食的产能越来越向主产区集中,且越来越向水资源更为短缺的北方地区倾斜。2009 年,13 个粮食主产区的产量占全国粮食总产量的 77.1%,其水资源总量仅为全国的 39%,人均水资源量仅为全国平均水平的 67%。② 保持粮食供求平衡的可持续性面临极大的挑战。

① 刘志勤:《应考虑给城市化降温》,2011 年 1 月 11 日《环球时报》。(作者是瑞士苏黎世州银行北京代表处首席代表)
② 黄昌成:《全球粮食危机还有多远》,2010 年 12 月 17 日《时代周报》。

　　三是在生产资料成本逐年增加；农村劳动力价格飙升；土地租金节节上涨等几大因素的作用下，近年来粮食生产成本刚性上升，2007～2009年在总生产成本年均提高11.7%的情况下，水稻、小麦、玉米价格年均上涨7.1%。应当清醒地看到，我国农业渐入高成本时代。显然，这不利于加强我国农业的国际竞争力。在国际贸易中，我国2004年农产品贸易逆差为46亿美元，2008年则高升到181.6亿美元。园艺、畜产品等优势产品出口阻碍重重，而大豆、棉花、食糖等资源性大宗农产品进口却直线飙升，农业比较优势未能充分发挥。特别提出注意的是，国外资本正在通过并购农业产业化龙头企业、控制种业研发、布局粮食收购市场等多种方式进入我国农业领域①。主要农产品供给的安全性，不能不引起高度重视。

　　发达国家的经验表明：工业化离不开农业的基础性支持。所以越是工业化攀升期，越要强化对农业的保护。直到目前，发达国家对农业的保护政策也十分明显。

　　"十二五"是工业现代化、城镇化和农业现代化的并行期，2010年12月，中央农村工作会议将"三农"作为"重中之重"，提到了前所未有的高度。在我国总体上已到了以工促农、以城带乡发展阶段的重大判断基础上，提出了工业反哺农业、城市支持农村和"多予、少取、放活"的基本方针。2011年已定的指向是：大幅度增加"三农"投入：财政支出重点向农业农村倾斜，加强农业农村基础设施建设；深化水利改革，形成治水、兴水合力，推动水利跨越式发展；加强农业物质技术装备建设，强化农业发展基础支撑；着力保障和改善农村民生；深入推进农村改革等。综合施策、多措并举，是对多年探索与实践，特别是"十一五"已经形成的政策体系的进一步深化与完善。可以说，这既是统筹城乡经济社会发展的基本方略，也是今后长时期支持、保护农业的大政方针。

　　在全国政策取向十分清晰的情况下，区域政策的协调配合将是重要一环。各区域根据本地实际和多年的实践，按照中央的导向，进一步健全完善区域性政策体系，才能真正有效地增强农业政策的针对性和实效性。

　　尽快完善我国的支持、保护农业政策体系，将是"十二五"各区域推进"三化"中的一项重要任务。

---

① 张红宇：《促进我国农业农村经济又好又快发展》，2010年12月16日人民网。

附表1 "十一五"时期各地区经济增长情况

单位：%

区域			地区生产总值年均增长率	三次产业结构	地方一般预算财政收入年均增长率	城市居民人均可支配收入年均增长率	农村居民人均纯收入年均增长率
东部	北部沿海综合经济区	北　京	11.4	0.9:24.1:75.0	20.9	10.5	11.9
		天　津	16.1	1.6:53.1:45.3	26.4	14.0	11.6
		河　北	11.7	12.7:53.0:34.3	21.0	12.3	11.4
		山　东	13.1	9.1:54.3:36.6	20.8	13.2	12.2
		经济区		7.8:48.8:43.4	21.6		
	东部沿海综合经济区	上　海	11.1	0.7:42.3:57.0	21.6	11.3	10.8
		江　苏	13.6	6.2:53.2:40.6	25.4	13.3	11.6
		浙　江	11.9	5.0:51.9:43.1	19.7	10.9	11.2
		经济区		4.7:50.6:44.7	20.4		
	南部沿海综合经济区	福　建	13.8	9.5:51.3:39.2	21.8	12.1	10.8
		广　东	12.4	5.0:50.4:44.6	20.2	10.1	11.0
		海　南	13.4	26.3:27.6:46.1	32.1	13.9	12.0
		经济区		6.8:49.8:43.4	20.9		
	东　部			6.4:49.8:43.8	20.9		
中部	黄河中游综合经济区	陕　西	14.8	9.9:53.9:36.2	28.4	13.7	14.9
		山　西	11.3	6.2:56.8:37.0	22.8	11.9	10.4
		河　南	12.8	14.2:57.7:28.1	20.9	13.0	14.0
		内蒙古	17.6	9.5:54.6:35.9	31.1	14.2	13.2
		经济区		11.0:56.2:32.8	24.7		
	长江中游综合经济区	湖　北	13.9	13.6:49.1:37.3	22.0	12.9	13.5
		湖　南	14.0	14.7:46.0:39.3	22.0	11.7	12.6
		江　西	13.2	12.8:55.0:32.2	25.3	12.5	13.1
		安　徽	13.4	14.1:52.1:33.8	28.1	13.3	15.0
		经济区		13.9:49.9:36.2	24.2		
	中　部			12.5:53.0:34.5	24.5		
西部	大西南综合经济区	云　南	11.8	15.3:44.7:40.0	22.9	11.7	14.2
		贵　州	12.6	13.7:39.2:47.1	24.0	11.7	13.2
		四　川	13.7	14.7:50.7:34.6	27.0	13.0	13.0
		重　庆	15.0	8.7:55.2:36.1	32.5	13.2	13.7
		广　西	13.9	17.6:47.5:34.9	22.3	13.1	12.8
		经济区		14.3:48.7:37.0	25.9		

续表

区　域			地区生产总值年均增长率	三次产业结构	地方一般预算财政收入年均增长率	城市居民人均可支配收入年均增长率	农村居民人均纯收入年均增长率
西部	大西北综合经济区	甘　肃	11.2	14.5:48.2:37.3	24.0	10.3	11.6
		青　海	13.1	10.0:55.1:34.9	26.7	11.5	12.4
		宁　夏	12.7	9.7:50.7:39.6	26.8	13.7	13.3
		西　藏	12.6	13.4:32.3:54.3	25.2	10.1	14.8
		新　疆	10.6	19.9:46.8:33.3	23.0	11.3	13.4
		经济区		15.6:48.0:36.4	24.0		
	西　部			14.6:48.5:36.9	25.5		
东北	东北综合经济区	辽　宁	14.0	8.9:54.0:37.1	24.4	14.3	13.4
		吉　林	14.8	12.2:51.5:36.3	24.0	12.2	13.9
		黑龙江	12.0	12.7:49.8:37.5	19.1	10.9	14.1
	东　北			10.7:52.3:37.0	22.9		
全　国			11.2	10.2:46.8:43.0	22.4	12.8	12.7

注：（1）资料来源：根据相关年份的中国统计年鉴，中国国民经济和社会发展统计公报；各地区相关年份的统计年鉴和国民经济和社会发展统计公报计算整理。

（2）城市居民人均可支配收入和农村居民人均纯收入年均增长率，未剔除价格因素。

（3）由于各种原因，统计年鉴中生产总值的各地区合计数不等于全国数，全国与各地区生产总值年均增长率也不一致。

附表2 "十一五"时期各地区三大需求增长情况

单位：%

区　域			全社会固定资产投资年均增长率	社会消费品零售总额年均增长率	出口总额年均增长率	实际利用外资年均增长率
东部	北部沿海综合经济区	北　京	14.7	16.5	13.6	13.0
		天　津	33.0	19.6	8.6	26.8
		河　北	29.6	18.2	20.1	14.3
		山　东	20.2	18.4	19.2	-2.5
		经济区	23.3	18.1	15.4	8.9
	东部沿海综合经济区	上　海	8.7	15.2	16.1	10.5
		江　苏	23.2	18.8	18.7	17.2
		浙　江	13.9	17.1	20.1	7.7
		经济区	17.7	17.4	18.3	13.0

续表

区域			全社会固定资产投资年均增长率	社会消费品零售总额年均增长率	出口总额年均增长率	实际利用外资年均增长率
东部	南部沿海综合经济区	福建	29.3	29.3	16.2	43.0
		广东	18.3	17.2	14.7	10.6
		海南	29.8	18.4	23.1	21.1
		经济区	21.7	17.4	17.7	16.3
	东部		20.7	17.6	16.5	12.5
中部	黄河中游综合经济区	陕西	35.4	19.0	18.3	24.3
		山西	28.5	18.0	22.6	85.9
		河南	31.0	18.7	19.3	39.4
		内蒙古	27.7	20.0	17.8	23.9
		经济区	30.6	18.9	18.9	33.9
	长江中游综合经济区	湖北	32.3	17.8	29.0	14.5
		湖南	30.3	18.6	20.6	17.4
		江西	32.4	18.9	43.7	16.2
		安徽	36.3	18.7	21.5	55.2
		经济区	32.8	18.4	27.8	20.6
	中部		31.7	18.6	23.9	24.9
西部	大西南综合经济区	云南	25.5	19.3	26.6	40.4
		贵州	26.2	19.6	20.9	32.1
		四川	31.2	17.4	32.9	46.0
		重庆	29.1	18.9	28.8	69.3
		广西	36.7	18.6	27.9	24.1
		经济区	30.2	18.3	28.2	47.8
	大西北综合经济区	甘肃	31.4	16.7	22.5	73.2
		青海	26.7	16.7	19.2	-2.6
		宁夏	27.4	18.3	16.9	-6.8
		西藏	20.7	19.9	37.0	
		新疆	21.5	15.8	29.2	42.8
		经济区	25.8	16.7	25.1	8.8
	西部		29.2	18.0	26.8	43.1

注：(1) 资料来源：根据相关年份的中国统计年鉴，中国国民经济和社会发展统计公报；各地区相关年份的统计年鉴和国民经济和社会发展统计公报计算整理。

(2) 由于数据取得的原因，云南实际利用外资年均增长率、贵州出口总额年均增长率，2010 年的数据是用 1~11 月数据计算得出；西藏出口总额年均增长率，用截至 2009 年的数据计算得出。

综 合 篇
Comprehensive Chapter

2009 年中国区域创新能力评价分析

摘　要：本文沿用《中国区域经济发展报告（2009～2010）》区域蓝皮书中所制定的创新评价指标体系，采用加权综合评价的方法，对2009 年全国四大板块、八大经济区和31 个省市区的区域创新综合能力进行总体评价分析，并从区域创新投入能力、区域创新产出能力和区域创新环境能力3 个一级指标进行评价。同时，还对比分析2008～2009 年间我国区域创新能力的动态发展趋势。

关键词：区域创新总指数　指标体系　创新投入　创新产出　创新环境

创新能力是区域发展的核心竞争力，创新的全球化是全球科技经济发展的普遍趋势。关注我国区域创新能力的发展动态，明确区域创新空间分布格局和各区

---

* 杨维凤，北京市社会科学院经济所，博士，研究方向为区域经济。

域的相对地位，对于加快创新型国家建设具有重要的意义。本文沿用《中国区域经济发展报告（2009~2010）》区域蓝皮书中所制定的由 3 个一级指标、7 个二级指标和 60 个三级指标组成的评价指标体系，采用加权综合评价的方法，对全国四大板块、八大经济区和 31 个省市区的区域创新能力进行现状和动态比较评价。

一　2009 年全国区域创新综合能力评价分析

（一）全国区域创新综合能力排序分析

根据中国区域创新综合能力的指标体系，对 2009 年全国 31 个省市区的相关指标数据分区域进行统计和合成，得出了 2009 年全国四大板块、八大经济区和 31 个省市区的区域创新综合能力值和排位情况。

从四大板块来看（见图 1），东部区域创新总指数最高，高达 36.88；东北区域位于第二位，但其指数值比东部区域低 12.93，为 23.95；中部区域略低于东北区域，位列第三位，创新总指数为 20.63；西部区域创新总指数最低，仅为 14.62。

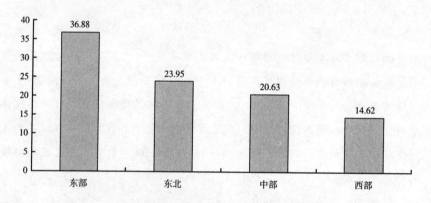

图 1　2009 年全国四大板块区域创新总指数

全国八大经济区的区域创新能力排位（见图 2）基本上和四大板块的区域创新能力排位大体一致，东部沿海综合经济区的创新总指数为 44.4，高居八大经济区的第一位；北部沿海综合经济区略低于东部沿海综合经济区，创新总指数为 39.21；南部沿海综合经济区名列第三，但其指数值比第二位的指数值低 12.95；东北综合经济区略低于南部沿海综合经济区，名列第四，创新总指数为 23.95；

中部区域的长江中游综合经济区和黄河中游综合经济区分列第四位和第五位,它们的创新总指数值非常接近,分别为 20.77、20.50;西部区域的大西南综合经济区、大西北综合经济区创新能力在八大经济区中最低,分别处于第七位和第八位,创新总指数为 17.03 和 12.19。

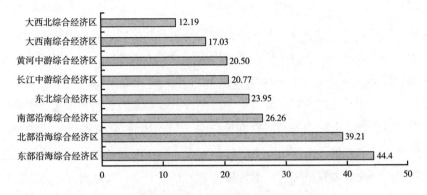

图 2　2009 年全国八大经济区区域创新总指数

区域创新能力不仅在各大区域之间有明显差距,在各省份之间也存在较大的差距(见图 3)。在全国各省市区域创新综合能力排名中,处于上游区(1～10位)的依次排序是北京市、上海市、江苏省、广东省、天津市、浙江省、山东省、辽宁省、陕西省和湖北省,北京的创新总指数达到 69.58,以高于上海17.44 的优势位居第一位;位于中游区(11～20 位)的依次为四川省、福建省、黑龙江省、吉林省、湖南省、重庆市、内蒙古自治区、河南省、安徽省和河北省;处于下游区的(21～31 位)依次是江西省、山西省、云南省、广西壮族自

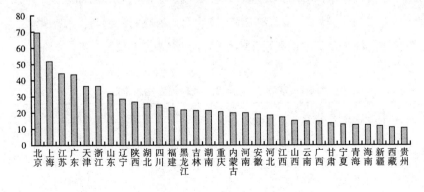

图 3　2009 年全国 31 省市区域创新总指数

治区、甘肃省、宁夏回族自治区、青海省、海南省、新疆维吾尔自治区、西藏自治区和贵州省。

（二）全国区域创新综合能力排序变化比较分析

2009 年与 2008 年相比较，全国四大板块的区域创新综合能力的排序没有显著变化。但是细分还是值得注意：八大经济区中长江中游综合经济区的排位超过黄河中游综合经济区，上升 1 位，黄河中游综合经济区排位下降 1 位，其他 6 个经济区的排位没有发生变化。31 个省市区域的区域创新综合能力的排位也比较稳定，没有发生较大的变化。北京、上海保持了较稳定的长期创新优势水平，继续领衔区域创新综合能力的第一名和第二名，另外还有 20 个省市区的排位也没有发生变化。而在整体稳定中发生位移的则有：排位上升的有 5 个省市区，江苏省、四川省、内蒙古自治区、甘肃省排位均上升了 1 位，宁夏回族自治区排位上升了 2 位。排位下降的有 4 个省市区，广东省、福建省、河南省排位均下降了 1 位，新疆维吾尔自治区排位下降了 4 位。

二　2009 年全国区域创新投入能力评价分析

（一）全国区域创新投入能力排序分析

从创新投入的专项指标来看，全国四大板块的排序（见表 1）和综合创新能力的排序相同，即依次为东部区域、东北区域、中部区域和西部区域，创新投入指数分别为 32.13、18.28、13.84 和 7.13。四大板块间的创新投入差距较大，东部与东北、中部与西部的创新投入指数值分别相差近 1 倍。

表 1　2009 年全国四大板块创新投入指数

地　区	排名	创新投入指数	创新的人力资源指数	创新的资金指数
			权重 0.54	权重 0.46
东　部	1	32.13	33.49	30.54
东　北	2	18.28	20.79	15.34
中　部	3	13.84	14.63	12.91
西　部	4	7.13	8.05	6.06

在全国八大经济区的创新投入指标排名（见表2）中，东部沿海综合经济区和北部沿海综合经济区分列第1位和第2位，创新投入指数分别为39.75和37.90；东北综合经济区的创新投入指数超过南部沿海综合经济区，位列第3位，但其创新投入指数值仅是东部沿海综合经济区、北部沿海综合经济区的一半，为18.28；南部沿海综合经济区列第4位，创新投入指数16.82；中部的黄河中游综合经济区、长江中游综合经济区创新投入指数相差不多，分列第5位、第6位，分别是13.98、13.70；西部的大西南综合经济区、大西北综合经济区分列第7位和第8位，创新投入指数分别为9.12、5.15。

表2　2009 年全国八大经济区创新投入指数

地　区	排名	创新投入指数	创新的人力资源指数 权重0.54	创新的资金指数 权重0.46
东部沿海综合经济区	1	39.75	42.09	37.01
北部沿海综合经济区	2	37.90	37.76	38.07
东北综合经济区	3	18.28	20.79	15.34
南部沿海综合经济区	4	16.82	19.19	14.04
黄河中游综合经济区	5	13.98	15.31	12.42
长江中游综合经济区	6	13.70	13.95	13.41
大西南综合经济区	7	9.12	9.71	8.43
大西北综合经济区	8	5.15	6.39	3.7

在全国各省市区域创新投入指标排名中（见表3），处于上游区（1~10位）的依次排序是北京市、上海市、江苏省、广东省、天津市、浙江省、山东省、辽宁省、陕西省和湖北省；处于中游区（11~20位）的依次是四川省、黑龙江省、安徽省、吉林省、福建省、湖南省、山西省、重庆市、河南省、河北省；处于下游区（21~31位）的分别是江西省、甘肃省、内蒙古自治区、广西壮族自治区、宁夏回族自治区、新疆维吾尔自治区、青海省、云南省、贵州省、海南省和西藏自治区。

（二）全国区域创新投入能力排序变化比较分析

2009 年与2008 年相比较，虽然全国四大板块、八大经济区的区域创新投入能力的排序没有显著变化，但是细分31个省市区，区域创新投入能力的排位却

表3　2009 年全国 31 省市创新投入指数

地　区	排名	创新投入指数值	创新的人力资源指数	创新的资金指数
			权重 0.54	权重 0.46
北　京	1	82.31	80.76	84.14
上　海	2	54.42	58.83	49.25
江　苏	3	38.53	38.89	38.11
广　东	4	34.41	37.84	30.38
天　津	5	33.78	33.42	34.2
浙　江	6	26.31	28.56	23.66
山　东	7	25.47	25.36	25.6
辽　宁	8	24.18	26.65	21.28
陕　西	9	23.77	22.18	25.63
湖　北	10	20.08	20.62	19.45
四　川	11	18.61	18.36	18.91
黑龙江	12	16.02	17.7	14.04
安　徽	13	12.48	11.87	13.19
吉　林	14	14.65	18.03	10.686
福　建	15	13.74	15.96	11.14
湖　南	16	13.15	13.51	12.73
山　西	17	12.98	15.63	9.859
重　庆	18	12.01	12.26	11.72
河　南	19	11.94	13.67	9.9
河　北	20	10.05	11.5	8.34
江　西	21	9.08	9.78	8.26
甘　肃	22	7.45	7.04	7.94
内蒙古	23	7.23	9.74	4.29
广　西	24	6.66	8.85	4.09
宁　夏	25	6.56	8.37	4.44
新　疆	26	5.59	8.28	2.43
青　海	27	5.44	7.01	3.6
云　南	28	4.69	5.52	3.72
贵　州	29	3.63	3.57	3.7
海　南	30	2.31	3.76	0.61
西　藏	31	0.71	1.24	0.08

发生了令人瞩目的位移。2009 年区域创新投入能力排位上升的有 6 个省市区，广东省、浙江省、湖北省、广西壮族自治区、青海省排位均上升了 1 位，安徽省排位上升了 5 位。区域创新投入能力排位下降的有 8 个省市区，天津市、山东省、四川省、吉林省、重庆市、宁夏回族自治区、云南省排位均下降了 1 位，山西省排位下降了 3 位。北京市、上海市、江苏省的创新投入能力继续保持前三名，除此之外，还有 14 个省市区的创新投入能力的排位没有发生变化。

三 2009 年全国区域创新产出能力评价分析

(一) 全国区域创新产出能力排序分析

从创新产出的专项指标来看，全国四大板块的排序 (见表4) 和综合创新能力的排序相同，即依次为东部区域、东北区域、中部区域和西部区域，创新产出指数分别为 28.60、11.49、8.44 和 4.11。四大板块间的创新产出差别很大，东部区域的创新产出指数值是东北区域的 2 倍、中部区域的 3 倍、西部区域的 7 倍。

表4　2009 年全国四大板块创新产出指数

地　区	排名	创新产出指数	知识产出指数 权重 0.39	科技产出指数 权重 0.61
东　部	1	28.60	27.62	29.22
东　北	2	11.49	14.66	9.46
中　部	3	8.44	11.5	6.49
西　部	4	4.11	4.93	3.59

在全国八大经济区的创新产出指标排名 (见表5) 中，东部沿海综合经济区和北部沿海综合经济区分列第 1 位和第 2 位，南部沿海综合经济区为第 3 位，东北综合经济区列第 4 位。中部的长江中游综合经济区、黄河中游综合经济区分列第 5 位、第 6 位，西部的大西南综合经济区、大西北综合经济区分列第 7 位和第 8 位。

表5　2009 年全国八大经济区创新产出指数

地　区	排名	创新产出指数	知识产出指数 权重 0.39	科技产出指数 权重 0.61
东部沿海综合经济区	1	39.11	33.18	42.9
北部沿海综合经济区	2	29.04	36.7	24.14
南部沿海综合经济区	3	17.50	9.96	22.32
东北综合经济区	4	11.49	14.66	9.46
长江中游综合经济区	5	9.62	12.78	7.6
黄河中游综合经济区	6	7.27	10.22	5.38
大西南综合经济区	7	6.39	7.27	5.83
大西北综合经济区	8	1.83	2.58	1.35

在全国各省市区域创新产出指标排名中（见表6），处于上游区（1～10位）的依次排序是北京市、上海市、广东省、江苏省、浙江省、山东省、天津市、辽宁省、湖北省和陕西省；处于中游区（11～20位）的依次是四川省、湖南省、吉林省、福建省、重庆市、黑龙江省、河南省、安徽省、河北省、山西省；处于下游区（21～31位）的分别是广西壮族自治区、江西省、甘肃省、云南省、新疆维吾尔自治区、贵州省、内蒙古自治区、宁夏回族自治区、海南省、青海省和西藏自治区。

表6　2009年全国31省市创新产出指数

地　区	排名	创新产出指数	知识产出指数	科技产出指数
			权重0.39	权重0.61
北　京	1	65.27	100	43.06
上　海	2	45.60	46.47	45.05
广　东	3	41.69	20.46	55.26
江　苏	4	41.25	31.79	47.29
浙　江	5	30.47	21.28	36.35
山　东	6	22.70	17.25	26.18
天　津	7	21.01	20.02	21.65
辽　宁	8	15.68	19.27	13.39
湖　北	9	15.10	21.71	10.88
陕　西	10	13.80	23.33	7.7
四　川	11	13.37	15.18	12.22
湖　南	12	11.19	15.2	8.62
吉　林	13	9.77	10.43	9.34
福　建	14	9.37	7.17	10.77
重　庆	15	9.22	10.22	8.58
黑龙江	16	9.02	14.27	5.66
河　南	17	8.93	11.1	7.54
安　徽	18	8.22	10.31	6.89
河　北	19	7.16	9.53	5.65
山　西	20	4.12	4.62	3.8
广　西	21	4.04	4.64	3.66
江　西	22	3.97	3.9	4.02
甘　肃	23	3.78	6.7	1.914
云　南	24	3.09	3.87	2.59
新　疆	25	2.29	3.36	1.6
贵　州	26	2.23	2.44	2.1
内蒙古	27	2.22	1.81	2.49
宁　夏	28	1.87	1.35	2.209
海　南	29	1.44	2.26	0.92
青　海	30	0.98	1.49	0.65
西　藏	31	0.24	0	0.39

（二）全国区域创新产出能力排序变化比较分析

2009 年与 2008 年相比较，全国四大板块、八大经济区的区域创新产出能力的排序没有变化，细分 31 个省市区的区域创新产出能力的排位相对也比较稳定，变化幅度要小于创新投入能力。2009 年区域创新产出能力排位上升的有 3 个省市区，吉林省排位上升了 4 位，广西上升了 2 位，重庆市排位上升了 1 位。区域创新产出能力排位下降的有 4 个省市区，福建省、黑龙江省排位均下降了 1 位，河南省排位下降了 3 位，甘肃省排位下降了 2 位。其余 24 个省市区的创新产出排位均没有发生变化。

四　2009 年全国区域创新环境能力评价分析

（一）全国区域创新环境能力排序分析

从创新环境的专项指标来看，全国四大板块的排序（见表 7）和创新投入、创新产出的排序吻合，即依次为东部区域、东北区域、中部区域和西部区域，创新环境指数分别为 50.27、42.66、40.15 和 33.01。列第 2 位的东北区域创新环境指数值和第 1 位的东部区域差别，不像创新投入和创新产出两项指标的差距那样大。

表 7　2009 年全国四大板块创新环境指数

地　区	排名	创新环境指数	环境支持与环境友好指数	经济环境指数	社会环境指数
			权重 0.28	权重 0.4	权重 0.32
东　部	1	50.27	73.3	50.7	29.59
东　北	2	42.66	61.61	43.5	25.03
中　部	3	40.15	58.12	40.41	24.1
西　部	4	33.01	46.5	35.24	18.41

在全国八大经济区的创新环境指标排名（见表 8）中，居于前两位的东部沿海综合经济区、北部沿海综合经济区创新环境指数相差不大，分别为 54.52、51.26；南部沿海综合经济区、东北综合经济区和黄河中游综合经济区分列第 3 位、第 4 位和第 5 位，创新环境指数分别为 44.70、42.66 和 40.85。长江中游综

合经济区、大西南综合经济区分列第 6 位和第 7 位，创新环境指数为 39.45 和 36.00；大西北综合经济区创新环境指数最低，为 30.01，居于第 8 位。

表 8　2009 年全国八大经济区创新环境指数

| 地　区 | 排名 | 创新环境指数 | 环境支持与环境友好指数 | 经济环境指数 | 社会环境指数 |
			权重 0.28	权重 0.4	权重 0.32
东部沿海综合经济区	1	54.52	77.76	55.06	33.52
北部沿海综合经济区	2	51.26	71.66	55.08	28.63
南部沿海综合经济区	3	44.70	71.02	40.49	26.94
东北综合经济区	4	42.66	61.61	43.5	25.03
黄河中游综合经济区	5	40.85	55.91	41.75	26.55
长江中游综合经济区	6	39.45	60.33	39.08	21.65
大西南综合经济区	7	36.00	52.91	37.24	19.65
大西北综合经济区	8	30.01	40.09	33.23	17.17

在全国各省市区域创新环境指标排名中（见表9），处于上游区（1～10 位）的依次排序是北京市、上海市、天津市、广东省、江苏省、浙江省、内蒙古自治区、山东省、福建省和辽宁省；处于中游区（11～20 位）的依次是陕西省、四川省、湖北省、重庆市、吉林省、黑龙江省、湖南省、河南省、河北省和江西省；处于下游区（21～31 位）的分别是安徽省、云南省、广西壮族自治区、海南省、西藏自治区、青海省、宁夏回族自治区、甘肃省、山西省、新疆维吾尔自治区和贵州省。

（二）全国区域创新环境能力排序变化比较分析

2009 年与 2008 年相比较，全国四大板块、八大经济区的区域创新环境能力的排序没有显著变化，但 31 个省市区的区域创新环境能力的排位却发生了较大的位移。2009 年区域创新环境能力排位上升的有 9 个省市区，广东省、江苏省、内蒙古自治区、广西壮族自治区、甘肃省排位均上升了 1 位，四川省排位上升了 9 位，重庆市上升了 2 位，海南省上升了 3 位，宁夏回族自治区排位上升了 2 位。区域创新环境能力排位下降的有 12 个省市区：山东省、河北省、江西省、安徽省、青海省、山西省排位均下降了 1 位；浙江省、黑龙江省、西藏自治区排位均下降了 2 位；吉林省、河南省排位均下降了 3 位；新疆维吾尔自治区排位下降了 4 位。仅有 10 个省市区的创新环境能力的排位没有发生变化。

表 9 2009 年全国 31 省市创新环境指数

地 区	排名	创新环境指数	环境支持与环境友好指数	经济环境指数	社会环境指数
			权重 0.28	权重 0.4	权重 0.32
北 京	1	61.82	79.75	62.92	44.75
上 海	2	56.87	78.06	63.92	29.53
天 津	3	56.27	75.25	73.57	18.03
广 东	4	53.82	71.22	47.12	46.98
江 苏	5	53.60	71.29	54.01	37.62
浙 江	6	53.10	83.94	47.26	33.41
内蒙古	7	51.15	59.6	59.62	33.17
山 东	8	48.53	72.06	47.89	28.74
福 建	9	47.44	74.43	46.68	24.78
辽 宁	10	45.96	64.54	49.34	25.47
陕 西	11	44.14	62.67	43.71	28.45
四 川	12	43.15	63.11	39.97	29.67
湖 北	13	42.46	60.57	41.5	27.81
重 庆	14	41.39	59.25	47.22	18.46
吉 林	15	41.14	60.07	43.91	21.1
黑龙江	16	40.89	60.22	37.25	28.52
湖 南	17	40.11	56.33	39.98	26.08
河 南	18	39.15	62.01	35.42	23.81
河 北	19	38.42	59.58	35.93	23.01
江 西	20	38.30	62.13	38.04	17.78
安 徽	21	36.92	62.28	36.78	14.92
云 南	22	36.32	62.21	32.1	18.93
广 西	23	33.22	47.03	36.38	17.18
海 南	24	32.83	67.41	27.66	9.05
西 藏	25	32.55	48.12	34.47	16.52
青 海	26	30.99	36.72	35.25	20.64
宁 夏	27	29.26	35.04	40.14	10.6
甘 肃	28	29.06	43.98	29.56	15.39
山 西	29	28.96	39.34	28.26	20.75
新 疆	30	28.20	36.57	26.75	22.7
贵 州	31	25.91	32.95	30.52	13.99

五 结论

（一）2009 年中国区域创新能力的总体分布格局

通过对 2009 年我国区域创新能力的排序分析，可以得出以下结论：2009 年我国区域创新能力的总体分布格局还比较稳定，没有发生较大的变化，仍然呈现出和经济发展水平大体一致的格局：东部最强，东北次之，中部和西部创新能力稍微较低。

从其一级指标来看，四大板块的创新环境差别不大，但创新投入和创新产出的差别很大，导致区域创新综合能力的差距较大。从八大经济区来看，区域创新能力的分布格局和四大板块的排序相吻合，由强到弱依次是：东部沿海综合经济区、北部沿海综合经济区、南部沿海综合经济区、东北综合经济区、黄河中游综合经济区、长江中游综合经济区、大西南综合经济区、大西北综合经济区。

东部地区以经济发展支撑创新的投入，以创新的产出推动经济水平的进一步提升。长期形成的创新优势资源，使得东部地区在国内创新辐射中起到引领作用，是我国创新水平的最高领队。东部区域的组织创新、服务创新和市场创新等非技术创新也有力地提升了创新投入的效率，推动了创新成果的产生。北京、上海以其良好的经济基础，大量的创新人才和创新资源，促进了创新的高产出，以绝对优势始终处于国内区域创新的前两名。江苏赶超广东，跃居区域创新能力的第 3 位，广东退居第 4 位。天津和浙江创新能力相当，排名第 5 和第 6，山东紧随其后，名列第 7。东北地区的辽宁仍盘踞全国第 8 位，黑龙江、吉林处于中游水平。中部地区除了陕西、湖北的创新能力处于上游水平外，多数处于中游水平。西部地区除了四川、重庆处于中游水平外，大多数处于下游水平，区域创新能力较低。

（二）2009 年中国区域创新能力的动态格局

从 2009 年与 2008 年的比较来看，全国四大板块的区域创新综合能力的排序没有显著变化，但其内部的八大经济区和 31 省市区的区域创新综合能力的排位有小幅的变动。长江中游综合经济区以略微优势超过黄河中游综合经济区，由

2008 年的第 6 名上升到 2009 年的第 5 名。在全国宏观区域创新能力总体保持稳定的格局下，可以发现 31 省市区的区域创新能力在悄然变化，与 2008 年相比较，2009 年的 31 省市区域的创新能力虽然没有跨区段的变化，但在全国创新能力排名上游、中游和下游的区域内部，发生了一些变化：在上游省市区中，江苏赶超广东，跃居第 3 位；在中游省市区中，四川赶超福建，内蒙古赶超河南；下游省市区中，甘肃、宁夏的排位上升，新疆的排位下降。

这种细微的排位变化绝不是偶然的，对排位变化进行追根溯源，可以看到：江苏创新能力的提升得益于创新投入能力的提高，尤其是创新人力资源投入的提高。2009 年，江苏的创新人力资源指数 38.89（见表 3），超过广东的 37.84；而在 2008 年江苏的创新人力资源指数 38.25，低于广东的 41.93。从其三级指标来看，大中型工业企业研发人力资源投入的增加是增长的主要驱动力。如，每万人大中型工业企业研发人员全时当量由 2008 年的 15.57 上升到 2009 年的 21.1，增长率为 35.5%，仅次于上海居全国第 2 位；企业研发人员全时当量占全国的 10.73%，仅次于广东列第 2 位。由此可见，江苏省充分释放人才资源优势，化人才资源优势为创新优势。与江苏不同，四川、内蒙古、宁夏和甘肃的创新能力提升是由创新环境能力提高驱动的。四川的创新环境改善明显，创新环境指数由 2008 年的第 21 位上升到 2009 年的第 12 位，上升幅度大。尤其是四川的经济环境改善非常显著，经济环境指数由 2008 年的 20.87 提升到 2009 年的 39.97，增长率为 91.5%。从其三级指标来看，GDP 增长率和人均 GDP 的大幅上升是其主要驱动力，GDP 增长率由 2008 年的 9.5% 上升到 2009 年的 14.5%，人均 GDP 由 2008 年的 15378 元上升到 2009 年的 17339 元。内蒙古的创新社会环境指数上升很快，由 2008 年的 26.15 上升到 2009 年的 33.17，增幅 26.8%。宁夏的创新经济环境指数上升幅度大，由 2008 年的 33.7 上升到 2009 年的 40.14；从其三级指标来看，人均 GDP 的提高对其贡献率较大，人均 GDP 由 2008 年的 17892 元上升到 2009 年的 21777 元。甘肃的经济环境指数明显上升，由 2008 年的 23.12 上升到 2009 年的 29.56，从其三级指标来看，二、三产比重的改善是其主要的驱动力。

由此可见，全国区域创新能力的微观格局在悄然改变，虽然现在变动的幅度较小，但它却是影响宏观和中观创新格局变动的一种内在潜动力。从区域创新综合能力的三个一级衡量指标来看，31 省市区的区域创新投入、创新环境的排位变化较大，创新产出相对变化不大，这一方面说明地方政府在着力强化区域创新

的投入和创新环境的改善，但同时又说明，因区域创新系统是一个复杂的有机系统，受组织、制度等非技术创新的影响，即使改善创新投入和创新环境，给力到创新产出效率的提升，尚有一定的时滞。

参考文献

詹正茂、王裕雄、孙颖：《创新型国家建设报告（2009）》，社会科学文献出版社，2009。

国家统计局编《中国科技统计年鉴2010》，中国统计出版社，2010。

国家统计局编《中国统计年鉴2010》，中国统计出版社，2010。

中国空间规划的编制情况与未来的基本设想

肖金成*

摘　要： 空间规划是一个国家或地区对全国和一定区域的空间结构进行调整和合理布局所编制的长期性规划，对一个国家或地区的经济社会发展具有重要意义。本文对我国空间规划，特别是"十一五"期间主体功能区规划和区域规划编制情况进行了详细阐述，并对"十二五"期间空间规划编制工作提出设想。

关键词： 空间规划　编制情况　未来设想

空间规划是一个国家或地区对全国和一定区域的空间结构进行调整和合理布局所编制的长期性规划。全国性空间规划简称为国土规划，区域性空间规划简称为区域规划。"十一五"期间，国家发改委组织编制的主体功能区规划从性质上说也属于空间规划。从理论上说，空间规划是经济社会发展规划、城市规划、村镇规划及其他规划编制的依据，是约束性规划。"十二五"期间应重点解决国土规划和重点区域规划编制及各种空间规划之间的关系问题。

一　"十一五"期间主体功能区规划编制的基本情况

2006年3月，全国人民代表大会通过了"十一五"规划纲要。《规划纲要》以前所未有的篇幅阐述了促进区域协调发展的若干措施和任务，提出了新的战

---

* 肖金成，国家发展改革委员会国土开发与地区研究所所长、研究员，主要研究方向为区域经济。

略、方针和政策。《纲要》指出："根据资源环境承载能力、发展基础和潜力，按照发挥比较优势、加强薄弱环节、享受均等化基本公共服务的要求，逐步形成主体功能定位清晰，东中西良性互动，公共服务和人民生活水平差距趋向缩小的区域协调发展格局。"① 使区域发展建立在"以人为本"和"人与自然和谐发展"的基础之上。

《十一五规划纲要》确定：根据资源环境承载能力、现有开发密度和发展潜力，统筹考虑未来我国人口分布、经济布局、国土利用和城镇化格局，将国土空间划分为优化开发、重点开发、限制开发和禁止开发四类主体功能区，按照主体功能定位调整完善区域政策和绩效评价，规范空间开发秩序，形成合理的空间开发结构。②

2007 年 7 月 26 日，国务院发布了《关于编制全国主体功能区规划的意见》，明确全国主体功能区规划是战略性、基础性、约束性的规划，是国民经济和社会发展总体规划、人口规划、区域规划、城市规划、土地利用规划、环境保护规划、生态建设规划、流域综合规划、水资源综合规划、海洋功能区划、海域使用规划、粮食生产规划、交通规划、防灾减灾规划等在空间开发和布局的基本依据。编制全国主体功能区规划的主要任务是：在分析评价国土空间的基础上，确定各级各类主体功能区的数量、位置和范围，明确不同主体功能区的定位、开发方向、管制原则、区域政策等。很显然，主体功能区规划属于空间规划。

从 2007 年开始，国家和省级政府即开始了主体功能区规划的编制工作。全国主体功能区规划由国家主体功能区规划和省级主体功能区规划组成，分国家和省级两个层次编制，规划期至 2020 年。国家主体功能区规划由全国主体功能区规划编制工作领导小组（以下简称领导小组）会同各省（区、市）人民政府编制；省级主体功能区规划由各省（区、市）人民政府组织市、县级人民政府编制。国家级的主体功能区规划初稿已经完成，并征求了各省各部门的意见，但至今尚未公布。

主体功能区划分的提出是中国空间规划的一个重大创新。通过规划的编制和

---

① 《中华人民共和国国民经济和社会发展第十一个五年规划纲要》，人民出版社，2006，第一版，第 34 页。
② 《中华人民共和国国民经济和社会发展第十一个五年规划纲要》，人民出版社，2006，第一版，第 37 页。

实施，有利于坚持以人为本，缩小地区间公共服务的差距，促进区域协调发展；有利于引导经济布局、人口分布与资源环境承载能力相适应，促进人口、经济、资源环境的空间均衡；有利于从源头上扭转生态环境恶化趋势，适应和减缓气候变化，实现资源节约和环境保护；有利于打破行政区划，制定实施有针对性的政策措施和绩效考评体系，加强和改善区域调控。

二 "十一五"期间区域规划编制的基本情况

2005年10月22日，国务院《关于加强国民经济和社会发展规划编制工作的若干意见》中提出："合理确定编制国家级区域规划的范围。国家对经济社会发展联系紧密的地区、有较强辐射能力和带动作用的特大城市为依托的城市群地区、国家总体规划确定的重点开发或保护区域等，编制跨省（区、市）的区域规划。其主要内容是对人口、经济增长、资源环境承载能力进行预测和分析，对区域内各类经济社会发展功能区进行划分，提出规划实施的保障措施等。"与主体功能区规划相衔接，国家组织编制了若干重点区域的空间规划，如京津冀、长三角、川渝、珠三角、北部湾、江苏沿海、辽宁沿海、关中—天水、图们江、黄河三角洲、环鄱阳湖、皖江城市带等区域规划。长三角、珠三角、北部湾、江苏沿海、辽宁沿海、关中—天水、图们江、黄河三角洲、环鄱阳湖、皖江城市带规划已经国务院批准。一些规划已经编制完成尚待审批，一些规划正在编制过程中。规划的内容比主体功能区规划更加细致、具有针对性和可操作性。区域规划成为国家推进区域经济科学发展的新举措。

（一）区域规划成为促进区域经济科学发展的重要手段

改革开放以来，东南沿海地区率先改革开放，经济快速发展，增强了国家经济实力，提高了中国在世界的影响，引起了全世界的瞩目。但在经济快速发展的同时，出现了产业结构层次低、空间布局不合理、土地粗放利用、环境污染严重等问题。经济发展也不平衡，除了东中西三大地带经济发展差距不断拉大之外，沿海地区内部经济发展也不平衡。如江苏沿海、辽宁沿海、北部湾等属于后发展地区，其发展潜力还很大。珠三角虽是先发和我国东部经济最发达地区，但在国际金融危机的冲击下，暴露出核心竞争力不足、抗风险能力弱、国际市场依赖度高、自主创新能力不强等问题。鄱阳湖与黄河三角洲地区如何在经济快速发展的同时，又能有效地保护生态环境？安徽皖江城市带毗邻长江三角洲城市群，长期以来接受长三角的辐射和带动，在接受沿海地区及发达国家产业转移方面具有得天独厚的优势，如何避免重蹈先发展地区的覆辙，改善投资环境，在加快经济发展的同时，实现土地集约利用、生态环境不断改善、产业结构升级、空间布局优化，简言之，就是如何实现区域科学发展，只有通过区域规划手段，将科学发展观贯彻于区域规划之中。

所谓区域规划就是在一定的地理空间范围内对经济要素进行布局的制度性安排。从 2006 年起，国家发改委就开始进行编制跨行政区的区域规划试点，如长三角区域规划、珠三角区域规划、成渝经济区规划等。但跨省区规划的编制比较复杂，直到 2009 年底，也未正式推出。而省域内部的重点经济区由于范围比较小，关键问题容易把握，中央与地方的理念也比较易于对接，因此推出区域规划的速度就加快了。当然，区域规划的重点和难点仍然是跨行政区的规划，省域内部的区域规划是一种尝试。

2008～2010 年，国务院批准的区域规划共有十个（不包括中部地区规划），基本情况见表 1：

表 1　2008～2009 区域规划基本情况

规划名称	区域范围（以地级市为基本单元）
广西北部湾	南宁、北海、钦州、防城港
广东珠三角	广州、深圳、珠海、佛山、东莞、江门、惠州、肇庆
江苏沿海	连云港、盐城、南通
辽宁沿海	大连、丹东、营口、盘锦、锦州、葫芦岛
山东黄三角	东营、滨州、烟台、潍坊、德州、淄博
江西环鄱阳湖	南昌、九江、上饶、景德镇、鹰潭、抚州
陕西关中—甘肃天水	西安、咸阳、宝鸡、渭南、铜川、商洛、天水
吉林图们江	长春、吉林、延边
安徽皖江城市带	合肥、马鞍山、芜湖、滁州、铜陵、宣城、池州、巢湖、安庆
长江三角洲	浙江省全部地级市、江苏省全部地级市、上海市

（二）规划明确了各区域的功能定位和发展方向

一个特定区域，不论其位于东部、中部还是西部，都具有优势与劣势，都面临机遇与挑战，都和周边地区存在竞争和合作关系，确定区域的战略定位对于未来的发展具有十分重要的意义。因此，一些地方在编制规划时对战略定位和发展方向上倍加重视，如《珠江三角洲地区改革发展规划纲要》对珠三角地区的战略定位是：探索科学发展模式试验区；深化改革先行区；扩大开放的重要国际门户；世界先进制造业和现代服务业基地；全国重要的经济中心。发展方向是：率先基本实现现代化，基本建立完善的社会主义市场经济体制，形成以现代服务业和先进制造业为主的产业结构，形成具有世界先进水平的科技创新能力，形成全体人民和谐相处的局面，形成粤港澳三地分工合作、优势互补、全球最具核心竞争力的大都市圈之一。《广西北部湾经济区发展规划》对北部湾经济区的战略定位是：立足北部湾、服务"三南"（西南、华南和中南）、努力建成中国 – 东盟开放合作的物流基地、商贸基地、加工制造基地和信息交流中心；带动、支撑西部大开发的战略高地和开放度高、辐射力强、经济繁荣、社会和谐、生态良好的重要国际区域经济合作区。发展方向是：经过 10～15 年的努力，把北部湾经济区建设成为我国沿海重要经济增长区域，在西部地区率先实现全面建设小康社会目标。

（三）区域规划重在推进产业结构升级和空间布局优化

区域规划虽然是一定地理空间的规划，但空间规划的重要内容是产业发展和产业结构升级。江苏沿海地区发展规划提出：依托连云港、盐城、南通三市产业基础和比较优势，实施错位发展，建立区域产业分工体系，切实转变经济发展方式，加快推进产业优化升级，形成以现代农业为基础、先进制造业为主体、生产性服务业为支撑的产业协调发展新格局。空间布局优化的方向是：以沿海地区主要交通运输通道为轴线，加快沿线城镇发展，进一步强化腹地产业优势，构建产业和城镇带；以三极为中心，以产业和城镇带为依托，以沿海节点为支撑，促进互动并进，形成"三极（重点加快连云港、盐城和南通三个中心城市建设）、一带（依托沿海高速公路、沿海铁路、通榆河等主要交通通道，促进产业集聚，形成功能清晰、各具特色的沿海产业和城镇带）、多节点（以连云港为核心，连云港徐圩港区、南通洋口港区和吕四港区、盐城大丰港区、滨海港区、射阳港区，以及灌河口港区为重要节点）"的空间布局框架。集中布局建设临港产业，发展临海重要城镇，促进人口集聚，推进港口、产业、城镇联动开发，构建海洋

型经济发展新格局，成为提升沿海地区整体发展水平的支撑点。

《皖江城市带承接产业转移示范区规划》明确把装备制造业、原材料产业、轻纺产业、高技术产业、现代服务业和现代农业作为重点发展的六大支柱产业，并以现有的产业园区为基础，推动园区的规范、集约、特色化发展，突破行政区划制约，在皖江沿岸适宜开发地区高水平地规划建设承接产业转移的集中区，以适应产业大规模、集群式转移的趋势。还将加快技术创新升级，强化技术创新要素支撑，构建企业主体、市场导向、政府推动、产学研结合的开放型区域创新体系，促进产业承接与自主创新相融合。《规划》在空间布局上以沿长江一线为发展轴，以合肥和芜湖两市为"双核"，以滁州和宣城两市为"双翼"，构筑"一轴双核两翼"产业分布的新格局。

（四）区域规划把生态环境保护作为重中之重

各个规划都把生态环境保护、防治污染、发展循环经济以及生态环境保护工程列举得很详细。如珠三角规划提出：优化区域生态安全格局，构筑以珠江水系、沿海重要绿化带和北部连绵山体为主要框架的区域生态安全体系。保护重要与敏感生态功能区，加强自然保护区和湿地保护工程建设，修复河口和近岸海域生态系统，加强沿海防护林、红树林工程和沿江防护林工程建设，加强森林经营，提高森林质量和功能，维持生态系统结构的完整性。加强珠江流域水源涵养林建设和保护，综合治理水土流失。推进城市景观林、城区公共绿地、环城绿带建设，促进城乡绿化一体化，加快建成沿公路和铁路的绿化带，维护农田保护区、农田林网等绿色开敞空间，形成网络化的区域生态廊道。

鄱阳湖规划和黄三角规划更是把生态环境保护作为发展的前提和重点。其他区域规划也把保护生态环境，坚持可持续发展作为重要内容。在生态环境保护方面区域规划应具有约束性，但区域规划缺乏法律依据，所以其约束力如何尚不得而知。

（五）区域规划弱化了政策优惠，突出了体制创新和区域合作

很多地区都对区域规划表示出很高的热情，希望有更多的优惠政策，取得国家更多的资金支持。但从批准的区域规划来看，规划中给予的优惠政策并不多，而是突出了体制创新和区域合作。

珠三角规划提出了具体的改革开放和体制创新任务：以行政管理体制改革为

突破口，深化经济体制和社会管理体制改革，健全民主法制，在重要领域和关键环节先行先试，率先建立完善的社会主义市场经济体制，为科学发展提供强大动力。如农村经济体制改革方面，支持有条件的地方发展多种形式的规模经营，逐步实现集体建设用地与国有土地同地同价，建立城乡统一的土地市场，开展城镇建设用地增加与农村建设用地减少挂钩试点，支持惠州、佛山、中山等市开展统筹城乡发展综合改革试点等；财政和投资体制改革方面，提出健全财力与事权相匹配的体制，健全转移支付办法，改革财政资金分配办法，建立和完善通过制度健全、公开透明方式取得财政资金的机制；金融改革与创新方面，提出建立金融改革创新综合试验区，研究开放短期出口信用保险市场，深化境外投资外汇管理改革，选择有条件的企业开展国际贸易人民币结算试点等；在企业体制改革方面，提出创新国有资产运营和监管模式，探索发展多种形式的新型集体经济，鼓励非公有制企业自身改革，建立现代法人治理结构，做大做强；在社会管理体制改革方面，提出鼓励社会组织和企业参与提供公共服务，简化社会组织注册登记办法。推进户籍管理制度改革，实行城乡居民户口统一登记管理制度。改革和调整户口迁移政策，逐步将外来人口纳入本地社会管理，使在城镇稳定就业和居住的农民有序转变为城镇居民，引导流动人口融入所在城市等等；在加强区域合作方面，规划不仅确定了粤港澳合作的重点领域，还提出加强与台湾、环珠三角、泛珠三角、东南亚的合作。

三 "十二五"期间空间规划编制的设想

改革开放以来，我国经济获得了快速发展，但也付出了巨大的环境代价。很多地方资源粗放利用，环境受到污染，这些情况引起了中共中央、国务院和全国人民的广泛关注，对国土空间进行规划就成为十分必要和非常急迫的工作。胡锦涛总书记在中共"十七大"报告上提出："加强国土规划，按照形成主体功能区的要求，优化国土开发格局。""十二五"时期，应在"十一五"进行的主体功能区规划基础上加强对国土规划和区域规划的研究和编制工作。

（一）以经济圈为基本单元进行空间规划

我国东部沿海地区、中部平原地区、东北地区及成都平原、关中平原，聚集

了大量人口和城市。随着交通条件的改善，城市规模的扩大，城市之间经济联系的加强，形成了若干城市群。如长三角、京津冀、珠三角、山东半岛、辽中南、海峡西岸、长江中游、中原、川渝、关中等。这些城市群的区域面积占全国国土面积 1/10 左右，却承载了 1/3 以上的人口，创造了 1/2 以上的 GDP。这些城市群现在和将来仍然是我国经济发展的重要支柱，从 GDP 所占比重来看，承载人口的潜力还很大。在上述城市群地区，构建科学合理的城市体系，保护并改善适宜人居住的生态环境，是中国的长远大计。

以上述城市群为核心，将形成若干经济区或称经济圈，如以长三角城市群为核心的大长三角经济区，以京津冀、山东半岛为核心的环渤海经济区，以珠三角为中心的大珠三角地区，以辽中南城市群为核心的东北经济区，以海峡西岸城市群和台北为中心的海峡经济区，以长江中游和中原城市群为核心的中部经济区，以川渝城市群为核心的西南经济区，以关中为中心的西北经济区等，基本形成了以城市群为核心的区域发展格局。城市群将起到辐射带动整个经济区经济社会发展的作用。"十二五"期间，应以城市群为核心，以经济区为基本单元进行规划，在经济区范围内，加强联系，加强合作，统一规划，共同发展。在经济区内，城市群成为吸引经济要素，尤其是人口聚集的重点区域。经济区内的非城市群区域，尤其是沿边地区，应选择有一定区位优势的中等城市，将其培育为具有一定辐射力和带动力的经济增长极，成为一个小区域的经济中心，带动周边区域的发展。

（二）国土规划的主要内容

20 世纪 80 年代，我国政府编制的国土规划，虽然对结构体系、空间布局、资源利用、生态保护、重大基础设施建设、重点地区等作了系统的安排，内容丰富，体系完整，但比较公认的是内容过于庞杂，几乎无所不包，很难适应不断变化的形势。任何事物都会发展变化，规划越具体、越细致、面面俱到，越难适应形势的变化，越难具有约束力，规划的科学性、严肃性、权威性就要大打折扣。应主要对影响国计民生的重大问题，具有明显外部性的问题进行规划，通过规划手段对市场主体进行约束。因此，空间规划主要应包含以下八方面内容。

1. 功能区划分

中国国土面积很大，地理条件极为复杂。大面积的戈壁荒漠区，分布广泛的丘陵高山区，干旱缺水的高原区，人口稠密的平原区。必须根据一定的标准，对国土空间进行划分，赋予不同的功能。适合发展的加快发展，需要保护的加强保护，适合居住的可集中更多的人口。应根据上述原则对国土空间进行分析评价，根据不同区域的资源环境承载能力、现有开发密度和发展潜力等，对特定区域进行功能划分，并分别明确不同区域的主体功能定位和发展方向。"十一五"期间推出的主体功能区规划，正在紧锣密鼓地编制。可把其整体纳入全国空间规划，也可稍作调整，如将禁止开发地区和限制开发地区变更为生态保护区或特色生态经济区，使之更明确，更具针对性，更容易把握。

2. 空间布局与城镇体系

明确空间布局框架：包括空间结构、发展轴线、重要节点。划分经济区、明确经济带和经济发展轴线，科学规划区域内城镇体系，主要包括大中小城市的规模结构和职能，明确重点城市在区域城镇体系中的定位和未来发展方向。

在经济区内，在功能区划分的基础上，根据经济要素的聚集情况和经济联系状况，构建科学合理的城镇体系。所谓科学合理的城镇体系就是大中小城市分布有序，有若干要素集聚能力强，规模比较大，在国内外有较大影响的大都市，又有若干带动能力强，基础设施比较完善的区域性中心城市，还有相当数量的小城市和小城镇，服务和带动广大的农村地区。对经济比较发达，城市比较密集已形成城市群雏形的区域，通过规划促进区域经济一体化。对城市比较稀疏的区域，通过经济增长极的培育，发展更多的区域性中心城市，以此带动区域经济的发展。

3. 人口分布与城镇化水平

根据区域空间特点和人口分布现状、趋势，明确不同区域未来人口数量的空间分布以及未来不同时期不同区域的城镇化水平，提出相应的城镇化策略。随着户籍制度的改革和城市建设的加快，城市化水平将不断提高，但城市化不可能是均衡的，必然有高有低，有快有慢。经济发展快的区域集聚的人口就越多，城市化水平就越高。因此，空间规划应将人口分布和不同时期的城镇化进程作为空间规划的重要内容。

4. 资源开发与产业发展

资源禀赋对一个国家或区域来说是经济发展的重要条件，但资源开发和利用对生态环境也有至关重要的影响。一般来说，资源是稀缺的，很多资源不可再生。资源开发利用、何时开发利用以及对战略资源的保护涉及国家资源战略，必

须纳入空间规划，根据空间规划编制资源利用计划。同时，资源开发与产业发展存在密切关系，多数产业与当地资源相互依托，对资源依赖型产业应通过规划实现产业可持续发展。很多产业不依赖矿产资源，如第三产业、一般制造业等，应根据市场需求发展，没有必要纳入规划。因此，空间规划应根据区域内资源状况，结合区域发展特点，提出重要矿产资源的开发方向、开发时序和开发策略，并结合现有产业的布局特点，提出未来产业发展方向和空间布局。

5. 重大基础设施的布局

全国性的基础设施以及跨省基础设施应由国家统一规划，甚至由国家组织建设，如国道、跨省跨境高速公路、边境公路、铁路、航线与机场、航运及港口、电网、通信设施等等，通过规划，保证各级各类基础设施的衔接。应根据基础设施现状特点，结合未来发展趋势，明确交通、电力、通信、水利等重大基础设施建设的目标，建设的指导性原则以及骨干基础设施项目建设的时序安排。

6. 跨省流域治理及海岸线的保护利用

我国有长江、黄河、淮河、珠江、海河、松辽、太湖等七大流域，还有为数众多的跨省河流，洪水、污染、水土流失长期以来威胁着流域地区人民生命财产的安全。多数河流横跨数省，上下游之间水资源利用、水质污染、环境保护方面的矛盾越来越尖锐。流域的综合治理及支流的水利工程要依据统一的规划。应针对各流域生态环境特点以及出现的问题，提出大流域治理的目标和原则、重大工程以及工程的时序安排。

我国的海岸线很长，海岛很多，滩涂面积很大，是不可忽视的资源，如何处理滩涂利用和生态保护的关系，需要引起重视，规划中应对海岸线的利用给予明确。

7. 生态环境保护

保护生态环境是实现经济社会可持续发展的重要保证。青藏高原、黄土高原、内蒙古高原的生态环境非常脆弱。广大的山区、辽阔的草原、并不多的湿地构成东中部平原地区的生态屏障和水源地。保护生态环境符合人类的长远利益和根本利益。哪些地方应该保护？哪些地方应禁止开发？规划中应给予明确。针对不同区域存在的生态环境问题，结合主体功能区和空间结构调整，提出不同阶段生态环境保护的目标和指导原则、主要任务、重点地区以及保护主体等。

8. 区域内外的经济合作

区域合作包括区内合作和区际合作。我国的行政区是历史形成的，对经济发展形成重大影响，但频繁调整行政区既不现实也比较困难。所以，在市场经济条件下，要弱化行政区的概念，强化经济区的概念，如长三角、珠三角、京津冀、海峡西岸、长江中游等都是经济区的概念。规划中应划分不同层次的经济区，并明确区域合作的基本思路、区域合作的目标、区域合作的组织架构、区域合作的路径选择等。

（三）制定并颁布《空间规划法》

编制规划应有法律根据，如中国有《土地管理法》、《城乡规划法》等，但没有《空间规划法》。借鉴其他国家的做法，编制规划尤其是编制具有约束力的长期规划，一定要有法律依据。我们建议在"十二五"期间制定并由人大通过关于编制国土规划和区域规划的法律文件即《空间规划法》。在规划法中明确规划的性质、规划的定位、规划的内容、规划的程序、规划的编制主体、规划预算、规划的实施等。规划编制颁布之后，才具有法律约束力，才能真正成为上位规划，成为其他规划的依据。

空间规划的编制应主要依靠规划专业人员，但规划编制完成后应征求各方面意见，进行反复论证，由规划编制人员进行修改，使其更科学、更合理，而不是屈就于地方的利益。规划纲要完成后，经人大通过后颁发实行，成为编制区域性规划的基本依据。各区域性规划编制、修订和调整要依照规划法确定的程序进行。

（四）重点编制跨省区市或以经济圈为单元的区域规划

区域规划在推动资源要素优化配置、规范空间开发秩序和促进区域协调发展方面起着十分重要的作用。对于已经出台国家级规划的地区，应加强规划的贯彻实施，国家有关部门也要对规划所提出的重点任务的推进情况进行全面跟踪，一方面发挥规划应有的指导性和示范带动作用；另一方面也保障规划的严肃性和实施效果，切实发挥区域规划的指导和约束作用。应敦促各地从优化生产力布局和体现国家区域发展战略意图的高度出发，结合本区域的发展实际，做好实施方案。政府各部门应按照规划要求，结合本部门的工作，具体落实相关的政策措施。当然，区域规划的重点和难点仍然是跨省区市的规划，省域内部的区域规划只是一种尝试，应在此基础上编制跨省区市的区域规划。"十二五"期间，应把城市群和经济圈作为区域规划的重点。

B.4

比较与国情：对我国规划体系的思考

李　青*

摘　要： 近年来，在集约用地、科学发展以及区域发展竞争加剧等诸多制约性或激励性背景下，对中国规划体系的研究和对改革规划体制的实践不断进行，这一些都有助于重新认识和完善我国的规划体系。本文通过与国外规划体系的比较，分析了中国社会经济发展变化对规划体系的形成、演变和运作的影响，提出探索建立以国土综合规划为起始的规划体系的建议。

关键词： 规划体系　空间性规划　国土综合规划

近年来，随着区域问题的日益重要且统筹土地、环境和发展的要求日渐迫切，引发了对中国空间规划体系的研究，也出现了新的、有意义的实践探索。应该说，对中国规划体系的讨论有借鉴和反思两方面的意思。就借鉴而言，了解国外不同类型的空间规划及其与各自国情相关的社会基础，从而发现可为中国参考和吸收之处；就反思而言，由于1990年代中期以后中国国土规划的缺失所产生的问题日益显现，有必要继续整理和思考中国的规划体系，一方面保留规划体系的发展型特征，另一方面重视通过规划统筹中国经济社会转型发展中的多种复杂关系，特别是发展要求与土地供给、生态环境保护的关系，形成以国土综合规划为统领、土地和城市规划为要求、发展规划为指引、环境规划为约束的规划体系。同时，加强规划体系中行政系统和法律系统的建设，健全法律体系，建立相关部门的协同关系。

---

* 李青，女，中国社会科学院数量经济与技术经济研究所研究员，经济学博士，研究领域为区域与城市经济学。

一　国外空间性规划及其基本类型

（一）国外的空间性规划

国外特别是西方的空间性规划包括空间规划（欧洲也称国土规划）、区域规划、土地利用规划、城市规划，其中城市规划的起源最早，区域规划和空间规划是在城市规划的基础上逐渐扩展和生成的。

西方近现代意义的城市规划始于工业革命之后，首先出现在工业革命的发源地英国，主要是针对工业革命之后欧洲城市出现的居住问题、环境问题等。一百多年来，西方城市规划思想不断发展，形成了以土地利用为核心、从城市总体规划到建设开发规划的多层次体系。同时，由于城市空间结构逐渐由单中心向网络化演变，出现了城市区域化特征，这在一定程度上推动了城市规划向区域规划和公共政策方向的延伸，也带动了空间规划和区域规划的发展。

西方的土地利用规划起源于 20 世纪 20 年代左右，其主要内容是分区制度和开发控制，通过确定土地用途约束城市各项开发活动。土地利用规划和城市规划的关系极为密切，在较大尺度的区域中，土地利用规划约束城市规划；在较小尺度的区域中，土地利用是城市规划的核心内容。

西方的区域规划出现于 20 世纪 20 年代的英国，以曼彻斯特地区的规划开始，并在此后数十年中逐渐发展，经历了由物质建设与开发规划到综合多元政策型规划的变化，每一阶段的变化都是当时社会经济环境和社会思潮的反映和要求，目前许多国家都编制区域规划。

空间规划（Spatial Planning）是为解决空间协调、资源与环境等问题而产生的，它在 1950 年代首先出现于德国并随后被欧洲一些国家所实践。近来欧洲也使用空间聚合（Territorial cohension）一词，主要指区域性或跨国规划。欧洲的空间规划与国土规划（Territorial Planning）基本同义，有时也与区域规划混用。欧洲空间规划的核心是土地利用，重点是土地利用分类和开发控制，近年来欧洲国土规划的重心转向实现土地高效利用和持续发展。一般全国型的空间性规划称空间规划或国土规划，而地区级的国土规划则称区域规划，也有些区域规划针对某一区域的特定问题。

日本和韩国有国土综合规划，它们与欧洲的国土规划具有明显差异。欧洲的国土规划以土地为核心，而日本的国土规划则包括资源、环境、空间开发格局、基础设施建设、人口和产业布局、经济社会发展等广泛的内容，是集空间规划、发展规划、环境规划为一体的综合规划，对发展规划和空间规划具有指导意义，具有统领性。不过，不论是欧洲的国土规划或空间规划，还是日本、韩国的国土综合规划，都对土地利用规划和城市规划具有指导意义，但不具有强制性。

（二）国外空间性规划的类型

国外并没有统一的规划体系，它因各国国情的不同有差异，如多数国家没有成体系的发展规划；美国没有空间规划或国土规划之称，也没有全国性的空间规划；城市规划和土地规划的内部体系也不尽相同，等等。

1. 以德国为代表的欧洲主要国家

德国的空间性规划包括空间规划、土地利用规划、区域规划、城市规划等，规划层次包括联邦、州、规划区域（Planning Region）、市（Municipalities）几级。联邦政府编制全国性的空间规划，如 1975 年的《联邦国土综合发展方案》、1993 年的《国土发展政策指导纲要》、2006 年《德国空间发展行动战略》等。州级政府制订州的发展方案及发展规划，编制分区规划和土地利用规划，以及城市修建规划、城市开发规划等具体规划，其中土地利用规划是方向性和指导性的，分区规划要明确各类用地的用途和范围①。地方政府制订州以下的区域规划，其中市乡镇级制订包括土地利用规划和建设规划在内的强制性的建设指导规划，市镇政府还可以制订景观框架规划、城市发展规划、景观规划、绿化秩序规划、形态规划等。德国负责城市规划的部门是联邦区域规划、建筑和城市发展部，它有监督立法、协调各州规划和政策的职责。近年来德国加强了州及地方政府在空间规划立法和编制方面的权力，如 2006 年修改的《宪法》将空间规划的立法权从联邦政府变为联邦和州共同拥有。

在规划的法律方面，1960 年德国颁布了《联邦规划法》，规定了土地利用规划、建筑和分区规划的方法，随后又颁布了《框架规则》，以建立全国统一的土地利用规划管理标准。1965 年和 1971 年又先后颁布了《联邦综合区域规划法》

---

① 郝娟：《西欧城市规划理论与实践》，天津大学出版社，1997，第 305~308 页。

和《城市更新和改造法》，其中《联邦综合区域规划法》要求土地开发服从于土地利用规划、地区总体开发规划和联邦政府的框架规则①。

2. 以英国为代表的国家

这些国家包括英国、澳大利亚、新西兰等英联邦国家，镇规划比较普遍，同时也有区域规划和土地利用规划。

英国的空间规划体系包括国家、地区、地方几个层次。其中国家级为宏观的规划，提出方向性设想和规划导则；地区编制地区空间发展框架，包括地区住宅战略、地区空间战略、地区经济战略等；地方编制地方发展框架，包括地方住宅战略、地方协定、地方交通规划等②。英国还有大区级（Pan-region）规划，即跨地区的规划，主要应对几个地区共同面临的问题。在空间规划下编制城市规划。

英国是近现代城市规划的发源地，1909 年颁布的《住宅、城市规划法》是首部规划法，它要求地方政府编制城市规划；1932 年的《城市规划法》建立了规划体系，而 1947 年的《城市规划法》具有历史意义，它提出开发活动必须得到地方规划部门的许可后才能进行，地区（郡）和地方（区）有规划权利，而且强调规划的实践性。1968 年的《城市规划法》规定英国城市开发规划体系包括结构规划（Structure Plan）、地方详细规划（Local Plan）和单一开发规划（Unitary Development Plan），其中由郡政府制订的结构规划以 20 年为期，具有宏观性和指导性；由区政府制订的地方详细规划是十年期规划，它要确定全部土地的具体用途③。2004 年颁布的《规划及强制收购法》建立了新的规划体系，它将地区空间战略和地方发展框架合并，形成以可持续发展为目标的发展规划，使空间规划超越了传统的土地利用规划，将发展政策、土地政策和其他政策整合起来。

在规划的行政体系方面，1997 年前英国主管城市规划的部门是环境部，1997～2001 年为环境、运输和区域部，2001～2002 年改为运输、地方政府和区域部，2002 年 5 月后则变为副首相办公室④。

---

① 郝娟：《西欧城市规划理论与实践》，天津大学出版社，1997，第 304 页。
② "The UK Spatial Planning System"，www. enablinguk. com/spatial-planning-and-sustainable-development. htm.
③ 郝娟：《西欧城市规划理论与实践》，天津大学出版社，1997，第 20～21 页。
④ 孙施文：《英国城市规划近年来的发展动态》，《国外城市规划》2005 年第 6 期。

英国的土地规划开始于 20 世纪 60 年代，它的重点是确定土地用途，进行土地控制，分散内城人口。1980 年颁布了《政府规划与土地法》，仍然重视控制土地利用。20 世纪 60 年代英国还制订过社会规划，主要是解决落后地区开发和社区问题等。英国的区域规划始自 20 世纪 20 年代，先后编制了曼彻斯特及附近地区的区域开发规划、伦敦区域规划，在编制伦敦区域规划时还成立了区域委员会，"二战"后还编制了大伦敦地区规划。战后的新城规划也可以看做是区域规划的实践。

3. 以美国为代表的北美国家

美国的空间规划有区域规划、土地利用规划和城市规划，也有不同层次的发展规划，但发展规划并不是常规的和体系完整的。美国并不像欧洲那样有国土规划或空间规划，也不使用国土规划和空间规划一词。

美国联邦和州政府对规划的干预不多，因此美国没有全国性的空间规划，区域规划也未制度化，尽管目前在区域层面有一些合作的实践，但在大都市区和区域政府层面的合作还不够①。由于美国各州有自己的法律，因此各州的规划体系不尽相同，各州各自制订规划，缺少综合性。1970 年曾经试图通过旨在促进国家、州和地方之间的信息交流的土地利用法，但成果甚微。

美国的城市规划以土地利用为核心不断扩展视野。1909 年的芝加哥总体规划开启了美国的城市规划，1916 年纽约市的"区划法规"是美国最早对城市土地进行土地分区管理的法规。1930 年代联邦政府资助州和地方城市的规划工作，进行州际高速公路系统规划，创立国家资源规划委员会。1949 年联邦政府颁布"住房法案"，1950～1960 年代联邦政府通过"城市更新"活动促进城市发展和城市公共环境的改善，1960 年代联邦政府资助地方政府进行土地利用、交通系统、城市未来发展趋势研究等项目。1970 年代后联邦政府鼓励城市规划更多地考虑环境问题。目前美国的城市规划工作包括城市的经济发展规划，社会发展规划，物质建设规划以及城市政策研究和设计，具有较强的综合性，但其核心仍然是土地利用问题。

美国州及以下地区的规划包括综合规划、城市规划、土地细分、场址规划

① Stephan Schmidt, Ralph Buehler, The Planning Process in the US and Germany: A Comparative Analysis, *International Planning Studies*, Vol. 12, No. 1, 55 – 75.

等。综合规划是区划法的基础，地方政府对开发活动要依据区划法，通过城市规划中的土地细分、场址规划审查等进行开发控制。在各级政府的规划责任方面，联邦政府只能决定联邦政府所有的土地的使用，如国家公园、国家纪念物、历史古迹和自然保护区，而没有权力来管理其他用地。州的立法通常要求地方编制综合规划（区域规划），然后通过各种具体规划将综合规划与各发展计划结合在一起。城市一级主要是基础设施规划、城市设计、城市更新规划和社区发展规划、交通规划、经济发展规划、增长管理规划、环境和能源规划等。

4. 日本

全国国土综合规划在日本的规划体系中具有重要地位，它对其他层次的国土规划和其他类型的空间规划具有指导意义。日本自 1962 年第一次发布《全国国土开发综合规划》（全综）以来，已先后编制了六次全国国土综合开发规划。由于日本的国土规划体系比较完整且具有明显的综合性，它在 20 世纪 80 年代成为中国编制国土规划的重要参照。

在 2006 年的六全综以前，日本的国土综合开发规划包括全国综合开发规划、都府县综合开发规划、地方综合开发规划及特定区域综合开发规划四个层次，其中全国综合开发规划是全国一级的综合开发规划，都府县综合开发规划是都府县制订的本区域综合开发规划，地方综合开发规划是都府县间通过协商制订的跨区域综合开发规划，特定区域综合开发规划是都府县对内阁总理大臣指定的区域编制的综合开发规划，在这些综合开发规划之下编制城市规划。不过，六全综时变为包括国家规划和广域地方规划两级的国土可持续性规划，使其更具宏观指导性。

日本的城市规划包括土地利用规划、城市公共设施规划和城市开发计划，其中城市土地利用规划包括发展政策和土地使用管制规定两部分。土地利用规划中的发展政策以 10 ~ 20 年为期，制定人口和产业的分布、土地使用配置、城市开发、交通体系、公共设施、环境保护和城市防灾等方面的发展目标及其实施策略，不具强制性。日本的土地使用区划制度始于 1919 年，当时对城市土地分为居住区、商业区和工业区 3 类，1950 年增加了准工业区类型，1960 年上述类型经细分后增加到 8 类，到 1993 年土地使用分区增加到 12 类。在不同的土地使用分区，依据城市规划法和建筑标准法，对于建筑物的用途、容量、高度和形态等方面进行

相应的管制。自 1980 年代以来，在土地使用分区之下还进行街区规划①。

韩国学习日本国土规划的经验，自 1970 年代初期以来，已先后编制了四次国土综合开发规划。

5. 前苏联和俄罗斯

在前苏联建立之前，俄罗斯的城市规划就已有一定基础，在 18 世纪后半期俄罗斯已运用城市规划方法进行了部分新城建设和旧城改造。19 世纪上半期制订实施了《建筑法》。十月革命后，区域规划和城市规划成为计划体制的一部分，但西方田园城市和柯布西耶的规划思想也得到一定运用，自 20 世纪 50、60 年代至苏联解体期间，小区成为城市空间开发的重点，在学校、医院的选址方面政府有严格的规定。

2004 年，俄罗斯通过了《城市规划法》，市级政府有权编制城市总体规划，同时规定《土地利用和开发法则》以城市总体规划为基础，该《土地利用和开发法则》与欧洲和北美的分区规划很接近。目前俄罗斯城市总体规划的主要内容是功能区规划，主要的功能区为居住、商业、工业、娱乐、市政交通、特别用途区，功能区的多少因城市而异。获得建设需要以城市总体规划、规划设计和土地调查项目为前提②。

在区域规划方面，前苏联经济区的思想和实践比较成熟，特别是地域生产综合体理论和实践影响较大，在工业基地建设、能源基地建设和企业布局方面有许多经验。

前苏联的发展规划也比较成体系，它包括总体规划、五年计划和控制图，其中总体规划为 10～15 年期的规划，控制图则细化到每天的活动③，前苏联的五年计划开始于 1928 年，到 1991 年苏联解体共编制了 13 个五年计划，执行了 12 个五年计划④。

① 参见唐子来、李京生《日本的城市规划体系》，《城市规划》1999 年第 10 期，第 50～54 页。

② Anna Beregovskih, Irina Grishechkina, Dghamilia Shalakhina, Sergey Miller, Mikhail Pertrovich, "Russian Urban Planning: Modern Ideas", programm. corp. at/cdrom2010/papers2010/CORP2010_239. pdf.

③ "Planning System in Soviet Russia", *The Slavonic and East European Review*, Vol. 9, No. 26, p. 449.

④ "Recommendations for increase of the role of Euroregions/cross-border cooperation structures in the spatial development process in the Baltic Sea region". http://www. benproject. org/repository/WP3/recommendations_ spatial. pdf.

二 对中国规划体系的再认识

（一） 中国的空间规划和发展规划

我国的规划可分为综合规划和专项规划、空间规划和非空间规划两大类，它们各自有不同的体系和层次，其中最具代表性的是空间规划和发展规划，它们都具有一定的综合性。空间规划主要包括土地利用规划和城市规划，发展规划主要是社会经济五年计划/规划。与国外的情况相似，中国的发展规划具有指导性，而土地利用规划和城市规划具有强制性。除空间规划和发展规划及其专项规划外，我国还有人口规划、生态环境规划、矿产资源规划等。

新中国的空间规划和发展规划起始于 1950 年代，分别学习和吸收了苏联、日本和欧美的规划思想，改革开放后得到迅速发展，逐步形成了一定的体系。自 1952 年以来，我国已编制了 11 个五年期的发展计划/规划。自"十一五"时期起，我国的五年计划改称"五年规划"，更加强调五年计划的指导性。

相对于土地利用规划，新中国的城市规划起步早，经验比较丰富，目前已形成包括城市总体规划、详细规划和城镇体系规划的体系。自 1950 年代，新中国也开始了区域规划工作，但迄今区域规划体系还不成熟。我国 1986 年开始编制土地利用总体规划，已编制完成 1986～2000 年、1996～2010 年、2006～2020 年三轮全国土地利用总体规划，它们对于支持经济社会发展、保护耕地具有积极意义。

1980 年代初至 1990 年代中期，我国曾进行过综合性规划——国土开发综合规划工作，但全国国土开发综合规划始终没有正式发布，国土开发综合规划工作在 1990 年代中期以后也基本停止了，缺乏国土综合开发规划是造成规划体系内部出现矛盾与问题的重要原因。

我国发展规划、土地利用规划和城市规划的关系，已先后在国家《城市规划法》、《土地管理法》和《城乡规划法》中予以规定。2004 年通过的《中华人民共和国土地管理法》规定城市总体规划、村庄和集镇规划，应当与土地利用总体规划相衔接；2007 年颁布的《中华人民共和国城乡规划法》要求城市总体规划、镇总体规划以及乡规划和村庄规划的编制，应当依据国民经济和社会发展

规划，并与土地利用总体规划相衔接。据此，三者之间的关系是经济社会发展规划约束土地利用规划和城市规划，土地利用规划又约束城市规划。

（二）对我国规划体系的再认识

中国规划体系的现状及问题，既是经济社会发展的阶段性特征和问题，也是国情决定的长期问题。

第一，土地与发展的张力将长期存在。相对于国外以土地利用为核心、以可持续发展为目标的空间规划来说，中国的空间规划是以土地为约束条件、以服务经济社会发展为目标的，土地和发展这两个分别以"制约性"和"鼓励性"为指向的要素，不仅易使土地供给与发展需求出现张力，也易使土地利用规划和发展规划存在矛盾。特别是，在未来十余年中国快速城市化背景下，以节约用地特别是保护耕地为目标的"土地供给"刚性和以减少农村用地为条件的"发展"刚性之间的张力将长期存在，使得中国规划体系的目标和关系变得复杂。

为此，需要客观认识三个基本背景和要求：一是在中国快速城市化进程中，土地使用用途的转变和建设用地的增加是自然要求和客观结果，在我国人多地少的资源制约下，迫切要求进一步集约、高效利用城市存量土地，寻求符合中国国情的城市建设道路；二是由于城市进程将进一步改变城乡人口结构和经济结构，迫切要求统筹城乡用地和社会经济发展；三是发展规划在中国的规划体系中占有重要地位，规划体系的"发展型"特征仍将突出，但由于我国资源环境制约，空间规划应以符合科学发展要求的发展规划为依据，成为服务科学发展的工具，而不是简单地服务于发展的需要。

第二，以国土综合规划统合三大基本关系。现阶段我国规划体系要包括土地、发展和环境三方面的规划内容，其中土地和环境是条件和硬制约，发展是主要目标和任务。这三者均难以解决以孰为先的问题，而需要一个具有统合性的综合规划来统筹兼顾，按照发展型和统筹性的要求，建立基于平衡关系上的规划体系。重启我国国土综合规划工作，是理顺多种规划的逻辑关系，建立趋于合理的规划体系的一种方案。

第三，充实和协调规划体系的法律系统和行政系统。如前所述，国外的规划体系包括法律、编制、行政三个相互支撑的系统。法律系统和行政系统保障各种规划的编制和实施，编制系统制订指导性规划和实施性规划。在我国，目前虽然已经形成了法律、行政和编制系统的框架，但法律系统偏弱，需要继续充实相关法律和技术标准。同时，通过建立联席会制度、调整机构、信息资源共享等方式，加强部门协同，建立更加协调、高效的行政系统。

三　探索建立以国土综合规划起始的规划体系

1. 编制国土综合规划

改革开放不久我国就引进和学习日本国土规划的经验。1980 年代是我国国土规划的黄金时代，主要成果是 1987 年原国家计委发布的《国土规划编制办法》及编制的《全国国土总体规划纲要》审议稿。到 1990 年代初，全国多数省区都编制了省区级国土规划，有些还编制了省内经济区、地区或县域国土规划。1990 年代中期以后国土规划工作基本停止。1998 年国家机构调整，把国土规划管理职能划归于国土资源部，它以土地利用为核心，重视耕地保护，强调发展过程中的土地约束，但还算不上是综合性的国土规划。

国土综合规划应是集发展规划、空间规划、生态环境保护规划于一体的综合规划，它在纵向上有不同的层次，在横向上与其他规划相衔接，指导各专项规划。编制国土综合规划符合国情要求，它由我国人均资源匮乏和生态环境形势严峻的基本现实所决定。首先，我国人均资源匮乏且国土辽阔，客观上提出了集约、高效、有序利用国土资源的要求，统筹安排各项基础设施、社会经济活动和人口分布、协调经济社会发展、生态保护和空间资源高效利用的关系，在人均资源有限的大国建设和谐美好的家园；其次，目前国土资源保护和利用上所面临的严峻形势，迫切要求发挥规划的校正、引导功能，促进对国土资源的有效保护、合理开发和永续利用，使国土资源能够支撑国家经济社会持续的、有竞争力的发展。再次，国土综合规划也是克服平行性规划多，缺乏具有约束性、引导性，体现保护和发展要求、实现持续发展的统领性规划的途径。

2. 认真定位国土综合规划

在确认国土规划的必要性之后，还需要理解和处理国土规划的内容、国土规划与主体功能区规划的关系、国土规划在全国规划体系中的地位等几个基本问题。

在 1987 年原国家计委发布的《国土规划编制办法》中，将国土规划定义为：根据国家社会经济发展总的战略方向和目标以及规划区的自然、经济、社会、科学技术等条件，按规定程序制订的全国的或一定地区范围内的国土开发整治方案，它是国民经济和社会发展计划体系的重要组成部分，是资源综合开发、建设总体布局、环境综合整治的指导性计划，是编制中、长期计划的重要依据。编制办法还说明，国土规划的基本任务，是根据规划地区的优势和特点，从地域总体上协调国土资源开发利用和治理保护的关系，协调人口、资源、环境的关系，促进地域经济的综合发展，要根据社会经济发展的需要和国家经济技术力量的可能，将这些任务分期分批纳入国民经济和社会发展的五年和年度计划，并制定相应政策、法规①。这一界定清晰地表达了国土规划的意义和内容，其核心是协调国土资源开发利用和治理保护的关系，协调人口、资源、环境的关系，这些也是今后制定国土规划的基本依据。

"十一五"规划提出了主体功能区的设想，并在 2007 年完成了主体功能区的编制工作。从性质上讲，主体功能区具有国土规划的性质，它从属于全国国土规划，是中观的国土规划，但它不能替代或超越全国国土规划和区域规划。国土规划和主体功能区规划的区别，一是层次不同。国土规划特别是全国国土综合规划是全国性的宏观规划，而主体功能区规划是国土规划的重要内容，是中观规划，它侧重于国土资源承载力与社会经济发展的关系，根据不同区域的资源环境承载能力、现有开发密度和发展潜力等进行划分，与国土规划寻求的经济社会自然协调发展、实现空间布局合理化的目标一致；二是规划与实施步骤不同。由于国土规划和主体功能区规划性质相同、层次不同，因此应在制订国土综合规划之后，根据国土综合规划的要求，制订主体功能区规划，使主体功能区规划和国土综合规划相互衔接和匹配。

参照国外的规划体系，我国土综合规划要利用区域规划和主体功能区规划的基础，引导区域规划和主体功能区规划向国土综合规划的提升，即整合区域规划和主体功能区规划，使之成为国土综合规划的主体内容。

3. 探讨以全国国土综合规划起始的规划体系

第一个层次是全国国土综合规划，其内容：一是构建未来国土开发利用的总

---

① 《国土规划编制办法》，1987 年 8 月 4 日国家计委发布。转自深圳市规划局 http：//61. 144. 226. 41/main/zcfg/ghl/19870629075. shtml。

体格局，形成国家和各地区空间发展的战略框架；二是对不同类型地区确定功能和发展方向；三是确定重大基础设施、国土资源、城镇和人口分布的方案；四是提出国土规划的实施保障措施。与全国国土综合开发规划平行的，还有全国经济社会发展战略规划，它是宏观层面的社会经济发展的战略部署。在第一个层次上，还配合有全国性的发展规划、空间规划和生态环境规划，即国民经济和社会发展规划、土地利用总体规划、城镇体系规划、生态环境保护规划等，各规划下还有若干专项规划。第二个层次是经济区和城市群一级的国土综合规划及发展规划、空间规划和生态环境规划等专门规划。第三个层次是省级国土综合规划及专门规划，省内经济区、城市群规划可以与国土综合规划合一，对经济区和城市群的社会经济发展规划、城镇体系规划和城市规划具有指导作用。第四个层次是地区一级的国土综合规划和专门规划。第五个层次是县级规划，县级规划要符合上级规划的要求，其实施性强，发展规划、土地利用规划、城市规划具有突出作用。第六个层次是村镇规划，这一层次的规划实施性更强，重点是小城镇和乡村建设规划，是基本的空间规划层次。

　　一个完善的规划体系，宜应根据本国社会经济变化和国情要求，借鉴国际经验，在动态调整中形成，它需要审慎的研究和决策，也需要积极地探索和改变。合理的规划体系所给予我们的，是一个有利于统筹、协调、持续、全面发展的系统性指南，通过它我们将走向理性的发展，拥有美好的国土。

B.5
京津沪服务业结构变动趋势比较分析

张 智*

摘 要： 加快发展服务业是我国当前实现经济结构调整的重要手段和途径。本文在对京津沪服务业结构变动趋势比较分析后提出，京津沪及我国类似的特大城市应根据自身特色，在保持第二、三产业均衡发展的同时，加快服务业内部结构调整升级，其重点发展方向应包括：批发零售贸易餐饮业、房地产业及其他（综合社会）服务业。

关键词： 服务业 产业结构 京津沪比较

2010 年 10 月，十七届五中全会通过了《中共中央关于制定国民经济和社会发展第十二个五年规划的建议》。《建议》强调，要坚持把经济结构战略性调整作为加快转变经济发展方式的主攻方向。而经济结构战略性调整的基本要求包括：加快发展服务业，促进经济增长向依靠第一、第二、第三产业协同带动转变。

现代都市经济的主体和方向是服务经济，这不仅表现在服务业产出在经济总量的比重方面，而且也反映在都市服务业就业比重的增加上。研究都市服务经济的发展规律，仅仅对服务业整体进行分析显然是不够的，只有对服务业内部进行更深入细致的考察，才能发现新的趋势、揭示新的规律。此外，由于历史文化、资源禀赋和地理区位等因素的差异，不同城市的服务业结构又存在着显著差异。本文以京津沪为对象，通过对其近十几年来服务业结构变化的分析和比较，探究现阶段我国大都市服务业内部结构变动的基本趋势，为都市产业规划和经济政策的制定提供参考。

---

* 张智，天津社会科学院经济社会预测研究所，博士，副研究员，主要研究方向：宏观经济预测分析、区域经济、城市经济。

一　京津沪三次产业结构变动比较分析

世界主要发达国家经济发展历程表明，伴随经济发展水平的不断提高，宏观产业结构一般呈现规律性变化，而其中一个重要特征是服务业占总产出比重不断提高。目前主要发达国家服务业比重已达到甚至超过了70%。

在考察京津沪服务业产出结构变动之前，这里先对京津沪三次产业的变动进行分析和比较。为了更加清晰地显示服务业比重的变化，笔者绘制了1993～2010年第一、二产业与服务业的百分比累计柱形图，图1～图4分别是北京、上海和天津的三次产业结构变化趋势。1993～2009年数据来源分别是北京、上海和天津的2010年统计年鉴，其中1997～2008年数据经过了全国第二经济普查结果的修订。2010年北京和天津数据来源是其3季度的统计月报。

从图1可以看出，北京市在1993～2010年18年间的产业结构变化十分明显。服务业从1993年的46.6%逐步上升至近年来的75.5%，从比重数值看，已达到发达国家的结构水平。如果仅从75.5%这一比重数值上讲，北京市已初步完成了宏观（三次）产业结构的升级，进入到后工业化阶段，其下一步的发展方向应该是产业的高端化和均衡化，其具体的重点应根据服务业内部结构趋势确定，笔者将在下文进一步展开讨论。

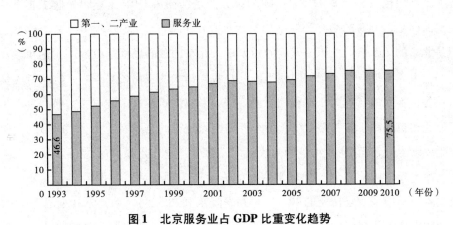

图1　北京服务业占 GDP 比重变化趋势

在图2中，上海1993～2009年间的服务业比重也实现了持续上升的态势，与北京不同的是，上海的服务业比重上升速度相对较慢，17年间比重上升21.3

个百分点,明显低于北京同期上升的 28.9 个百分点。此外,2009 年上海服务业比重最高时也只是接近 60%,明显低于北京同期 75.5% 的水平。从另一角度说,上海 2009 年服务业比重仅大致相当于北京 1998 年的水平。那么,是否可以认为上海与北京的宏观经济水平存在 10 年左右的差距呢?应该如何理解京沪宏观经济结构上的差异呢?

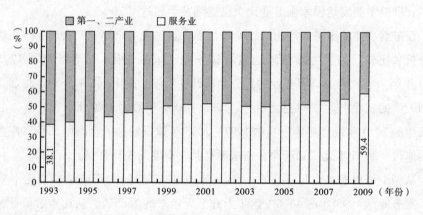

图 2   上海服务业占 GDP 比重变化趋

显然,单一服务业比重指标上并不能全面反映和评价宏观经济的运行状态和水平。从 GDP 总量上看,2009 年北京的名义 GDP 只有上海的 80%,北京现价服务业增加值也只有上海 82%。上海的服务业增加值占 GDP 比重明显低于北京的主要原因是,上海的第二产业增加值远远高于北京,上海 2009 年第二产业增加值是北京的 2.5 倍。从历史发展的角度看,北京的核心属性是政治、文化和教育中心,上海在近一个世纪的时间里始终是我国最大的工商贸易中心,这些特质是依托各自不同的自然禀赋在长期历史演进中形成的。在新中国成立初期,北京第三产业比重是高于第二产业的,后来伴随国家建设的全面展开,北京的第二产业比重逐渐上升,至 1978 年改革开放初期,第二产业比重最高时达到 71.1%。同时,由于新中国成立后长期以来奉行"先生产,再生活"的发展理念,第三产业比重由新中国成立初期的 40.1% 一路下降至 1978 年时的 23.7%(见图 3)。改革开放以来,北京三次产业结构发生显著变化,在以服务业为主导的发展过程中,初步完成了"去重工业化",实现了城市核心优势的回归,为经济发展方式转变积累了宝贵经验。

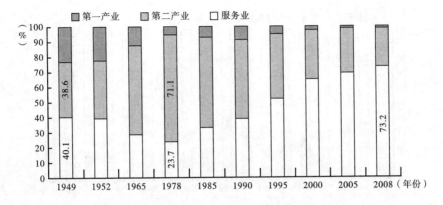

图3　新中国成立以来北京三次产业结构变化情况

数据来源:《北京六十年（1949~2009）》,北京市统计局,2009年10月。

上海的发展与北京有很大不同,其制造业发达不仅不应被看做是产业结构升级的包袱,相反,上海鲜明的制造业传统优势是其不可多得的财富。发达国家的历史经验表明,现代服务业的"膨胀"之所以出现在后工业化阶段,是因为服务业发展必须以工业化水平的提升为前提。一方面,在工业化进程中专业化水平不断提高,工业生产的中间服务需求增长推动了服务性投入的增长,成为信息、金融、商务服务等生产性服务业发展的主要动力来源。美国伯克利大学科恩教授和佐茨曼教授指出,许多服务业直接依赖制造业,为制造业进行服务,服务经济的本质实际上是工业经济的另一种表现形式。另一方面,医疗、教育、文化旅游等生活服务业增长的前提是较高的人均收入水平,实践表明,工业化过程是提高大国人均收入的必经之路。显然,上海已有的制造业基础为上海未来发展提供了更加广阔的空间。

图4显示了天津与京沪不同的发展模式。近十几年来,天津服务业比重大多在40%~50%之间徘徊。应当看到,与京沪相比,天津服务业发展一直存在明显差距,但对天津服务业的认识仍然不能脱离天津经济社会发展的历史背景和轨迹。事实上,天津服务业比重在2002年曾接近47%,但伴随天津滨海新区的超常发展及2006年被正式纳入国家发展战略,天津原有的重化工业特征被进一步增强,大量项目和投资使天津第二产业快速增长,成为拉动天津宏观经济增长的主导力量。在这一背景下,天津服务业比重上升的趋势受到抑制。为深化和完善《天津市城市总体规划（2006~2020年）》,落实天津城市定位,在2009年6月

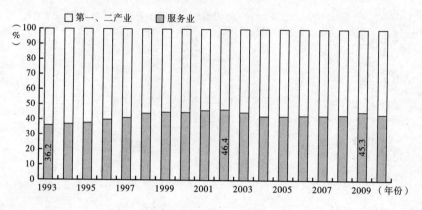

图4　天津服务业占GDP比重变化趋

编制的《天津市空间发展战略规划》中，提出了实施"双城双港、相向拓展、一轴两带、南北生态"的总体空间发展战略，为天津未来发展指明了方向。仅从中心城区和滨海新区核心区这"两城""相向拓展"的全新思路看，依托原有的雄厚工业基础，天津服务业的长足发展在不久的将来是可以期待的。

二　京津沪服务业产出结构变动分析

有学者通过对美国、欧盟和日本服务业产值结构和就业结构的变动分析指出，房地产、租赁与商务服务业和教育、医疗卫生、社会及其他服务业是推动发达国家服务业比重上升的主要动力，但是以批发零售与餐饮旅店业、交通运输仓储与通信业等为主的传统服务业仍是发达国家服务业的主要组成部分。我国的情况又如何呢？为了揭示我国大都市的服务业结构变动规律，本文将对京津沪近十年来的服务业产出结构分别进行统计分析。

在进行统计分析之前，有必要对我国服务业核算方法及国民经济行业分类变更情况给予必要的讨论。从服务业核算方法看，1985年我国开始进行国民生产总值的生产核算，服务业核算也得以同步进行。在1993年正式引入国内生产总值的核算之后，国内生产总值以及服务业也都调整了核算分类，并在2003年又有过进一步的调整。我国现行的国民经济行业分类与代码（GBT4754 - 2002）是2002年实行的，而在此之前施行的是1994年标准，这就存在一个新旧分类标准调整对统计数据的影响问题。表1是新旧分类标准的对比。

表1 新（2002年）旧（1994年）国民经济行业分类标准服务业变动对比

2002年服务业分类标准（现行）　　　　　　　　1994年服务业分类标准（废止）

　　　　　　　　　　　　　　　　　　　　　　（1）农林牧渔服务业

1.交通运输、仓储和邮政业　　　　　　　　　　（3）交通运输、仓储和邮电通信业

2.信息传输、计算机服务和软件

3.批发与零售业　　　　　　　　　　　　　　　（4）批发、零售贸易和餐饮业

4.住宿和餐饮业

5.金融业　　　　　　　　　　　　　　　　　　（5）金融保险业

6.房地产业　　　　　　　　　　　　　　　　　（6）房地产业

7.租赁和商务服务业　　　　　　　　　　　　　（10）科学研究和综合技术服务

8.科学研究、技术服务与地质勘察　　　　　　　（2）地质勘察、水利管理业

9.水利、环境和公共设施管理业

10.居民服务和其他服务业　　　　　　　　　　（7）社会服务业

11.教育　　　　　　　　　　　　　　　　　　（9）教育、文艺及广播电视

12.卫生、社会保障和社会福利业

13.文化、体育与娱乐业利业　　　　　　　　　（8）卫生、体育和社会福利

14.公共管理与社会组织　　　　　　　　　　　（11）国家政党机关和社会团

　　　　　　　　　　　　　　　　　　　　　　（12）其他行业

　　需要说明的是新分类标准将农林牧渔服务业划归第一产业，不再隶属于第三产业；并将信息传输、计算机服务和软件业单独列为一项。在理想的数据环境条件下，我们可以将2002年以前的服务业分类数据按照新标准进行重新核算，从而得到口径一致的序列数据。但是受到分类数据资料的限制，这里只能将新标准中服务业14大类的指标再次归集，形成本文讨论的5大分类：交通运输仓储及邮电通信业、批发和零售贸易餐饮业、金融保险业、房地产业、其他服务业。

　　服务业增加值结构分析，一般可采用两种方法，一种是基于服务行业分类的常规核算方法（可称常规法），另一种是基于投入产出表的核算方法（可称投入产出法）。常规法是目前较常用的服务业增加值结构分析方法，即先划定服务业所包含的服务行业类别，然后，将各行业类别增加值累加并计算比重。这一方法简便易行，可以任意截取数据序列进行分析，即可以直接依据国内生产总值核算表而获得年度甚至是月度数据。但由于在国内生产总值年度核算中，按服务业的自然属性进行增加值统计核算，并不能确切反映按经济用途区分的生产服务和消

费服务的比例，这是常规法的主要缺陷。

在需要分析生产服务业和消费服务业结构的情况下，为弥补常规法的上述缺陷，可采用投入产出法进行分析，首先利用投入产出表计算出服务行业的中间需求率，然后乘以服务行业的增加值，所得之积就是生产者服务业增加值。投入产出分析的核心是部门间的经济联系，并根据部门间经济联系进行综合平衡研究。通过某部门的中间需求率，就可以准确分离该部门产出中为其他各部门所提供的投入量。投入产出法分析研究生产者服务业问题，与行业划分的常规方法相比，是一种更为科学准确的方法，它不仅在数量上更为准确，而且，在生产者服务业质的规定性上更好地反映出它的内涵。不过，投入产出法也有自身的缺陷，即我国的投入产出表是每隔5年编制一次，因此无法得到连续的序列数据。本文主要分析服务业主要结构的变动，并未涉及生产服务业与生活服务业的分类，所以采用常规法进行分析。

图5显示出北京1993～2010年服务业内部结构变动情况，图中是交通运输仓储及邮电通信业、批发和零售贸易餐饮业、金融保险业、房地产业、其他服务业这5大类增加值分别占服务业的比重。图中数据来源为：1993～1999年出自《中国国内生产总值核算历史资料（1952～2004）》，2000～2009年出自《北京统计年鉴2010》，2010年数据出自北京统计月报（前3季度数据）。

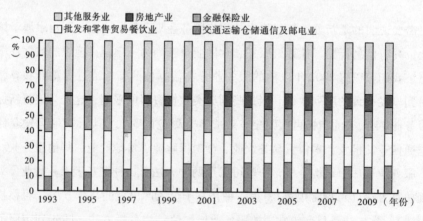

图5　北京服务业内部结构变动趋势

图5中显示，比重有明显上升的有房地产业和其他服务业；交通运输仓储及邮电通信业20世纪90年代呈上升趋势，2000年后基本稳定在18%上下；批发和零售贸易餐饮业20世纪90年代不断下降，2000年后基本稳定在18%上下；

金融保险业变化不大，2000 年后基本稳定在 17% ~ 18%。从北京看，其服务业内部结构变化与美欧日等发达国家表现出的规律基本一致。

图 6 是上海 1993 ~ 2009 年服务业内部结构变动情况。图中 1993 ~ 2004 年数据来源与图 5 相同，2005 ~ 2009 年出自《上海统计年鉴（2010）》。图 6 中上海的服务业内部结构变动与北京有相似也有不同。考察期内，上海结构变动较为复杂，各分类的比重大多出现非单调性变化，即有些阶段上升而有些阶段出现下降。如金融保险业从 1993 年的 23.9% 先是上升至 1997 年的 26.6%，随后开始下降，2005 年降至 14.6%，然后再次转为上升，2009 年达到 20.2%。如果仅从近几年的走势看，比重上升的有金融保险业、批发和零售贸易餐饮业，前者应该与上海构建国际金融中心战略规划的实施有关，后者 2008 ~ 2009 年比重突然升高约 7 个百分点的具体原因有待进一步考察；比重下降的分类有交通运输仓储及邮电通信业、其他服务业和房地产业。如果从 1993 年至 2009 年趋势看，房地产业比重的趋势还是由低向高发展的。而且，从数值来讲，上海房地产业比重近年来最低时的 12%（2008 年）仍高于北京最高时的 11.6%（2009 年），综合来看，上海房地产业仍然是逐步上升的趋势。总之，上海服务业结构的变动具有较大的不确定性，这也意味着上海经济结构升级仍蕴涵了巨大的发展空间。

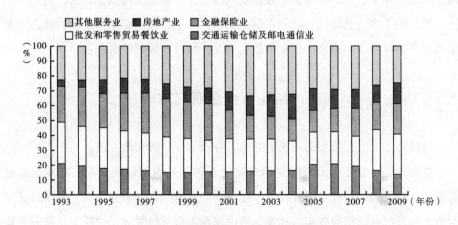

图 6　上海服务业内部结构变动趋势

图 7 是天津服务业的结构变动情况，图中 1993 ~ 2004 年数据来源同京沪，2005 ~ 2009 年数据来自历年《天津统计年鉴》，2010 年（前 3 季度）数据来源于天津统计月报。

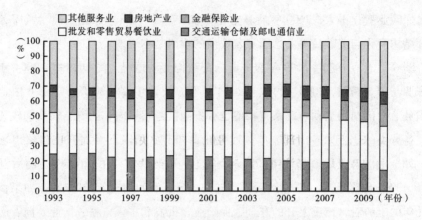

图7　天津服务业内部结构变动趋势

　　天津服务业5大分类中，十几年来有所上升的有房地产业；先降后升的有金融保险业；下降的有交通运输仓储及邮电通信业；20世纪90年代有所上升，在2000年后较为稳定的有批发和零售贸易餐饮业；其他服务业比重虽有变动，但幅度不大。与京沪相比天津批发和零售贸易餐饮业有更高的比重，2000年后其比重基本保持在30%以上，这显示出该类别在天津服务业和整个宏观经济中的地位。近几年来，天津其他服务业比重缓慢上升，数值虽略低于北京，但高于上海，这说明天津的整体社会功能在逐渐增强。综上，天津服务业发展的动力主要来源于金融保险业、房地产业和科教文卫及社会服务等其他服务业。

三　结论与今后研究方向

　　这里对上文进行简要的归纳和总结，并提出今后研究的方向。

　　首先，北京服务业无论从占GDP的比重还是从内部结构上看，其发展都更为成熟。强大的综合社会服务功能、稳定的现代金融管理服务功能、雄厚的交通运输仓储及邮电通信服务实力和发达的批发和零售贸易餐饮业，使得北京服务业结构最为均衡。从其近年结构变动趋势看，房地产业和其他（综合社会）服务业仍将是未来5~10年的主要发展方向。

　　其次，对津沪服务业分析不能完全抛开各自优良的制造业传统，和其在一定时期中应该承担的，实现我国自主创新和制造产业高端化的历史责任，而津沪制造业的发展也为其现代生产服务业的发展提供了广阔空间。批发和零售贸易餐饮业、房地产业和金融保险业应该是津沪未来 5～10 年服务业发展的重点领域，此外，天津的其他（综合社会）服务业既是宝贵的社会历史财富，也应该成为天津长期的重点发展方向。

再次，房地产业高度发展是世界各国大都市发展进程中无一例外的历史规律。近些年来，国家针对部分城市住房价格上涨过快出台的一系列房地产宏观调控政策，是出于对宏观经济稳定和安全等多重因素的考虑，但这并不等于说大都市房地产业应该停滞。因为，解决中低收入人群住房问题和房地产业健康有序发展是两个不同的问题，前者的性质是社会救济和保障，后者的实质是让市场发挥高效配置社会经济资源的功能，这两个问题本不对立，也不应该将它们人为地对立起来，认为只有房地产业停滞才能更好地解决居民住房问题的观念是错误的，这既不符合人类城市社会经济发展的历史规律，也违背一般基本常识。

最后，本文尽管给出一些研究结论，但整体上还显得较为粗浅。笔者认为，今后的研究可从以下方向进一步展开：对服务业就业结构和收入结构的变动进行分析比较；对其他服务业这一综合大类进行更详细的分类，如京津沪近年来租赁和商务服务业比重成倍增长，但教育比重却有不同程度下降等问题展开深入探讨；在数据充足的条件下，针对服务业重点类别建立计量模型并进行中短期预测，为制定相关政策提供参考。

参考文献

Steven Cohen and John Zysman. "Manufacturing Matters: the Myth of Post-industrial Economy" 1987. New York: *Basic Books*.

魏作磊：《美、欧、日服务业内部结构的演变及对中国的启示》，《国际经贸探索》2010 年第 1 期。

许宪春：《中国服务业核算及其存在的问题》，《经济研究》2004 年第 3 期。

环渤海湾

Around the Bohai Sea Region

B.6
京津冀区域发展的现状、问题与
现实突破路径研究

卢 卫*

摘 要："十一五"期间，京津冀城市群区域建设取得了新进展，初步展现了"新增长极"的某些区域特征。与此同时，由于缺乏区域规划约束指导，两市一省的"城市群"建设发展，也暴露出以我为主、各自为战等问题。本文分析和阐述了京津冀城市群区域发展的经验做法，剖析存在问题，对促进"十二五"时期京津冀城市群的区域协调发展，具有现实的指导意义。

关键词：京津冀区域 现状与问题 突破路径

---

* 卢卫，天津社会科学院经济社会预测研究所所长，研究员，主要研究方向：区域经济、城市经济、经济和社会发展预测。

"十一五"期间，我国首次提出以"城市群（圈）"为主体推进区域发展的新思路。依据国家战略定位，京津冀城市圈区域由北京、天津两个直辖市和河北省的石家庄、廊坊、保定、唐山、秦皇岛、沧州、张家口、承德八市组成。按照中央"东部地区率先发展"总原则，通过重新划分京津城市功能定位，将天津滨海新区开发开放纳入国家战略等新举措，促进京津冀区域"十一五"期间的新发展。至 2010 年三季度，京津冀都市圈地区生产总值 27904.35 亿元，同比增长 13.5%，占全国比重 10.4%，初步展现了"新增长极"的某些区域特征。与此同时，由于缺乏区域规划约束指导，两市一省的"城市群"建设发展，也暴露出以我为主、各自为战等问题。为此，全面梳理京津冀城市群区域发展的经验做法，剖析问题，对于充分认识和把握区域经济发展规律，促进"十二五"规划的良好开局，具有现实的指导意义。

一 "十一五"京津冀城市群区域建设的新进展

1. 北京市：依托奥运平台、实现多向扩张，提出建设"世界城市"新主张

（1）依托奥运平台、持续提高城市建设水平。从 2004 年到 2008 年，北京经历了快速发展的 5 年黄金期。导致 GDP 年均增长超过 10% 的一个主因，是来自奥运工程的投资拉动效应。据奥运组委会 2008 年的统计，自 2001 年起，北京市因奥运工程完成的城市基础设施投资约 2800 亿元，其中城市交通累计投资 1782 亿元，能源基础设施投资 685 亿元，水资源建设投资 161 亿元，城市环境建设投资 172 亿元。交通建设主要包括首都机场东扩，建设了 T3 航站楼；完成了北京南站改造和京津城际铁路建设；新增高速公路 578 公里；完成 13 号线、八通线、5 号线、10 号线一期、奥运支线和机场高速轨道交通建设 146 公里；完成六环以内 290 公里的河道治理，建成 11 座中水厂、9 座污水处理厂，使全市污水处理率提高到 92%；完成垃圾填埋厂和焚烧厂建设，使全市城区垃圾无害化处理率达到 99.9%，郊区垃圾无害化处理率达到 78.6%。有专家指出，通过奥运工程对城市基础设施的巨大投入，北京城市建设水平的实现至少提前了十年。

（2）平衡城区发展，启动南城行动计划。从 20 世纪 90 年代举办亚运会开始，到 2008 年奥运会结束，北京的城市建设活动主要集中于城北的海淀、东城、西城区和城东的朝阳区。据调查，2003 年南城地区人均生产总值相当于北城

1998～1999 年的水平；和东城、西城区相比，崇文区落后 6～7 年，宣武区落后 1～2 年；丰台区落后海淀区 4 年。此外，南城基础设施建设远远落后于北城。1999～2004 年，大型公共设施在北城的投资是南城的 28 倍。为预控奥运会后可能出现的经济下滑，应对不期而至的国际金融危机，北京市在 2009 年及时启动了"城南 3 年行动计划"，将"南城"扩充到崇文、宣武、丰台、房山和大兴 5 区，总面积 3367 平方公里，占全市总面积的 20.5%。该行动计划提出，"未来三年，将以功能提升为重点改善城南地区形象，以基础设施提升为重点优化发展环境，以产业集聚和业态创新为重点带动区域经济，以公共服务提升为重点促进民生改善，有步骤、分时序实施一批重大工程，配置一批重大项目，使之成为北京市未来发展的战略空间和参与京津冀区域合作的重要门户通道"。2010 年，北京市合并了东、西、文、武四区，实现了大兴、亦庄、房山 3 条轨道交通线路通车运营，另有 4 条轨道交通线路、7 条交通干道、一批郊野公园、再生水厂等环境工程以及丽泽金融商务区等功能区在加紧建设，为城南地区可持续发展奠定新的基础。

（3）及时启动京西老工业区全面转型规划和朝阳区 CBD 东扩规划。京西地区 2950 平方公里，为全市面积的 18%，主要包括石景山、门头沟两区和丰台河西地区、房山北部山区及永定河相关水域。2009 年这一区域常住人口约 139 万人，占全市总人口 7.9%。曾为首都发展提供重大能源支持的京西地区，以 2005 年首钢东迁唐山为标志，加快退出资源型产业。至 2009 年底，房山、门头沟两区已陆续关闭煤矿 885 家，非煤矿山企业 983 家。到 2010 年底，首钢石景山厂区的涉钢产业全面停产，中小资源型企业已全部退出。预计从"十二五"开始，京西地区以一核、两区、三带的新格局，形成以生产性服务业和高技术产业为主体、文化创意产业和旅游休闲产业为特色、生态农业为补充的京西产业体系。

位于北京东四环的朝阳区 CBD 占地 3.99 平方公里，历经十年发展已全部建成。按照 1992 年国务院审批通过的规划，朝阳 CBD 应占地 10.4 平方公里。故此轮东扩 3 平方公里，应视为该 CBD 的二期扩建。以北京总部经济目前的聚集规模和发展态势，北京的商业服务业用房短缺将会长期存在。为此，朝阳区不仅为 CBD 三期东扩预留了 4 平方公里用地，更在垡头、东坝等边缘区规划了"泛CBD"新区。

（4）顺应加快发展方式转变的新需要，提出建设世界城市的新理念。从建设"世界城市"高度，提高首都的规划建设档次和服务管理水准，是北京为提升科学发展水平做出的重大决策。建设世界城市并非空穴来风，按照国务院批复的《北京城市总体规划（2006～2020）》，北京必须以建设世界城市为努力目标，顺应中国和平崛起的时代要求，不断提升首都发展的国际化水平。从现实来看，北京具备了建设世界城市的一定基础：2009年北京人均GDP突破1万美元，地方财政收入超过2000亿元，第三产业比重达到75.8%。以"人文北京、科技北京、绿色北京"三大战略为支撑，北京已经进入高水平建设国际大都市的新阶段。

2. 天津市：凭借国家战略、实施"三区联动"，区域龙头作用显著提升

（1）滨海新区龙头带动作用放大，经济领跑全国。因天津的总量基数相对较低，滨海新区前13年（1994～2006年）的发展一直保持20%以上的增长。但在基数递增、又需应对金融危机的2007～2009年，仍保持23%的年均增长，2010年上半年更达到26%，则实属不易。2007年以来，天津市引进的80项大工业项目有3/4是投放在滨海新区，新增的外商企业有2/3落户于滨海新区，使新区生产总值占全市的比重在2009年超过50%，2010年前三季度，超过55%，对全市经济增长的贡献超过60%。2009年实施的《天津市空间发展战略规划》确立的"双城双港"战略，充分拓展滨海新区的发展空间，总投资高达1.5万亿元的滨海核心区、中心商务区、东疆港、南港、中新生态城和航天城等十大功能区加速建设，标志着滨海新区已跨入以点带面，全面发展新阶段。2010年1～11月，滨海新区完成固定资产投资3060.94亿元，同比增长38.5%，高于前三季度35.7%，平均增速近3个百分点。

（2）中心城区"整体提升"，现代服务业异军突起。天津中心市区既有商贸发达、人文荟萃、消费集中等优势，也存在人口过于集中、就业、交通和环境发展不足等瓶颈。自"三个层面联动"促进"中心城区整体提升"，摆正了老区与新区、生活性服务业与生产性服务业、单极与多级支撑等发展关系；强化了金融和平、商务河西、科技南开、金贸河东、创意河北、商贸红桥的功能定位。近三年来，市政基础设施加快建设，市容环境集中整治，使城市载体功能提升，加大了促进楼宇经济、会展经济、都市旅游、创意产业等现代服务业的聚集强度，愈益凸显中心城区作为天津商贸、文化、消费和服务业中心的"母城效应"。"十五"期间，中心城区累计有270多家企业东移至滨海新区，项目总投资450亿元，形成工业总产值810亿元。"十一五"期间，中心城区累计吸引3000多家科技、金融、商贸企业总部落户，服务业增速2010年上半年首次进入全国三强，

对财政收入的贡献率首次超过工业。

（3）涉农区县加快发展，城乡一体化态势喜人。天津以"三个层次联动"战略为蓝本，以滨海新区"华明模式"为示范，在各区县创建了农村社区、示范工业园和农业产业园"三区协调联动"机制。2008年以来，全市推出示范小城镇四批38个，向小城镇累计转移农村人口78万人，农村城镇化年均增长3.8%，是前23年（1984～2006年）平均增速的7.8倍。同期，各区县以31个示范工业园为载体，引进实施五批600个大项目，单项投资规模平均5.1亿元。近3年以来，全市每年新增设施农业10万亩，至目前建成35万亩，比2006年翻了两番。天津农民人均纯收入2009年突破万元大关，列全国第四位，比上年前移了1位，城乡居民收入比达2∶1，列全国第一位，比上年前移了4位。2008年以来，天津市不断强化涉农区县工业化发展，至2010年三季度，累计建设工业小区31个，完成投资1931.7亿元，引进重大工业项目600个，开工率达98%；累计竣工项目290个，竣工率达48.3%。

3. 河北省：曹妃甸异军突起，唐山经济持续上位，"环北京经济圈"建设得到响应

（1）唐山——曹妃甸异军突起，成为环渤海区域经济增长新引擎。唐山市曹妃甸新区西距天津港70公里，距北京220公里。其中的工业区规划总面积310平方公里，相当于15个澳门，是"十一五"时期我国最大的产业群项目之一。按照"依港促工、重化立城、港城互动"的发展思路，曹妃甸建设开发从零起步，大力发展现代港口物流、电力、钢铁、石化和装备制造等产业集群，"十一五"期间累计投资超过3000亿元，其中曹妃甸工业区累计投资高达1928亿元。通过填滩造地，形成陆域面积200多平方公里。建设的25万吨级矿石码头、30万吨级原油码头、5万至10万吨级煤炭码头和通用散杂货、首钢成品码头陆续通航，形成港口吞吐能力1.5亿吨，2010年完成吞吐量1.2亿吨，使得包括曹妃甸在内的唐山港全年吞吐量将达到2.4亿吨，成为国内第十个、环渤海第五个吞吐量过2亿吨大港。经过"十一五"时期的不懈努力，曹妃甸已经进入大规模产业聚集的新阶段，正在成为继天津滨海新区之外，另一促进环渤海经济快速增长的新引擎。随着首钢京唐钢铁一期等200多个项目陆续投达产，唐山市经济迅速上位：2005年GDP突破2000亿元，2008年达到3561.19亿元，排名全国第19，2009年完成GDP达到3800亿元，排名全国第18，2010年完成GDP预计超过4000亿元，或将进入全国排名前15位，也成为我国东部地区第一个GDP超过4000亿元的地区级城市（见图1）。

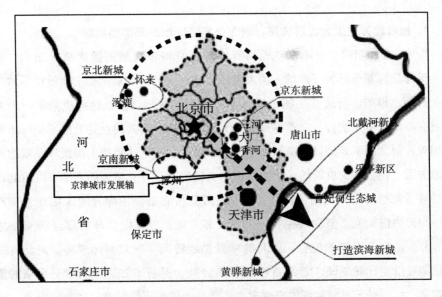

图1 河北省建设"环首都经济圈"空间示意图

（2）配合北京建设"世界城市"，积极启建"环首都经济圈"。长期以来，河北省一直以"服务京津"理念确立自身的区域定位，不仅未得到京津两市的认同和等效补偿，反而受到特大城市的"虹吸"影响，形成事实上的"环京津贫困带"。痛定思痛，河北省紧紧把握住北京市在后奥运时代实现由"国际城市"向"世界城市"升级，又苦于发展容量和资源有限、区域支撑不足的有利时机，及时提出了建设"环首都经济圈"的战略构想。按此构想，河北省将在邻近北京近1000公里范围内的涿州、涞水等13个县（市、区）辟为"环首都经济圈特区"，近期实现通信和交通基础设施与北京的全面对接，远期打造京东、京南、京北三个新城以及7个人口在30万人以上的中等城市，成为一个拱卫首都全封闭城市带。对此构想，北京予以积极务实的响应。认为建设"环首都经济圈"把握住"天时地利人和"机遇，可以充分化解北京建设"世界城市"需要面对的交通、水资源、土地资源紧张、住房短缺等多方挑战。北京承诺，将实施地铁网络向河北延伸1100公里和统一电话区号等积极举措，与河北省共同建设以首都为核心的"世界级城市群"。

二 京津冀"十二五"区域协调发展面临的新问题

1. 出台地方性重大发展决策，缺乏必要的区域统筹协商机制

"十一五"期间，京津冀各地均有促进自身城市发展的重大决策出台：譬如，天津滨海新区开发开放纳入国家发展战略；又如，北京市提出建设世界城市长远目标；再如，河北省实施"环首都经济圈"规划建设。这些决策第一个共同点，即都属事关宏旨、立意深远的重大决策；第二个共同点是看似不与区域发展相关，但又离不开区域协调发展的支撑。因此，一旦这类重大决策涉及双边或多边关系，建立重大决策的区域协商机制，就绝不是可有可无的事了。以河北设立"环首都经济圈"为例，表象上看，是河北与北京一拍即合的区域性合作产物，与天津市无关，但深入探究，天津毗邻北京，也算做"环首都经济圈"之一部分，缺少了天津的配合，河北的"首都经济圈"很难封闭成环。河北省一再强调要借鉴日韩建设"近畿首都圈"的经验，但若不知道横滨对于东京的重要意义、仁川对于首尔发展的重要意义，必然会漠视天津对北京的重要意义。再从北京建设世界城市说起，不论"世界城市"如何界定，一个基本的常识是，构建世界城市需要依托城市群区域体系。这个区域体系不仅覆盖京津冀，还要延伸到环渤海乃至中国北方地区。如果北京是这圈层当之无愧的龙头城市，则中央赋予"北方经济中心"定位的天津该何去何从？如果北京这个"世界都市"不需要经济中心功能和出海口就可独善其身，那跻身"世界城市"的门槛岂不是太低！

2. 城市群规划一再难产，区域分工难成共识，区域合作浅尝辄止

2004年诞生的"廊坊共识"，被认为是铺就京津冀一体化深度合作的光明之路。但6年过去，这一共识并未取得突破性进展。由两市一省发改委共同编制的《京津冀都市圈区域规划》历时5年，由于对各自的城市功能确定、产业发展定位一直存在着严重的分歧，上报国务院后仍需协商调处，说明了目前我国跨省级区域合作的艰难程度。事实上，即使在合作发展机制极其成熟的珠三角、长三角地区，即使受到国务院批复的区域规划共同约束，开展跨行政区化的实质性合作也是一件难事。在区域规划长期缺失的环境下，各地方政府只能按照自己的能力和条件，不越雷池半步，在各自的行政辖区内部自谋发展，自我壮大。于是我们可以看到，北京市"上山"（即向城市北部、西部、南部扩充发展）、天津市"下海"（即向城市面海的东部、东北部、东南部扩充发展）的行动有增无减，空间发展失序现象愈演愈烈。譬如，本应最能接受京津发展辐射、产生聚集经济效应的廊坊北三县地区，却成了京津辐射边缘化真空地带，河北省只能以低成本竞争的方式自我打拼和自求发展。2010 年到廊坊设厂的全球首席电子代工企业——台湾富士康集团董事长郭台铭对于京津冀区域合作发展前景的一番见解，很值得京津两市的决策者深思。郭台铭认为："北京受大山的限制，不能再往西北发展，而必将向东南发展；天津受大海的限制，也不能再向东南发展，而只能向西北发展。在不远的将来，北京向东南的发展和天津向西北的发展最终要有一个交汇点，这个交汇点就是廊坊！"

3. 缺乏可以分享利益的大型项目，加剧了产业同质化恶性竞争

"十一五"期间，京津冀三地属于区域性合作的大型投资项目，一类是符合国家中长期发展战略规划的区域性基础设施如京津高铁、京保高速、唐津高速、京秦高铁等；二是或确保北京绿色奥运的环境工程如首钢搬迁、京津风沙源治理工程等；三是符合有助于优化国家重化工业布局，引领现代工业循环经济发展的示范项目，如曹妃甸港区开发。这些项目的共同特点，一是多有国家投资支撑，二是可充分满足一地或多地经济社会发展需要。但对于一个已被列为全国经济增长"第三极"的区域而言，类似的投资规模的大项目一是数量太少，二是多为基础设施投资项目，实体经济项目太少，无法充分体现、整合和提升京津冀协调发展的区域竞争力。回眸"十一五"的发展，尽管天津滨海新区、北京奥运会、河北曹妃甸工程都在"十一五"进展得有声有色，但因京津冀区域合作始终无法有效破题，致使我们失去了一些本应更快速发展、更深度合作的重大战略机遇。而且，长期各自为战，封闭发展的狭隘做法，对于重化工业比重高于珠三角和长三角的京津冀地区来说，只会徒增内耗，导致产业同质化竞争不断升温。从争抢大型钢铁、电力、石化等重化工项目转向争抢电子信息、新能源、生物医药、高端装备制造、新材料、新能源汽车等战略性新兴产业项目，从工业领域转向服务业领域。为京津冀区域"十二五"期间加快转变经济增长方式，优化产业结构和经济布局，平添了重重障碍。

4. 对地方资源的强势"垄断"，人为地阻碍了区域合作的市场化进程

京津两市经济一体化的基础，是两市发展的合理错位和优势互补。天津滨海

新区能够在国家战略引导下加快开发开放，成为带动区域经济的新引擎，一定程度上是以北京不再承担"经济中心"为前提。但目前北京所情愿割舍的，主要还是某些"重化工业中心"和"制造业中心"功能。由首都功能定位决定，北京服务业优势自然天成，无人比拟。从区域分工合作现状看，天津服务业比重偏低；北京服务业比例持高，也属正常。但动态观察，京津两市的服务业发展差距终将不断缩小。其依据：一是天津作为国内有限几个直辖市之一，必将形成服务业为主导的产业结构；二是天津作为区域经济中心只有加快服务业发展，才能履行"经济中心"职责；三是天津不断发展的高端制造业和战略新兴产业，需要足够的现代服务业提供支撑。然而，北京现代服务业发展，明显地存在与天津"争抢"客户的倾向。譬如，朝阳区 CBD 东扩和堡头商务区的招商指向，都强调要吸引进入环渤海区域的企业总部。当然，企业总部在何处落户属于市场行为。以北京建设世界城市的胸怀和境界，北京的服务业是面向全国全球的，不能因为其首都地位和政治威权，就可把持和垄断服务业市场。况且，天津服务业的发展规模有限，不会危及和挑战北京服务业的发展。

三 促进京津冀城市群区域协调发展的三点建议

1. 审时度势，进一步认识京津冀区域经济合作的重要性和紧迫性

"十一五"期间，京津冀各自的发展成就固然巨大，但各自所面临的挑战也空前严峻。北京因人口规模极度膨胀，使城市不堪重负，引发的一系列城市病，亟待通过区域分流纾解；天津作为区域经济增长极的建设，已"集聚"了巨大的发展势能，但如何"辐射"和服务于区域发展，仅限于延伸无水港、开放旅游市场等浅层合作，缺乏更新的突破；河北省一直将京津两大直辖市的嵌入作为特有优势，但多年坚持的"服务京津"战略并不奏效，主要是缺乏与京津互动的区域地位和果断行动。我们必须看到，大多数省市"十二五"期间的发展都已纳入国家层面的区域发展规划，京津冀要在东部地区实现中央要求的"率先发展"，必须在区域合作上寻求更为彻底、更为创新的突破。我们也应当看到，无论是北京建设"世界城市"的决策，河北打造"环首都经济圈"的构想，还是天津推行的"大项目好项目带动战略"，尽管都存在这样那样的不足，但都是各地审时度势，主动深化区域经济合作的积极表现。就此意义而言，京津冀加快

区域合作的外部环境业已成熟，内在驱动力在持续增强。在"十二五"期间，相信京津冀区域合作会迈开大步，展现出辉煌的发展前景。

2. 依托京津冀共建"世界级城市群"，是破解区域合作瓶颈的有效路径

珠三角、长三角和京津冀地区之所以被视为中国区域经济发展的三大"增长极"，主要是因为在三地都存在一个规模庞大的城市群。与珠三角、长三角相比，京津冀城市群的整体实力相对羸弱，一是因其得到公认的时间尚短，发育不充分；二是因其拥有两大直辖市，其中一个是国家首都，相互掣肘严重。因此，整体提升京津冀区域发展竞争力，一是要重视城市群发展，二是要克服行政体制的障碍。自"十一五"规划以来，以城市群带动我国城镇化发展的做法已成为基本共识，并在中央实施"十二五"规划的建议中得到进一步重申。显然，北京欲孤立地建设"世界城市"，只会加大既有的区域差异，有悖于依托城市群带动区域发展的国家要求。相反，如果我们转换思路，依托京津冀的区域发展基础，协同共建"世界级城市群"，则可能形成截然不同的发展结果。这主要体现为：第一，建设"世界级城市群"，既可满足北京作为大国首都提升城市定位的要求，也可根治北京因城市功能过于集中而诱发的一系列"城市病"。第二，天津作为"世界级城市群"中的经济中心，可以充分体现与北京作为国家政治中心、文化中心的平等关系，摆脱其经济聚集力有余而区域辐射力不足的尴尬。第三，河北省作为"世界级城市群"外缘扩张基地，可在主动接受京津大城市经济辐射的同时，扬优限劣，加快"环京津贫困带"的城镇化、工业化和现代化建设，保持与京津大城市的同步发展。第四，建设京津冀"世界级城市群"，既可充分体现区域优势和发展特色，也为有效破解区域合作瓶颈和积极实施城市群规划，提供了新思路，开辟了新路径。

3. 锐意改革、先易后难，尽快出台京津冀城市群区域发展规划

行政体制改革落后于经济体制改革，是我国改革开放在新的历史条件下无可回避的现实问题。珠三角、长三角的城市群发展规划都是在2010年出台，鉴于规划对象的差异，很难为京津冀城市群的规划建设提供现成的经验。京津冀作为国家的首善之区和近畿要地，不能因为行政体制的迟滞而放慢发展的步伐。当前较为可行的做法，一是遵循摸着石头过河的一贯原则，尽快出台京津冀城市群区域发展规划，所有不完善、有争议的部分，要通过积极协商和工作实践，在发展中寻求印证，在实践中加以解决。二是要遵循锐意创新、主动改革的原则，从实

际出发，通过积极试点，不断创新工作思路和发展模式。譬如，对于京津冀城市群的跨区域行政管理，可在政府层面建立"长期联席会议"性质的协调机制，加强各领域的协调对接。三是要善于运用市场手段，积极引入能够实现跨区域经营的投资主体，包括民营企业和海外跨国公司，尽量采用 BOT、BT 等市场化融资手段，控制运营成本。四是要摒弃等级观念，创造共赢商机。尽可能推出一些可使合作双方和多方都能长久获利的实体项目或服务业项目。譬如，服务于区域发展和加强区域联系的高速公路、高速铁路投资；服务于非户籍人口的保障性住房建设等；不受限于行政区划管制的各类专业市场建设等。

参考文献

王永锋、华怡婷：《环渤海地区产业结构趋同的实证研究》，《经济与管理》2008 年第二期。

马国霞、田玉军、王志强：《京津冀都市圈经济增长区域差异及其动力机制量化分析》，《中国社会科学院研究生院学报》2007 年第 24 卷第 04 期。

《中共中央关于制定国民经济和社会发展第十二个五年规划的建议》。

B.7

北京出现"大城市病"
对区域城市发展的警示

北京市社会科学院课题组*

摘　要：本文通过解析北京出现交通拥堵的深层原因，对于大城市在建筑高层化；产业结构调整；城镇化加速就业人口向城市集聚的三大发展趋势下，出现"大城市病"加以警示，并提出了城市发展规避"大城市病"的几点思路。

关键词：产业结构调整　建筑立体化　城市人口规划　区域城市群

2010 年底，北京以全国大城市"首堵"的不雅戏绰，出现在网上。2010 年 12 月 23 日，北京市公布了《关于进一步推进首都交通科学发展加大力度缓解交通拥堵工作的意见》（下称《意见》），列出 28 条措施，建、管、限三管齐下，治理北京交通拥堵。北京的"堵城"突围战，引起全国关注。这是因为，经济发展较快区域的大城市虽非"首堵"，却亦也出现同类的"堵病"。

我们认为，大城市出现交通拥堵的原因是多方面的，既有经济发展拉动的快速人口膨胀，也与居民住宅、写字楼与城市商贸、交通系统配套的欠合理有关。下面我们就以北京为例，分析这种"成长烦恼"出现的深层原因，以期在"十二五"城镇化加速中，给快速膨胀的城市决策者以有益警示。

---

* 北京市社会科学院课题组成员：景体华，北京市社会科学院研究员，主要研究方向为首都经济、区域经济；魏书华，北京市社会科学院副研究员，主要研究方向为城市经济、区域经济；杨维凤，北京市社会科学院助理研究员，博士，主要研究方向为区域经济。

一 新世纪北京的重要变化

近 20 年来，北京完成了从"二、三、一"向"三、二、一"的产业结构大跨度飞跃。到 20 世纪末，北京的第三产业占国内生产总值的比重已经超过了 64%。到 2009 年，这一占比已经达到了 75.8%。这是北京产业结构向好的大趋势。但是如果不能从方方面面精细地适应这一趋势的话，也会带来新问题。下面我们就从北京第二、三产业易位引起的空间布局的变化，来看一看问题是如何出现的。

经济空间是人们经济活动，以及支撑该经济活动所必需的生产要素存在和运动依赖的地域载体。产业结构的调整，特别是具有"里程碑"意义的大调整，变化的不仅是人们的经济活动内容和要素，也包括活动的空间。随着产业结构的服务化，北京经济空间布局变化十分突出，随之也带来了一系列新问题。

1. 新趋势——城市建筑与形态的立体化

随着建筑科学的发展，国际上追求建筑空间的立体化趋势很早就出现了，在 20 世纪大城市的高层建筑中可谓达到登峰造极。随着高层建筑的增多，空间向垂直状态发展，城市的形态也开始走向立体化。作为一种发展趋势，目前已经成了国际大城市的一种重要发展思路。它以交通立体化为基础，对各种发展要素进行合理的空间整合，从平面网络向多层次立体网络发展，兼顾了城市的节约用地、绿色环境建设及人文色彩。但是，城市中不断矗立起的高层建筑，在其实现土地价值最大化的同时，也带来了一系列新的城市问题。权威人士指出，高层建筑的发展、演变具有深层的经济、社会、人文原动力和内在规律。21 世纪的高层建筑不仅关系着城市的面貌和生活质量，同时也影响着人类的生存环境，目前已经引起学术界的高度重视。①

2. 第二、三产业的结构性调整支持了城市形态立体化趋势

北京近年来出现了建筑高层化发展趋势，特别是在中心城区。这种趋势是适应产业结构迅速由"二、三、一"向"三、二、一"转型过程而出现的：在第二产业迁出中心城区的同时，迅速成长的第三产业很快从空间上进行填补；但是

---

① 梅洪元、梁静：《高层建筑与城市》，中国建筑工业出版社，2009，第 15 页。

出去的是平面铺开的自动化生产线，换进来的却是适合现代第三产业发展的高层写字楼。这种变化适应了北京的发展，然而人们却没有来得及理性地去进行科学的设计和应对，包括适应这种发展趋势的交通的超前发展。显然，这种不成熟的追求建筑空间的立体化趋势，带来了一系列的新问题。如何看待这些新现象，理清这些始料不及的新现象给予北京城市发展带来的新问题，已经引起了城市管理者的高度注意。

3. 第三产业就业人口高密度集聚

在第三产业占绝对优势的情况下，北京18区县三产布局就业呈现出如下状态，请看图1和图2。

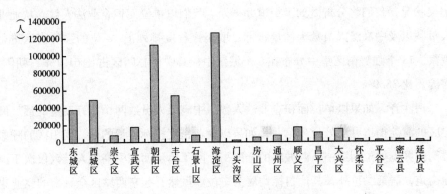

图1　第三产业18区县企业期末从业人员数

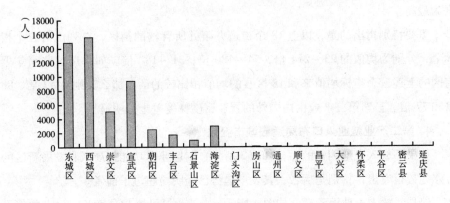

图2　18区县三产单位面积企业从业人员数

图1按行政区划，从企业从业人员数这一侧面显示了第三产业在18区县分布的状况。

图 1 显示：

①第三产业在 18 区县均有较快的发展，但是主要集聚区是功能核心区和拓展区。且拓展区有更胜一筹之势。

②北京第三产业在功能拓展区，特别是朝阳和海淀出现重要快速集聚区。

图 2 加进了土地因素。用单位面积企业从业人员数和图 1 相比较，可以看到显然不同的现象。

图 2 说明：单位面积的企业从业人员数，核心区仍然是密度最大、集聚度最高的第三产业集聚区，其中东城区和西城区尤为突出。同时值得关注的是：朝阳和海淀的集聚度在单位面积上显然没有那么引人瞩目。为了进一步揭示更详细的集聚状况，我们将分析做到了街道办事处。我们以单位面积企业法人数、从业业人员数以及中高级人员数为衡量指标，取集聚程度排列前 18 位的强势街区进行观察：18 个强势街区集中分布在 6 个城区中，其中核心四区占比 61.1%；朝阳、海淀占比 38.9%。

请注意，如果以单位面积企业法人数、中高级人员数两个指标度量的话，海淀区的海淀街道办事处位列第一；如果以就业密度指标度量的话，朝阳区的呼家楼街道办事处位列第一；西城区的金融街，除了单位面积中高级人员数仅次于海淀街道，居第二位外，其他指标均居第三位。虽然看起来西城区金融街的就业集聚度并不是全市最高的，但是，数据显示：从第三产业整体上说，西城的就业密度为最高。

需要特别指出的是，以上 18 个街道办事处所管辖的街区，在列出的三个指标上，分别为均值的 23～214 倍，54～180 倍，31～182 倍。如果用这些高集聚街区的上述三个指标均值来和 18 区县的均值相比较的话，那么其则为 57 倍、88 倍和 77 倍。显然第三产业由内向外的就业密度梯度差十分明显！

4. 第二产业就业人口布局适应城市变化

如果不放入土地因素的话，如图 3 所示，制造业向功能拓展区和发展新区的转移趋势很突出，特别是后者，其发展趋势已经明显超过了前者。

但是，放入土地因素后，如图 4 所示：北京制造业在单位面积土地上的集聚度，功能核心区仍旧最高，功能拓展区次之。第二产业适应了城市建筑形态的变化，一部分都市型工业，特别是制造业总部进入核心区，同样呈现出高密度就业的特点。

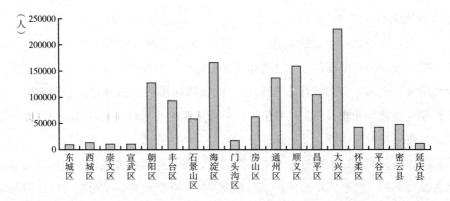

图3 18区县制造业企业法人期末从业人员数比较

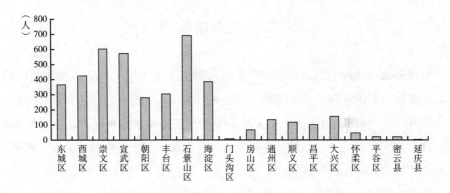

图4 制造业18区县单位面积企业从业人员数

5. 新圈层结构凸显

（1）18区县产业空间布局与就业密度的解析显示：北京二、三产业的主帅易位，空间布局转换跟进，并没有十分理想地实现第二产业向郊区疏散时的引导性理念：突破原有的圈层结构形态，向"两轴两带多中心"的合理形态发展，而是在主导产业转换，产业升级的螺旋式上升中，形成了一种新的圈层结构。

（2）新圈层结构将带来以下两大难以解决的城市问题：

一是，第三产业高密度就业，就业人口的快速增长，就业者举家迁入，必将带来居住人口的更大幅度增长。根据2010年北京统计年鉴数据，2000~2009年，在第二产业就业减少8.6万人的情况下，第三产业就业人数则增加1.18倍，使得9年的就业总量达到1978~2000年22年间增加和的1.71倍。在这种以就业岗位为驱动的人口膨胀面前，目前北京人口控制政策将失去有效约束力。"十二

五"考虑未来北京市的人口控制之策,这一原因需高度重视。

二是,高密度就业圈层集聚与居住郊区化两大相反趋势,加上轿车走入家庭,在对城市运行空间的立体化尚未实施整体应对思路的情况下,必将形成难以治理的交通拥堵。目前,北京50%以上的出行量集中在三环路内,70%以上小客车集中在五环路内,且使用强度大,核心区小客车出行比例达34.8%[①],出现早进城晚出城的车流潮,就是这样一种圈层结构的必然。

应该说,产业结构服务化,建筑高层化,城镇化加速就业人口向城市集聚的三大发展趋势,都是大城市发展中具有规律性的必然趋势,不可能背向而行。但是,如果在前进中不能准确地把握、适应其规律,就将形成难以应对的困局。

二 三点建议

针对问题形成的动因,单纯疏理交通是解决不了大城市的交通拥堵问题的。为此提出综合解决这种"大城市病"的三点建议。

第一,在"就业人口"成为城市人口增长主要因素的情况下,建议改变以单一的居住人口为人口规划的基本要素的传统做法,以居住人口和就业人口两大要素作为城市人口发展与控制的主题,进行"十二五"规划。

城市规划编制工作中,确定规划用地范围内的人口容量和人口分布是一项重要的基础性工作,这一问题把握得准确与否,会直接影响城市规划方案整体的合理性和实施效果。

长期以来,城市规划中围绕人口容量这一问题,进行了不少探索,但是,以往的大部分工作,基本上是以户籍登记为基础,再加上流动人口因素。这实际上体现了该用地范围内的夜间人口容量。在计划经济时代,居住人口与本地区的就业人口有极高的相关性。但是,在市场经济逐步占主导地位,经济现代化步伐加快的情况下,随着交通工具现代化,特别是小汽车进入部分家庭成为代步工具,城市居住人口与就业人口分离逐渐成为一种大趋势。2006年,北京作为一个发展速度相当快的大城市,我们专门对这一问题进行了专题研究,研究报告《北京居民昼夜24小时流动规律及其影响研究》运用统计数据,理性地展示了北京

---

① 《"堵城"突围战》,《财经》杂志2011年第01期。

居住人口与就业人口快速分离的现实与内在动因，以及对城市交通产生的重大影响。在这样的发展进程中，就业人口的工作地与居住地的逐渐分离，弱化了空间居住人口平均密度的规划价值。或者说，以单一的居住人口布局与密度作为北京城市规划的基础数据，已经不能够全面衡量城市的现状了。

我们查阅了世界十几个重要国家的资料。国外绝大多数国家，城市人口容量的研究通常是以该城市就业岗位多少为主要因素，即认为就业岗位是决定城市人口容量的核心要素。这种思路所研究的人口容量主要体现了城市白天工作人口。而且对国外大城市的考察发现：城市中居住人口密度高的地区，恰恰可能是产业资本和就业人口密度低的地区；产业资本和就业人口密度高的地区，又是居住人口密度低的地区。这种反向是当前产业高度集聚所推动的一种值得注意的重要趋势。正因为如此，学者和研究人员达成的共识是：应谨慎解读居住人口密度资料，特别是谨慎用其分析城市空间活动，并指导城市规划和城市政策的制定。[①]

从我国城市的发展来看，"工作者有其屋"，正在成为城市管理层的共识。加速城镇化的步伐迅速改变着人们的思维方式和政策指向。2010 年，我国在调控房地产价格的过程中，一些城市开始建设低价保障房和公租房，覆盖面以在该城市工作为基本条件，不区别城市户口和农村户口，这不仅可以保障工作人口正常参与城市的经济活动，同时也为城镇化农民进城打开了通路。"十二五"城镇化加速，这种情况将成为常态。只要在本城市有工作，就有权在本地居住。居住地的选择将跟随工作地走。这种变化已经出现，并逐渐成为主流趋势。

从城市户籍制度改革的方向来看，彻底消除户籍管理的城乡二元结构势在必行。以城市户籍管理控制人口，其有效性已经逐步降低。从城市的功能上说，真正控制城市人口的那只"手"，是该城市的"就业人口"吸纳量。对于北京这样土地资源十分稀缺的特大城市来说，单位土地面积所容纳的就业岗位已经或正在成为城市人口容量的决定性要素。

总之，北京"十二五"城市规划，再以单一的居住人口为人口规划的基本要素已经不能适应城市发展的需要。考虑到今后的五年，我国进入发展方式大幅度转型期。建议改变以单一的居住人口为人口规划的基本要素的传统做法，以居住人口和就业人口两大要素作为城市人口发展与控制的主题，进行"十二五"

① 〔美〕丁成日：《中国的人口密度高吗》，《国外城市规划》2005 年第四期。

规划，以利于城市规划各方面拓展思路，适应城市和谐发展的需要。

第二，上述就业与人口的圈层结构，是由产业活动的空间分布决定的。而成就这种分布的，则是近年来北京建筑高层化与高层建筑的圈层分布。目前世界主要大城市也没能完全破解这一难题。特别提出注意的是：北京新圈层结构的外在形态已经和20世纪经济转型时大为不同。城市建筑的立体化，高层写字楼，成就了北京目前第三产业的集聚，同时固化了其植根性。从另一角度来说，这样的产业集聚形成的经济空间布局，反过来也推动着从城区建筑的立体化走向城区形态的立体化。可以说，要突破这种新圈层结构，或解决其带来的困扰，其难度已经远远超出20世纪八九十年代的二产搬迁。

因此建议：高度重视由于建筑技术进步所必然带来的城市经济活动空间的立体化分布；组织跨学科力量加强该问题对北京影响的研究，在探求如何科学、有效地取其利、避其弊的同时，组织决策和各方实践力量进行攻坚。突破这一难点，不仅将为未来我国大城市建设铺出一条可持续的康庄大道，也将为城市建设史留下一笔宝贵财富。

第三，在城区建设科学地适应大趋势的同时，为了突破以上难题，建议考虑以下相配套的思路：以城镇化的加速为契机，在产业升级、增长方式转型的推动下，与京津冀、环渤海区域同步，沿京津高铁和高速路网，在促进高端产业带的集聚和形成中，加速培育中小城镇。从产业迁移的角度看，北京的重型高端制造业已经从核心区迁出，在拓展区和发展新区形成集聚。建议在此基础上，以产业链的形式继续向京津冀扩展。在此过程中，可以借鉴世界城市克服发展困扰的思路与实践，比如日本东京的经验，不单单是疏解第二产业，第三产业也要配套地跟着走，即以高端生产性服务业、新技术、人才服务与周边制造业形成了一个有机的复合体。这一战略举措不仅能够比较有效地疏解圈层结构，同时也可以在城镇化加速过程中将人口合理导向中小城市带，减缓北京的人口压力。这是北京向世界型大首都带迈进的必由之路。北京市市长郭金龙在回顾"十一五"，展望"十二五"时，曾用一句话描述北京市在21世纪第二个五年向第三个五年跨越的设想——从奥运城市到世界城市。显然，这意味着首都将沿着科学发展的战略构思向更高水平迈进。

全球化带给我们的一个最重要的思维方式，就是横向思维。世界城市在大区域的腹地中以城市群与城市带求发展的实践告诉我们：单靠北京区域内的18区县已经不能支撑起一个世界城市。北京必须在区域横向发展中取得具有强劲支撑力的发展腹地。北京如果能够抓住京津冀、环渤海区域城镇化的这一机遇，在全方位的改革中，力促北京世界城市的建设，不仅将推进该地区城镇化的历史性跨越，也是北京城市提升的辉煌一章！

2010年5月，国务院正式批准实施《长江三角洲地区区域规划》。在该规划中明确提出建设具有较强国际竞争力的世界级城市群。以区域城市群缓解核心大城市的压力，将是治疗"大城市病"的一剂有效良方。

"十二五"将是我国城镇化的加速期，同时也是大城市产业结构服务化，城市建筑高层化的上升期，面对这三大向好的发展趋势，各区域主要大城市已经或将面临北京同样的问题。以上建议的特点是：借三大趋势之力，以解其带来的困扰。

B.8

"十二五"期间北京市开展京津冀区域合作的总体思路、重点领域和措施研究*

孙久文 肖春梅 等**

摘　要： 北京在"十二五"期间开展区域合作具有区位、交通、产业、科技、教育等方面的有利条件，面临的机遇和挑战并存。经过近年来京津冀各主体的共同努力和发展方向的变化，产业结构的同构化已经逐步扭转，区域合作取得了新进展，但仍存在制约区域经济一体化的因素。北京应当充分发挥中心城市的要素集散、发展服务、辐射带动和区域创新功能，采用"世界城市"这一新的定位，寻求京津冀区域合作的途径，并明确区域合作的重点任务。

关键词： 北京　京津冀　区域合作

我国目前正在经历城市化中期的快速发展阶段，产业集聚和城市空间结构变动的加快使我国都市圈的发展呈现加速趋势。京津冀都市圈已经成为引领我国城市化和工业化发展的三大引擎地区之一。京津冀都市圈包括北京市、天津市和河北省，土地总面积 22 万平方千米，占全国的 23%，2008 年区域总人口为 9860 万人，占全国的 7.5% 以上；2009 年北京、天津和河北省地区生产总值为 33443.04 亿元，约占全国的 10%，进出口总额达 3083 亿美元，占全国进出口总额的 14%。

---

* 根据中国人民大学区域与城市经济研究所课题组承担的北京市"十二五"规划前期研究课题研究报告撰写。

** 孙久文，中国人民大学区域与城市经济研究所所长，教授，研究方向：区域经济；肖春梅，新疆财经大学经济学院，讲师。

一 京津冀区域合作的现状评价

（一）京津冀区域合作取得的新进展

第一，京津冀高层领导多次互访。北京市与河北省先后签署的《关于加强经济与社会发展合作备忘录》和《关于进一步深化经济社会发展合作的会谈纪要》正在全面落实。

第二，重大交通基础设施实现共建共享。三地交通将逐步实现全面对接，区域立体化交通时代即将到来。时速350千米的京津客运专线、京津高速和京蓟高速在奥运会前建成通车，拉近了北京与天津的时空距离。

第三，水资源与生态环境保护合作取得进展。近年来，北京认真实施京冀合作备忘录和所确定的水资源和生态环境保护合作项目，取得明显成效。

第四，能源开发合作进展顺利。以北京焦化厂整体搬迁为契机，北京焦化厂与唐山市燃气总公司合作组建新公司，全面完成了唐山市燃气总公司改制工作。

第五，工业跨地区调整转移取得重大进展。以首钢搬迁曹妃甸为标志，北京市钢铁、建材等传统工业向周边地区转移达到高潮。北京市一批现代制造业优势企业主动将生产基地迁到周边地区，开始形成以总部经济为特色的研发和营销在京、生产基地在外的产业链分工。北京高技术企业（含中央在京企业）向周边地区的拓展步伐加快。

第六，现代服务业合作直接为北京建设世界城市服务。包括商贸物流业、科技服务业和金融业的三地合作已经积极展开。

第七，旅游合作蓬勃开展。京津冀三省市旅游部门签署了《京津冀旅游合作协议》，建立了三省市区域旅游协作会议制度；在共同开展旅游推介、共同打造精品旅游线路、共同开发旅游资源、共同搭建旅游信息共享平台、共同规范旅游市场秩序等方面取得了实质性进展。

第八，农牧业合作步入产业化、规模化阶段。2007年以来，北京市农委先后与承德市、张家口市签署了《北京市农业企业到承德发展相关政策的合作备忘录》和《京张蔬菜产销合作框架协议》，已经安排资金对到河北省投资的本市农业龙头企业给予贴息支持、农产品品牌建设、农民专业培训等项目。

（二）京津冀产业发展合作的阶段与特点

经过近年来京津冀区域各主体的共同努力和发展方向的变化，京津冀产业结构同构已经得到逐步扭转。

我们的基本判断：京津冀都市圈已经走过了贸易一体化这个区域经济一体化的初级阶段。到 2009 年底，北京、天津人均 GDP 都已突破或接近 10000 美元，经济发展已达到中等发达国家水平，河北省近年来经济发展很快，总量居全国第 7 位。作为国内的三个一级行政区，本身并不存在贸易的壁垒，市场开放从 1990 年代以来已经达成共识，发挥整体功能，增强整体实力，成为共同的发展目标。

在区域经济要素一体化阶段，我们从区域经济学的角度分析京津冀都市圈区域经济一体化进程的特点。

第一，产业分工程度不断提高。我们用区域分工指数分析京津冀区域产业分工程度。区域分工指数计算公式如下：

$$S_{jk} = \sum_{i=1}^{n} \left| \frac{q_{ij}}{q_i} - \frac{q_{jk}}{q_k} \right|$$

其中，下标 j 和 k 表示区域，i 表示产业，q_{ij} 和 q_{ik} 分别表示两地区的 i 产业的产值，q_i 和 q_k 是两地区各自的工业总产值。这里，$0 \leqslant S_{jk} \leqslant 2$，指数值越高，两地区行业差异程度越高；指数值越低，两地区产业间的同构水平越高。这个指数可用于衡量区域分工的程度（见表1）。

表1　北京与天津市、河北省区域分工指数与均值方差

年　份	北京—天津			北京—河北		
	1995	2000	2005	1995	2000	2005
区域分工指数	0.2900521	0.437872	0.338852	0.452764	0.753413	0.844515
指数均值方差	0.00015207	0.0005089	0.0002593	0.0002949	0.0039453	0.0042065

北京与天津的区域分工，从 1990 年代中期开始，分工指数先上升后下降。电气设备制造、非金属制品、交通运输设备等少数行业的区域分工指数从 1995 年后就一直上升，说明 1995 年以来北京和天津产业结构分工明显，不存在产业结构雷同。

北京与河北的区域分工，自1995年之后，区域分工指数一直处于上升的态势。如果从行业看，黑色金属、农副食品加工、黑色金属冶炼及延压、交通运输设备、仪器仪表、计算机通信设备等行业的区域分工指数高，对两地分工指数的贡献大。也就是说，北京和河北省在以上产业的差异化程度高，区域分工比较明显。

第二，产品市场和要素市场一体化倾向明显。我们测算出1995~2005年期间，北京与天津、保定、张家口、承德、廊坊等行政区相邻城市相对价格方差如图2所示，北京与相邻几个城市的价格总体上趋于收敛，除1997年、2003年等个别年份外，基本没有出现大幅度波动。这表明，北京与周边城市在食品、餐饮、中医药、机电、文体等居民消费品上的价格正走向趋同。

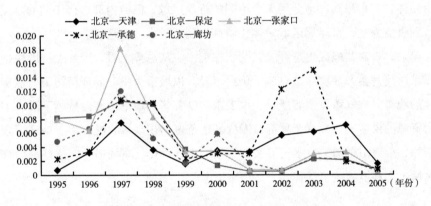

图1　北京与相邻城市的相对价格方差走势

第三，交通设施初具网络化。基础设施的区域一体化建设，是区域一体化发展的基础和前提条件。京津冀几大城市承担着不同的职能：北京作为全国性的空陆型运输枢纽，天津是以货运为主的海陆空一体化的综合运输枢纽，北京和天津形成"双中心"主枢纽的空间结构，并将培育石家庄作为区域性、以陆路物流为主的物流中心，发展唐山、张家口、保定等重要的陆路运输枢纽，并强化秦皇岛的海陆运输枢纽功能。

第四，三次产业结构出现错位发展，产业链条在京津冀都市圈跨行政区布局。京津冀经过结构调整，产业结构雷同的局面已经有所改变，产业层次拉开了档次，开始出现错位发展的态势。北京处于产业结构的最高层，三次产业中第三产业已经超过70%，以总部经济、高科技产业、文化创意产业、旅游业和生产

性服务业为主；天津以现代物流业和现代制造业为主；河北的重化工业有很大发展，特别是地方特色产业集群如能源、冶金、化工、装备制造业发展较快，其中钢和钢材产量 2008 年分别为 11589.42 亿吨和 11571.79 亿吨，为全国第一钢铁大省。

（三）京津冀区域经济一体化的制约因素

第一，区域内发展不平衡的现象仍然较为明显。京津冀地区存在不合理的经济梯度，大城市处于绝对优势，其他城市不能很好地衔接，城乡二元结构明显，导致产业带动能力差。

第二，京津冀区域经济一体化的协调机制有待完善。从地域上看，京津冀是一个整体，但京津冀三地分属 3 个不同的行政区域，区域内部自行协调的难度较大。到目前为止，京津冀区域一体化协调机制还没有完全建立。

第三，京津冀地区生态环境问题比较突出。从总体上看，随着经济的快速增长，京津冀的生态环境质量总体上仍在下降。以城市为中心的环境污染仍然呈现恶化的趋势，空气污染依然严重，地表水污染普遍，地下水水位持续下降，加剧了水资源的供需矛盾，京津冀都市圈内城市普遍出现缺水状况；不少地区河湖干枯断流、湿地山泉消失、水土流失和污染、土地沙化、草场退化，这些都为京津冀区域生态环境敲响了警钟。

二　开展京津冀区域合作的基本思路

（一）北京在京津冀区域合作中的作用

我们认为，北京应当在以下几个方面发挥作用：

第一，发挥北京中心城市的要素集散作用。北京的要素集散作用是指其集聚和扩散商品与各类生产要素的能力。由于都市圈打破了区域行政分割，降低了交易成本，加之科技力量较强、资本和技术有一定优势，具备发展较高层次产业的条件，能吸引资本、劳动力、技术、信息等要素向都市圈聚集，从而产生"极化效应"。北京是京津冀都市圈最重要的集散中心，是区域经济循环网络的重要空间节点，因此凭借其优越的交通和信息服务，成为大宗商品的交易地和进出区域货物的中转中心。

第二，发挥北京中心城市的发展服务功能。京津冀都市圈形成后，需要有若干区域经济的枢纽为区域内的各种经济活动、商品和各类要素自由流动提供全面、高效、便捷的服务。北京、天津、石家庄都是这样的枢纽型服务中心，而北京在其中又是最大和服务功能最齐全的枢纽。服务业是北京的比较优势所在，也是京津冀都市圈产业分工所在。发挥北京的全国性服务中心的作用，可以对京津冀都市圈的区域经济活动产生巨大的推动作用。

第三，发挥北京中心城市的辐射带动功能。随着都市圈规模的扩大，产业的升级，效益的提高，技术进步的加快，必然要求中心城市具备强大的辐射和带动作用。北京作为中心城市，在极化作用下大量吸纳了周边地区的人、财、物等大量的资源，特别是奥运会的举办，大量的投资使北京更加强大，在区域内的地位更加突出。

第四，发挥北京中心城市的区域创新功能。北京必须依据其固有的优势和条件，成为新观念、新思想的诞生地，新体制、新机制的发祥地。发挥北京的区域创新功能，主要表现在聚集有创新能力的高新技术企业，不断推出新的企业组织形式和经营体制，转换政府管理体制和运行机制等，以创新产生的示范效应和带动作用，促进全国的发展。

（二）北京在京津冀区域合作中的功能定位

首都圈是我国政治、文化、科教中心和重要的经济中心，全国重要的人口和经济密集区。北京作为我国首都，是国家的政治中心、文化中心和经济中心；天津作为我国北方的经济中心、国际航运中心和国际物流中心，将建成现代制造业和研发转化基地；河北省环绕京津，土地、劳动力资源相对丰富，积极承接京津产业转移，不断提高保障和服务能力，加速与京津一体化发展的进程。

北京在"十二五"期间将采用"世界城市"这一新的定位。北京建设世界城市的指导方针是：

第一，落实国家关于京津冀区域协调发展的有关政策和规划，把发展绿色经济、循环经济、建设低碳城市作为京津冀区域发展的战略方向，不断深化和加强区域合作，健全京津冀区域交通基础设施、能源供应和产业配套体系，在更大的空间谋划首都发展和世界城市建设。

第二，加快推进城市国际化步伐，抓住国家综合实力不断增强、国际地位不断提升的战略机遇，充分发挥国家首都的整体优势，以国际化视野谋划和推动世界城市建设，以"人文北京、科技北京、绿色北京"作为建设世界城市的战略支撑。

第三，深化区域合作，鼓励中关村园区、临空经济区与天津滨海新区等周边区域开展全方位合作，打造京津唐产业带。深化与河北省的区域合作，继续实施京津风沙源治理、矿山植被修复、重点湿地保护等工程，完善城市生态功能。

北京实现建设世界城市的目标，必须借助京津冀都市圈的发展合力。根据京津冀都市圈规划，从京津冀都市圈区域合作来给北京定位，主要是：

第一，区域创新基地。北京的知识生产和创新是以它自身拥有的科技资源配置为前提的。从科技活动人口、科学家工程师人数、R&D 支出、重点实验室数量等指标来看，北京毫无争议地成为京津冀科技资源的配置中心，具备科技创新的先天条件。近些年，北京科技创新和高新工业园区的蓬勃发展，在很大程度上带动了京津冀地区高新技术产业带的发展，北京的创新中心作用表现得十分突出，完善区域创新基地条件已经成熟。

第二，高素质人才培养和输送基地。北京市是全国教育最发达的地区。北京培养的高素质人才一部分被北京吸收利用，绝大部分流向全国各地。伴随着北京市人口的急剧膨胀，北京在人口控制方面的力度越来越大，加上北京的房价上涨等因素的压力，很多高素质人才被迫离开北京，到周边地区安家发展。北京是全国的高素质人才培养和输送中心。

第三，国家重要的经济中心。北京市的产业发展虽然有门类齐全，高新技术发展迅速，第三产业发达等特点，但是由于历史原因，北京到目前为止还存在工业产业内部结构不合理的现象，这和首都城市的性质、功能和发展趋势是相悖的。

北京的产业转移是以城市产业结构的升级为前提的，没有产业升级产业转移也就失去了基础。北京产业发展的主导方向是大力发展第三产业、高新技术产业、文化创意产业等，使北京的产业结构"变轻"。北京因为内部产业升级带来的产业转移和扩散成为加强北京和周边地区经济联系与合作的重要动力，北京已经成为京津冀区域产业升级和产业梯度转移的推动中心。

第四，物流发展基地。北京是我国人口最密集的城市之一，商业和服务业比较发达，加上特殊的区位优势，使北京成为发展物流产业的理想之地。目前，北京的物流产业发展态势良好，各项发展规划稳步推进。到2010年将建成三个大型物流基地，17个物流配送区，形成强大的物流中心、商贸中心、会展中心、信息中心和综合服务中心。

第五，国际综合交通枢纽。北京建设世界城市，国际综合交通枢纽功能是必不可少的。北京建设由公路、铁路、海运、航空和管道组成的交通枢纽，从地理和区位条件看，必须在京津冀区域的空间范围内形成。通过建设我国北方地区空海陆运输枢纽和现代化国际物流中心，形成与东北老工业基地、华北与西北区域经济循环网络的重要空间节点，成为参与东北亚及全球经济合作和对外交流的重要窗口和基地。

第六，国际文化和旅游中心。北京在文化和政治方面的影响是全球性的。北京文化在全球的影响是北京建成世界城市的标志。在生态环境明显改善的前提下，大力发展会展业和旅游业，把北京建设成为国际文化和旅游中心，是体现人文北京和绿色北京的精髓。

（三）北京在京津冀区域合作中的重点任务

北京市"十二五"期间开展京津冀区域合作，需要明确区域合作的重点任务。

1. 通过区域合作，加快实现制造业的高端化

北京要加快产业结构优化升级，坚持走高端产业发展之路，着重发展高端、高效、高辐射力产业，逐步实现与周边地区产业的错位发展。大力发展高端制造业，注重发展技术研发、核心制造、营销服务等产业环节，推动产业链的合理分工。巩固北京制造业在京津冀都市圈的高端优势。随着首钢的搬迁，黑色金属冶炼及压延加工业将淡出北京的产业体系，巩固高端制造业的优势重点产业落到交通运输设备制造业和通信设备、计算机及其他电子设备制造业上面。要逐步淘汰资源消耗型和劳动密集型的低端制造业，适当向周边地区转移。

2. 通过区域合作，加快实现生产性服务业的区域化和国际化

北京生产性服务业的优化升级，需要都市圈内的先进制造业提供产业支撑。首先，继续集聚发展法律、咨询、会计、广告策划等高级商务服务业，鼓励北京的高端服务业在津冀设立分支机构，进行产业辐射；其次，通过生产性服务业与

制造业的融合参与京津冀制造业分工，使北京的现代服务业加速向现代制造业生产前期研发、设计，中期管理、融资和后期物流、销售、售后服务、信息反馈等全过程渗透；再次，加快北京的服务外包研发等产业的发展，重点放在信息、汽车、装备以及医药四大产业上。

3. 构建服务全球、辐射京津冀的北京大 CBD

北京服务全球的 CBD，可以称为"北京大 CBD"。基本设想是：沿东三环向东向南到亦庄，东南方向为主要建设的空间范围，有城铁与京津城铁、京石高铁、首都机场、北京新机场接轨。形成与天津城区、滨海新区、廊坊、石家庄、唐山的直接联系，依托津冀建设大 CBD。北京大 CBD 依托全国最大的陆空交通运输枢纽和全国最大的通信信息服务网，这里有全国最多的中介咨询服务组织、齐全的市场服务设施。北京大 CBD 应当是京津冀都市圈共建共享。北京大 CBD 着重发展总部经济、国际金融、高端商务，发展成为现代化高端商务区。把商务中心区建设成为北京重要的国际金融功能区和发展现代服务业的聚集地。

4. 将绿色产业作为区域合作的切入点

随着世界城市建设中更加重视"人文北京"建设，北京市将会更加充分发掘北京的人文景观优势，在京津冀区域开展旅游合作，把旅游合作作为区域合作的切入点。整合京津冀旅游资源，共同打造旅游品牌是"十二五"区域合作的主要任务。绿色产业方面，积极支持张承地区生态产业发展区建设，鼓励北京市企业参与张承地区生态产业开发，发展绿色有机农业、旅游休闲等环境友好型产业。提升都市型现代农业水平，注重发展满足个性化需求和高层次市场的高端农产品，打造区域农业产业链；积极推动高消耗、高排放、低附加值传统产业调整和逐步退出。

5. 通过区域合作，解决困扰北京市的水资源问题

第一，推进泛京津冀合作供水。"十二五"期间，可以考虑将水源地扩展到山西和内蒙古地区，远期还可以从黄河中游调水进入。这样才能够实现北京市水源地的可持续性和保障性，也能够实现京津冀各区域的水资源协调发展。建议在京津冀政府增强认同感的基础上，与山西、内蒙古等地共同研究制定管理和使用的具体规章和办法。

第二，南水北调远程来水的合理利用。由于南水北调进京推迟五年，使北京的水资源问题更加凸显。应加快南水北调工程建设速度，南水北调改变水资源时

空分布不均，能够持续地为北京供水。但应注意合作管理水资源，恰当选择临近线路的产业和企业类型。

第三，渤海湾海水淡化向北京调水。渤海湾海水淡化向北京调水是实现北京用水保障的最后一个措施，由于技术等原因，需要在较长的时间内实现。大力发展海水淡化和海水直接利用，可为内陆地区节省更多的淡水资源，实际上等于增加了水资源总量，这对于长远解决北京乃至我国水资源短缺问题具有战略意义。

6. 通过区域合作，实现京津冀区域生态环境的根本性改善

北京对张家口和承德的区域生态依赖性最大，"京张承生态带"成为北京和京津冀区域最重要的生态屏障。通过调整生态治理的投入结构，有助于巩固生态治理的成效，构建起生态建设良性循环的长效机制，节约生态环境重复治理的巨大成本。第一，在国家有关部门的统一领导和协调下，全面加强与天津、河北等省市在防治区域环境污染等方面的沟通与合作。第二，利用北京在卫星、遥感和信息技术方面的优势，建立区域环境监测体系。第三，积极利用北京自身的科技优势，加强与有关地区的合作与交流，建立区域环境咨询和科学技术合作的专门委员会，为环境保护宏观与综合决策提供支撑。

7. 加深京津冀科技合作，建设"科技北京"

第一，以北京技术交易平台为核心，构筑京津冀区域技术和产权交易平台。第二，以北京的大学和科研机构为中心，构筑京津冀科技资源共享平台。第三，构筑京津冀区域科技中介服务平台，促进科技服务合作。第四，积极发挥市场机制在人才资源配置中的作用，建立京津冀科技人才柔性流动机制。第五，以全国最好的农业高校、农业科研院所为依托，加强农业科技领域的合作。

8. 加快京津同城化发展

产业政策一体化是京津同城化发展建设中的核心，具体包括产业结构政策、产业组织政策和产业区域布局政策的一体化建设。应通过调节产业计划、经济立法、税收结构、预算分配结构以及价格政策、信贷政策等在内的调节系统来完成。

金融政策一体化的实施是企业在京津间扩大经营规模，降低经营管理成本的重要途径，同时会促进产业政策的一体化。京津同城化建设在金融政策方面应主要采取以下措施：两城市之间票据交换和企业账户实现同城化；企业大额支付网络、网上银行业务系统实现两市甚至是全国地区的及时汇兑；全面开展储蓄个人

账户通存通兑业务，实现通过银联网络、储蓄账户的跨行、跨地区通存通兑；信贷业务取消严格的地域限制，实现企业账户通存通兑。

交通政策一体化包括高速公路联网收费，京津冀油、气、电同价，通信费、银行跨地区手续费基本一致等。城际铁路为京津同城打下了坚实的基础，下一步应打造"京津卡"用于京津城际列车上，推出公交化的月票、年票等。

三　北京市开展京津冀区域合作政策措施

为加强京津冀都市圈的区域合作，北京市在具体合作的过程中，需要不断完善政策和措施。

（一）创新合作的内容和方式

第一，制定北京与河北省的土地资源合作政策。以北京东部和南部地区与河北省相邻的市县为主要合作范围，以优质生活质量小区建设为主要合作内容，利用河北与北京的土地价格差，解决北京中低收入阶层提高生活品质的问题。首先以定点小区先行先试，逐步实现同城化。此外，北京城市的垃圾填埋用地也可以考虑通过区域合作来解决。

第二，在跨界生活区内进行城市建设的机制创新。探讨并试行京津冀三地社会福利、社会保障和医疗、教育设施和政策的对接，包括逐步完善社会福利的异地转移、子女的异地转学机制，在跨界生活合作区领取社会保障金的试点。

第三，制定建设京津冀同城化优质生活圈的简要办法。包括在生活圈内交通管理的联网、通信号段的统一，强化区域内居民的联系交往，增强居民的区域整体感，创立新都市主义的居住空间范式。

（二）推进重大建设项目的合作与对接

以北京城南开发、天津滨海新区建设、河北曹妃甸和渤海新城建设等重大项目为契机，加快推进京津冀区域合作各项工作。

尽快建立和完善项目合作机制，特别是明确区域合作项目投资主体和每个方面的具体牵头领导，共同搭建民间、企业交流合作平台，促进三地优势企业加强战略合作和服务配套，培育壮大特色优势产业。以产业上下游合作、基础设施配套建设合作、工程招标合作的方式互相开放，加大区域内部配套的比重。同时落实已达成的交通基础设施共建共享协议，尽快形成区域内部的三小时交通圈，减少重大项目合作和对接的成本。

（三）扩大科技与教育合作的领域，探索新的合作平台

第一，继续支持北京的高新技术和现代制造业企业在周边河北市县建立配套生产基地。应扬长避短地制定产业发展战略，将资源丰富、成本低廉等优势转化为产业发展优势，促进优势产业在空间上集聚，发展若干在环渤海区域内具有竞争力的重点产业集群，培育一批根植性强的龙头企业。

第二，建立京津之间在科技产品和专利交易、高校资源共享、学生就业等方面的合作平台。北京应该充分发挥在科教资源上的优势，给天津现代制造业的发展提供助推力，实现两地共赢。

第三，发挥首都的教育培训优势，为周边地区提供培训基地。充分发挥北京的教育优势，为河北省的干部培训、职业培训提供基地，既解决了河北教育资源相对落后的难题，又为北京教育事业的进一步发展提供了机遇。

（四）扩大劳务市场合作，提高市场开放度

第一，促进京津冀之间劳动力的多向流动，相互开放劳动力市场。三方定期交流劳务合作情况，通报劳务供求信息。加强用人单位监督管理，保障三方务工人员合法权益。

第二，构筑共同的建筑市场，实行相互开放的市场准入。定期轮流召开联席会议，互通信息。发挥建筑市场各自的优势，优化资源配置，共同维护市场秩序，提供优质服务。

第三，鼓励区域内的产品流通，推进签署京津冀加深区域贸易的协议。为发展京津冀区域内部的贸易，鼓励相互之间的商业流通、物流配送和产品采购等。

（五）加强京津冀金融业合作

第一，打破行政分割，开放区域性商业银行在区域内部自由设立分支机构，推进金融一体化的进程。第二，探索商业银行业务在区域内部统一标准的可能性。争取就银行卡消费同城化的收费标准达成协议，探索商业银行业务在区域内

部统一标准的可能性。

总之，加强都市圈内部的合作，是"十二五"期间我国区域经济发展的必然趋势，也是获得可持续发展机会的必然途径。北京在建设世界城市的过程中，以京津冀都市圈为发展平台，也是大势所趋。

参考文献

魏然、李国梁：《京津冀区域经济一体化可行性分析》，《经济问题探索》2006 年第 12 期。

周立群：《创新、整合与协调——京津冀区域经济发展前沿报告》，经济科学出版社，2007。

邓向荣、刘璇：《京津冀和长三角地区创新极化与扩散效应比较研究》，《中国科技论坛》2007 年第 11 期。

陈洁、陆锋：《京津冀的都市圈城市区位与交通可达性评价》，《地理与地理信息科学》2008 年第 24 期。

孙久文：《首都经济圈区域经济关系与合作途径》，《领导之友》2004 年第 3 期。

祝尔娟等：《全新定位下京津合作发展研究》，中国经济出版社，2009。

B.9

黄三角高效生态经济区生态建设与
保护战略构想及实践*

任建兰　张晓青　张伟**

摘　要： 黄河三角洲高效生态经济区的发展已经上升到国家战略层面，成为国家区域协调发展战略的重要组成部分。为提高黄三角地区特别是环渤海和黄河下游区域的生态环境质量，增强区域生态支撑能力，推动经济社会和生态保护协调、健康发展，本文探讨黄三角地区生态建设与保护的战略构想、战略实践与战略保障措施。

关键词： 黄三角　高效生态经济区　生态建设与保护

2009 年 11 月，国务院正式批复《黄河三角洲高效生态经济区发展规划》，标志着中国三大三角洲之一的黄河三角洲地区的发展上升到国家战略层面，成为国家区域协调发展战略的重要组成部分。黄三角高效生态经济区位于渤海南部黄河入海口沿岸地区，包括山东省东营和滨州两市全部，以及与其相毗邻、自然环境条件相似的潍坊、德州、淄博、烟台部分县市，陆地面积 2.65 万平方公里，约占山东全省面积的 1/6。

一　黄三角地区生态建设与保护的现状

（一）自然条件及资源利用

黄三角地区，是以黄河历史冲积平原和鲁北沿海地区为基础，向周边延伸扩

---

* 国家自然科学基金项目"中观尺度区域环境管理信息系统（REMS）构建与运行机制研究（40771077）"的阶段性成果。
** 作者单位：山东师范大学人口·资源与环境学院。任建兰，教授，博导，研究方向为区域经济；张晓青，副教授，博士，研究方向为区域和城市经济；张伟，副教授，博士，研究方向为生态环境。

展形成的经济区域。区内地势低平坦荡，以倾斜平原为主，岗、坡、洼地相间分布，土壤类型以潮土、盐土为主，土质相对较差，受地面沉降和海水入侵的危害比较强烈。区内河流水系众多，全部为季风区雨源型河流，分属黄河、海河和淮河流域（山东半岛沿海诸河区），黄河横贯东西。区内生态风险源包括地质、气象、水文等方面的自然灾害和井喷、油管泄漏等石油污染事故，黄河断流对河流、河口湿地生态系统是一个新的风险源。

黄三角地区是我国东部沿海土地后备资源最多的区域，未利用地集中连片分布，其中国家鼓励开发的盐碱地、荒草地、滩涂分别有18万公顷、9.9万公顷和14.1万公顷。另有浅海面积100万公顷，黄河冲积年均造地1000公顷。

区内自然资源较为丰富。海岸线近900公里，广阔的海滩和浅海地区蕴藏着丰富的石油、天然气、煤、海洋能、海砂和底下卤水等矿产资源。其中石油天然气地质储量分别达50亿吨和2300亿立方米，是全国重要的能源基地。地下卤水静态储量约135亿立方米，岩盐储量5900亿吨，是全国最大的海盐和盐化工基地。风能、地热、海洋能等丰富的资源，具有转化为经济优势的巨大潜力。

（二）生态环境建设

黄三角涉及22个近岸海域环境功能区、17个自然保护区和风景名胜区，其中国家级自然保护区2处，即山东黄河三角洲国家级自然保护区和山东滨州贝壳堤岛与湿地国家级自然保护区。

区内湿地以近海及海岸湿地为主，其次为人工湿地，主要分布在环渤海湾和莱州湾滩涂，生态环境独特，物种丰富。黄河入海口湿地是中国乃至世界暖温带唯一一块保存最完整、最典型、最年轻的湿地生态系统，多种物质和动力系统交汇交融，陆地和淡水、淡水和咸水、天然和人工等多类生态系统交错分布。受黄河断流、淡水资源缺乏、风暴潮侵蚀等因素影响，20世纪90年代末黄河口湿地生态环境曾一度恶化。2001年开始对退化湿地实施生态恢复，到2008年已成功恢复湿地20万亩；2010年，断流34年的刁口河重新恢复过流，6万亩荒滩重获生机。天然湿地面积减少的趋势基本得到遏制。

二 生态建设与保护的优势与制约因素

（一）优势辨析

1. 受保护国土面积比例高，生态建设与保护基础较好

黄三角地区受保护国土面积广大，2008年受保护国土占全区面积的13.2%。经过多年的开发与保护，该地区具备了发展高效生态经济的良好基础。首先，高产、高效、生态农业发展较快。坚持生态优先、开发与保护并重的发展理念，大力推行"上粮下渔"荒碱地开发、"三网"（路、林、水）绿化、休闲观光农业及沼气、风能、太阳能开发利用的高效生态农业发展模式。其次，工业中循环经济发展成效显著，走在全国前列，现已建成潍坊滨海经济开发区、鲁北集团、山东海化集团等一批国家循环经济示范园区和示范企业，已初步形成石油化工、制盐及盐化工、海洋化工、装备制造等支柱产业。

2. 未利用土地多，开发程度相对较低，利于生态环境保护

区内土地后备资源得天独厚，人均未利用地0.81亩，比我国东部沿海地区平均水平高近45%。随着沿海风暴潮防护体系的建设与完善，宜渔土地（水面）后备资源还将逐步增加，具有吸引要素集聚、发展高效生态经济的独特优势。区内地广人稀，开发程度相对较低，生物安全半径大，易于隔离，发展绿色经济。走以防为主的道路，采取积极主动的生态建设与保护措施，高起点开展生态建设与保护，远比破坏后再去修复付出的成本要低得多。

3. 生态建设与保护适逢重大机遇

首先，上升到国家战略为黄三角地区又好又快发展，特别是生态环境建设与保护创造了良好的政策环境。"坚持生态优先，实现可持续发展"是黄三角地区发展坚持的首要原则，为山东省科学发展的实践和黄三角地区的生态建设提供了重大机遇。其次，我国正处于发展方式转变和经济结构转型的关键时期，目前及今后一个时期"稳增长，调结构，促转变"是我国宏观经济政策的基本方向。因此，本区面临着依托独特的生态优势、良好的生态经济基础，承接环保产业转移、转变经济发展方式、探索发展新模式、建设生态文明的战略机遇。

（二）制约因素

1. 自然生态环境脆弱，环境承载力低

黄三角地区生态系统具有脆弱性和不稳定性的特点，承载能力较低，自我修复能力较差。主要表现在：一是湿地面临着多种威胁，如水资源相对不足，季节分布严重不均；面积减少，淤积和退化严重；水质污染严重，自净能力差；对湿地重用轻养，湿地资源衰退严重；海岸侵蚀不断扩展。二是土壤盐碱化严重，开发治理成本高。区内土壤组成以泥沙为主，形成时间短，地下水位浅，土壤次生盐渍化严重。全区盐碱化面积达到 18.4 万公顷，占总土地面积的 7%。三是海水入侵加剧。其原因除水文地质条件和地形地貌条件外，气候条件和人类活动是导致海水入侵的重要因素。一是北方干旱少雨，水资源不足；二是过量开采地下水，导致海水倒灌。四是林木覆盖率低于全省平均水平。由于造林难度大，区内林木覆盖率仅为 18.7%，植被恢复率低，林业生态防护体系尚不健全；水源涵养、防风固沙、净化空气等生态功能低下。五是淡水资源先天不足和供求矛盾持续加剧。受自然条件限制，地表水可供利用的数量十分有限；地下水主要是咸水，矿化度相对较高，不能做淡水资源利用；人均水资源占有量仅为 350 立方米，是全国的 1/6。

2. 经济社会发展对生态环境保护的压力较大

就目前来看，随着大规模石油开采和陆域开发建设力度不断加大，将对本已脆弱的生态环境产生更大的压力。特别是海洋捕捞、石油开采、临港产业发展、化工产业发展等将可能进一步加剧海水入侵、湿地面积减少及土壤次生盐碱化，部分地区地下水的开采过度将进一步导致河流生态水量和入海水量大幅减少。到 2015 年，黄河三角洲地区生产总值将达到 9300 亿元，是 2008 年的 2倍；城镇化水平将达到 54%，比 2008 年增长 12.5%。因此，经济社会的快速发展使原本生态脆弱的黄三角地区将面临更加严峻的生态问题，生态安全问题不容忽视。

3. 区域生态环境安全防控及监测体系尚未形成

区内旱、涝、风、沙、雹、潮等自然灾害频繁，而安全防洪体系薄弱。海岸防护设施不完备，现有沿海防潮堤防护标准低，近一半是土堤，风暴潮威胁较大，海岸蚀退明显。洪水预警预报和防汛指挥系统尚未全部建成，非工程措施不能满足防汛现代化的要求。黄河河口不断淤积延伸，现行流路的防洪工程不完善，防洪能力低，尚未建立完善的生态环境应急监测与预警系统。目前仍有部分县级环保部门和风险源单位尚不具备对风险源特征污染物的监测能力，多部门配合的联动机制也尚未形成，给区域环境安全带来一定的隐患。

三　生态建设与保护战略构想

（一）战略目标

以科学发展观为统领，以生态建设、生态恢复和生态环境保护为主线，以协调人与自然的关系、协调生态保护与经济社会发展关系为宗旨，坚持统一规划，分区指导，生态优先，严格监管，不断改善区域生态环境质量，增强生态支撑能力，促进黄三角高效生态经济区生态良性循环、自然资源有序开发和产业合理布局，推动经济社会和生态保护协调、健康发展。

近期（2011～2015年）：全面遏制生态环境破坏趋势；抢救性地建设一批生态功能区和自然保护区，使生态环境恶化的趋势得以遏制；陆域、水系、海洋生态系统和生态功能得到有效保护；受保护区的面积稳步扩大；生态环境保护与监管体系基本形成；生态环境安全得到保障；生态环境质量得到显著改善。

中远期（2016～2020年）：建立完善的生态建设与保护政策、法规和技术规范体系与统筹协调机制；形成完备的环境监测预警体系和环境监督体系；建立科学的环境管理机制；实现人与自然和谐相处，生态环境与经济发展高度融合，可持续发展能力明显增强，生态文明建设取得显著成效，率先建成环境优美、经济繁荣、生活富裕的国家级高效生态经济区。

（二）战略格局

根据战略目标，在生态现状调查、生态敏感性与生态服务功能评价的基础上，采用实地调查、定量分析与定性分析相结合的方法，确定生态建设与保护的战略格局，即四个生态功能区域，以满足黄三角地区生态保护工作微观管理的需要和指导产业布局及资源开发。

1. 核心保护生态区

包括自然保护区、水源地保护区和海岸线自然保护带，总面积约 40 万公顷，约占整个黄三角地区面积的 15.1%。生态环境建设与保护重点：严格限制各类开发建设活动，尤其重视解决石油开采与湿地保护之间的矛盾，预防石油资源开发和生产对湿地的污染与破坏，稳定生态系统结构，维持生物多样性等生态服务功能，构筑生态安全屏障。稳步扩大现有核心保护区的面积，确保到 2015 年核心保护区的面积达到 550 万亩以上。

2. 近海滩涂湿地保护与临港产业生态区

位于北部滨海地带，包括近海滩涂湿地和北部四个临港产业区，总面积约 38 万公顷，约占区域总面积的 14.3%。近海滩涂湿地对促进生态平衡、人与自然的和谐共生和可持续发展，具有极其重要的战略意义。主要生态环境问题：近海污染严重；捕捞过度，海洋渔业资源严重衰退；赤潮和鱼虾贝藻病害频发；海洋生物种类不断减少、养殖种质退化等。生态环境建设与保护重点：围绕"碧海行动"计划，加强海洋国土保护和海洋生态建设，改善海洋生态环境；建设与管理好现有的海岸带湿地自然保护区，预防石油开采对湿地的污染和破坏；改良天然草场，建设人工草场，改善草群结构；巩固和发展海防林，搞好沿海防潮堤建设；封滩育林和人工造林相结合，形成乔、灌、草结合的沿海绿色植被体系等。

3. 西部高效农业生态区

包括德州市的乐陵市、庆云县和滨州市所辖的 1 区 6 县以及淄博市的高青县，面积 117 万公顷，约占区域总面积的 44.2%。

（1）黄河以北粮棉林果基地生态亚区

本亚区包括德州市的乐陵市和庆云县、滨州市黄河以北部分以及东营市的垦利、河口、利津 3 县，面积 92 万公顷，约占区域总面积的 34.7%。本区西部为粮枣果主产区，东部为粮棉生产基地。主要生态环境问题：气候干旱和水资源短缺；土壤盐渍化与沙化严重；受上游水污染及本区工农业污染的影响，地表水污染严重。生态环境建设与保护重点：利用生物、土壤、工程等措施治理和改造盐渍土和沙化土壤；营造生态防护林、名优经济林和工业原料林；东部区域突出发展节水农业，发挥粮、棉优势；西部区域依托丰富的林果资源，发展独具特色的生态旅游业；加强对过境河流的污染治理；形成无棣枣粮间作区、阳信鸭梨园、沾化冬枣密植园、惠民林果园等特色林果园区。

（2）黄河以南沿小清河观光农业生态亚区

本亚区位于黄河以南，属淮河水系、小清河流域范围。包括滨州市的邹平、博兴2县和淄博市的高青县，面积25万公顷，约占区域总面积的9.5%。主要生态环境问题：淡水资源匮乏；地下水急剧下降，已形成大型地下水降落漏斗；环境污染较严重，化肥、农药等农村面源污染普遍存在；森林植被稀少，涵养水源能力低，水土流失严重；农田林网不健全。生态环境建设与保护重点：治理小清河流域水污染问题；土地资源种养结合，减少化学能量投入，发展高质高产型农业；加强生活节水、工业节水、农业节水、循环水利用等节水设施的建设；加强对地下水的管理，减少地下水开采量，划定地下水禁采区；扩大植树造林规模，推进农田林网化、沟渠林带化、道路林荫化和村庄园林化。

4. 东部循环经济发展生态区

包括东营市的东营区、广饶县和潍坊市的寿光市、昌邑市、寒亭区以及烟台市的莱州市，面积70万公顷，约占区域总面积的26.4%。本区以生态城市建设为重点，发展加工制造业、精细化工、机械制造、城郊农业和服务业。

（1）东营南部生态城市与循环经济发展亚区

本亚区位于东营市的南部，主要包括东营区和广饶县，面积19万公顷，约占区域总面积的7.2%。主要生态环境问题：土壤盐性高；东部沿海一带受海潮侵袭，盐化现象严重，是盐碱地治理的重点所在。生态环境建设与保护重点是水利先行，生物、工程、耕作措施紧跟，进行综合治理。土地改良措施实施的基本保障是建立井、沟、渠相结合的排水体系，采取机械提扬、暗管或竖井排水，排除地表碱涝水和降低地下水位，防止土壤中水分过多，以确保作物正常生育并改善土壤条件。

（2）潍北滨海湿地生态经济亚区

本亚区包括寿光、寒亭、昌邑的中南部，面积38万公顷，约占区域总面积的14.3%。主要生态环境问题：莱州湾水环境受陆源污染和石油污染影响明显；赤潮灾害频发，影响了莱州湾海域初级生产力及渔业生产力的提高，加重了海域富营养化程度；捕捞过度，海洋渔业资源严重衰退；受环境污染影响，海洋生物种类明显减少，养殖种质出现退化；寿光等地土地盐渍化比较严重。生态环境建设与保护重点：控制陆源污染，加强对流入莱州湾主要河流污染物的治理，同时

控制石油污染，并建立海洋环境的监测与治理机制；渔业资源养护和修复；生态养殖，如积极推广水面立体种养和浅海滩涂生态养殖模式；治理盐渍化土地，种植耐盐作物。

（3）莱州高效海洋经济生态亚区

本亚区位于最东部，东南接胶东丘陵，西北临莱州湾，海洋功能与农业生产功能并重。面积13万公顷，约占区域总面积的4.9%。主要生态环境问题：水环境受陆源污染和石油污染影响明显，局部地区水土流失严重，近海生态系统功能有退化趋势。生态环境建设与保护重点：控制陆源污染，加强对流入莱州湾主要河流污染物的治理，使其稳定达标排放；严格执行休渔期和禁渔区管理制度，促进渔业资源恢复；积极开展渔业资源增殖放流，建设海洋牧场；加强水土保持，逐步将坡陡土薄的低产田退耕还林；发展海岸生态渔业，积极推广水面立体种养和浅海滩涂生态养殖模式；注重港口地区的生态环境保护。

四　生态建设与保护战略实践

（一）重要生态功能区域

山东黄河三角洲国家级自然保护区。位于东营市东北部的黄河入海口，现有控制面积230万亩，其中核心区87万亩，缓冲区20万亩，实验区123万亩。主导功能是生物多样性保护，该区是东北亚内陆和环太平洋鸟类迁徙的重要停歇地和越冬地。生态环境建设与保护的主要任务：恢复与重建湿地生态系统；加强生物多样性保护；禁止在湿地内开垦或随意变更土地用途的行为，防止农业对保护区的蚕食以及石油资源开发和生产对湿地资源的污染。

山东滨州贝壳堤岛与湿地国家级自然保护区。位于滨州市无棣县北部，渤海西南岸，现有总面积120.7万亩，其中核心区42.8万亩，缓冲区40.1万亩，实验区37.8万亩。其主导功能是贝壳堤保护。生态环境建设与保护的主要任务是：运用景观生态学原理指导资源开发，加强生态环境建设与保护；加强水污染防治；保护水生态环境。

山东昌邑国家海洋生态特别保护区。位于渤海莱州湾南岸，昌邑市防潮坝以北，总面积4.4万亩。主导功能是以柽柳为主的多种滨海湿地生态系统的保护，辅助功能是海洋生物保护。生态环境建设与保护的主要任务：过度捕捞造成海洋渔业资源衰退，养殖品种和结构有待调整；实施海洋生态恢复工程；适度发展生态旅游。

潍坊市莱州湾湿地自然保护区。位于莱州湾南岸，东起胶莱河口，西至淄脉河口，北到浅海 -6 米，南到潮上带以北，总面积 162.6 万亩。主导功能是近海及海岸生物多样性保护，辅助功能是渔业资源保护。生态环境建设与保护的主要任务：实施莱州湾海域环境综合治理；湿地水质污染综合治理。

山东大芦湖湿地自然保护区。位于淄博市高青县东部，总面积 16 万亩。主导功能是湿地生态系统的保护，辅助功能是生物多样性保护。生态环境建设与保护的主要任务：对开发建设项目和人造景观、污染源进行综合整治；合理开发建设，确保大芦湖生态功能保护区环境质量和生态系统得到不断改善；在政府的宏观调控下，统一规划，分片整治。

平原水库水源地保护区。广南、孤北、耿井等平原水库及周边区域。主导功能为水源涵养，辅助功能是洪水调蓄。生态环境建设与保护的主要任务：植树造林，加强生物多样性的保护；加强森林生态系统保护与植被恢复，加强森林公园的建设和管理；推广生态农业发展模式。

河流水源地保护区。黄河、小清河、潍河、胶莱河、徒骇河等河流的区内河道及流域。主导功能是水源涵养，辅助功能是水土保持。生态环境建设与保护的主要任务：加速水土保持林和水源涵养林建设，提高水源涵养能力；实施节水灌溉，发展生态农业；做好垃圾处理。

（二）重点行动领域

1. 加强生态恢复与建设，实现人与自然和谐

对核心保护生态区，除加强已建保护区的保护设施和能力建设外，新建利津刁口湾和广饶支脉河湿地及野生省级自然保护区等一批自然保护；实施黄河三角洲、潍坊莱州湾、滨州渤海湾、小清河河口等湿地恢复工程，全面维护湿地生态系统的生态特征和基本功能。对海洋自然保护区和特别保护区，加快"两湾一口"（渤海湾、莱州湾、黄河口）生态整治与修复工程建设；在那些具有特殊海洋资源和生态环境特征的海岸带、河口区、海湾和群岛海域以及自然生态环境或海洋生态环境敏感与脆弱的海域等，规划建设新的海洋特别保护区。提高河流

自净能力，改善小区域生态系统，减少入海污染物流通量。对矿区地面塌陷区、落地油污染区、海（咸）水入侵区等生态脆弱区和水土流失、海砂开采退化区实行综合整治。

2. 推进资源开发生态环境管理，促进合理开发和持续利用

积极探索资源集约节约和持续利用的有效途径，建立完善资源开发保护长效机制，推进土地、水、矿产和海域资源高效利用。按照功能分区，统筹土地资源的开发利用和保护，推动土地集约化利用、规模化经营。大力推进节水型社会建设，提高水资源集约利用水平；同时适度增加黄河口生态用水指标，保持河口地区生态平衡。依法管理矿产资源，严格开发资格认证和许可管理，严禁滥采，杜绝矿产资源流失。依据海洋功能区划，开展海岸与近岸海域整治与修复，严格渔业资源开发的生态环境保护监管，加大海洋污染防治力度，逐步建立污染物排海总量控制制度，逐步建立海上重大污染事故应急体系。

3. 改善城乡人居生态环境，打造绿色生态家园

按照建设生态文明的要求，切实加强生态建设，加大环境保护力度，节约集约利用资源，推进资源节约型、环境友好型社会建设，全面增强区域可持续发展能力。继续推进生态省建设，加强生态示范系列创建工作，实施城乡绿化和水系整治，加强城市园林绿化建设和农村生态环境综合整治，营造适宜人居生态环境。

4. 构建生态环境安全防控与预测应急体系

通过修筑沿海防潮堤坝、加固黄河大堤、加强黄河口新淤土地的管理、加强滨海油区管理等降低滨海湿地的区域生态风险；通过优化沿海地区产业布局、加强沿海减灾工程建设、建立完善的沿海地区灾害预警系统等减少浅海工程灾害；通过加强地下水资源管理和保护、加强地面沉降和地下水监测、建立和完善地面沉降灾害预测预警体系等防治地面沉降；通过构建水土保持、地质环境、海洋生态环境、湿地生态系统、农田生态系统、森林生态系统等监测体系，提高生态环境安全预警能力；此外，强化建设生态环境安全应急应对体系，确保生态环境安全。

（三）重点建设工程

重点建设工程是黄三角地区生态建设与保护工作的支撑点，做好工程项目计划，抓好工程项目的实施，对稳步推进黄三角生态建设与保护具有重要作用。按照生态建设与保护的总体战略，按照突出重点、突破难点、抓好亮点的要求，重点建设湿地保护与恢复工程、近海生态防护屏障建设工程、海洋生态建设工程、草场生态建设保护工程、农村和农业生态建设工程、饮用水水源地环境保护工程等6大领域。预期需要"十二五"期间合计投资近200亿元，其中近海生态防护屏障建设工程、农村和农业生态建设工程、湿地保护与恢复工程、海洋生态建设工程的总投资分别为65.3亿元、74亿元、19亿元和10亿元。通过上述重点领域的工程项目建设，将有力地推动黄三角地区生态建设与保护工作的全面展开。

五　战略保障措施

（一）加强组织领导，创新机制体制

首先，完善综合决策机制。建立协调一致、利益共享的油田、地方政府和自然保护区之间的协作机制，使三者利益共同服从和服务于黄三角地区生态建设和保护大局。其次，建立健全区域协调机制。研究推广黄三角地区生态联防联治的管理模式，建立健全跨行政区域生态环境达标管理、建设项目生态影响评价联合审批、跨行政区域污染事故应急协调处理等制度，鼓励生态环保基础设施共建共享，积极推进19个县市（区）的生态环境管理合作。第三，创新和完善环境经济激励政策、生态环境监测及预报预警服务体系。第四，严格生态环境准入和淘汰制度及环境监管制度。第五，突出生态补偿机制。

（二）注重科技引领，加强技术支撑

积极鼓励科技创新，开展为生态环境管理服务的监测、监控技术研究；大力推进生态科研成果转化；加快产业技术创新和体制创新，大力发展环境保护产业；围绕发展循环经济、生态环境建设与保护、清洁生产技术与工艺、资源综合利用等，在资金、技术、人才、管理等方面积极开展国际交流与协作。

（三）完善法规政策，拓宽融资渠道

加强环境法制建设，完善与国家法律法规相配套的黄三角地区生态建设和保

护法规体系；拓宽投资融资渠道，制定优惠政策，充分发挥市场机制，吸引多渠道、多层次、多方位的投资者投入生态建设。

（四）引导全民参与，加强舆论监督

加强宣传教育与培训，普及黄三角地区生态环境知识，加大生态环境宣传教育机构标准化建设，发挥新闻媒体的宣传和监督作用；完善公共参与生态保护机制；健全社会监督机制。

B.10

转变经济发展方式中的河北经济

杨连云　石亚碧*

摘　要：近年来，河北省在转变经济发展方式中狠抓节能减排和产业升级，以壮士断腕的勇气淘汰落后生产力，在技术进步中开展向国内外先进水平的对标活动，同时大力发展战略性新兴产业。在装备制造、电子信息和新能源等领域拥有了一批国内领先、世界一流的优势产品。本文对河北省转变经济发展方式中的问题及发展措施等，进行了深入的分析研究。

关键词：转变发展方式　河北经济

2009 年以来，面对复杂严峻的国内外形势，河北省深入贯彻落实科学发展观，紧紧围绕"保增长、调结构、促改革、惠民生"的工作主线，认真贯彻落实中央扩大内需的一系列政策措施，较快扭转了经济增速明显下滑的局面，国民经济总体回升向好，为制定"十二五"规划奠定了坚实的基础。

一　应对金融危机有力，经济形势迅速回暖

（一）2009 年经济形势分析

2009 年，全省生产总值实现 17235.48 亿元，比上年增长 10.0%。人均生产总值 24283 元，增长 9.3%。全部财政收入 2347.6 亿元，增长 10.8%，其中地方一般预算收入完成 1067.12 亿元，增长 12.6%。

---

* 杨连云，河北省社会科学院，研究员，享受政府特殊津贴专家；石亚碧，河北省社会科学院，研究员。

装备制造业发展迅速，完成增加值1033.5亿元，是河北省继钢铁之后第二个超千亿的产业，增长17.2%，增速快于全省规模以上工业3.8个百分点；占规模以上工业的16.4%，同比提高2.7个百分点。

固定资产投资快速增长。全社会固定资产投资完成12310.5亿元，比上年增长38.4%，其中城镇固定资产投资10515.8亿元，增长40.3%；工业重点项目735项，投资8127亿元；农村投资1794.7亿元，增长27.9%。

投资结构调整改善。第一、二产业投资比重下降，第三产业投资比重明显上升，占城镇投资的49.5%，比上年提高6.3个百分点。

重大项目带动作用强劲。投资亿元以上的项目2507个，比上年增加1065个；完成投资4678.9亿元，增长47.7%，拉动城镇投资增长20.3个百分点。其中曹妃甸工业区和沧州渤海新区分别完成投资650.6亿元和192.9亿元，增长98.8%和68.8%。

粮食生产继续增产，2009年达到2910.2万吨。

服务业完成增加值5932.8亿元，比重达到34.9%；服务业就业人员比重达到28.8%，服务业规模进一步扩大。

城镇居民人均可支配收入14718.3元，比上年增长9.5%；农民人均纯收入5150元，增长7.4%。

节能降耗取得新进展。大力推进"双三十"（30个重点企业和30个重点区县）节能减排攻坚，取得明显成效。全省淘汰落后产能炼钢400万吨、炼铁900万吨、焦炭277万吨、水泥1950万吨、平板玻璃1200万重量箱、造纸93.8万吨。单位产品能耗指标继续降低，能源综合利用水平不断提高，全年单位GDP能耗比上年下降5%以上。

（二）2010年继续保持了良好的增长势头

2010年，全省生产总值达到2万亿元，比上年增长11.7%，人均生产总值由2005年的1.47万元提高到2.8万元；全部财政收入完成2410.5亿元，其中地方一般预算收入1330.8亿元，分别是2005年的2.3倍和2.6倍。

2010年农业又获丰收，粮食产量达到3025万吨，连续7年获得增产。农业结构调整优化，畜牧、蔬菜、果品三大优势产业带动作用明显，实现产值占农林牧渔业总产值的比重达69.6%，农业产业化经营水平继续提高，产业化经营率达到 56.8%。

城镇面貌呈现新变化。深入推进城镇面貌三年大变样，"三年打基础"工作圆满完成，实施了 156 项重大城建项目，城市基础设施投资相当于前 7 年的总和。城市基础设施更加完善、承载力显著增强、环境质量大幅提升、民生得到明显改善。

基础设施建设实现新突破。高速公路通车里程达到 4307 公里，比 2005 年增加 2172 公里，跃居全国第 3 位；铁路通车里程达到 5300 公里，比 2005 年增加 400 公里。

人民生活水平得到新的提高。城镇居民人均可支配收入由 2005 年的 9107 元提高到 16190 元，农民人均纯收入由 2005 年的 3482 元提高到 5510 元，城乡居民储蓄存款余额达到 15678.4 亿元，增长 1.2 倍。

2010 年，河北省累计完成外贸进出口总值 419.3 亿美元，同比增长 41.5%。其中，出口 225.7 亿美元，进口 193.6 亿美元，同比分别增长 43.9% 和 38.9%。进出口、出口增速在全国十强中居首位。河北省外贸的高速增长，得益于产业结构调整方面实现的重大突破。去年，全省机电产品、高新技术产品出口增势强劲，已成为河北省实现出口结构优化的主要推动力。

"十一五"节能减排目标如期实现，单位生产总值能耗比 2005 年下降 20%，化学需氧量、二氧化硫排放量比 2005 年削减 15% 以上，淘汰落后产能任务超额完成。

二　河北省制造业在提升质量和效益方面取得了较大成绩

近年来，河北省大力发展先进制造业，在装备制造、电子信息和新能源等领域已经拥有了一批国内领先、世界一流的优势产品。

（一）产品技术水平不断提高

出现了具有自主知识产权的产品，如石家庄飞机制造公司生产的小鹰 500 轻型飞机、代表当今世界先进水平的唐车公司生产的 CRH3 型时速 350 公里动车组等。还有一批高附加值产品，例如：天威保变电气公司的发电机变压器、石煤机公司的掘进机、中电科集团第 54 所的卫星导航产品、华美光电子的半导体照明设备等。

（二）大企业集团技术创新能力明显提高

大企业集团建设在企业制度创新、技术创新和组织结构创新等方面取得实质性进展。特别是"河北钢铁"、"冀中能源"重组后，集团内各企业产品结构更加合理，产业链延长、技术创新能力明显提高，高科技产品大幅度增加，成效显著。河北钢铁、冀中能源进入千亿元级企业行列。

钢铁行业优化整合力度加大。河北钢铁集团上市公司整合及钢铁主业整体上市取得明显进展。产品结构调整优化，钢材板带比为55.8%，同比提高0.3个百分点；高附加值的镀层板（带）和涂层板（带）分别增长33.5%和1.4倍；拥有了大批量生产汽车和家用电器面板的能力并已经开始生产。装备制造、石化等重点产业规模优势明显。

（三）名牌产品数量不断增加

长城汽车集团生产的长城皮卡汽车，出口数量居国内首位；巨力集团生产的巨力索具占据中国索具行业"第一品牌"的主导地位；石家庄双环汽车股份有限公司开发生产的纯电动车，目前已出口6000辆；宣化工程机械公司的"宣工牌"高驱动履带推土机系列产品，填补了国内空白；还有汉王电纸书等一批国内外知名品牌。

（四）企业竞争力不断加强

涌现出三一重工、中钢邢机、邯钢集团、新兴铸管等全国制造业500强企业和晶龙集团、英利集团、乐凯集团等全国电子信息百强企业，以及众多代表河北省制造业发展高端水平的中小企业。

（五）区域产业特色明确

以"城镇面貌三年大变样"和产业园区建设为平台，加强产业重组。通过聚集先进生产力要素、聚集产业，产业集中度和产业层次明显提高；传统优势行业竞争力进一步增强。

各市围绕自身发展特色和优势产业，确定了鲜明的发展主题，例如：石家庄正在加紧建设的装备制造业基地，已有30家企业入驻；邯郸着力打造的冀南装备新城——成峰新区，将建设已经有"美的"等企业集团入驻的装备制造业聚集区、纺织服装业升级区、农产品加工示范区等；以新能源产业为特色的保定中国电谷、沧州管道装备制造基地等。

（六）绿色经济特色明显

英利新能源公司最新研发的太阳能汽车、石家庄的纯电动车、新奥集团的微藻生物柴油技术、张家口和承德的风电产业，都代表了新能源发展的方向。

（七）战略性新兴产业、高新技术产业发展较快

保定国家新能源产业基地、石家庄生物产业基地、廊坊电子信息产业制造基地初具规模；保定、张家口、承德的风力发电设备制造，保定、邢台的光伏发电设备制造，唐山的高速动车等领域快速发展，有望成为河北省新的战略性支撑产业。

中电科集团54所参与了"北斗二号"研发制造；英利集团已具有全球第二的光伏生产能力；保定天威集团1000千伏特高压变流主变器10项产品被评为首批国家级自主创新产品，该集团已经发展成为拥有世界一流水平的输变电产业的大企业。

（八）在技术进步中开展向国内外先进水平的对标活动

在节能减排、产业升级等方面，从研发、制造、经营等各个环节，找差距，查原因，制定跟进和赶超的路线图、时间表，产业整体水平有了明显提升。

三　河北省制造业发展方式存在的主要问题

（一）产业结构层次和产品层次还比较低

河北制造业总体来说，传统产业比重过大，新兴产业缺乏，产业结构的技术层次较低。一、二、三次产业比例为13∶52∶35。传统农业、传统工业、传统服务业比例大。工业中以重化工为主。

河北是全国第一钢铁大省，2009年产钢1.35亿吨，连续9年全国第一。钢

铁是资源消耗型、能源消耗型、污染比较厉害的产业。第二梯队是电热、石油化工、装备制造业，第三梯队是食品、建筑、医药、物流、建材、纺织服装。

水资源制约。河北省平均水资源总量为205亿立方米，人均水资源量仅为307立方米。城市集中，人口稠密，更兼拱卫北京和天津两个特大城市，使原本就有限的水资源越发显得稀缺和金贵。

（二）经济运行的质量和效益还不高

营业收入增幅 > 实现利税增幅 > 实现利润增幅，说明产业和产品结构的调整仍不到位，造成高投入低产出，增产不增收。

2009年，河北省财政收入占GDP的比重为11.8%，同期江苏为19.6%，山东15%，广东22%，上海54%。

（三）整机产品及龙头企业不多

河北省能源、原材料生产企业多，整机产品及龙头企业不多，对行业的辐射、拉动作用弱、产业链条短。销售收入在100亿元以上的装备制造企业只有天威集团、长城汽车集团两家。

整机产品少，与之配套的零配件生产企业也少，产业集中度低，规模效益和科技贡献率必然低。河北省多数制造业企业处于生产链低端，基本上都是劳动密集型的生产或装配活动，即使是技术或资本密集型的产品，从事的也是劳动密集型的工序，附加值和盈利率很低。

（四）企业科技研发投入明显不足

2010年，河北制造业百强企业中，科技创新企业有17家，占2010年河北科技创新企业的14.81%；营业收入1557.52亿元，占制造业百强企业营业收入总额的18.23%。高新技术企业18家，占河北高新技术企业的4.39%；营业收入1748.38亿元，占制造业百强企业营业收入总额的20.68%。

（五）节能减排任务十分艰巨

资源、能源的消耗率，是衡量制造业先进与否的主要标准。河北省工业能耗占全省能耗的80.3%。国家要求"十一五"期间中国万元GDP能耗要由2005年的 1.22 吨/标准煤下降到 2010 年的 0.98 吨/标准煤左右。2009 年河北省全省的单位 GDP 能耗为 1.64 吨/标准煤，全国是 1.14 吨/标准煤。

四 "十二五"期间河北省区域经济发展的新思路

2010 年 11 月，河北省委七届六次全会，审议通过了《中共河北省委关于制定国民经济和社会发展第十二个五年规划的建议》。对河北省"十二五时期"面临的机遇和挑战进行了深入的分析，提出了任务并对如何完成任务提出了工作重点、目标和实现目标的根本途径。

"十二五"期间河北省面临五大机遇：国家京津冀区域规划即将出台，有利于河北把独特区位优势转化为发展优势，充分发挥区域支撑功能；河北沿海地区发展规划即将纳入国家发展战略，有利于大规模聚集生产要素，加快形成重要增长极；国内"东企西移"、"南资北移"呈加速趋势，有利于更好承接产业转移，推动经济转型升级；国家大力发展战略性新兴产业，有利于发挥河北在新能源、生物医药、新材料等领域比较优势，加快培育战略性支撑产业；国家积极鼓励和引导民间投资，有利于激活河北的社会投资主体，增强经济增长的内生动力。

面临的四大挑战：经济社会发展面临结构调整任务艰巨；资源环境约束加剧；社会管理难度加大；区域竞争日趋激烈。"十二五"时期面临着"双重任务"：加速发展和加速转型。要把握又好又快的平衡，没有规模和速度不行，质量和效益不高也不行。需要进行六个着力：着力调整产业结构；着力推行新型工业化、新型城镇化和农业现代化；着力保障和改善民生；着力改善生态环境；着力提高创新能力；着力深化改革开放。

（一）以科学发展为主题，保持经济平稳较快发展

坚持把扩大内需作为促进经济发展的根本途径和内在要求，加快形成消费、投资、出口协调拉动经济增长的新格局。积极促进城乡消费。把扩大消费需求作为扩大内需的战略重点，引导城乡居民增强消费意识，改善消费预期；完善消费政策，增强消费能力，营造便利、安全、放心的消费环境；培育消费热点，积极引导汽车、住房等大宗消费，大力发展旅游、文化、健身、养老、信用、网络等新型消费，努力把居民储蓄转化为现实消费需求。保持投资合理增长。充分发挥

政府投资的导向作用，优化投资结构，促进民间投资快速增长，引导投资向改造传统产业、战略性新兴产业、现代服务业、基础设施、农业农村、民生和社会事业、生态环保等领域倾斜。扩大进出口规模。推进市场多元化，加快出口结构转型升级。

（二）以加快转变经济发展方式为主线，推动产业结构优化升级

促进产业转型升级，推动三次产业协调发展。做强一产。坚持完善落实强农惠农政策，大力发展现代农业，实施粮食增产计划。做优二产。坚持走新型工业化道路，推动传统产业升级，用新技术、新工艺、新装备改造钢铁、装备制造、石化等产业，促其由重转优、由粗转精、由低转高；加快战略性新兴产业发展，促进新能源、新材料、生物医药、新一代信息、高端装备制造、节能环保、海洋经济快速增长；强力推进节能减排，坚定有序地淘汰钢铁、煤炭、水泥、玻璃、造纸、制革等落后产能，大力发展循环经济。做大三产。优先发展生产性服务业，加快发展生活性服务业，大力发展高端服务业，积极发展面向农村和社区的服务业。

（三）以实施"四个一"战略重点为关键，推动区域经济协调发展

支持优势地区率先发展，努力打造新的经济增长极，建设环首都经济圈。在积极为京津搞好服务、全方位深化京津冀合作的同时，在承德、张家口、廊坊、保定四市选择毗邻北京、交通便利的14个县（市、区）重点突破，建设1圈（以新兴产业为主体的环首都经济圈）、4区（高层次人才创业、科技成果孵化、新兴产业示范、现代物流园区）、6基地（养老、健身、休闲度假、观光农业、有机蔬菜、宜居生活基地）。

打造沿海经济隆起带。结合实施秦唐沧沿海地区发展规划，选择秦皇岛、唐山、沧州三市近海临港、区位优越的县（市、区），实施11县（市、区）、8功能区、1路（滨海公路）、1带（沿海经济带）的重点推进计划，带动周边地区加快发展。

加快发展冀中南经济区。推动石、衡、邢、邯4市整合资源、互动发展，建设"一中心、两轴、三基地"。

培育一批千亿元级工业（产业）聚集区、开发区和大型企业集团。坚持企

业集中、产业集群、资源集约，以优势产业、重点企业为依托，重点建设一批营业收入超 1000 亿元的产业聚集区，加快培育一批营业收入超 1000 亿元的大型企业集团。

深化国有企业改革，加快国有资产战略重组，支持河北钢铁、冀中能源、开滦集团、河北建投、港口集团、河北航空、高速公路集团等企业进行联合并购、资产整合。

推进产业布局优化和集约集聚发展，支持龙头企业做大做强，培育秦皇岛开发区、廊坊开发区、保定高新区、石家庄东部产业区、唐山动车城等十个营业收入超千亿元的开发区和工业聚集区，培育开滦集团、冀中能源、长城汽车、新兴铸管集团、美的邯郸基地、河北旭阳、晶龙集团等十个营业收入超千亿元的大型企业集团，大大提升河北省产业发展综合竞争力。

（四） 以强化基础设施和环境条件为保障，构建持续发展的支撑体系

构建现代综合立体交通支撑体系。改造扩建石家庄机场，打造成区域型枢纽机场、北京主要分流机场和备降机场；加快铁路建设，以高速铁路、城际铁路、疏港铁路为重点，完善铁路网络布局；加快公路建设，"十二五"末实现所有县（市、区）和主要经济区、主要旅游景点通高速公路；加快港口建设，提升秦皇岛港、唐山港、黄骅港三大港口功能。构建重点项目支撑体系。

改革是实现目标的根本途径，也是推动经济发展方式转换的根本动力。《建议》提出，要加快新型工业化进程，提高产业核心竞争力；加快服务业发展进程，实现经济结构调整的新突破；加快城市化进程，实现城市发展上水平、出品位；加快城乡一体化进程，推进社会主义新农村建设；加快推进人才强省战略步伐，建设创新型河北。

五 转变经济发展方式的主要举措

2010 年，河北省《政府工作报告》、《中共河北省委、河北省人民政府关于加快构建现代产业体系的指导意见》、《关于河北省国民经济和社会发展第十二个五年规划纲要的报告》提出了转变经济发展方式的主要举措。

转变经济发展方式的目标是从数量型向质量型、从粗放型向集约型、从劳动

密集型向知识密集型转变；是实现人与自然和谐、社会的公平与和谐。

构建现代产业体系，要建成以高新科学技术为核心，以先进制造业和战略性新兴产业为主体，以现代服务业为支撑，以现代农业为基础的产业结构。即实现产业现代化和产业结构的现代化。

除了大力发展战略性新兴产业以外，传统产业还是河北省现在有竞争力的产业和将来作为本土市场发展空间比较大的产业。钢铁、装备制造业、石化、电力、纺织服装、食品、医药、建材等传统产业是河北省经济增长的基本支柱，只要产品有市场有效益，必将还是河北省财政收入的主要来源和就业的主要渠道。河北省传统产业发展方式转变必须以产业结构调整特别是提升产品层次为主线。

（一）推动"两化"融合，对传统产业进行信息化改造

坚持走中国特色的新型工业化道路，以信息化带动工业化，以工业化促进信息化，加快用高新技术特别是信息技术改造提升传统产业的力度。

将以机器为特征的传统产业改造升级为以信息和知识为特征的先进制造业。"先进制造业"具有三大特征：一是科技含量高；二是生产效率高；三是创新能力强。

（二）大力推动技术进步和产品更新换代

延长产业链，开发新产品，采用新工艺、新设备、新技术，才能使成本进一步降低，质量和效率进一步提高。

建立以大企业集团为主体的科技创新体系。引导企业加快原始创新、集成创新和引进技术的消化吸收再创新。河北原始和集成创新能力相对不足，要把自主创新的重点放在二次创新上，避免重复引进，像唐山"时速350公里动车组"一样走引进——吸收——提高——创新的自主创新之路，这是缩短与先进国家技术差距，加快提高自主创新能力的捷径。制定自创名牌、合作创名牌等战略。

（三）加快城镇化建设

城镇具有较强的积聚功能、辐射效应和经济带动能力，要把建设制造业强省与加快城镇建设结合起来。着力培育一批支柱产业和骨干企业，提升产业层次，延长产业链，形成具有区域特色的产业结构。

整合现有园区，提高产业集中度，组建大的专业产业集聚区，推动产业集群发展。

促进产业空间聚集，提高产业集中度，形成产业发展配套环境，推动产业集群式发展。

加大产业重组，优化产业布局，重点培育好省政府确定的 100 个产业集聚区，推动兼并重组。

要以龙头企业和优势产品为依托建设产业园区，壮大整机产品规模，延伸产业链条，完善配套体系，提升综合竞争力。发展壮大保定输变电设备及新能源设备、保定皮卡及乘用车、唐山动车组、秦皇岛船舶及重型装备、曹妃甸船舶及重型装备等装备制造基地，加快建设大厂首钢装备、石家庄装备、张家口西山装备、渤海新区装备、巨力索具等装备制造业园区。

（四）大力发展战略性新兴产业

战略性新兴产业在河北省有一定的产业基础和比较优势。要以在战略性新兴产业方面具有比较优势的企业和基地为基础，在"十二五"期间谋划一批投资超百亿的大项目，组建一批年销售收入超千亿的大集团。河北省在高速动车装备、风电光伏产业设备、煤化工、半导体材料、液晶材料、光学薄膜、特种玻璃等方面的技术和产品研发上在国内已经形成了一定优势。

廊坊已经成为我国信息产业的重要发展基地；位于河北省的中国电子科技集团第 13 所，是国内实力最强的半导体器件研究开发机构之一；中电科 54 所承担了"神 6"、"神 7"、"北斗 2 号"的部分关键技术研发。

乐凯胶片集团等 4 家企业成为国家级新型企业，长城汽车等 5 家企业成为国家级创新性试点企业。唐山高速动车组、邢台光伏、承德钒钛被科技部认定为国家级高新技术产业化基地。

华北制药、石家庄制药、神威药业，这些在国内很有影响力的企业承担了重大新药创新专项 18 个新药开发项目。

通过实施大功率风机整机开发与产业化、半导体材料薄膜太阳能电池产品研发等一批重大项目，实施张家口"风能、光电、储电、输电国家重大科技示范工程"，实施卫星导航、新一代宽带无线移动通信网、物流网等创新项目，促进形成新的产业基地和产业集群。

推动唐山、燕郊高新区升级为国家级高新区，争取保定高新区进入国家级创新性特色园区。抓好石家庄生物医药、承德钒钛新材料、张家口工程装备、保定新能源、沧州精细化工等特色高新技术产业基地建设。推进保定电谷、宁晋晶龙新能源，廊坊、石家庄、秦皇岛电子信息，邯郸新材料等一批产业基地建设，推进石家庄、保定半导体照明工程实施，唐山动车组、电动汽车工程建设。

（五）加快非公有制经济集聚发展

要进一步放宽政策，积极发展民营经济，提升产业层次和集约化程度。要下大力气培植一批规模大、效益好、有核心竞争力的民营企业，促进民营企业向园区和小城镇转移，提高产业集中度。政府协助产销对路的中小企业解决好融资和引进人才问题。在资金、土地、技术、人才等方面给予倾斜。逐步做强做大一批中小企业。

（六）加快发展循环经济，大力推进节能减排

按照建设生态省的要求，努力培育与资源节约、环境保护、生态建设相辅相成、相互促进的制造业发展新机制。

1. 建立资源环境评价体系

要充分考虑资源和环境的承载能力和承受能力，严格市场准入制度，政府对企业的节能减排工作实行约束与激励相结合，坚持行政、经济、政策、教育、法律等手段多管齐下强力推动。建立节能减排工作的长效机制。

对产能过剩行业坚持新增产能与淘汰落后产能"等量置换"或"减量置换"，遏制低水平重复建设，防止新增落后产能。

按照"加减法并用"的思路，以节能减排为突破口大力实施经济结构调整，加快推进新兴产业倍增、生产服务业提速和传统制造业升级，加快淘汰落后产能，加快转变发展方式。

2. 大力推动节能减排

坚决淘汰落后产能与采用新技术相结合，大力推动节能减排。推广节能降耗新技术、新工艺，降低对资源的依赖度，按照资源消耗减量化、无害化的要求，加快发展循环经济。

（七）加大生产性服务业的支撑作用，大力发展服务业外包业务

要依托现有制造业的产业链尽量向两端延伸，发展生产性服务业，即产业服务化。河北省生产性服务业不发达，特别在对制造业企业的金融、科技、人才、零配件生产、第三方物流方面的支持比较缺乏。

一是建立生产性服务业体系，优化服务业内部结构，生产性服务业与先进制造业要更加紧密地融合。二是大力发展地方金融。发达省市的地方金融都非常发达，如浦东发展银行、深圳发展银行、北京银行等，有力地推动了地方经济的发展。河北省的存贷差在 50% 左右，大量的资金没有充分发挥支撑企业发展的作用。应建立地方信用担保体系，努力扩大信用担保规模，为企业发展搭建融资平台。

参考文献

中共河北省委七届六次全会审议通过的《中共河北省委关于制定国民经济和社会发展第十二个五年规划的建议》，2010 年 11 月。

中共河北省委、河北省人民政府：《关于加快构建现代产业体系的指导意见》，2009 年 12 月。

陈全国：《2010 年河北省人民政府工作报告》，2010 年 1 月 12 日。

河北省人民政府主办：《河北经济年鉴 2010》，中国统计出版社，2010 年 11 月。

陈全国：《在省十一届人大四次会议上关于河北省国民经济和社会发展第十二个五年规划纲要的报告》2011 年 1 月 12 日。

长三角区域

The Yangzi River Delta

B.11
长三角经济形势：2010年分析与
2011年展望

徐柄胜　薛艳杰*

　　摘　要：2010年，长三角两省一市努力转变发展方式，采取积极的政策举措，整体经济实现了平稳较快发展，经济发展水平进一步提升。2011年，受多重因素的影响，长三角地区经济发展或将呈现一些不确定性的特征，但仍将继续保持强劲的复苏势头，经济增长有望率先重回上升通道，外贸形势也将有所改善，固定资产投资略有回落但结构优化特征明显，消费需求有望稳步上升，内需拉动效应将得到提升。

　　关键词：长三角　经济形势　分析与展望

---

　*　徐柄胜，上海社会科学院部门经济研究所助理研究员，博士，主要研究方向：区域经济、产业经济；薛艳杰，上海社会科学院经济法律社会咨询中心助理研究员。

2010 年，在国内外经济复苏总体放缓，宏观发展环境中多种挑战和压力并存，不稳定性和不确定因素较多等背景下，长三角两省一市努力转变发展方式，采取积极的政策举措，整体经济都实现了平稳较快发展，主要经济指标达到或好于"十一五"规划预期，经济发展水平进一步提升。其中，江苏省经济运行高开稳走、持续向好，消费、投资、出口三大需求协同增长，结构调整和自主创新取得显著进展；① 浙江省 2010 年经初步核算实现生产总值 27226.75 亿元，按可比价格比上年增长 11.8%，比全国增幅高 1.5 个百分点，比去年提高了 2.9 个百分点，全省人均 GDP 为 52059 元，比上年增长 10.1%；② 上海市 2010 年生产总值预计比上年增长 10% 左右，地方财政收入比上年增长 13.1%，社会消费品零售总额增长 17.5%，全社会固定资产投资总额与上年基本持平，外贸出口 1808 亿美元，创历史新高。③

一 2010 年长三角经济运行的主要特征

（一）投资

1. 投资规模不断攀升

2010 年，长三角两省一市固定资产投资总量规模均较 2005 年显著提升，江苏和浙江两省总额超过 2009 年，上海预计与 2009 年基本持平。其中，江苏省 2010 年前三季度全社会固定资产投资总额累计达到 16319.3 亿元，比 2005 年全年高出 7500 余亿元，比去年同期增长 22.7%；浙江省 2010 年全年全社会固定资产投资 12488 亿元，同比增长 16.3%④，比 2005 年全年高出 5700 余亿元；上海市 2010 年前 11 个月全社会固定资产投资 4619.25 亿元，比 2005 年全年高出 1000 余亿元，比去年同期降低 4.9%，预计年底与 2009 年基本持平。前三季度两省一市固定资产累计投资总额比较，江苏省投资总量最高，上海市最低，相互间的差距逐季扩大（见图 1）。

① 《江苏省经济工作会议在宁召开》，2010 年 12 月 24 日中国江苏网。
② 《2010 年全省生产总值增长 11.8%》，2011 年 1 月 24 日浙江统计信息网。
③ 《韩正在上海市第十三届人民代表大会第四次会议上的报告》，2011 年 1 月 23 日《解放日报》。
④ 《2010 年我省全社会固定资产投资增长 16.3%》，2011 年 1 月 24 日浙江统计信息网。

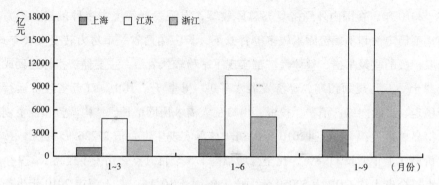

图1　2010 年前三季度苏浙沪固定资产投资额比较

资料来源：分别来自上海、江苏、浙江统计网，2010 年月度统计。

2. 投资增速下行趋稳

2010 年，长三角两省一市固定资产投资比去年同期的增长率总体均处于年初高开，逐渐放缓的走势。其中，江苏省和浙江省降幅较小，受"世博会"限建等因素影响，上海的降幅明显。前 3 个月，江苏、浙江和上海固定资产投资分别比去年同期增长 23.8%、20.5% 和 18.3%；至 6 月，苏、浙、沪累计固定资产分别比去年同期增长 23.5%、17.7% 和 2.2%，增幅分别比第一季度回落 0.3 个、2.8 个和 16.1 个百分点；至 9 月，苏、浙、沪累计固定资产投资分别比去年同期增长 22.7%、17% 和 - 7.4%，增幅分别比前 6 个月下滑 0.8 个、0.7 个和 9.6 个百分点；至 11 月，上海累计固定资产投资比去年同期下降 4.9%，降幅收窄；浙江全年固定资产投资比去年同期增长 16.3%，增幅比去年同期提高 1.1 个百分点，比前三季度回落 0.7 个百分点（见图2）。

3. 投资结构有所改善

2010 年，长三角两省一市固定资产投资结构总体有所改善。按经济类型分，江苏省 1～9 月个体私营经济投资 6008.66 亿元，比去年同期增长 25.7%，高于固定资产总额增幅，约占固定资产投资总额的 36.8%；国有及国有经济控股企业完成投资额 3624.27 亿元，比去年同期增长 20.4%，略低于固定资产投资总额增幅，占固定资产投资总额的 22.2%。上海 1～11 月非国有经济投资额 2775.01 亿元，较去年同期增长了 14.4%，增幅高于固定资产投资总额；占固定资产投资的比重达到 60.1%，同比提高了约 10 个百分点；国有经济累计投资额 1844.24 亿元，比去年同期下降 24.2%，降幅大于固定资产投资总额；占固定资

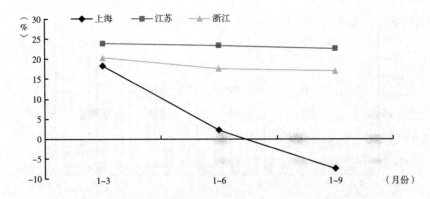

图 2　2010 年前三季度苏浙沪固定资产投资增长率比较

资料来源：分别来自上海、江苏、浙江统计网，2010 年月度统计。

产投资的 39.9%，同比降低了约 10 个百分点。

分行业投资变化，2010 年 1 ~ 11 月，江苏省第一产业投资 48.17 亿元，比去年同期增长 40.3%；第二产业投资 7343.75 亿元，比去年同期增长 23.7%；第三产业投资 7945.26 亿元，比去年同期增长 20.6%，低于固定资产投资总额的增幅；三次产业投资结构为 0.3 : 47.9 : 51.8。浙江省前三个季度第一产业投资 52.9 亿元，比去年同期增长 8.3%；第二产业投资 4284.05 亿元，比去年同期增长 10.9%；第三产业投资 5884.96，比去年同期增长 23.4%，增幅高于固定资产投资总额；三次产业投资结构为 0.5 : 41.9 : 57.6。上海 1 ~ 11 月，第一产业投资 11.3 亿元，比去年同期增长 28.4%；第二产业投资 1265.14 亿元，比去年同期降低 1.5%；第三产业投资 3342.8 亿元，比去年同期降低 6.3%；三次产业投资结构为 0.2 : 27.4 : 72.4。三次产业投资结构均以第三产业最高，第一产业微乎其微，其中上海三产投资远高于二产，占绝对主体地位（见图 3）。

2010 年前 11 个月，苏浙沪城镇投资增长呈逐渐放缓之势，其中江苏和浙江降幅较小，上海降幅明显，三地差距呈拉大趋势。城镇投资累计总量规模江苏和浙江较去年同期增幅较大，上海有所减少。1 ~ 11 月，江苏、浙江和上海城镇投资额累计分别为 15337.18 亿元、7452.77 亿元和 4044.98 亿元，相对于去年同期，江苏和浙江分别增长了 22.1% 和 14.8%，上海下降了 6.1%；两省一市城镇投资额合计 26834.93 亿元，约占我国城镇投资总额的 12.7%。

2010 年，长三角两省一市房地产开发投资均高位运行，较去年同期的增长

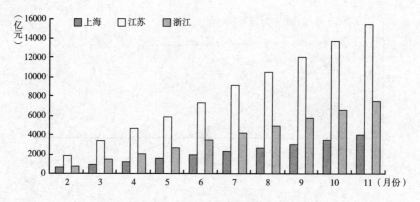

图3 2010年1~11月苏浙沪城镇投资比较

资料来源：中华人民共和国国家统计局，http://www.stats.gov.cn，2010年月度统计。

率，上海和浙江平均都达到了30%以上，略高于全国；江苏省接近30%，低于全国。全年房地产开发投资，江苏、浙江和上海分别为4301.85亿元、3030.04亿元和1980.68亿元，分别比去年同期增长28.9%、34.4%和35.5%；两省一市合计9312.57亿元，约占全国的19.3%。房地产开发投资总额中住宅投资的比重，江苏省为73.5%，略高于全国平均水平；浙江省和上海市分别为67.9%和62.1%，低于全国平均水平。

（二）消费

1. 消费总量再上新台阶

2010年，长三角两省一市的内需市场既受国家扩大内需、促进消费政策和世博会召开的拉动，也受物价持续上涨压力的影响，总体保持了稳定向好的较快发展态势。1~11月，江苏、浙江和上海分别实现社会消费品零售总额12161.12亿元、9137.43亿元和5506.38亿元，均已超过2009年全年的零售总额，分别比2005年高出6400余亿元、4400余亿元和1900余亿元，总量规模再上新台阶；三地合计零售总额26804.93亿元，占全国的19.3%（见图4）。

2. 消费增长轨迹趋稳向好

2010年，江苏、浙江和上海社会消费品零售总额相对于去年同期保持了较高的增幅，增长率略有波动，总体趋稳向好。1~11月，苏、浙、沪社会消费品零售总额分别比去年同期增长了18.6%、19%和17.6%，增幅浙江省最高，上

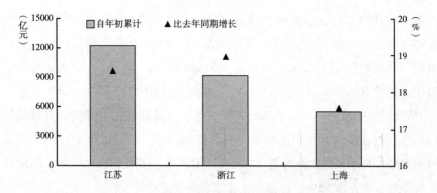

图 4　2010 年 1～11 月苏浙沪社会消费品零售总额及增长比较

数据来源：江苏、浙江及上海统计网。

海市最低；与全国增幅比较，江苏和浙江略高，上海略低。

3. 消费结构有不同程度变化

2010 年 1～11 月，江苏省社会消费品零售总额中，城镇为 10800.82 亿元，占总零售额的 88.8%，比去年同期增长 19%，略高于总体增幅；乡村地区零售额 1360.3 亿元，占零售总额的 11.2%，比去年同期增长 15%，较总体增幅低 3.6 个百分点。批发和零售企业零售额 11004.19 亿元，比去年同期增长 18.4%，与总体增幅基本持平，占社会消费品零售总额的比重约为 90.5%，住宿和餐饮业零售额 1156.93 亿元，比去年同期增长 20.3%，比总体增幅高 1.7 个百分点，占社会消费品零售总额的 9.5%。

浙江省 1～11 月城镇社会消费品零售总额为 8032.79 亿元，占总零售额的 87.9%，比去年同期增长 19.2%，略高于总体增幅；乡村地区社会消费品零售总额 1104.64 亿元，占零售总额的 12.1%，比去年同期增长 17.3%，比总体增幅小 1.7 个百分点。批发业、零售业、住宿业和餐饮业分别实现零售额 828.45 亿元、7353.11 亿元、131.07 亿元和 824.8 亿元；占零售总额的比重分别为 9.1%、80.5%、1.4% 和 9.0%，零售业占绝对支撑地位；比去年同期分别增长 21.4%、19%、21.3% 和 16.8%，与总零售额增幅比较，零售业持平，批发业和住宿业高 2 个多百分点，餐饮业低 2 个多百分点。

1～11 月，上海市零售贸易业实现零售总额 4883.21 亿元，比去年同期增长 17.7%，占社会消费品零售总额的比重约 89%，较 2009 年同期提高约 4 个百分点；餐饮业零售总额 623.17 亿元，比去年同期增长了 17.5%，占社会消费品零

售总额的比重约为 11%，比 2009 年同期降低约 4 个百分点。吃、穿、用、烧类商品零售额分别为 1666.75 亿元、618.02 亿元、2900.07 亿元和 321.54 亿元；比去年同期分别增长了 13.2%、18.3%、19.6% 和 23.2%，除吃的商品外，增幅均高于总销售额；占社会消费品零售总额的比重分别为 30%、11%、53% 和 6%。私营经济比重最高，占总额的 29%，比去年同期增长 20.2%；其次是外商投资经济，占总额的 14%，比去年同期增长 20.8%。限额以上企业仍然是支撑上海消费品市场增长的主要力量，在 1～11 月社会消费品零售总额中，限额以上批发和零售业企业占 65%，限额以上住宿和餐饮业占 6.6%。

（三）出口

1. 出口总额再创历史新高

2010 年，在世界各国经济刺激政策效应逐渐减弱，美国、日本经济复苏明显放缓，欧洲债务危机不断扩散蔓延，欧盟市场动荡加剧，朝鲜半岛局势紧张，人民币快速升值削弱出口产品价格竞争优势等较多不利因素的影响下，长三角地区对外贸易表现出强劲的复苏上升势头，总量规模均超过历史最高点的，创历史新高。

2010 年 1～11 月，江苏省累计出口总额 2451.46 亿美元，比去年同期增长 37%，比 2005 年末高出 1200 余亿美元，比 2008 年高出 70 多亿美元，占进出口总额的 58.2%，顺差约 688 亿美元。浙江省累计出口总额 1640.55 亿美元，比去年同期增长 37.4%，比 2005 年高出 870 余亿美元，比 2008 年高出 90 多亿美元，占进出口总额的 71.5%，顺差约 986 亿美元。上海累计出口额 1644.33 亿美元，比去年同期增长 29.8%，比 2005 年末高出 730 余亿美元，至年末将超过 2008 年，占进出口总额的 49.3%，逆差约 45 亿美元。上海与浙江省出口总额基本持平，江苏省明显领先（见图 5）。

2. 出口增幅高位运行

2010 年，长三角两省一市出口强势复苏，上半年高速增长，下半年增势放缓，但总体保持高位运行态势。1～11 月，江苏省出口总额比去年同期增长 37%，增幅较 1 月提高了 6.7 个百分点；浙江省出口总额比去年同期增长 37.4%，增幅较 1 月提高了 20 多个百分点；上海市出口总额比去年同期增长 29.8%，增幅较 1 月份提高了 10 个多百分点。其中，上海市出口增幅相对最低，

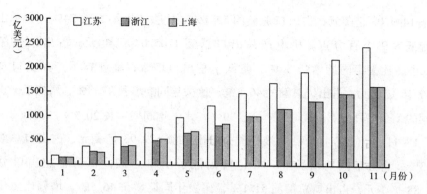

图 5　2010 年 1～11 月苏浙沪出口总额比较

资料来源：江苏、浙江及上海统计网。

浙江居中，而江苏省出口增幅不仅在长三角长期居于领先地位，而且也领跑我国沿海省市（见图 6）。

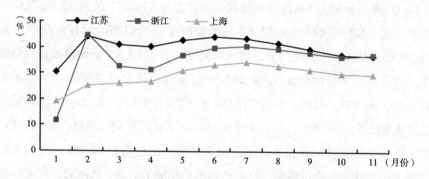

图 6　2010 年苏浙沪出口总额比去年同期增长率变化比较

资料来源：江苏、浙江及上海统计网。

3. 出口结构总体比较稳定

2010 年，长三角地区出口结构总体比较稳定。1～11 月，江苏省外商投资企业出口总额 1742.87 亿美元，占出口总额的 71.1%，比去年同期增长 26%，比总出口增幅低 6.9 个百分点；私营企业出口 436.02 亿美元，占出口总额的 17.8%，比去年同期增长 63.3%，比总出口增幅高出约 30 个百分点；国有企业出口总额 221.54 亿美元，占出口总额的 9%，比去年同期增长 45.8%，较总出口增幅高 12.9 个百分点。一般贸易出口总额 894.46 亿美元，占出口总额的 36.5%，比去年同期增长 46.4%，增幅比总出口高 13.5 个百分点；加工贸易出

口额 1449.08 亿美元,占出口总额的 59.1%,比去年同期增长 24%,较总出口增幅低 8.9 个百分点。机电产品出口总额 1705.02 亿美元,占出口总额的 69.6%,比去年同期增长 30%,略低于总出口增幅;高新技术产品出口总额 1140.18 亿美元,占出口总额的 46.5%,比去年同期增长 27.8%,增幅低于出口总额的 5 个多百分点。

1～11 月,浙江省外商直接投资企业出口额 529.93 亿美元,占出口总额的 32.3%,比去年同期增长 31.8%,增幅低于出口总额;私营企业出口总额 838.88 亿美元,占出口总额的 51.1%,比去年同期增长 46.5%,增幅比总出口额高约 10 个百分点;国有企业出口总额 166.23 亿美元,占总出口额的 10.1%,比去年同期增长 23.1%,增幅比总出口额低十几个百分点。机电产品出口总额 721.04 亿美元,占出口总额的 44%,比去年同期增长 45.4%,增幅比总出口额高约 9 个百分点。

1～11 月,上海市外商投资企业累计出口总额 1145.12 亿美元,占出口总额的 70%,比 2009 年同期增长 32.4%,增幅高于总出口额;国有企业出口总额 282 亿美元,占出口总额的 17%,比去年同期增长了 19.6%,增幅较总出口额低 10.2 个百分点;私营企业出口总额 205.99 亿美元,占出口总额的 13%,比去年同期增长了 30.8%,略高于总出口增幅。一般贸易出口总额 572.04 亿美元,占出口总额的比重约为 35%,比去年同期增长 29.9%,增幅与总出口额基本持平;加工贸易出口总额 918.91 亿美元,占出口总额的比重约为 55.9%,比去年同期增长 26.6%,低于总出口增幅。机电产品出口总额 1195.96 亿美元,占出口总额的 72.7%,比去年同期增长 30.8,略高于总出口增幅;高新技术产品出口总额 767.7 亿美元,占出口总额的 46.7%,比去年同期增长 36.3%,高出总出口增幅 6.5 个百分点。1～11 月上海累计出口总额位居前五位的商品分别是:机电产品、高新技术产品、自动数据处理设备及其部件、服装及衣着附件、集成电路等。

二 2011 年长三角经济形势展望

2011 年,支撑长三角地区经济快速增长的内外部环境仍然不能恢复到金融危机之前的宽松状况。世界经济形势谨慎乐观,发达经济体复苏进程艰难曲折,新兴经济体增长动力缓慢,国内宏观经济政策侧重“调结构”、“控物价”、“稳增长"。在外需乏力、滞胀预期、货币政策收紧和经济结构调整等多重因素的影响下，长三角地区经济发展或将呈现一些不确定性的特征。

2011 年既是《长江三角洲地区区域规划》实施的起步之年，也是"十二五"规划执行的开局之年。在规划引导和先发优势的驱动下，长三角地区将继续保持强劲的复苏势头，经济增长有望率先重回上升通道，外贸形势也将有所改善，固定资产投资略有回落但结构优化特征明显，消费需求有望稳步上升，内需拉动效应将得到提升。

（一）复苏势头继续保持，经济转入常规增长通道

2010 年前三季度，长三角地区生产总值突破 5 万亿元，达到 50314 亿元，增长 12.8%，预计全年增幅将达到 12.2% 以上（其中，江浙沪分别约为 14%、11%、10%），高于全国约 2 个百分点。2011 年，长三角经济增长在 2010 年基础上保持较快增长的势头不会改变，但经济增长的"三驾马车"会出现结构性微调。受国际经济复苏缓慢、国际市场需求相对乏力、发达国家消费基本饱和，国际贸易摩擦增多等外部因素的影响，出口拉动效应难以恢复到金融危机前的水平；受结构调整、宏观调控、通胀压力等内部因素的影响，投资拉动效应也会出现微幅下降的趋势，消费引擎处于弱势的情形也不会出现根本性扭转。

预计，2011 年长三角经济增长的走势应低于 2010 年的水平，处于 11% ~ 12% 之间，按照现行价格计算，至 2011 年底长三角地区经济总量有望突破 10 万亿大关。分省市来看，江苏经济增长速度将维持在 10.5% ~ 12% 的水平，浙江10% 左右，上海在 8.5% ~ 9.5% 之间。

（二）物价高位几成定局，通货膨胀风险显著增加

受应对危机增发货币的影响，2010 年物价逐步走高，消费品和工业品价格攀升。尽管通过央行准备金率上调、加息等措施控制物价上涨，但受 2010 年价格翘尾因素的影响，2011 年价格总水平停留在较高位置几乎已成定局。从全国层面来看，推动 2011 年物价进一步上涨的因素包括农产品价格上涨压力、劳动力等要素价格上升引致成本推动型通胀、货币信贷超常规增长滞后影响，加之人民币升值预期助推国际资本流入增加，导致 2011 年流动性过剩状况难以从根本上扭转。从长三角地区来看，要素价格上升引致成本推动型通胀将更为突出。近

年来，以"民工荒"为表现形式的结构性劳动力短缺现象，兆示劳动力工资出现较快上涨趋势的可能性加大；长三角土地承载能力有限，土地供给约束硬化，土地交易价格攀升的局面难以避免；长三角环境容量面临考验，制造业发展为生态和环境支付的环境成本将逐步加大。不过，也存在一些抑制 2011 年物价上涨的因素。如经济减速减轻物价上涨压力，总供求关系将朝着有利于物价稳定的方向发展；受美、日、欧三大经济体复苏乏力、需求难以大幅增长等因素的影响，2011 年原油、铁矿石等国际大宗商品价格出现大幅飙升的可能很小；货币政策转向稳健，货币信贷增长将恢复常态，稳定通胀预期得到加强。

预计，受上述因素影响，以及长三角经济增长快于全国平均水平的原因，2011 年长三角地区消费品价格指数依然要高于全国平均水平，在 3.5% ~5% 之间。受各省市翘尾因素影响，预计浙江在 4% ~5%，江苏在 3.5% ~4.5% 之间，上海在 3.5% ~4% 之间。

（三）外贸形势不容乐观，外需拉动效应强度减弱

2010 年，由于受基数影响，长三角进出口贸易总额出现了 30% ~40% 高速增长的态势，部分月份甚至创出历史新高。2011 年，影响长三角地区进出口贸易的因素更加复杂，对进出口的影响也更加直接，2010 年长三角外贸高速增长的态势将难以持续。

一是国际市场需求状况。2011 年，世界经济将由前期超常规政策刺激下的恢复性反弹转向平稳甚至低速增长阶段。美国经济复苏动力依然不足，失业率居高不下，以消费为主导的美国经济难以实质性好转。欧洲主权债务危机给疲弱经济复苏以雪上加霜，在财政重建和刺激经济的"二难选择"中，很难恢复到危机前水平。日本经济在对美国和中国的双重依赖中有所恢复，未来仍有不确定性。总之，2011 年多数发达国家实体经济恢复缓慢，完全消化危机冲击尚需时日，对长三角地区出口形成一定制约。而新兴经济体彼此之间经贸合作将逐步加强，对发达经济体依赖程度下降，经济复苏势头要明显好于发达经济体，长三角地区对新兴经济体出口的重要性将有所增强。

二是贸易保护主义因素。2011 年，世界主要发达国家经济难以出现实质性复苏，国际贸易保护主义将重新抬头、升级，长三角劳动密集型与资本密集型商品，特别是低附加值商品出口会遭遇贸易保护壁垒，与发达国家之间贸易摩擦将

不断增加，出口退税政策也只能在一定范围内有效，在一定程度上对出口增长产生冲击。

三是人民币因素。2011 年，受多种因素的影响，人民币升值的压力继续存在，出口企业利润降低，给劳动密集型、贸易加工型、中小型出口企业生存发展带来一定打击，将弱化贸易条件，削弱长三角地区出口产品的国际竞争力。另外，2011 年人民币跨境贸易结算规模将扩大，人民币在全球贸易中进一步推广，有利于促进长三角地区出口、进口贸易的拓展。

四是劳动工资增长水平。长三角"民工荒"现象在 2011 年难以得到彻底改变，工人劳动工资增长成为必然趋势，增加了出口企业的成本，弱化了企业产品的竞争力。

五是出口退税率。自 2010 年 7 月 1 日，国家取消了 553 项产品出口退税，降低 2268 项商品出口退税率，相应增加了部分产品的出口成本。

综合上述影响长三角地区 2011 年外贸发展的各种因素，可以判断：2011 年长三角地区外贸进出口总额增幅将趋于减缓，将回落至 15% ~ 25% 的区间，贸易顺差较 2010 年减少。其中，江苏外贸进出口总额增幅可望达到 20% ~ 25% 之间，浙江在 15% ~ 20% 之间，上海在 20% 左右。

（四）投资增速小幅放缓，结构优化特征初步显现

固定资产投资是地区生产总值构成的关键要素之一，与经济增长有同步的趋势。对 2011 年长三角的投资而言，既有促进投资增长的有利因素，也有不利因素，总体上来说投资增速将小幅放缓。

1. 有利的因素

一是"十二五"规划开局之年。2011 年作为"十二五"规划的第一年，各地投资热情高涨，地方政府必然对关系本地经济发展全局的产业项目和基础设施进行战略布局，先期投资会陆续落实，也会带动社会资本向相关产业或项目的汇聚和投资。

二是区域规划起步之年。2010 年 5 月 24 日，国务院正式批准实施《长江三角洲地区区域规划》，这是贯彻落实《国务院关于进一步推进长江三角洲地区改革开放和经济社会发展的指导意见》（国发〔2008〕30 号），进一步提升长江三角洲地区整体实力和国际竞争力的重大决策部署，也是长三角地区中长期发展的

重要指引。2011 年作为该规划实施的第一年，如何科学布局谋篇，合理安排投资，是江浙沪共同打造亚太地区重要的国际门户、全球重要的现代服务业和先进制造业中心、具有较强国际竞争力的世界级城市群的关键起步。

三是城镇化步伐加快。城镇化和经济发展水平之间具有高度相关性，存在着互相促进的关系，工业化创造供给，城镇化创造需求。2011 年，长三角地区城镇化速度进一步加快，城镇化带来的投资需求将成为长三角经济发展的重要动力。特别是随着《江苏沿海地区发展规划》、浙江"四圈三带"产业布局的贯彻落实，将直接带动江苏和浙江投资的快速增长。另外，上海郊区新城步伐将进一步加快，成为上海经济发展的新动力。

四是"新非公 36 条"等政策促进民间投资。2010 年 5 月 13 日国务院发布《关于鼓励和引导民间投资健康发展的若干意见》，即新"非公 36 条"。与 2005 年旧"非公 36 条"相比，对民间资金进入限制性领域从"允许"到"鼓励"，涉及行业主要以内需为导向，打破了部分传统垄断行业，将激发民间投资的热情。

五是跨期未完工重大基础设施项目投资。如在建的铁路、公路、机场、桥梁、江苏沿海三大港群等基础设施项目。

2. 不利的因素

一是房地产调控。对房地产调控仍然是 2011 年的重要宏观政策之一，而长三角地区的房地产价格处于全国前列，必然是调控的重点区域，对房地产的投资将形成打击。支撑 2010 年高速增长的房地产投资可能出现较大幅度回落，进而导致全社会固定资产出现下滑。

二是结构调整。2011 年起，长三角地区将进入结构调整的五年规划期，在全球金融危机和气候变暖的双重背景下，改变过去的经济发展方式，促进整个经济发展方式顺利转型，三次产业及内部结构都面临调整的要求，节能减排的压力制约重化工业的扩张，投资结构的产业间、区域间分布将呈现明显的结构性变化。

三是国家规范地方融资平台。加强地方政府融资平台清理，长期看对有效防范财政金融风险、保持经济社会稳定具有重大意义，但短期内则会在一定程度上影响地方政府的投融资能力，对投资增长将起到明显的抑制作用。

预计，2011 年长三角投资增速将低于全国平均水平，也较 2010 年有小幅放缓。江苏投资增幅最高，保持在 20% 左右，其次是浙江，约为 11%，最后是上海约 5%。并且结构特征较为明显，服务业投资增速将快于制造业投资，新兴产业投资要快于传统产业投资，民营投资增速要大于国有部门投资，房地产投资可望出现明显下滑趋势。

（五）消费需求稳步上升，内需拉动效应有望提升

2011 年，长三角消费市场将受宏观经济形势变化、政策变化、可支配收入状况及居民对未来消费预期的心理变化等因素的影响。首先，经济增长向好预期有利于拉动消费需求潜力进一步释放。其次，随着已有鼓励消费各项政策效应的发挥，城乡居民社保制度的不断完善，扩大内需的成效将日益显著。鼓励消费将是长期的政策取向，政策环境将有利于消费的增长，扩大消费政策的整体效果在 2011 年将进一步显现。第三，经济呈现企稳回升，有助于劳动力市场供需平衡和就业形势转好，有助于提振消费者信心。第四，城乡居民可支配收入有望进一步改善，助推消费需求提升。预计 2011 年长三角城乡居民可支配收入将保持平稳增长，略高于 GDP 增长水平。不过，也存在不利于长三角消费市场扩大的因素，主要有：通胀预期与食品等生活必需品价格的持续高涨，对消费者信心形成负面影响，与房地产高度相关的商品消费增速将出现回落；家电下乡、家电和汽车摩托车以旧换新等扩大消费政策将会出现效应递减现象，汽车购置税减免政策也将在 2011 年被取消，对消费需求进一步放大存在影响；后世博效应使上海消费需求存在回落的可能等。

预计，2011 年长三角社会消费品零售总额增长在 17% ~ 22% 之间，平均增速比 2010 年提高 2 ~ 3 个百分点，消费拉动经济增长的效应有望得到提升。其中，浙江社会消费品零售总额增速在 20% ~ 22% 之间，江苏在 19% ~ 21% 之间，而上海不仅低于江浙两省，同时因受到后世博效应影响，社会消费品零售总额增速略有回落，预计在 17% 左右。

B.12
长三角地区经济发展特征、
功能与总趋势*

姚士谋　潘佩佩　吕文　薛凤旋**

　　摘　要：改革开放以来，特别是浦东开发后，长三角地区经济社会迅速发展，形成了以上海为核心的长三角城镇密集区。本文阐述了长三角地区经济发展的总体特征及发展中面临的问题，分析了长三角地区的发展趋势与主要任务。

　　关键词：长三角　发展特征　总趋势

　　改革开放以来，特别是浦东开发后，长三角地区经济社会发生了巨大变化，初步建成了我国经济发达、交通便捷、高端产业与现代生产服务业集聚的世界级城市群，创建了以上海国际化大都市为核心的长三角城镇密集区。

一　长三角区域经济发展的总体特征

长三角地区区域经济发展具有以下特征：

1. 居我国沿海经济发展的中枢地位

长三角地区地理位置居中，是我国沿海经济发展的中心地带，是我国规模最

　　* 注：本文研究得到国家自然科学基金重点项目的资助（40535026——2006 年）和中国科学院重要项目的支持。
　　** 姚士谋，中国科学院南京地理与湖泊研究所，研究员、博导，原室主任。中国城市规划学会资深理事，南京市经济学会副会长，浙江大学聘任客座教授，香港浸会大学当代中国研究所特聘研究员；潘佩佩、吕文，中科院南京地理与湖泊研究所博士研究生；薛凤旋，香港浸会大学当代中国研究所，所长，教授。

大、综合实力最强、对全国辐射范围最广的沿海经济区，长期以来一直维持着我国沿海经济发展的中枢地位。长三角地区以占中国 1.2% 的国土面积，6.3% 的人口，创造了中国 21% 的 GDP、20.4% 的财政收入、40% 的外商投资和 35% 的进出口总额，2009 年人均 GDP45800 元，为全国平均数值的 3 倍多，其中上海、苏州、无锡、宁波等市人均总产值达到 1 万美元，为国内少有的几个大城市，已经成为中国经济发展速度最快、经济总量规模最大的区域之一。长三角地区以强大的教育科研能力和完备的研发体系为支撑，促进集约创新、技术创新、品牌创新、产业组织创新、服务和市场创新，成为我国沿海最重要的产业和技术创新基地。

2. 向中西部扩展转移的经济引擎

在进入国际经济大循环的背景下，长三角地区不仅肩负着科学发展、创新发展、率先发展的重任，同时对带动中部地区崛起，推进西部大开发和经济转移起到重要作用。在经济政策、资金投入和产业发展等方面，不断加大对中西部地区的支持，不断加重对中、西部地区的经济带动作用和服务功能，向中西部地区提供知识经济服务并促进沿海经济向中西部转移，带动中西部乃至全国经济又好又快发展，使之成为充分利用全国资源带动中西部竞争力提升的最强引擎。

3. 工业化、城市化的快速发展

长三角地区工业门类齐全，是我国最大的综合工业基地，轻工、纺织、机电、化纤、钢铁、石化、汽车以及航空工业均在全国占有重要地位，是我国重要的信息产业、新材料、精细化工、生物工程、机电一体化等产业基地，已初步形成上海张江、漕河泾，浙江杭州、宁波，江苏南京、苏锡常一带等高新技术产业集聚区，形成明显的产业轴线和区域性的成片分布。沿沪宁、沪杭甬的城市带工业密集、已形成重要的产业轴线。

目前，长三角地区城镇水平已到达 65%，超过全国城镇化平均水平。区域内有地级市以上的城市 16 座，县级市 36 个；其中 6 个特大城市，5 个大城市，22 个中等城市，19 个小城市，以及 1396 个小城镇。主要大城市进入离心扩散阶段，对外围地区影响日益加大。长三角地区是我国城市化质量最高的地区，首位城市、二级城市以及中小城市的城市等级体系完整，经济社会联系密切，功能分工较为明确。首位城市上海是国际经济、贸易、金融和航运中心，南京、杭州等超大城市是区域性最大的副中心，苏州、无锡、宁波和南通等大城市是长三角地

区重要的增长中心。

4. 城乡协调发展与资源环境的改善

随着城市化的快速扩张，城乡二元结构的户籍制度、就业制度、人事制度、社会保障制度等体制正在逐渐被打破，为农民非农化创造了良好条件，城乡关系朝着协调方向发展，更加有利于共同进行生态建设和环境保护。同时，长三角地区不断推进资源集约型和环境友好型产业的发展，在生产、建设、流通、消费各领域节约资源，提高资源利用效率；大力发展循环经济，推进节能节水节地节材，完善再生资源回收利用体系，全面推行清洁生产，形成低投入、低消耗、低排放和高效率的节约型增长方式和消费模式；加大环境保护力度，坚持预防为主、综合治理，强化从源头防治污染和保护生态，坚决改变先污染后治理、边治理边污染的状况；坚持保护优先、开发有序，以控制不合理的资源开发活动为重点，强化对水源、土地、森林、草原、海洋等自然资源的生态保护，生态环境条件不断改善。

5. 具有形成世界级城市群发展的基本条件

长三角的崛起，将成为西太平洋沿岸一个重要的世界城市和产业密集区。从国内发展格局看，长江位于我国东部沿海地区与长江黄金水道"T"经济总体格局的结合部，具有得天独厚的江海交汇、南北居中的区位条件，战略地位突出，经济文化基础最为雄厚，科教实力较强，发展潜力巨大，又有上海这样的一个全国最大城市，还有较强竞争实力的城市如：苏州、南京、杭州、无锡、宁波等，都是中国对内、对外联系的主要节点，是中国走向世界的重要窗口。长三角也是全球最具增长潜力的地区之一，具有建成世界级城市群发展的基本条件，被公认为世界级城市群和21世纪中国最具发展潜力的区域之一。

二　长三角社会经济发展的焦点问题

长三角地区在快速发展中，也面临着水土资源耗损、环境建设质量不理想、地区性城乡统筹协调不够和区域发展协调机制较弱等焦点问题。

1. 水土资源的耗损问题

首先，土地资源是长江三角洲地区的首要资源，人口、工业化、城市化以及各项基础设施建设都需要占用土地。长江三角洲地区人口密集，人口密度高达全国平均值的近 6 倍，人均耕地面积较少，仅 0.05 公顷，只及全国平均水平的 2/3、世界平均水平的 1/5，特别是核心区太湖流域内的城市群地区，人均耕地仅为 0.6 亩，有的县市仅为 0.45～0.53 亩，不足全国人均耕地的一半。长三角的苏锡常地区占用耕地面积大，有不少地区用地失控，造成土地资源紧张的局面（见表 1）。随着人口的快速增长，工业化和城市化的推进，土地供求矛盾日益加剧。

表 1　长江三角洲地区若干城市耕地与建设用地变化

年份	无锡市		苏州市	
	耕地总量($10^4 hm^2$)	建设用地($10^4 hm^2$)	耕地总量($10^4 hm^2$)	建设用地($10^4 hm^2$)
1995	17.81	9.11	30.86(1996)	11.18(1996)
1998	17.65	9.47	30.60	11.67
2000	17.55	9.66	30.39	11.91
2004	13.78	11.16	25.65	16.13
2005	13.61	11.40	24.53	16.70
2008	13.01	12.80	22.25	18.50

资料来源：江苏省国土资源厅（调查报告，2009 年）。

其次，虽然长江三角洲地区雨水充沛，长江、钱塘江过境水量丰富，太湖水系河网密布，但是按照多年平均水资源量计算，长江三角洲地区城市群核心区——太湖流域人均水资源占有量不足 500 立方米，其中上海市人均仅为 223 立方米，苏南为 443 立方米，杭州、嘉兴、湖州为 890 立方米。并且依据百元 GDP 占有水资源量分析，上海和苏州分别仅为 0.95 立方米和 2.52 立方米，而湖州和常州分别高达 11.79 立方米和 14.17 立方米，水资源分布与城市生产力布局不协调。总之，长江三角洲地区虽然水资源丰富，但是城市水资源依然短缺，并且随着经济社会发展，这种矛盾趋势更加明显。

2. 环境建设质量尚不完善、不理想

随着工业化、城市化的建设，长江三角洲地区整体环境质量不断下降，主要表现在以下几个方面：

首先，城市工业发展与小城镇乡镇工业布局散乱，造成长三角地区水环境问题日益突出。虽然长江干流水质总体良好，水质达 Ⅱ 类标准，但是流域水系污染严重。例如，上海市区河流的综合指数均大于 2.0，属严重污染水体；江南运河

水质整体污染较为严重，水质类别为Ⅳ～劣Ⅴ类；太湖各湖区中五里湖、梅梁湖和西部沿岸区污染最为严重，水质一直劣于Ⅴ类。太湖流域经常出现"小水大灾"的洪涝灾害，防洪排涝能力不高，每年投入于长三角地区治理河道湖泊污水与灾害的资金越来越多，加重了地方政府的巨大负担，制约了社会经济发展。

其次，城镇地区高层建筑过分集中，地面沉降与此有一定关系，同时加大了城市建设成本。改革开放后的1980年代，增建高楼650幢；1990年代以后已经有2000多幢，到2004年上海的统计显示，上海市10层以上的高楼已达4200多幢。2008年已达到5100多幢。上海城市中心地区地价及其市区的房地产业的发展速度远远超过了东京和纽约。

1921年，上海地面开始沉降，到2000年，80年间，上海中心城区地面平均累计下沉23.63厘米，最大累计沉降量达到2.63米，沉降面积约400平方米，主要在市区（浦西地区）。1989～2000年，年均沉降量14.3毫米。"20世纪90年代，大建高楼对上海地面沉降带来的影响，已经占到30%的成分了"（见表2）。

表2 上海中心城区地面沉降概况（1921～2000年）

沉降阶段	年　度	各年沉降量（毫米）		累计沉降量（毫米）	
		平均	最大值	平均	最大值
沉降明显	1921～1948	22.8	42.0	639.0	1136.0
沉降加快	1949～1956	40.3	96.0	322.0	671.0
沉降剧烈	1957～1961	98.6	287.0	493.0	1149.0
沉降缓和	1962～1965	59.3	164.0	237.1	493.0
微量回弹	1966～1971	-3.0	-17.0	-18.0	-53
微量沉降	1972～1989	3.5	3.9	62.1	
沉降加速	1990～2000	14.3		156.9	

资料来源：张维然等：《上海市地面沉降特征及对社会经济发展的危害》，市建委工程处，2002。

第三，随着区域城市化、工业化的快速发展，形成了类型众多的大气污染源，空气质量堪忧。长江三角洲煤电厂密集，水泥厂、建筑工地扬尘等等，导致了空气SO_2和颗粒物年、日均值均达到国家空气质量二级标准，酸雨污染很严重，降水酸度在4.4～5.2之间。并且随着该区清洁能源的比重上升，将导致空气中NO_x、O_3浓度上升，构成城市大气光化学烟雾污染更加频繁严重。

3. 地区性城乡统筹协调不够

长江三角洲地区城乡发展水平相对比较平衡，但是城乡二元结构的矛盾依然存在，尚未建成长三角城乡一体化的空间体系，区域性的发展差异越来越大。

首先，城乡居民物质和精神建设差距大。农民收入增长较城市居民缓慢，2003年城乡居民收入比，江苏省为 2.18∶1，浙江省为 2.43∶1，上海市为 2.27∶1；2008年城乡居民收入比，江苏为 3.61∶1，浙江为 3.15∶1，均比改革开放之初差别上升过快。城市居民的社会保障、教育和医疗条件都日趋完善，但是农村居民依然存在子女上学费用、子女教育质量、医疗卫生管理服务、福利待遇等方面问题。并且小城镇和农村基础设施投入不足，环保投入资金更是缺乏，随着农村工业发展，生活垃圾与工业废物，污染物增多，水质破坏，生活环境质量较差。农村中，有技术、有文化的青壮年，大多数进城打工，造成农村中现代化文明与社会主义新农村建设缺乏中坚骨干力量，农村中落后现象日益增多。

其次，城乡分治格局依然存在。大量农村人口转移到城市，主要从事于第三产业与服务行业，劳动时间长、工资收入偏低。虽然比农村务农有很大改善、提高，但还没有根本解决城市差别的问题。譬如传统产业缩减，对从业人员素质要求日趋提高，导致大量农村劳动力转移困难，农民工缺乏地方政府的培训、教育，文化素质仍然很低。一些城市主观上限制农民工的就业，子女上学也受到一定的歧视，甚至找不到理想工作或出现失业现象。

第三，农村中科技文化水平与现代化的设施不足，不能适应长三角地区日趋国际化的要求，区域内部各种积极的要素缺少完善、合理的区域流动空间及其管理措施，或者政府的鼓励、奖励措施不够。尤其是离大中城市边远的农村地区有较高素质与技术的人才大量流失，进城打工；城市中毕业的大专学生也很少到农村基层服务，造成城乡差别越来越大。

4. 区域发展协调机制较弱

首先，缺乏城市群经济运行体制。长江三角洲地区在三个省市级的行政体系管理下，依然是以行政区经济为主体发展，经济区域与行政区的利益边界不一致，明显存在诸侯经济特征，区域发展协调机制较弱。

其次，缺乏生态环境质量的区域协调，缺乏统一的区域管理体制，上游排污下游污染，局部排废气导致酸雨威胁整个区域，各级地方政府一味追求地方经济发展，带来地方环境质量下降，影响了区域环境协调治理。

三　长三角地区重要城市的功能定位

为了进一步实现长三角区域经济协调发展，必须对长三角区域重要城市功能定位做出明晰的判断。

1. 上海国际大都市城市功能定位

党的十四大提出要把上海建设成为国际经济、金融和贸易中心，成为带动长三角发展的龙头的目标。21世纪初是上海加快建设四个中心的新时期，是确立社会主义现代化国际大都市地位、全面提高国际综合竞争力的新阶段。

（1）建设国际化大都市的目标定位

上海建设"四个中心"的功能定位的基本内涵是：

国际经济中心：形成多种所有制经济良性互动发展、国内外跨国公司和企业集团地区总部及各类国际机构集聚发展的格局。

国际金融中心：要积极把握机遇，力争取得新突破，加快形成国内外各类金融机构和投资者共同参与的多元化金融市场体系，加快建设金融产品创新和交易中心，强化资金融通和集散中心功能。

国际贸易中心：要形成内外贸一体、货物贸易和服务贸易并举的发展格局，成为亚太地区有影响力的订单、批发、零售中心和价格生成中心。

国际航运中心：要取得重大突破，航运服务业能级进一步提升，2010～2012年国际标准集装箱吞吐量将达到2400万标箱。

上海国际大都市建设，围绕城市功能定位，通过不断提高国际化、市场化、信息化、法治化水平，加快形成与国际通行规则接轨、比较完善的社会主义市场经济体制和开放有序的经济体系，为"四个中心"城市功能的持续提升提供制度保障。

（2）建设国际大都市的发展目标

上海建设国际大都市的基本方针是："开放，合作，和谐，高效"。开放就是要继续以开放促发展，强化上海外向型、国际化的城市形象。合作就是要继续开展面向世界的经济、技术、文化等方面的深入合作，在合作中学习、获得发展的经验和动力。和谐就是要发挥政府统筹协调作用，加强政策协调，促进上海及周边地区社会经济和谐发展。高效就是要优化市场机制，强化市场纪律，保障城市内以及城市群内的资源高效配置。

（3）上海重大综合区域的功能定位

上海区域发展形成了"四大板块"：

浦东南汇地区：浦东新区要成为落实科学发展观的模范区、上海"四个中心"核心功能区、构建和谐社会的先行区和改革开放的试验区。南汇区要接轨浦东新区，实现联动发展。总体上，浦东南汇地区要依托"两港"（国际空港与海港）建设，强化核心功能开发，提升上海"四个中心"整体功能。

中心城区：要依托现代服务业集聚区的建设，加快发展现代服务业，不断提升城市综合服务功能。内环线以内地区要进一步发挥城市综合服务的核心功能，建设浦东陆家嘴现代化的上海 CBD；内外环线之间要加快拓展城市综合服务功能。

郊区：依托重大产业基地、产业园区开发和城镇建设，努力建设成为体现上海发展实力水平的区域。重点是要推进先进制造业基地、绿色农业与生态工业园、现代农业园区和生态环境建设，充分发挥好城市生态涵养和都市休闲功能。加快基础设施建设，建设新城社区和新市镇，建设多功能的旅游文化休闲度假区，积极推进"三个集中"。

三岛地区：加快崇明、长兴、横沙三岛联动开发，努力建成上海重要的生态功能开发和保护区。重点是要推动产业布局、重大基础设施建设为人口布局联动发展；加快生态环境保护，大力发展循环经济，旅游经济，控制开发节奏，为未来发展留足生态、涵养空间和重大项目选址空间。

2. 南京城市性质与功能定位

根据南京在长三角与全国的地位、条件，充分发挥南京悠久历史与山水形势的地理环境，使南京市在江苏省的政治、文化、经济中心更加凸显。依托滨江港口优势，建设重化工业和先进制造业与电子工业基地；利用并强化科教发达，高校、科研院所、大型企业密集的优势，形成南京高新技术产业群，率先形成长三角区域重要的创新中心；依托著名古都，国家历史文化名城，打造融古都风貌与现代文明于一体、颇具魅力的滨江城市与山水名城；作为长江流域四大中心城市之一和长江三角洲西部枢纽城市，要充分发挥沿江、近海的优势，增强跨省域的辐射功能和吸引力。

3. 杭州城市性质与功能定位

依托杭州的江、河、湖、山优势，按照花园城市、山水城市模式，建设五个各具特色的绿色组团。突出强化游憩休闲功能，打造国际著名的休闲之都。依托

上海国际大都市，并加强与南京的联系，以杭州深厚的文化底蕴为依托，大力发展文化、娱乐、体育、音像等休闲产业，吸引国内外大型体育赛事、文化交流、音乐盛会在杭举行。突出强化科技创新和教育功能，打造国际著名的智慧之都。形成具有国际性影响的制造业品牌，集聚一批国际知名制造业跨国公司的生产基地与研发基地。

四　发展趋势与关键措施

21世纪头20年，是一个重要战略机遇期。长三角要充分发挥自身的优势，放大接受国际制造业转移的先发效应，抓住世界经济和FDI回升、地域分工结构转变等历史机遇，加快增长模式转型、技术进步、制度创新和区域联盟，在国际竞争格局中占据较高地位。为此，在"十二五"时期，长三角区域发展的主要任务是：

1. 着力推进经济结构调整，深度融入全球化经济

长三角地区应向低碳经济、轻型工业化与高端产业转化，建设具有国际意义的国家级产业体系，争取在上海、南京、杭州与苏锡常地区建设强大的创新研发中心，为全国作出示范作用。各地区各部门主动参与结构调整，不断吸引世界500强企业和全球行业龙头企业来长三角投资，提高工业产品在全球市场的竞争力，创造更大的效益。主动吸引产业链高端以及服务业的FDI，建立层次较高的产业体系和营销体系，以较为先进的高端产业，深度参与国际经济分工；主动利用国外智力资源，建立技术引进和自主研发相结合的创新体系；主动改变计划经济时代的经济社会运行模式和方法，建立既按照国际规则和惯例办事，又符合中国国情的经济管理与运行体系，适应于国际经济的运作及其变化。

2. 提升全社会内涵发展质量，着力培育核心优势

为了提升国际竞争力，长三角的经济社会发展应尽早放弃高资源消耗、高污染增长和外生投资拉动的发展模式，走新型工业化道路，提升发展的内涵质量。强化节能减排，推进绿色经济的深入发展，提倡绿色消费方式，加强低碳技术开发利用，促进生态修复与环境保护。提升全社会内涵发展质量，务必通过制度改进和结构的深度调整，改良自然资源利用方式，建立资源节约型的经济运行体系；发挥人力资源的优势，用好人才这"第一资源"，推动科学"第一生产力"，提高内生增长动力；建立学习与自主开发相结合的持续创新体系；努力培植一批拥有自主知识产权核心能力强的企业及产业集群，在长三角地区内形成区域核心竞争优势，保持经济稳定、持续发展。

3. 建设完善的自然人文环境，打造优良社会基础

长三角作为我国自然环境最为优良、人文基础最为深厚的地区，长期以来的经济快速增长以及近年来的国际化发展，也是依托了这样一个优良的社会环境而发展起来的。在上海、苏州、杭州、南京、南通、湖州等地区都有生态城市规划建设的典型，改善自然人文环境，要积极保护自然生态区域，构筑优良的生态发展屏障；进一步提升融合全球文化、现代文化与传统文化，提升自身文化品质和区域文化交融；提高居民收入水平，缩小阶层和地区差距，构建安全、和谐的社会环境，等等，保持长三角作为最具魅力和最具吸引力的宜居区域地位。

4. 推进长三角区域协同发展，增强整体竞争实力

长三角地区已经是我国经济发展的重点区域与现代化的核心区，其发展不仅是区域本身的要求，更是服务全国、参与国际竞争的需要。而长三角要提升服务全国和国际竞争的能力，首先要实现区域整体协调协同发展，形成竞争合力，才能在更高的平台、更广的舞台发挥其应有的作用。特别是以上海为龙头，南京与杭州为重要两翼的城市化地区，要积极推行区域协作，努力实现城乡一体化的远大目标。长三角的发展要通过区域之间互动和协调形成 $1+1>2$ 的合力，以强大的经济规模和能级的集合体形式，参与国际竞争。在全国区域统筹发展的要求下，长三角必须集聚内部各城市和区域的发展能力，形成功能强大、体系完备、机制健全的能量体，积累服务全国其他地区的辐射力，带动全国更快发展。为此，长三角要进一步寻求竞争型合作的模式，促进有机统一体的形成，提高区域的凝聚力，实现整体竞争力的增强。

参考文献

姚士谋、陈振光、朱英明等：《中国城市群》，中国科技大学出版社，1992，2001，2006，2008（第四版）。

姚士谋、王兴中、陈浩光等：《中国大都市的空间扩展》，中国科大出版社，1998。

杨桂山、马超德等主编《长江保护与发展报告（2009）》，长江出版社，2009。

陆大道、姚士谋、刘慧等：《中国区域发展报告（2006 年)》，商务印书馆，2007。

姚士谋、冯长春、王成新等：《中国城镇化与资源环境基础》，科学出版社，2010。

佘之祥、姚士谋、王士兰等：《崛起的第六大城市群》，中国建筑工业出版社，2005。

姚士谋、张落成、陈爽等：《经济发达区内大都市用地空间的理性扩展》，《地理科学》，2009 年第 5 期（29 卷)。

姚士谋、陈爽、年福华等：《城市化过程中水资源利用保护问题》，《地理科学》，2008 年第 2 期（28 卷)。

杨桂山、马超德等主编《长江保护与发展报告（2009 年)》，长江出版社，2009。

姚士谋：《上海国际化大都市的功能定位研究》，1996 年 10 月 18 日《解放日报》、1996 年 10 月 17 日《文汇报》。

姚士谋等：《上海与香港国际化大都市比较研究》，《地域研究与开发》2009 年第 6 期。

陆大道等：《中国区域发展报告（2008 年)》，商务印书馆，2009。

姚士谋、李青等：《我国城市群总体发展趋势与方向初探》，《地理研究》，2010 年第 8 期（29 卷)。

姚士谋、朱振国：《长江三角洲城市群区域成长若干规律性问题》，长江三角洲国际研讨会，2002。

李世华、高南扣：《中国区域经济管理理论》，中共中央党校出版社，2005。

B.13
长三角地区战略性新兴产业发展研究

薛艳杰*

摘　要：国际金融危机使世界多国把产业重心转向由科技创新引领的新兴产业，以开拓经济发展的新路径和新增长点。2010年，我国明确提出加快培育和发展战略性新兴产业，将其作为促进我国新一轮经济增长，发展方式转变，产业结构调整，国际竞争力提升等的重要突破口和着力点。本文分析了长三角地区战略性新兴产业发展的现状，根据"十二五"时期的主要发展环境与趋势，提出了几点对策建议。

关键词：长三角　战略性新兴产业　环境趋势　对策建议

战略性新兴产业是国际金融危机后涌现的新兴产业术语，兼具了先导产业和支柱产业的内涵。2010年10月，《国务院关于加快培育和发展战略性新兴产业的决定》（国发〔2010〕32号）出台，在国家层面上首次正式提出"战略性新兴产业"的概念，在产业领域上明确提出现阶段重点培育和发展节能环保、新一代信息技术、生物、高端装备制造、新能源、新材料、新能源汽车等七大产业。

一　长三角地区战略性新兴产业发展的现状特征

1. 积极对接国家战略，重点行业逐渐明晰

在《国务院关于加快培育和发展战略性新兴产业的决定》（以下简称《决定》）出台之前，长三角地区部分战略性新兴产业已被列为重点发展的产业，但

---

* 薛艳杰，上海社会科学院经济法律社会咨询中心助理研究员，博士，主要研究方向为区域发展与规划。

被归类在高新技术产业、先进制造业、新兴产业等其他产业分类中。随着国家明确提出培育和发展战略性新兴产业的政策导向，各地开始高度关注相关规划政策的发展动态，并紧密对接，不断修改完善制定中的相关"十二五"发展规划。例如，上海市在 2009 年列出了新能源、民用航空制造业、先进重大装备、生物医药、电子信息制造业、新能源汽车、海洋工程装备、新材料、软件和信息服务业等九大高新技术产业化重点领域，并且对每个具体产业发展目标都有详细的规划。2010 年根据新兴产业的发展变化，新增加了智能电网、物联网、云计算等三大高新技术产业化重点领域。① 江苏省新兴产业起步相对较早，2009 年，江苏省编制了新能源、新材料、新医药、环保、软件和服务外包、传感网等六大新兴产业发展规划，从政策上大力支持，为对接国家战略，进一步培育和发展战略性新兴产业奠定了较好的基础。浙江省初步确定了九大战略性新兴产业，其中物联网产业、海洋新兴产业和核电关联产业虽然提法上单列，但实际也包括在国家七大重点行业领域之中（见表1）。

表1 长三角地区战略性新兴产业重点领域与国家对比

全　国	上　海	江　苏	浙　江
节能环保	新一代信息技术	新能源	生物
新一代信息技术	高端装备制造	新材料	新能源
生物	生物	新医药	高端装备制造
高端装备制造	新能源	环保	节能环保
新能源	新材料	软件和服务外包	海洋产业
新材料	节能环保	传感网	新能源汽车
新能源汽车	新能源汽车		物联网
			新材料
			核电关联产业

2. 发展基础相对较好，地区优势各有千秋

目前，长三角部分战略性新兴产业已具有较好的发展基础。2009 年，上海新能源、民用航空制造业、先进重大装备、生物医药、电子信息制造业、新能源汽车、海洋工程装备、新材料、软件和信息服务业九大高新技术产业规模 7365

---

① 《上海会积极对接国家战略新兴产业》，2010 年 9 月 9 日《东方早报》。

亿元，比上年增长 13％；2010 年预计超过 8400 亿元，增长 14％以上；江苏省新能源、新材料、新医药、环保、软件和服务外包、传感网六大新兴产业销售收入近 1.5 万亿元，其中新能源、新医药、软件服务业产值分别增长 60％、30％、30％，新材料、环保产业产值分别增长 20％，均高于工业平均增速，成为江苏经济强劲的增长点；浙江高新技术产业产值达 9000 亿元。在战略性新兴产业发展的竞技场上，已经没有绝对的龙头，长三角两省一市已呈现各自的优势和特色，产业重心版图已有转变态势，新生增长极呈现，未来发展难分伯仲。

长三角两省一市有些战略性新兴产业各有优势。例如新能源产业，江苏省起步较早，目前的发展实力不仅领先于上海和浙江，而且光伏、风力发电装备等产业规模均居全国首位，光伏产业发展水平全国领先，并且涌现出无锡尚德太阳能电力有限公司、常州天合光能有限公司、江苏林洋新能源有限公司、南京中电光伏科技有限公司等多家跻身国际十强的光伏企业。而上海在大飞机、电动汽车、核电设备、LED 等领域拥有比较优势。

有些战略性新兴产业目前还处于起步探索阶段，各地基本处于同一起跑线上。例如新一代信息技术中的物联网、云计算、三网融合，虽然无锡、上海、杭州等城市获得了国家试点等政策的支持，但同时长三角其他许多地区也在大力发展，总体都处于研究和试运行阶段，谁能在技术和应用领域获得重大突破还是未知数。

在战略性新兴产业发展格局中，原有的经济版图也在悄然发生变化，部分二三线城市呈现强劲的发展势头，部分行业领域已超越一线核心城市，成为长三角战略性新兴产业发展新的增长极。例如无锡市，培育出了尚德这样的国际知名企业，集聚一批优势关联企业和项目，引领我国光伏产业的大发展；在新一代信息技术发展中，2009 年，国内首个国家传感网创新示范区在无锡开建，获准成立国家级"中国物联网发展研究中心"；2010 年又成为与北京、上海、深圳、杭州等并重的我国五个云计算示范城市之一。

战略性新兴产业属于科技密集型产业，未来发展，上海整体科研实力最强，综合产业基础最好，市场机制和运行环境相对完善；江苏部分新兴产业已拥有了发展基础和优势；而浙江民营企业活力较强，民间资本注入较多，行业活力较高。

3. 规划政策多方给力，势头迅猛前景广阔

目前，长三角两省一市都在积极制定战略性新兴产业发展规划，产业蓝图已

经逐渐明晰。同时积极跟踪国家战略动态，争取国家配套政策支持，把握优势资源和发展先机，实施层面的配套政策举措不断推出，发展推动力度明显加大，发展前景非常乐观。

目前，《上海市战略性新兴产业发展"十二五"规划》初稿完成，提出"十二五"期间，上海市战略性新兴产业发展将聚焦"5＋2"的重点领域：即重点发展新一代信息技术、高端装备制造、生物、新能源、新材料等五大主导产业，积极培育节能环保、新能源汽车等两大先导产业。同时，选择具有突破性引领带动作用的重点领域，实施民用航空、物联网、智能电网、云计算、生物医药与医疗器械等专项工程，进一步加大政府聚焦力度，通过科技攻关、应用示范和模式创新，力争突破一批重大关键成果，加快培育一批行业龙头企业，努力实现战略性新兴产业发展新跨越。① 发展目标是到 2015 年，上海战略性新兴产业七大领域制造业总产值超过 10700 亿元，服务业实现经营收入超过 4300 亿元，共计实现增加值占上海全市生产总值比重超过 15%。上海将通过探索设立开发区、产业链和科技等专项金融服务平台，加大专项信贷等金融服务对于七大产业的支持。同时加强财税政策扶持以及人才引进培养，将在户籍管理、出入境管理、子女教育、医疗保健、住房等方面对于高新技术产业化重点领域人才给及倾斜。②

江苏省 2010 年 6 月提出实施《江苏省新兴产业倍增计划》，明确重点发展新能源、新材料、生物技术和新医药、节能环保、软件和服务外包、物联网六大新兴产业。到 2012 年全省新兴产业规模实现倍增，六大新兴产业销售收入超 3 万亿元，占规模以上工业销售收入比重达到 30%，增加值占 GDP 比重达到 15% 以上；自主创新能力显著增强，新兴产业领域企业研发投入占销售收入的比重超过 3%；产业竞争能力大幅提升，营业收入超 50 亿元企业达到 100 家以上，其中超百亿元企业超过 20 家；人才对新兴产业发展的支撑作用明显增强。《计划》还从优化产业布局、突破关键技术、构筑人才高地、扩大市场需求、创新发展机制等五个方面，明确了江苏省发展新兴产业的重点任务，提出了具体的有关保障政策措施。③

① 《上海战略性新兴产业聚焦"5＋2"》，2010 年 12 月 1 日《上海商报》。
② 《上海七大战略性新兴产业规模预计十二五末翻一番》，2010 年 11 月 30 日东方网。
③ 《江苏：推进产业结构优化升级加快构筑发展新优势》，2010 年 6 月 10 日《新华日报》。

浙江省战略性新兴产业规划初步确定九大战略性新兴产业发展领域，即：生物产业、新能源产业、高端装备制造业、节能环保产业、海洋新兴产业、新能源汽车、物联网产业、新材料产业以及核电关联产业等。发展目标是预计到 2015 年战略性新兴产业销售收入超过 2 万亿元，占到全省工业比重的 30% 以上。① 九大战略性新兴产业的专项规划已在 2010 年 9 月浙江省政府专题会议上原则通过（见表 2）。②

表 2　苏浙沪战略性新兴产业发展"十二五"规划初步思路

地区规划	重点领域	发展目标
《江苏省新兴产业倍增计划》	重点发展：新能源、新材料、生物技术和新医药、节能环保、软件和服务外包、物联网六大新兴产业	到 2012 年全省新兴产业规模实现倍增，六大新兴产业销售收入超 3 万亿元，占规模以上工业销售收入比重达到 30%，增加值占 GDP 比重达到 15% 以上；自主创新能力显著增强，新兴产业领域企业研发投入占销售收入的比重超过 3%；产业竞争能力大幅提升，营业收入超过 50 亿元企业达到 100 家以上，其中超百亿元企业超过 20 家。
《浙江省战略性新兴产业规划》初稿	九大领域：生物、新能源、高端装备制造、节能环保、海洋、新能源汽车、物联网、新材料以及核电关联产业。其中三大重点领域：物联网、生物产业及新能源	2015 年销售收入超过 2 万亿元，占到全省工业比重的 30% 以上。
《上海市战略性新兴产业发展"十二五"规划》初稿	聚焦"5 + 2"：重点发展新一代信息技术、高端装备制造、生物、新能源、新材料等五大主导产业 积极培育节能环保、新能源汽车等两大先导产业	到 2015 年，战略性新兴产业七大领域制造业总产值将超过 10700 亿元，服务业实现经营收入超过 4300 亿元，共计实现增加值占全市生产总值比重超过 15%。到 2015 年，再培育 10 家产值超过 100 亿元、具有国际影响力的战略性新兴产业领域龙头企业，50 家上市企业。

上述两省一市战略性新兴产业发展总产值或销售收入等量化目标比较，江苏最高，浙江居中，上海最低，但是其中上海市提到了服务业收入目标。除规划外，各地也在其他方面加大推动力度。例如，上海市政府已设立上海市创业投资

① 《浙江战略新兴产业规划已具雏形未来 5 年成新支柱》，2010 年 7 月 12 日，浙商网。
② 《浙江省长吕祖善强调培育重点战略性新兴产业》，2010 年 9 月 8 日《浙江在线》。

引导基金，并与国家发展和改革委员会、财政部共同发起设立新能源、集成电路、生物医药、新材料、软件和信息服务业等首批 5 只高新技术产业化创业投资基金，专门投向战略性新兴产业，生物医药、新材料、软件和信息服务业 3 只基金正式揭牌运作，新能源、集成电路 2 只基金已签订发起出资协议。通过国家出资 2.5 亿元、上海市创业投资引导基金出资 2.5 亿元，吸引各类社会资金 17 亿元。① 江苏省财政 2010 年新增新兴产业发展创业投资引导基金 10 亿元，加上原有用于扶持新兴产业的专项资金，总额突破 30 亿元。② 浙江省作为全国首个国家技术创新试点省，2010 年初开始加大科研项目经费投入，重点提升包括新能源、生物医药、新材料、物联网等在内的战略性新兴产业的竞争力。提出要撬动庞大的民间资本投入战略性新兴产业。浙江省还专门成立了"转型升级办公室"，对接即将出台的战略性新兴产业发展规划。③

二 对策思考

战略性新兴产业发展的意义深远，市场前景广阔。但是主要产业在全国甚至全球都还处于探索发展阶段，尤其是关键技术和市场应用还未成熟。全国战略性新兴产业发展"十二五"规划、产业指导目录将相继出台，专项规划也在制订之中，相应政策将逐步深化；省市层面的战略性新兴产业发展"十二五"规划和专项规划也都在加快制订或修改完善之中，产业发展的愿景蓝图都在逐步明晰。"十二五"开局之年，从中央到地方对战略性新兴产业都将会进入实质性深化推动阶段。因此，对于长三角而言，既意味着重大机遇期的开启，也意味着更大挑战的来临，亟待采取更多强力高效的政策举措。

1. 把握地区优势，聚焦重点领域

目前，长三角战略性新兴产业发展规划中，行业性的重点领域已基本确定，但还只是从宏观层面谋篇布局，产业的真正培育发展还要进一步明确操作层面的推进重点与发展方向。

---

① 长三角"暗战"战略性新兴产业，《21 世纪经济报道》，2010 年 04 月 19 日。
② 江苏今年新兴产业发展引导资金突破 30 亿元，新华网，2010 年 06 月 28 日。
③ 浙江省成立转型升级办公室瞄准战略性新兴产业，21 世纪网，2010 年 09 月 10 日。

目前的战略性新兴产业几大领域相当于我国国民经济行业分类中大类的概念，每个领域还包含若干中小类，相互之间的发展条件要求、专业技术要求、资源和市场分布等都存在明显差别。同时战略性新兴产业还具有较强的产业融合特征，其新兴性质不仅体现在技术研发和生产环节，而且也体现在应用领域，因此除研发、制造外，还包括市场安装运行中的技术支撑与售后服务。以新能源产业为例，许多跨国大企业都实现了产业链的纵向一体化和横向关联拓展，包括技术研发、生产制造和关联服务等许多环节，总部、研发中心和生产基地呈现跨国、跨地区多点分布的特征。因此，长三角战略性新兴产业的发展，在已经明确大产业的前提下，还要进一步根据地域优势聚焦细分领域和目标市场，避免贪大求全，盲目跟进，同质化竞争，集聚低端，重复建设，产业泡沫等困境，真正发挥优势，抓住优势领域做大做强，突破核心技术，培育国际化的龙头企业，增强优势关联企业集聚能力，真正形成国内一流，国际领先的战略地位，引领技术和市场前沿。

同时，也需处理好与传统产业的关系，促进传统产业巩固提升，各类产业协调发展。目前战略性新兴产业的核心技术、产品性能及生命周期、市场适应等还都有待时间检验，短期内还存在较多的不确定因素及较高的经济和市场风险。对政府而言，战略性新兴产业总体在培育期内的产值和税收贡献率、就业贡献率等并不会很高。因此，各地至少在"十二五"时期还要高度重视本地区的基础产业、优势产业，不能顾此失彼，过多压缩或转移，要更加重视原有产业的巩固提升，推动长足发展，作为区域经济发展的支撑和推动力。而且战略性新兴产业与传统产业在基础性产品、设备、专业技术、人才等很多方面存在较高的关联度，尤其是与一些基础性制造业不可分割，因此可以通过与原有产业的深度联动融合，进一步夯实提升本地区的产业和经济实力水平。

2. 政府有效扶持，完善市场环境

战略性新兴产业在起步阶段的技术、产品性能、市场等很多方面都还不成熟，前期投入较多，生命力和竞争力都比较弱，政府有效的扶持和干预政策对其健康规范成长非常重要。对长三角地方政府而言，在国家宏观政策法规的指导和支持下，还要及时研究制定符合区域产业发展需求的地方政策法规，切实起到更好地助推和规范行业发展的作用。其中最重要的是政府有效地扶持和市场机制环境的健全完善。

第一，要进一步增强资金支撑力度。除积极争取国家层面的支持投入外，一方面要加大地方政府的资金投入，扩大对战略性新兴产业创业投资引导基金的受益面和支持力度，根据发展需要设立其他多类型的专项资金等支持引导类资金，加大总的投入支持保障力度；另一方面健全引导机制，鼓励社会资本投向战略性新兴产业，包括鼓励金融机构加大对战略性新兴产业的信贷支持，探索创新投融资机制模式上，加大对相关企业上市的支持推动，规范私募市场等。目前，社会资本也普遍看好战略性新兴产业，投资热情高涨，通过健全完善相关机制政策，可以撬动更多社会和民间资本的力量。"据清科研究中心数据显示，2009年创投及私募股权投资机构在信息产业、新能源产业、新材料产业、医药保健品、生物工程等战略性新兴产业的投资金额18.8亿美元。而从各季节的投资进度来看，创投及私募全投资机构在战略性新兴产业领域的布局正在加速。"①

第二，加快健全完善市场机制和环境。为避免产业对政策过度依赖造成核心竞争力生成缓慢，政策一旦取消就走向衰退，不能持续发展等弊病，必须尽快健全完善相关制度机制和政策法规，包括行业、企业自身发展运行的市场机制政策，以及市场化的投融资机制等。更多地运用市场机制进行资源配置、融资运作和项目选择等，激活行业和企业自有的活力与动力，产生适应市场、抗市场风险的内生核心竞争力。同时在推动市场化发展进程中，还需根据不同的行业特征分类制定阶段目标。可以尽快推向市场的产业让其尽快走向市场，需要较长过渡期的产业在成长阶段以政府支持为主。例如，新材料产业等可以更多地运用市场机制促进发展，而新能源产业中的风电、光电等，在关键技术未取得重大突破前，发电成本明显居高，应用推广必须依靠政策保障推动，国务院《决定》中也明确提出"落实新能源发电全额保障性收购制度"，相关产业发展近期内仍需较强的政策扶持和干预。

3. 着力技术创新，占领产业高端

技术创新是战略性新兴产业发展的灵魂，是掌握行业的主导权与话语权和占领产业链高端的关键。核心技术缺乏是目前我国战略性新兴产业发展中最明显的短腿制约。因此，长三角战略性新兴产业发展中对关键核心技术的研发和创新至关重要。

---

① 《长三角"暗战"战略性新兴产业》，2010年4月19日《21世纪经济报道》。

鼓励有实力的一线企业建立研发中心，与在相关领域有较强科研实力的高等院校和科研机构建立产学研联盟，与本地有实力的科研院所建立紧密的产学研合作关系，与国际、国内相关领域著名的科研机构、资深专家等开展深度合作；加大战略性新兴产业领域的科技研发投入支持力度，重点激励自主研发和国际前沿技术引进消化后的突破性创新。将战略性新兴产业关键人才和领军人才列为地区重点人才工程，加大对人才引进的配套政策支持力度，提升战略性新兴产业发展中的人才支撑实力。

重点聚焦产业中高端领域，鼓励有实力的企业向产业中高端拓展，培育具有国际竞争力的龙头企业。占据产业链高端才意味着更多的利润空间、更强的市场和行业主导权。而且长三角地区的资源条件、土地空间和综合成本等在全国已不具备比较优势，环境承载负荷已经很高，尤其是经济发达的核心地区，应以中高端环节为目标，重点拓展高端制造、研发、服务等领域，通过培育和引进国际化龙头企业，集聚更多优势企业，塑造地区知名品牌，扩大知名度与影响力，提升国际竞争力。

4. 制定发展标准，实施动态监测

由于战略性新兴产业是我国 2010 年正式提出的产业概念，与现行的《国民经济行业分类》（GB/T 4754 – 2002）中的行业分类并不对应，导致地区之间对行业边界、统计、发展情况等把握不足；而相关专业技术标准大多尚未建立，有些核心产品参照国外标准，但并不符合我国的自然环境条件特征，导致应用中的缺陷，核心技术标准缺失已成为影响行业规范发展和产品性能的重要因素之一。因此，长三角加快战略性新兴产业发展也亟待加快标准化进程。一方面，积极参与国家标准的制定，支持本地区有实力的科研院所、相关企业或职能部门参与到国际和国家在战略新兴产业领域重要标准的制定工作，争取主导权或建言权。另一方面，两省一市联合，在国家相关标准和政策的指导下，制定地区性的行业分类标准，鼓励和扶持重要行业专业技术标准的研发和制定工作，尤其是针对我国自然环境条件、主要目标市场区域的自然条件以及主要消费群体的需求特征等制定的核心产品标准，提升产品性能和市场适应性。

在明确行业分类标准后，建立战略性新兴产业动态监测信息系统，全面深入了解行业发展的现状情况，跟踪行业发展动态，公布月度统计数据，为政府部门及时制定发展政策、科研院所开展深度研究、行业协会组织和企业了解行业动态等提供有效的依据和支撑。

5. 深化分工合作，实现整体腾飞

第一，深化区域内部合作。长三角各地区之间在经济和产业很多领域已经存在不可分割的紧密合作、联动或分工关系，为战略性新兴产业的深度合作奠定了良好的基础。目前，需要进一步推动的是各重点行业领域的深度合作。主要包括：建立政府层面主要职能部门之间的联席会议制度，共同制定统一的行业标准，在某些领域探索统一的运行管理机制和政策法规要求，破解地区壁垒，减少不必要的重复投资建设等；培育和扶持地区性的行业协会、联合会或联盟等行业社团组织，增强其在行业信息服务、统计调查、价格协调、行业准入、标准制定、行业培训、矛盾协调和贸易摩擦应对、行业自律监管、参与行业政策制定、行业交流合作等方面功能作用的提升完善，充分发挥行业社团组织对促进长三角战略性新兴产业发展的助推器作用；支持大企业根据发展需要，跨地区建立分公司或在不同地区设置不同的产业链环节，发挥各地优势形成专业化地域分工关系，实现效益最大化。

第二，扩大和深化国际合作。目前战略性新兴产业的关键核心技术主要还都掌握在发达国家，部分资源主要依靠进口，光伏、风电等一些产品主要市场还在国外，深化国际交流合作对产业发展非常重要。国务院《决定》也专门提出要"深化国际合作，提高国际化发展水平。据悉，商务部正在制定促进战略性新兴产业国际化发展的指导性意见和扶持政策①。长三角地区是我国国际化程度最高的地区之一，对外经济贸易和科技文化交流广泛深入，跨国企业集聚度较高，吸引力较强。因此在充分落实国家相关指导政策的前提下，可以进一步加大对战略性新兴产业国际交流与合作的支持范围与力度。重点包括：加大战略性新兴产业核心技术引进和合作的支持力度，尤其是加大对引进消化后的突破性技术创新的激励，促进关键核心技术的重大提升与突破；支持科研院所、企业等与国际知名院校机构、企业、专家等开展战略性新兴产业领域的深层次交流与合作；根据本地区重点打造的战略性新兴产业领域，着力引进国际领先的龙头企业，全力支持本地有实力的企业实现跨国经营；进一步优化完善人才发展的相关政策环境，吸引更多战略性新兴产业领军人才和关键人才。

---

① 国务院：《2015 年战略性新兴产业增值力争占 GDP 8%》，2010 年 10 月 19 日《东方早报》。

长三角地区统筹城乡发展的新实践

戴伟娟*

摘　要：现阶段我国的城乡关系已经全面进入"以工促农、以城带乡"的新阶段。长三角是我国经济最发达的地区之一，最近两年，在实践城乡统筹发展方面更是积极探索，取得了一系列新的突破性进展。从各地实践看，长三角各地区的探索各有侧重，在制度创新方面程度不一，但各地区促进公共资源向农村配置的思路基本一致，同时，优化农村土地资源配置、提高农村居民公共福利水平，成为各地统筹城乡发展的切入点和现实抓手。

关键词：长三角　统筹城乡　新实践

党的十七届三中全会通过了《关于推进农村改革发展若干重大问题的决定》（后文简称《决定》）。《决定》在形态规划、引导生产要素和公共资源向农村配置、农民就业和农民工权益保护和农民工身份转换等方面提出了统筹城乡发展的要求。下面以苏州等四个在统筹城乡发展方面具有一定影响的地区为例，来深入研究长三角各地区统筹城乡发展的新实践。

一　江苏苏州：以优化土地资源配置为抓手全面推进

2008 年，苏州成为江苏省唯一的城乡一体化发展综合配套改革试点区，被国家发改委列为城乡一体化发展综合配套改革联系点，并与重庆、成都、嘉兴一起被国家发改委列为中澳管理项目试点城市。2009 年，苏州市城镇居民人均可

---

* 戴伟娟，上海社会科学院经济法律社会咨询中心助理研究员，博士，主要研究方向：区域经济、农村经济。

支配收入和农村居民人均纯收入分别达到 26320 元和 12987 元，城乡居民收入比为 2.03∶1。所辖 5 个县级市全部进入全国综合实力百强县前十位。农村"三大合作"组织累计达 2821 家，持股农户占农户总数的 90%。总结苏州的实践，可以归纳为如下七个方面。

1. 统筹城乡发展思路

在发展思路上苏州取得了一致认识，认为城乡统筹就是指各级党委、政府在本行政区划内，在城市与农村之间科学合理地配置各类生产要素和社会资源，促进城乡经济社会协调发展的一个过程。城乡一体化不是城乡一样化，而是在空间形态上城乡有别，在社会形态上城乡一体。认为城乡统筹的关键是城乡土地资源的优化配置，要打破城乡分割的土地资源配置方式，从过去偏向城市，转变为兼顾城乡，从过去单项索取，转变为双向互补；从过去低价征收，转变为等价置换。

2. 统筹城乡建设规划

从区域经济发展全局的角度，统筹考虑城乡空间布局，形成分工明确、梯度有序、开放互通的城乡空间结构体系。统筹安排城乡人口分布、产业发展、用地布局和基础设施等，做大做强中心城市，发展壮大小城镇，积极培育中心镇，保护开发特色镇，积极推进行政区划调整，基本确立了以苏州城区为核心、5 个县城镇为枢纽、若干个中心镇为基础的城市框架，以及五种类型建设村庄的规划。对苏州 8488 平方公里的整个区域，规划调整优化工业与农业、城镇与农村的空间布局。按照城市社区型、集中居住型、整治改造型、生态环保型、古村保护型等 5 种模式，分类指导推进农村社区建设。

3. 优化配置农村土地资源

苏州的尝试可以归纳为"三个集中，三个置换，三个用于"，三集中是方法，三置换是措施，三用于则决定了土地资源优化配置所得效益进行分配的原则。苏州在推进"三个集中"过程中，要求实现"三个同步"，即工业企业向规划区集中与新型工业化同步推进；农业用地向规模经营集中与农业现代化同步进行；农民居住向新型社区集中与富民工程同步实施。把村庄建设作为节约土地、整合资源的一个过程，作为发展生产、促进增收的一个过程。针对农民在集体经济组织内部的三大经济权利，苏州推出三个置换，鼓励农民将集体经济分配权、土地承包经营权、宅基地使用权和农村住房置换成社区股份合作社股权、城镇社会保障和城镇商品房,让农民换股、换保、换房进城,且 5 年内可继续享受农村生育政策和计划生育奖励政策。在优化土地资源配置效益的处理上,苏州的思路是,退出的国有建设用地要用于三产,节约的农村建设用地要用于三化(工业化、城市化和经济国际化),土地收益与新增农用地要用于三农。从而做到:基本农田一亩不少,质量大提高;建设用地一亩不增加,效益翻几番。在尝试和探索的基础上,2010 年 2 月,苏州出台《鼓励农民进城进镇落户的若干意见》征求意见稿,将由试点全面铺开。

4. 统筹兼顾土地规划与农村集体的土地发展权

土地规划确定了土地的发展权,直接决定了土地所属农村集体经济组织未来的土地收益。为了兼顾被规划为农业地区的集体经济组织的土地权益,苏州明确了行政村改革与发展的三个方向:地处工业规划区、城镇规划区的行政村,要加快融入城市;工业基础较强的行政村,要提高城镇化水平;地处农业发展区、生态保护区的行政村,要加速农业现代化。在此基础上,推行跨镇跨村发展,支持被征地农民到农业规划区发展现代农业,支持农业镇、农业村和广大农民到工业规划区联合投资,组建富民合作社,建造标准厂房等,取得出租收入后,实行按股分红。从过去普遍号召、齐头并进,转变为地区分工、异地发展;从过去只讲利用自身优势,转变为有优势的利用自身优势,没优势的借用他人优势,让农业村把自己的土地留下来搞农业,到别人的土地上搞工业。

5. 统筹城乡基础设施建设

在交通方面,镇村公路全面完成等级化改造,形成了较为完善的城乡交通网络,基本实现村村通公路,目前苏州每百平方公里高速公路密度已超过 5 公里,达到了高速公路发源地德国的水平,所有城镇实现"15 分钟上高速"[①],初步实现了城乡公交一体化。在供水方面,区域集中供水入户率已达到 95% 以上,农村自来水普及率超过 99%。在农村环境建设方面,以水环境治理、污染治理、农田整理、村庄整治、农村绿化、基础设施完善"六大工程"为重点,全面加强农村社会事业建设,基本做到了"农村镇村规划、农村公共服务设施和村庄、河道、道路保洁长效管理"三个全覆盖,建立健全了"户集、村收、镇运、县

---

① 贺广华、杨晴初:《再做探路"排头兵"苏州推进城乡一体化的创新实践》,2010 年 8 月 2 日《人民日报》。

处理"的农村垃圾无害化处理体系，同时正在建设三种类型的农村生活污水处理体系。

6. 统筹城乡就业社保

统一了城乡就业登记制度和劳动力市场，取消了对农村劳动力进城就业的各种限制性规定，为促进农民就业创造良好条件。建立了免费登记制度、免费培训制度、奖励中介和鼓励企业用工制度，农村劳动力的非农就业率已达到85%。其中，正规就业（签订两年以上劳动合同、参加社会保障）达到了70%以上。基本建立起从低保、医疗到养老，从就学、生产、就业到创业等贯穿农民一生的农村社会保障框架体系，并基本实现了全覆盖。全市农村劳动力参加社会养老保险的比例达到95%，按月享受养老保险待遇和养老补贴的老年人比例为98%；农村基本医疗保险覆盖率为96%，人均基金210元。

7. 统筹城乡公共服务

全面实行九年制免费义务教育，相当一部分镇（街道）还对农民子女上高中提供补贴，对农民子女读大学（大专）进行奖励。在教育设施的硬件方面，着力调整农村教育布局和结构，加快农村中、小学标准化建设，在提高农村教育质量方面，通过城镇教师支援农村教育和师范生支教等措施，努力缓解农村学校师资紧缺矛盾。整合城乡卫生资源，鼓励城市卫生医疗机构拓展农村医疗市场，开展城市医师支援农村卫生工程。开展创建"文明村镇"、"文明户"等群众性精神文明创建活动，2006年，在江苏省率先建立政策性农业保险制度和农民贷款担保贴息体系。对外来人口施行"同城同待遇"，开展"新苏州人计划"，只要符合条件，外来人口与本地职工一样平等参加社保，从养老、医疗、工伤到生育、失业保险，在苏州农村种田的外来务工人员，也纳入农村合作医疗。

二　浙江嘉兴：以"五改五化"为核心全面统筹

浙江嘉兴是全国较早实施城乡一体化战略的地级城市，经过多年的探索与实践，基本建立起城乡一体化的推进体系和推进机制。2009年，嘉兴市按户籍人口计算的人均GDP达到8286美元，城镇居民人均可支配收入和农村居民人均纯收入分别达到24693元和12685元，城乡居民收入比为1.95∶1。农村居民人均收入水平连续六年居全省各地市之首，有1/5的镇进入全省百强镇，2/3的镇进入全国千强镇行列。

嘉兴全面推进统筹城乡发展的主要改革举措是"五改五化",其主要特点是:选择新型城市化(驱动力是构建现代化网络型大城市)与新农村建设为驱动力,依靠发挥政府主导作用、民众主体作用、市场基础作用的三位一体的动力机制,以土地、户籍、公共服务、政府管理和投融资五项制度改革("五改")联动,实现进城农民市民化、集体土地市场化、公共服务均等化、政府职能民本化和投融资多元化("五化")的改革目标,扎实有效推进城乡经济社会发展一体化。

1. 以集体土地市场化为目标的土地利用制度改革

土地利用制度改革是嘉兴统筹城乡综合配套改革的关键,"两分两换"试点是其"抓手"和核心。所谓"两分两换"就是坚持"三不变"(即农村集体土地所有权性质不变、农用地的用途不变、农用地的量与质不变)的基本前提,将宅基地与承包地分开、农房搬迁与土地流转分开,以承包地换股、换租、增保障,推进集约经营,转变农民生产方式;以宅基地换钱、换房、换地方,推进集中居住,转变农民生活方式。"两分两换"以镇为单位进行,坚持"依法、自愿、有偿"原则,在编制和完善村镇布局规划的基础上,通过土地要素的确权、赋能与流动,产生土地资产的增值效应,在推动区域土地要素多元配置的基础上,推进农民就业非农化、居住城镇化、保障公平化和生活现代化。

2. 以农民市民化为目标的户籍制度改革

嘉兴的户籍制度改革从 2008 年 10 月 1 日全面实施,实行按居住地登记户口的新型户籍管理制度,打破了市域内城乡和地区界限,取消了农业户口,逐步剥离传统体制下附加在户籍上的不合理社会功能,为最终实现全市居民社会保障、劳动就业、退伍安置和文化教育等领域的城乡一体化打下了基础。

3. 以公共服务均等化为目标的公共服务改革

着力推进"经济建设型政府"向"公共服务型政府"转变,提出统筹教育、文化、卫生、社会保障等公共资源在城乡间的均衡配置。探索建立了新型的城乡居民合作医疗保险制度,在全国率先制定实施城乡居民社会养老保险办法(2007年 9 月出台暂行办法,2009 年出台办法),从政策层面上将保障制度扩覆到城乡所有人群,并且使原本碎片化的城乡社保实现了制度上的衔接。针对嘉兴新居民占本地居民 53.7%,比例为全省最高的事实,嘉兴在全省率先推行新居民登记

管理制度改革，成立了新居民事务局，成为全国第一个在政府部门下设外来人员管理服务机构的地级市。

4. 以政府职能民本化为目标的政府管理制度改革

首先，嘉兴将农村纳入统一规划，制定通过了市域总体规划，确定了"大嘉兴"建设与发展的空间布局、功能结构。全市构建起以嘉兴城区为中心、5个县（市）城区和滨海新城为副中心，40个左右新市镇为骨干的现代化网络型大城市，推进城乡基础设施网络化建设。新市镇正逐步成为特色产业集聚地、农村人口集居区、资源要素集散中心和新的经济增长极。其次，实施涉农管理体制改革，加强了党委、政府机构整合与职能调整，形成了"三农"工作合力。再次，在全省率先引入竞争机制，公开选拔市级机关部门领导干部，形成"德才兼备、注重实绩、群众公认"的用人导向。领导干部选拔和考核标准的变化，正在悄然改变着嘉兴广大干部的政绩观，也深刻影响着干部的思想观念和行为方式。此外，嘉兴放大了浙江扩权强县思路，出台了扩权强镇政策意见，财权和事权下放，重心下移，使市镇逐步成为新的经济增长极。

5. 以投融资多元化为目标的投融资制度改革①

一方面，大幅增加财政预算内资金用于三农的支出，2009年达到55.86亿元，同比增长20.34%；另一方面，积极探索组建村镇银行、农村资金互助社等，拓宽农村金融渠道。率先组建农村新型经济合作组织联合会，形成了专业合作、供销合作、信用合作等多位一体的现代农业服务体系，特别是旗下的兴农担保公司与农村合作银行紧密协作，已为各类农业经营主体提供贷款担保4016万元②。

三 浙江杭州：以城乡一体为目标实施全面统筹

杭州市高度重视统筹城乡发展工作。在组织保障上，杭州市委、市政府建立了城乡区域统筹发展工作委员会，成立了市统筹办和区县协作、产业发展、中心

---

① 如上关于嘉兴统筹城乡发展的具体做法，参考中共浙江省嘉兴市委政研室，二轮驱动三位一体五道五化——嘉兴市统筹城乡发展模式探索与实践，统筹城乡发展研讨会论文集，中共上海市宝山区委党校，上海社会科学院经济法律社会咨询中心，第18～21页。
② 《统筹城乡看嘉兴》，2010年12月12日《浙江日报》

镇建设、中心村培育、土地综合整治等 5 个重点工作推进领导小组。并已先后出台了城乡区域统筹发展的 6 个政策意见，近期，杭州又提出"加强城乡区域统筹、加快形成城乡区域发展一体化新格局"。

从统筹城乡发展的成效来看，杭州 2009 年户籍人口人均生产总值已突破 1 万美元，财政总收入突破 1000 亿元，城市化率达到 69.5%，城镇居民人均可支配收入 26176 元，农村居民人均纯收入 11822 元，城乡居民收入比 2.21∶1。在城中村改造中，按经济适用房政策为农民建设"两证"齐全的住房，农民以土地"换户籍、换住房、换社保"，享受"同城待遇"，实现了近郊农民的真正市民化。

从统筹城乡发展的实践来看，杭州也是以农村土地资源优化配置为切入点，同时全面考虑统筹城乡居民就业、统筹城乡居民社保、统筹城乡社会事业、统筹城乡生态环境等方面。

1. 试行"三个置换"

与其他地区相似，杭州的城乡统筹以村庄整治、农居优化、土地整理为切入点，探索以土地承包经营权置换城镇社会保障，以农村宅基地和农民住房置换城镇产权住房，以集体资产所有权置换股份合作社股权"三个置换"。根据新出台的《关于深入开展农村土地综合整治工作的实施意见》，到 2015 年，全市开展农村土地综合整治的村庄将达到 300 个以上，面积 25 万亩以上，其中建设用地复垦 10 万亩以上。意见明确了整治获取指标全部归乡镇所有，中心镇土地出让获取的收益，除按规定上缴国家和省部分外，剩余部分全额返还给中心镇，重点用于农民身份转换的社会保障支出、农民生活补贴以及公共服务设施和基础设施建设等，致力实现农民"转移出得来、进城留得住、生活过得好"。对自愿放弃宅基地到城镇安置落户的农户，可凭退出证明，享受在县城和中心镇购买经济适用住房等保障性住房的资格；本区、县（市）内跨乡镇转移的，人口迁出地乡镇政府应将一定数量的复垦指标无条件转让给迁入地乡镇或区、县（市）政府。

2. 打造"充分就业城市"

打造全民共享的充分就业城市必须统筹城乡就业。从 2005 年开始，杭州制定出台了一系列政策文件实现城乡居民就业的一体化。当前，本地农村劳动力符合条件的均可享受介绍补贴、农村劳动用工和社保补贴等就业政策。2009 年，

杭州市委、市政府又提出把农村作为打造"充分就业城市"的新阵地，提出要在全市所有农村行政村建立劳动保障服务室，培训 10 万农民和 1 万农村实用人才，分层次培养新农村建设带头人、农民技术员、种养能手、经营能人、能工巧匠等 5 支队伍。

3. 探索完善农村社会保障体系

2003 年，杭州实施了征地农转非人员"低标准缴费、低标准享受"的养老保险政策，建立了新型农村合作医疗制度。2007 年底，按照"城乡统筹、全民共享、一视同仁、分类享受"的总体思路，出台了《杭州市基本医疗保障办法》（市委〔2007〕42 号）和《杭州市基本养老保障办法》（市委〔2007〕43 号），建立了"城乡统筹、全民共享"的社会保障体系。最近新发布的《杭州市基本医疗保障办法》（修订版）取消了迁入五年后才能参加医保的限制，并且，所有杭州市区农村户籍居民都可以参加城镇居民医保。此外，从 2011 年 1 月起，杭州五个县市居民将和主城区居民一样全部拥有市民卡，实现杭州市域范围内医保"一卡通"，新医保办法取消了市区农村户籍居民的参保限制，农民工医保的最高支付限额也由原来的 10 万元调增到了 12 万元①。这些举措无疑将会加速杭州城乡居民社会保障一体化进程。

4. 推进城乡公共事业一体化

多年来，杭州坚持党政主导力、市场配置力、农民主体力、社会创造力"四力合一"，鼓励和引导城市文化事业向农村延伸。在教育方面，组织"城乡学校互助共同体" 336 个，667 所学校加入共同体。城区学校与淳安、临安等偏远、薄弱学校结对，已悄然形成"蝴蝶效应"，带动优质教育向偏远乡村辐射。在各县实施了县级医院综合提升工程，并开展乡镇卫生院标准化建设，至 2010 年 6 月底，共建有农村乡镇卫生院 148 个，村卫生室 677 家，基本形成"15 分钟卫生服务覆盖圈"。与城区一样，大部分农村社区都设立了"一站式"服务大厅，建立农村社区服务中心，全市共建成示范性社区服务中心 200 个，开展社区自助互助，引进市场化服务，为农民群众提供多层次、全方位的"一揽子"服务。

---

① 《杭州营造"三江两岸"城乡统筹新美景》，2010 年 12 月 22 日新华网。

5. 统筹城乡生态环境建设

围绕"建设生态市、打造绿色杭州"的目标，杭州编制了《杭州生态市建设规划》（市委发〔2004〕18 号）、《杭州市农村环境保护规划》、《杭州市饮用水源保护规划》等多项规划。从 2003 年到 2009 年，大力推进农村饮用水安全工程，全市共改善 190.26 万农村人口饮用水，累计投入资金 16 亿元。此外，全市有 890 个行政村开展了生活污水专项治理，累计关停并转迁小造纸、小水泥、小化工等低小散污染企业 214 家，主城区及各县（市）均已建成集中式污水处理厂并投入使用，各中心乡镇的污水处理厂大部分建成，全市城镇污水集中处理率达到 95.81%。2005 年，出台了生态补偿机制，设立每年不少于 5000 万元的生态补偿专项资金，致力于生态保护长效机制的建立。一系列的政策和机制，为杭州城乡生态建设带来的成绩是显著的——目前，杭州 13 个区、县（市）已经全部成为"国家环境保护模范城市"或"国家级生态示范区"，实现了环境保护和生态建设"一片绿"。

6. 支持中心镇基础设施建设

中心镇既是城市的末端，又是农村的中心，是吸引各种生产要素向农村流动、促进产业集聚的重要载体。杭州将在城乡区域统筹发展专项资金中拿出 3 亿元支持中心镇基础设施建设、民生投入、人口集聚和产业转型升级等重大项目。按小城市建设标准，进一步完善道路交通、文教卫等基础设施和公共服务设施，到 2015 年，各中心镇至杭州主城区实行客运班线公交化运营。

四 上海宝山：以"弥补旧账，缩短差距"为侧重

上海是我国较早有计划实践城乡一体化战略的地区，"三个集中"的做法就起源于上海，而宝山区是上海较早推进城乡一体化的区县。

从宝山统筹城乡发展的成效来看，2009 年，宝山城镇居民家庭人均可支配收入 24368 元，农村居民家庭人均可支配收入 14493 元，城乡居民收入比为 1.68:1。城乡产业关联度不断提高，各街镇形成了鲜明的产业特色，农业现代化水平大幅提高，宝山农产品标准化率、科技贡献率、农业生产综合机械化率等指标已经达到甚至超过中等发达国家平均水平，与 1998 年相比，2009 年宝山土地产出效益和劳均效益分别提高到 25 万元/公顷和 1.28 万元/人，分别增长了 28.7 倍和 11.6

倍。2009 年，农村社会保障覆盖率达 99.6%。农村合作医疗覆盖率保持 100%，居全市首位，实现了城乡医疗卫生服务一体化。

从统筹城乡发展的实践来看，宝山的探索侧重在"弥补旧账，缩短差距"。在城乡规划、城乡产业发展、公共财政投入、城乡环境、社会保障和公共服务等方面进行了探索，通过公共资源向农村地区增加配置等手段弥补城乡分割造成的差距。宝山的探索主要体现在如下六个方面。

1. 规划职能向农村延伸

规划是龙头，在两规合一基本实现的情况下，宝山开始通盘考虑城区规划和农村规划。确定了"一带两轴三片区"的城乡空间布局结构，不断优化形成经济结构与城市功能调整"两联动、两互补"的城乡生产力布局，不断加快形成"一核、二轴、三心、四组团"的形态布局。城市功能不断向农村地区拓展。

2. 城乡产业发展由城乡分散到互动融合

统筹城乡产业发展是基础。宝山的思路是以先进制造业和现代服务业的集聚发展推动第二三产业升级，以第二三产业的升级促进特色农业的发展，以现代理念提升农业产业化水平，形成三次产业相互促进、联动发展格局。近年来，宝山以"三个推动"为着力点，推动城乡产业协调发展，强化三次产业之间的内在联系。

3. "输血"与"造血"并举大力支持农村

一是公共财政向农村覆盖力度逐年加大，支农惠农资金以每年 30% 以上幅度增长，公共财政对三农的投入总量、增量和增幅均居全市前列。二是建立和完善农村发展财力保障机制。除了保障村级组织正常运转的开支以外，还帮助农村提升自身的"造血功能"，先后通过局村挂钩、结对帮困、借地发展等机制，增强农村发展后劲。

4. 大力改善城乡生态环境

宝山所辖土地不足上海 5%，却承载着超过全市 1/3 的污染物排放总量，长期以来环境问题突出。宝山坚持"两个着力"，实现了向环境友好的发展模式转变。一是着力进行城乡生态体系建设，通过关停并转，全面提升城乡总体环境质量，推进"一环五园"绿化建设，现已形成框架结构合理、生态功能齐全、景观优美独特的城乡一体化的绿地系统。二是着力改善城乡人居环境，启动实施了三轮"环保三年行动计划",创新"环保五色管理法",对全区环境进行网格化监控和管理,有效提升了城乡人居环境。

5. 大力提高农民的就业和社会保障水平

一是从托底、创业和培训等多个方面提高农民的就业水平。如施行农村"双困人员"和"零就业"家庭托底机制,同时鼓励以创业带动就业,加大对农村劳动力的培训力度等。二是提高农民社会保障水平,逐步缩小城乡之间标准差距,如推进农村养老、医疗等社会保障的区级统筹,不断提高保障标准和补助水平。

6. 大力提高农村社会事业发展水平

近几年,围绕"普惠"目标,宝山加大城乡教育资源整合力度,推动城区优质资源向农村倾斜,建立了以"三室一站一店"为载体的农村公共服务中心,按照城乡无差别化的目标,拓展中心镇公共服务功能,推进水电气路和通信等公共基础设施进农村。

五　各地统筹城乡发展实践的比较

从长三角各地区统筹城乡发展的实践来看,各地区各有侧重,而通过统筹土地利用,进而提高农民的社会保障以及采取各种措施促进公共资源向农村倾斜方面都存在共同之处。

1. 优化农村土地资源配置成为各地统筹城乡发展的切入点和现实抓手

统筹城乡产业发展是统筹城乡经济和社会发展的基础,而产业发展需要土地,在目前土地指标紧缺的情况下,优化农村土地资源配置成为各地统筹城乡发展的切入点和现实抓手。无论是苏州和杭州的"三置换",嘉兴的"两分两换",还是上海的"三集中",优化农村土地利用是统筹城乡发展的关键,不仅有利于城乡人口、土地和资金等生产要素的合理流动,而且在目前我国二元社会结构体制下,提供了农民身份转换的渠道,能够以较低的社会成本大幅提高农民社会保障水平。各地的做法也有不同之处,如与嘉兴不同,苏州和杭州的做法允许农民保留股份合作社的股权,享受分享集体资产收益权。再以土地换保障为例,苏州和杭州的做法是以承包地经营权换城镇社会保障,农民失地后享受与城镇居民同等社保待遇,而嘉兴由于已经实现城乡居民养老保险一体

化，土地全部流转的农民在满 61 周岁后，每人每月可享受 200 元生活补助（有递增机制）。

2. 统筹城乡实践各有侧重

表 1 从城乡居民收入、城乡居民社会保障、中心镇建设和公共服务均等化等几个主要方面对长三角四个典型地区的做法进行比较。在城乡居民收入方面，差距最小的是上海宝山，其次为嘉兴和苏州。在城乡居民社会保障一体化方面，比较突出的是嘉兴和杭州。嘉兴基本实现养老保险一体化，杭州实现了城乡统筹的养老保障体系，实现了城乡居民医保一体化。在中心镇建设方面，嘉兴施行了扩权强镇政策，苏州和杭州对中心镇的扶持主要体现在农村土地优化利用方面。在公共服务均等化方面，城乡公交和城乡就业基本都实现了一体化，在教育和卫生方面都在探索各种优质资源向农村倾斜的措施，而苏州在农业保险和农民贷款方面走在了前面。

表 1 长三角四个典型地区统筹城乡发展的主要指标比较表

主要指标	苏州	嘉兴	杭州	宝山
城乡居民收入比（2009 年）	2.03∶1	1.95∶1	2.21∶1	1.68∶1
社会保障一体化	农民三置换后享受城镇居民同等待遇	养老保险一体化，实现社保制度的衔接	建立了"城乡统筹、全民共享"的养老保障体系，实现城乡居民医保一体化，农民三置换后享受城镇居民同等待遇	农民社保水平不断提高
中心镇建设	创新土地利用管理制度，确保土地资源的可持续利用和中心镇可持续发展	扩权强镇政策	规定土地整治获取指标全部归乡镇所有，中心镇土地出让获取的收益，除按规定上缴国家和省部分外，剩余部分全额返还给中心镇	
公共服务均等化	率先建立政策性农业保险制度，农民贷款担保贴息体系	基本实现了城乡基础教育与城市同类学校等"四个基本一致"。社区卫生服务覆盖率和乡村卫生服务机构一体化管理率100%	基本形成"15 分钟卫生服务圈"，实现社区服务一体化	实现了城乡医疗卫生服务一体化，优质公共资源向农村地区倾斜

3. 统筹城乡发展需要尽量规避政府主导特征带来的负面作用

统筹城乡发展不仅需要公共资源向农村倾斜，而且农村的产业发展和农民社会保障水平的提高需要大量的产业用地和资金。在我国建设用地指标紧缺的情况下，盘活属于农村集体土地，通过节约城乡建设用地总量获得新增建设用地指标，通过土地出让获得资金的做法被各地区广为采纳，虽然各地均以农民自愿为前提鼓励农民以土地换取保障、补助或城镇住房，但在我国司法不独立于地方政府的背景下，地方政府处于强势地位，农民住房被强拆的报道在各地均有发生。因此，在统筹城乡发展实践中，需要借鉴杭州以民主促民生的理念，充分考虑失地农民的权益，对涉及农民土地权益的问题上保持高度透明，尽量避免政府主导特征下可能带来的负面影响。

珠三角与南部沿海

The Pearl River Delta and Southern Coast

B.15

"十一五"时期，珠三角经济发展方式及其转变的基本判断

游霭琼*

摘　要： 回顾珠三角改革开放 30 多年的发展历程，放眼未来 30 年，"十一五"可说是一个承先启后、加快发展模式转变的关键时期。在内外压力倒逼中，处于新时期新阶段的珠三角化压力为动力，在转变经济发展方式上主动"谋变"、积极"应变"，转变发展方式取得了重大的阶段性成果。但尚未实现全局性、根本性的转变，经济增长对资源和要素高强度投入的过度依赖和对外部需求的过度依赖格局尚未得到扭转。珠三角"十二五"加快经济发展方式转变依然任重而道远。

关键词： 珠三角　经济发展方式转变　基本判断

---

* 游霭琼，广东省社会科学院人事处处长，研究员。

"十一五"期间，经历了全球金融危机的珠三角，以变为先导，化传统发展模式之"危"为科学发展模式之"机"，经济增长方式已经实现了一定程度的正向转变并走在全国前列，但尚未实现全局性、根本性的转变，经济增长对资源和要素高强度投入的过度依赖和对外部需求的过度依赖格局尚未得到扭转。如何继续加快经济发展方式转变，是"十二五"期间珠三角需要思考的重要课题。

一 "十一五"时期珠三角转变经济发展方式总体情况

"十一五"时期，珠三角在应对一次次前所未有的严峻考验的同时，以"变"字当先，在《珠三角地区改革发展规划纲要（2008～2020）》（以下简称《规划纲要》）赋予的"科学发展，先行先试"的旗帜下，经济增长速度和运行质量逐步回升向好，初步实现了调结构与促发展的良性互动，为改革开放30年做了完美的收官，也为以转变经济发展方式为特征的未来30年奠定了良好的发展基础。

（一）经济保持快速增长态势，全国经济发展强大引擎地位稳固发展

2010年，珠三角经济总量从2005年的18116.88亿元增加到37253亿元，人均地区生产总值约为68000元，接近1万美元，跨上新的综合发展平台。"十一五"时期的年均经济增长达14.68%，占全省和全国经济总量的比重分别在82.15%～83.48%和9.57%～10.25%之间，继续成为带动广东和全国经济发展的强大引擎（见表1、图1）。

表1 2006～2010年珠三角GDP增长态势

	2005年	2006年	2007年	2008年	2009年	2010年
GDP总量(亿元)	18279.63	21686.34	25759.83	29945.66	32147.00	37253.00
GDP增长率(%)	15.3	16.2	15.7	12.6	9.4	15.9
占全省比重(%)	83.48	82.63	82.97	83.33	82.15	81.60
占全国比重(%)	9.94	10.25	10.20	9.89	9.57	
人均GDP(元)	40336	47241	55048	63065	67407	

注：2010年为预计数。

资料来源：根据2006～2010年广东统计年鉴相关数据及《珠三角地区主要统计指标》（2011年1月8日《南方日报》）数据制表。

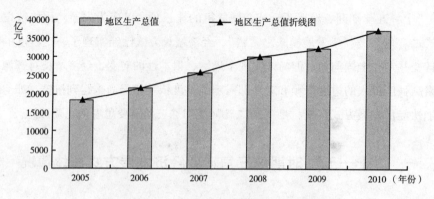

图1 2005～2010年珠三角GDP变化态势

资料来源：根据2006～2010年广东统计年鉴相关数据及《珠三角地区主要统计指标》(《南方日报》，2011年1月8日，08版）数据制表。

（二）产业结构进一步优化，先进制造业和现代服务业双轮驱动格局逐渐形成

"十一五"时期，按照"三促进一保持"战略，珠三角多管齐下加快产业结构优化升级，初步形成了现代制造业和现代服务业"双轮驱动"新格局。

1. 高端制造业和现代服务业发展加快，现代产业体系粗具雏形

"十一五"时期，服务业作为珠三角未来发展主动力的发展目标得到进一步细化，高端服务业发展提速，日益成为区域最具活力的产业，以广州、深圳为核心的高端服务业集聚区和空港海港经济圈初步形成。通过"双转移"，珠三角劳动密集型产业产值比重出现了明显下降，以装备制造业为主体的先进制造业快速发展，与世界接轨又有广东省特色的现代产业体系粗具雏形，成为全省现代产业核心区，并为东西两翼和粤北山区建设现代产业体系提供了示范和样板。2009年，珠三角三次产业结构比例由2005年的3.25∶50.57∶46.19调整为2.3∶47.8∶49.9，第三产业比重上升3.71个百分点，对经济增长的贡献率首次超过50%，成为拉动经济的重要因素。现代服务业增加值占服务业比重为57.2%，提升速度高于全国平均水平。珠三角作为全省物流业中心地位得到进一步巩固和提升，2010年前三季度货运量109936万吨，货物周转量3486.27万吨，分别占全省的74.1%和81.1%。2009年，深圳、佛山、珠海、东莞劳动密集型产业产值比重降幅均超过2个百分点，广州、深圳成为先进制造业和高技术制造业的主要聚集地。

2. 创新培育全球新兴战略产业

近年来，珠三角大力发展战略性新兴产业和高新技术产业，成为全球最大的液晶电视模组生产基地，设计产能占全球 1/4，LED 封装产量约占全球一半。2010 年以来，特别狠抓了发展高端新型电子信息、新能源汽车和半导体照明（LED）等战略性新兴产业。

3. 积极改造提升传统产业，探索传统产业做优做强的"中国模式"

为进一步放大传统制造业已形成的产业链长、配套能力强等在全球不可替代的竞争优势，"十一五"时期，珠三角把自主创新作为产业结构优化升级的核心，一方面，加大对传统制造业的技改力度，推动信息化和工业化融合，加快传统产业升级换代；另一方面，通过创新、再造商业模式，极力抢占传统产业的高端环节，提高附加值，做优做强传统产业。

（三）稳外需、扩内需，经济增长由主要依靠外需拉动向内外需并重转变

稳定外需扩大进出口，外需不足内需补，既是珠三角"十一五"时期实现经济 V 形复苏的法宝之一，也是珠三角经济结构调整的突破口和着力点。

1. 调结构，稳外需

一是积极调整出口产品结构，促进企业增强自主创新能力，扩大"两自"（自主知识产权和自主品牌）产品和高技术含量、高附加值产品的出口；二是大力推动出口加工企业转型，变贴牌生产为自主品牌生产，变制造为创造，变主要依靠出口为国内外两个市场并重，积极实施出口转内销的策略；三是进一步推动企业"走出去"，以业已形成的资本优势参与全球资源整合，加大海外投资和并购力度；四是扩大国外先进技术、设备等的进口。受金融危机影响，珠三角 2007 年、2008 年的外贸出现了较为严重的下滑，但 2009 年就实现了反转，达到 3589.56 亿美元，比 2005 年增加了 1.58 倍；2010 年 1~10 月，珠三角进出口总额达 6006.8 亿美元，同比增长 30.1%。其中，出口为 3429.2 亿美元，进口为 2577.6 亿美元，同比分别增长 26.6%、35%。

2. 推广货，扩内需

2009 年，广东出台了 37 条新规，明确提出"开拓新型消费领域，培育新的消费热点"，组织近 2000 家企业到国内重点城市举办 130 多场促销活动，巩固扩

大了广货的内销市场。而家电、汽车、农机等下乡活动，则拉动了农村消费。在出口减缓的情况下，扩内需引发的综合效应对珠三角经济增长的拉动作用增强，外贸依存度逐年下降，内外需拉力失衡的发展模式得到一定程度的纠偏。2009年，珠三角地区外贸依存度从2005年的188%下降到124%。

（四）节能降耗保持良好势头

2006年以来，珠三角节能减排工作取得了新的突破，单位GDP能耗持续降低。2009年，珠三角各市（惠州除外）单位GDP能耗比2005年下降了10%～26%，单位GDP电耗下降了5%～30%，单位工业增加值能耗下降了3%～43%（见表2）。

表2　2009年珠三角9市节能降耗情况

市别	2005年			2009年			上升或下降（±%）		
	单位GDP能耗(吨标准煤/万元)	单位GDP电耗(千瓦时/万元)	单位工业增加值能耗(吨标准煤/万元)	单位GDP能耗(吨标准煤/万元)	单位GDP电耗(千瓦时/万元)	单位工业增加值能耗(吨标准煤/万元)	单位GDP能耗(吨标准煤/万元)	单位GDP电耗(千瓦时/万元)	单位工业增加值能耗(吨标准煤/万元)
广州	0.78	825.9	1.30	0.651	660.8	0.89	-16.54	-19.99	-31.54
深圳	0.59	889.1	0.60	0.529	712.4	0.51	-10.34	-19.87	-15.00
珠海	0.66	969.9	0.96	0.581	913.0	0.93	-11.97	-5.87	-3.13
汕头	0.69	1344.8	1.21	0.608	1234.3	0.86	-11.88	-8.22	-28.93
佛山	0.95	1327.2	0.92	0.694	922.4	0.52	-26.95	-30.50	43.48
惠州	0.85	1309.7	0.61	0.947	1190.4	1.22	11.41	-9.11	100
东莞	0.86	1924.4	1.14	0.705	1341.8	0.82	-18.02	-30.27	-28.07
中山	0.78	1404.4	0.54	0.646	1089.3	0.35	-17.18	-22.44	-35.19
江门	0.88	1410.9	1.35	0.732	1099.8	0.94	-16.82	-22.05	-30.37

资料来源：根据广东统计年鉴2006年、2010年数据整理。

（五）区域一体化迅猛发展，世界级城市群正快速形成

"十一五"时期，广东在强化中心城市辐射带动力同时，规划建设珠三角大都市圈，打造亚洲发达的城市群，推动珠三角经济地理结构朝正向变化，穗、佛、深、莞率先出现同城化趋势，珠三角内部城市走向有机融合，区域竞争力和综合实力得到进一步增强。

1. 区域中心城市的功能定位进一步明确

为充分发挥中心城市的"龙头"带动作用，在省委十届三次全会审议通过的《关于争当实践科学发展观排头兵的决定》中，广东进一步明确了广州、深圳的功能定位，其中广州要成为区域性现代服务业中心、国际商务会展中心、亚洲物流中心、国内先进制造业基地、华南科技创新中心；深圳要成为全国高新技术产业基地、国家创新型城市，成为中国特色、中国风格、中国气派的国际化大都市。

2. 区域发展变"单打独斗"为"一体化发展"

根据《规划纲要》提出的"以广佛同城化为先导，携领珠三角一体化"的要求，广东把珠三角 9 市按一个超级大城市去统筹谋划，以广佛同城化为突破口，以基础设施、产业布局、基本公共服务、城乡规划和环境保护等五个一体化规划为抓手，以交通基础设施建设为先导，推进珠三角一体化取得新突破。一是广佛同城效应逐步展现，三大经济圈建设稳步推进；二是一小时生活圈加速形成；三是率先走出区域联合治污新路，区域生态环保、医疗卫生一体化取得实质性进展；四是积极推动文化共享。

（六）粤港澳合作向更宽领域、更重实效、更高层次推进

"十一五"时期粤港澳合作发展势头良好，特别是《规划纲要》将大珠三角定位为"亚太地区最具活力和国际竞争力的城市群"，《粤港合作框架协议》、《CEPA 补充协议 7》的相继签署和实施，《横琴发展总体规划》、《前海深港现代服务业合作区总体发展规划》以及广州南沙"实施 CEPA 先行先试综合示范区"的相继获批，粤港澳合作取得新突破。

到 2010 年末，在粤港合作先行先试的措施达 41 项，涵盖金融、教育、医疗、交通服务、社会服务、电子商务等多个领域。粤港服务业合作在金融、医疗、教育、个体工商户领域首先实现了突破。港珠澳大桥、澳门大学迁建、深圳前海现代服务业试验区等重大项目开工建设；广州、深圳、珠海、东莞对港澳货物贸易人民币结算试点和港澳资银行在广东设立"异地同城支行"等试点工作扎实推进，到 2010 年港资银行实现了对珠三角 9 市的全覆盖。

（七）改革发展取得突破性进展

创新性改革文件密集出台，科学发展实践稳步推进，在改革和发展的一系列

深层次问题上取得突破，成为我国新一轮结构转型、科学发展的先锋。

一是深圳、佛山市顺德区"大部制"改革取得重大进展。深圳将原有46个政府部门精简为31个，精简幅度达1/3；顺德区将党政机构由原来的41个精简为16个，精简幅度接近2/3。2010年5月起，佛山市将顺德区"大部制"和"简政强镇"改革全面推广至其他四个区，改革力度之大开创了全国先河。二是推进竞争性分配财政资金改革。设立了佛山、惠州、中山及广州增城统筹城乡发展综合改革试点。三是探索社会管理体制改革。创新流动人口管理，实行以居住登记和居住证制度为主要内容的流动人口服务管理"一证通"制度。

二 当前珠三角经济发展方式的基本特征

随着科学发展观的贯彻落实，尽管经济内部主要比例关系得到很大改善，初步实现了经济发展与结构调整的良性互动，经济增长质量有一定程度的自我进化，但就整体而言，珠三角经济增长粗放和经济结构扭曲的特征依然明显。

（一）从增长的成本或要素看，经济发展正处于由粗放型向集约型转变阶段

1. 投资增长快于 GDP 增速

2006～2010年，珠三角投资年均增长15.20%，高出GDP年均增速（12.68%）2.52个百分点（见表3），特别是2008年以后为应对国际金融危机，经济增长主要依靠大规模的生产要素投入扩大再生产来获得的特征更加凸显（见图2）。

表3 珠三角 GDP 增长与投资增长态势比较

单位：%

项 目	2006 年	2007 年	2008 年	2009 年	2010 年
全社会固定资产投资增长率	11.7	15.7	13.5	18.0	17.1
GDP 增长率	16.2	15.7	12.6	9.4	9.5

资料来源：根据广东统计年鉴2006年、2010年数据整理。

2. 全社会投入资金的运作效益偏低

尽管"十一五"期间以来，珠三角的投资效能提升明显，但与发达国家相比，

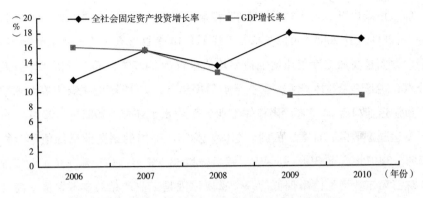

图2 珠三角GDP增长与投资增长态势比较

珠三角的投资效果系数属于较低水平，"高投入、低产出"的粗放型特征突出。

2006～2010年，珠三角的投资效果系数（当年新增GDP/当年全社会固定资产投资总额）的均值为0.465，且呈波动下降态势（见图3）；投入产出比率（当年GDP/当年固定资产投资总额）分别为3.64、3.73、3.82、3.45、3.31，1980～1990年，美国、日本、法国、德国、英国的投入产出比率平均分别为5.8、3.4、4.3、4.9和5.7，相比之下，珠三角全社会投入资金的运作效益偏低。

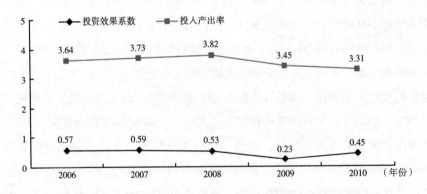

图3 "十一五"时期，珠三角全社会投入资金效果变动情况

资料来源：根据《广东统计年鉴2010》相关数据计算制图。

3. 规模以上工业增加值率偏低

经济结构以制造业为主，而作为推动经济增长主动力的工业高消耗、低效率特征仍然凸显，工业增加值率长期在低位徘徊，低于全国平均水平。2006～2009

197

年，珠三角规模以上工业的增加值率①徘徊在 25.09% ~26.61% 之间，而且 2009 年的 26.28% 还比 2005 年的 27.42% 下降了 1.14 个百分点，低于全省和全国同期水平。即使是高加工度工业增加值率均值也仅为 24.2%，低于全国水平好几个百分点；越是高新技术产业，工业增加值率越低，如 IT 产业主要内容的通信及计算机制造业只有 21.3%，比整体工业的平均水平还低。1983 ~1992 年，世界主要发达国家美国、日本、法国、德国、英国、韩国的制造业增加值率分别是 45.3%、38.7%、38.2%、48.4%、42.5% 和 38.7%，远高于珠三角工业增加值率。珠三角工业增加值率偏低的一个重要原因是工业产品的技术含量不高（生产出口的科技产品中，拥有自主知识产权的只占 3% 左右），主要是在生产环节，中间消耗价值大，附加值低，赚取的利润少。

（二）从增长的需求结构看，经济发展主要依赖投资和出口拉动

作为我国外向度最高的区域，改革开放 30 年来的珠三角经济增长主要靠投资与出口拉动，消费的拉动作用较弱，"两高一低"（高投资、高出口、低消费）的不平衡经济结构特征明显。

1. 投资增长快于消费增长，投资率偏高

2009 年，珠三角全社会固定资产投资是 2005 年的 1.87 倍（现价），全社会消费总额是 2005 年的 1.90 倍（现价），按可比价格计算，1979 ~2009 年固定资本形成总额年均增长为 16.03%，高于最终消费年均增长 1.21 个百分点。

2008 年、2009 年珠三角投资和消费的比例关系分别为 33∶42.3 和 34.5∶41.7，不论是与发达国家相比，还是与其他发展中国家相比，珠三角的投资率都明显偏高。1978 ~2005 年，全球的年均投资率为 22.1%，消费率在 77.6% 左右。其中，高收入国家投资率均值为 20%，消费率均值为 80%；中上收入国家投资率均值为 22%，消费率均值为 75%；中低收入国家投资率均值为 31%，消费率均值为 66%；低收入国家投资率均值为 29%，消费率均值为 75%（见表 4）。亚洲国家的年均投资率为 27.8%。

---

① 工业增加值率指在一定时期内工业增加值占同期工业总产值的比重，反映降低中间消耗的经济效益。计算公式为：

工业增加值率（%）＝工业增加值（现价）/工业总产值（现价）×100%。

表4 世界投资率和消费率情况

单位：%

年份	世界		高收入国家		中上收入国家		中低收入国家		低收入国家	
	投资率	消费率	投资率	消费率	投资率	消费率	投资率	消费率	投资率	消费率
1980	25	76	25	76	24	74	31	70	20	84
1990	23	77	23	78	23	76	29	71	21	82
2005	22	78	20	80	22	75	31	66	29	75

资料来源：《世界银行发展报告2006》。

应该说，珠三角当前的投资与消费比例格局有其一定的合理因素。主要是珠三角仍处在工业化中后期阶段，第二产业尤其是制造业的生产过程非常复杂，需要大量投资，再加上城市化加快引致的基础设施建设对投资需求上升，因此在一定时期内保持适当高的投资率是客观需要。但另一方面，投资率长期偏高和消费率长期偏低又是不合理的。各国工业化进程表明，伴随着消费结构和产业结构的升级，投资率会不断提高、消费率相对下降，但绝大多数国家的消费率在下降过程中都没有降至60%以下，投资率也没有超过30%以上。

2. 出口依旧是经济增长的重要动力

受国际金融危机和全球需求萎缩的影响，以及在广东调结构、转方式的政策引导下，"十一五"时期，珠三角经济增长的外贸依存度虽下降了60多个百分点，但2009年仍达到124%，其中货物和服务净出口率在"十一五"期间维持在23%以上，大幅高于1978～2005年的发达国家中的美国（－2.7%）、日本（1.6%）、德国（0.4%）和英国（－1.7%）等年均净出口率和发展中国家的巴西（0.6%）、印度（－2%）、印度尼西亚（2.7%）和埃及（－6.7%）的年均净出口率，甚至高于亚洲国家的年1.9%均净出口率（见图4）。

（三）从增长的产业结构看，第二产业特别是工业是经济发展的主动力

"十一五"时期，广东坚持在发展中促进经济结构调整，以经济结构调整保证经济可持续发展，珠三角经济内部主要比例关系得到很大改善，从而实现了经济发展与结构调整的良性互动。这无疑是珠三角经济V形复苏的关键所在。但也出现了随着人均GDP加速上升，第二、第三产业占GDP比重的变化方向出

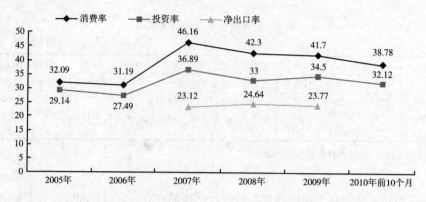

图4 2005～2010年前10个月珠三角消费率、投资率和净出口率变动趋势

注：1. 本表按可比价格计算。2. "净出口"是指货物和服务净流出。
资料来源：根据《广东统计年鉴2006～2010》相关数据制图。

现偏差，即第三产业增加值比重不升反降、产业结构重型化和服务业发展滞后的特点，在人均GDP接近1万美元时，经济增长主要依靠第二产业带动的格局不仅没有改变，反而继续强化。

1. 第二产业和工业在调整中继续保持快速增长态势

2005～2009年，珠三角第二产业年均增长速度为14.08%，其中工业为13.80%；第三产业为13.38%，第二产业和工业的年均增幅分别比第三产业快0.7个和0.42个百分点，比GDP增幅为0.6个和0.32个百分点（见表5）。尽管经过"十一五"的"双转移"和调结构、转方式，第三产业上升幅度有所加快，但第二产业特别是工业在珠三角国民经济中主导地位仍旧稳固。"十一五"期间，除2009年外，第二产业在GDP中所占比重都在50%以上，工业占47%以上，而第三产业徘徊在46%～47%之间（见图5）。

表5 2005～2009年珠三角GDP和三次产业增长速度

单位：%

年份	GDP	第一产业	第二产业		第三产业
			总值	其中:工业	
2005	15.3	2.3	18.2	16.2	13.0
2006	16.2	3.8	19.0	17.3	13.9
2007	15.7	2.9	16.8	17.5	15.3
2008	12.6	2.6	11.9	12.3	13.8
2009	9.4	3.9	8.6	8.1	10.5

资料来源：根据《广东统计年鉴2006～2010》相关数据制表。

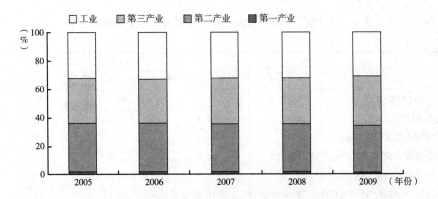

图5　2005～2009年珠三角地区生产总值产业构成

资料来源：根据《广东统计年鉴2006～2009》相关数据制图。

2. 第三产业发展滞后

随着人均GDP的增长，珠三角产业高级化在全国处于相对领先地位，且服务业呈现领域拓宽、规模扩大、结构优化、功能增强、市场规范的态势。但第三产业对珠三角地区生产总值的贡献率整体变化不大，"十一五"以来，第三产业不仅发展速度放缓，而且其占GDP比重和贡献率提升缓慢。2006～2009年，第三产业的年均增速慢于同期GDP增幅0.1个百分点，占GDP比重从2005年的46.25%提高到2009年的49.8%，仅提高了3.55个百分点，而且主要是因为受全球金融危机的影响，外部需求大幅萎缩，导致工业对经济增长贡献率同比下降，服务业比重相对上升。即便如此，仍低于2001年的世界平均水平近17.9个百分点，比低收入国家仅高出4.1个百分点（见表6）。

第三产业在GDP中所占比重随着经济发展水平的上升而不断提高，不仅是经济发展的必然结果，更是经济发展总量和质量进一步提高的必要条件。按照当前珠三角人均GDP接近1万美元水平来衡量，珠三角第三产业比重应该在53.8%～62.8%之间，显然，目前珠三角的这一指标低了4～13个百分点。可见，与经济社会发展需求、增强经济发展后劲和人均GDP增长等方面的需求相比，珠三角第三产业发展明显滞后。

3. 第三产业内部结构优化升级缓慢，现代服务业发展滞后

作为已进入工业化中后期的地区，依照发达国家经济结构变动的一般规律，珠三角第三产业的发展应主要靠金融保险业、不动产和商务服务、社会服务来拉

表6 珠三角与不同收入水平国家 GDP 的三次产业构成比较

单位：%，美元

	人均 GDP	GDP 构成		
		第一产业	第二产业	第三产业
珠三角（2009 年）	9912.79	2.2	48.0	49.8
高收入国家（2001 年）	26640	1.8	27.5	70.7
中等收入国家（2002 年）	5110	6.3	34	59.8
下中等收入国家（2002 年）	1850	11.5	37.8	50.8
上中等收入国家（2002 年）	5310	9.1	33.9	57
中、低收入国家（2001 年）	1360	10.5	34.1	55.5
低收入国家（2002 年）	430	23.8	30.4	45.7
世界平均（2001 年）	5160	3.8	28.6	67.7

注：按 1 美元 = 6.8 元人民币折算。

资料来源：根据 Word Developmengt Indicators 2004/7/10 数据整理。

动。近年来，珠三角的第三产业也加快了传统的消费型服务向现代生产性服务转变的步伐，但目前交通通信、商贸餐饮等传统服务业仍旧是珠三角第三产业增长的主要推动力，而代表现代化水平的知识密集型的高增值服务业如金融、中介、专业服务等相当薄弱，现代服务业的数量和质量远不能满足发展需求。

对服务业行业的分析表明，在 14 个分类行业中，对服务业增加值贡献最大的前三个行业分别是批发和零售业、房地产业、交通运输仓储和邮政业。2009年，交通运输仓储及邮电通信业、批发零售贸易、餐饮业和房地产业等四大传统服务业增加值占珠三角服务业总量的比重为 47.8%，金融业占 13.9%，其他服务业占 38.5%。从时序上看，交通运输仓储和邮政业、房地产业、社会服务业对服务业的推动力呈上升态势，批发零售和餐饮业对服务业的推动力虽然排在前面，但推动力呈下降趋势，而代表社会经济进步水平及人口素质要求较高的金融保险业、卫生体育社会福利业、教育文化艺术广播电影电视业等行业虽然发展较快，但所占比重过小，仍难以起到支撑作用，这与整个经济发展水平很不协调。

（四）从经济增长的体制看，尚未完全实现政府主导向市场主导的转变

经过 30 年的改革开放，处于转轨经济前沿的广东虽已基本建立起社会主义

市场经济体制，但离现代市场经济体系还有相当的差距。一是要素市场存在缺陷，包括资本、劳动力、土地等在内的广东乃至全国的要素市场都很不完善；二是公平、竞争的市场环境尚未真正形成。行业垄断、政企不分、不正当竞争等现象仍广泛存在；三是政府职能转变缓慢，存在政府"错位、越位、缺位"等问题；四是尽管广东的民营经济也有较大发展，但是其规模和影响力都弱于江苏、浙江（尤其浙江）；五是诚信社会尚未建立。

（五）从增长的本质看，仍属于欠发展型经济增长

2009 年，珠三角经济总量占全国的 9.94%，出口总量占 28.44%，实际利用外资占 19.45%，人均 GDP 是全国的 2.67 倍。但作为取得 30 年持续高速发展的地区，民生水平却不如长三角。"十一五"深圳的国税收入增幅平均达到 20.3%，地税收入平均增幅达到 22.2%，而城镇居民人均可支配收入平均增幅仅为 9%，远远落后于前两项的增长步伐；广州 2010 年的国内税收增长是 2005 年的 128.24%，GDP 是 100.85%，城市居民年人均可支配收入比 5 年前增长 67.44%，农村居民年人均纯收入则比 5 年前增长 77.42%。从以上数据看来，广州在"十一五"期间，国税增速大于 GDP 增速，GDP 增速大于农村居民年人均纯收入增速，农村居民年人均纯收入增速略高于城市居民人均可支配收入。民生水平与经济总量水平的不匹配以及收入差距的扩大，意味着珠三角经济发展的成果未能惠及全体人民，这在很大程度上抵消了珠三角经济增长的正效用，影响了珠三角经济发展的提升。

三　"十二五"时期珠三角加快经济发展方式
转变需突破的重点问题

（一）破除制约经济发展方式转变的体制机制障碍

一是体制机制改革滞后，政府职能转换迟缓。受政绩考核制度的影响，政府仍然过多干预资源配置，介入微观经济领域，模糊"市场参与者"和"市场监督者"角色界限，转变经济发展方式的注意力往往因为短期经济波动而转移。

二是要素价格机制改革滞后。土地、石油、天然气、资金等重要生产要素的

市场化程度较低，价格形成机制不健全，价格水平没能反映要素的稀缺程度及全部成本，导致资源配置严重失当。

三是行政改革滞后。广东面积只有 18 万平方公里，但有 21 个地级市、121 个县级市，为全国最高，还有广州、深圳两个副省级城市，条块分割的行政管理体制已经成了当前珠三角转变经济增长方式的难点。

四是财税体制改革滞后。现行的以建设财政和经济财政为主要特征的财政支出结构，以增值税和流转税为主的税收体系，也刺激了各个地方拼命追求 GDP 的高速发展和发展重化工业以获得更多税收，客观上刺激了粗放式扩张。

（二）加快形成由资源配置效率和各类创新能力提高驱动的经济增长模式

改革开放以来，珠三角经济迅猛发展，但是也出现了克鲁格曼质疑新加坡的同样问题，即全要素生产率不高，技术进步不足的缺陷，经济高速增长主要建立在对要素投入的刚性需求上，重视以人力、物力和财力的投入为基础的外延式扩大再生产，忽视以技术进步为基础的内涵式扩大再生产，创新意识不强、能力不足。

"十一五"时期，珠三角资本形成率即投资率保持在 35% 左右，固定资本形成占资本形成总额基本上保持在 88% 以上；以上两个指标远高于全球水平。根据世界银行的报告，1960～2000 年，低收入国家和地区的资本形成率平均为 23.4%，中等收入国家和地区平均为 23.9%，高收入国家和地区平均为 21.5%。这意味着，珠三角现阶段的工业化和城市化对于自然资源（包括土地）的使用和占用量是比较高的，而且要素配置效率不高，研发投入不足，科研成果转化率低，经济增长尚未完全摆脱高投入、高消耗、高排放、低效率的模式。

不少企业习惯于赚"快钱"，满足于加工贸易的"短平快"，创新的意识不强，拥有科技活动的企业仅占全部大中型企业的 16.8%，低于全国 23.3% 的平均水平，企业研究开发经费占产品销售收入比重不到 1%，用于技术引进和消化吸收的投入比例是 1:0.07，远低于日本、韩国等国 1:5～8 的水平。高新技术企业对外技术依存度达到 70% 以上，IT 领域的专利 85% 来自国外，50 强中虽有约 6% 的企业集中于上游技术的开发和运用，但主要高新技术产品达到国际领先水平的只占 5.7%。此外，珠三角高素质人才储备不足，面临越来越严峻的"技工荒"问题，使得珠三角加快转变的技术支撑条件相对薄弱。

（三）投资、消费、出口协同拉动的经济增长格局尚未形成

在经济全球化时代，一个国家一个地区的宏观经济供给－需求系统应该是开放的，与全球供给－需求大系统相互融合、有机互动。但30年的对外开放，由于"三外"（外经、外贸、外资）统筹发展不足，内贸、外贸两张皮，外源内源"两轮驱动"不吻合，形成了珠三角宏观经济从政策设计到推进主体相互分离的内供给－需求和外供给－需求两套系统。两个系统的分割不仅使珠三角率先形成的对外开放优势不能最大限度转化为本土经济优势，而且使现代化建设的要素动员不足，经济增长过于依靠投资和外需，发展的主动性和可持续性受到限制。珠三角对扩大开放已经积累了一定的先行经验，但新时期扩大内需却经验不足，科学开放的内外需供求互动模式尚未形成。

（四）支撑经济发展方式转变的现代产业体系尚未形成

产业结构是国民经济结构中的基础性结构，它直接影响经济增长与经济发展的速度和质量，集约型经济增长只能建立在产业结构合理化、经济结构优化基础上。珠三角工业大而不强、服务业发展滞后以及三次产业之间比例不合理，高行业结构与低产业价值链并存的结构特征，与转变发展方式要求不相适应。一是新兴战略性产业①成长不足，尚难实现工业化"重头产业"的转换；二是产业结构高端化出现停滞。

（五）资源环境压力持续加大

一是资源和土地已经成为经济发展的长期约束。目前珠三角的土地开发强度在25%以上，深圳、东莞等地的开发强度高达40%，可以开发的土地基本上全部开发完毕；二是清洁能源消费比例低，能源利用率不高；三是环境压力加大，治污工作任重道远。经济的高度集聚，也带来了污染的高度集聚。发达国家几百年工业化进程中遇到的环境问题，在珠三角发展的几十年时间集中出现。珠三角

---

① 陈清泰认为，新兴战略性产业应该具备以下几个条件：一是要具有先导性，体现产业的发展趋势，通过努力可以进入世界先进行业；二是能形成较长时期、较大规模的最终消费；三是有较大的产业规模、产业链长、带动能力强；四是产业化条件比较成熟，具备立即启动的条件。陈清泰：《中国必须寻找新的带头产业》，2008年12月12日，《财经》。

除江门外，8 个市都属于重酸雨区，酸雨频率达 53.4%，珠江口成为全国仅次于渤海湾的第二严重污染水域。

（六）城乡和区域发展仍不平衡

珠三角三个经济圈之间发展不平衡。2009 年珠中江经济圈 GDP 总量 3957.38 亿元，远远落后于广佛肇和深莞惠经济圈的 14773.6 亿元和 13374.9 亿元。珠三角城区城乡发展也存在较大差异，农村居民收入增幅多年落后于城镇居民收入增幅，农村基础设施和基本公共服务水平与城市相比差距明显。

（七）经济繁荣与社会事业相对落后并存

总体而言，珠三角已进入发展型阶段①。但由于社会事业发展相对滞后，目前公共产品供给不足，城乡居民交通、通信、居住、医疗保健和文教娱乐消费需求尚不能得到很好满足。此外，处于经济社会转型期的珠三角也是社会矛盾的高发期，在构建和谐区域、平安区域过程中面临着巨大挑战。

未来五年，将是决定珠三角经济转型成败的关键五年。珠三角应该科学、准确地把握国际国内发展形势带来的机遇和挑战，紧紧围绕"加快发展方式转化，建设和谐区域"这一中心任务，继续高扬"科学发展、先行先试"的"大旗"坚定前行，着力推进区域经济一体化，推动珠三角地区从"城市经济"向"区域经济"发展、从城市"单打独斗"向"协同作战"转变；着力提高自主创新能力，建设创新型区域；着力调整优化产业结构，建设现代产业体系；着力扩大内需拓展外需，增强经济发展后劲；着力推动绿色低碳发展，提高生态文明建设水平；着力保障和改善民生，促进全民共享发展成果；着力深化改革开放，推进体制机制创新；着力深化粤港澳合作，促进区域经济发展。

---

① 近几年在城乡家庭消费支出中，生存型消费（食品、衣着）的比重约为 40.9%；发展型消费（居住、交通、教育医疗、旅游等）已占 50% 以上。在 2008 年城乡家庭消费支出中，列前 3 位的是食品（34%）、教育（11.5%）、医疗（10.6%）。迟福林：《扩大内需重在基本公共服务制度建设》，《价格与市场》2009 年第 4 期。

B.16

"十二五"时期广东经济社会发展的
总体思路与主要任务

陈再齐　刘品安*

摘　要："十二五"时期是广东省转变经济发展方式的关键时期，广东必须坚持以科学发展为统领，围绕"创新"与"和谐"两大发展主题，深入实施产业现代化、自主创新、区域协调、内外需并举、绿色低碳五大发展战略，重点推进七大任务：推进产业现代化，构建现代产业体系；实施自主创新战略，建设创新型广东；创新路径机制，促进区域协调发展；打造现代化综合交通网络体系，促进交通一体化协调发展；实施内外需并举战略，增强经济发展的持续动力；深化体制改革，完善科学发展的体制机制；实施"绿色低碳"战略，发展低碳经济。

关键词：广东　经济社会发展　思路与任务

"十一五"期间，广东省积极应对种种挑战和考验，保持了经济的平稳较快发展。"十二五"时期广东要克服国际金融危机带来的负面影响，必须摆脱过去发展模式的路径依赖，加快转变经济发展方式，在转变经济发展方式中实现经济持续快速增长，在应对国际国内复杂经济环境中提振有效需求，在提升自主创新能力中促进产业结构优化升级，在推进新型城镇化进程中促进城乡均衡发展，在突破资源能源约束中实现低碳可持续发展，逐步向"率先基本实现社会主义现代化"、"世界级经济区域"、"中国经济发展的强大引擎"这一系列宏伟的战略目标迈进。

---

* 陈再齐，广东省社会科学院宏观经济研究所所长助理，助理研究员；刘品安，广东省社会科学院宏观经济研究所所长，研究员。

一　广东省"十一五"发展评估与判断

"十一五"时期，广东经济保持平稳较快发展，结构调整取得积极进展，人民生活不断改善，为广东经济社会的进一步发展奠定了坚实的基础（见表1）。

表1　"十一五"时期广东省主要经济社会指标

指　　标	2005 年	"十一五"规划目标	2009 年	2005 ~ 2009 年年均增长率(%)
GDP(亿元)	22557.37	33500	36035	12.5
人均 GDP(元)	24647	34400	37552	11.1
第三产业增加值比重(%)	43.3	45	45.7	
进出口总额(亿美元)	4280.02	6800	6111.18	9.3
研发经费支出占 GDP 比重(%)	1.12	1.8	1.41	
高新技术产品增加值占工业总产值比重(%)		18	34.3	
城镇居民人均可支配收入(元)	14769.94	19300	19809	7.7
农村居民人均纯收入(元)	4690.49	6300	6332	7.8
城镇化水平(%)	60.68	65	63.4	
城镇居民恩格尔系数(%)	36.1	34.7	36.9	
农村居民恩格尔系数(%)	48.3	42.9	48.3	
高等教育毛入学率(%)	22.0	28	27.5	
高中阶段教育毛入学率(%)	57.5	80	79.9	
万元 GDP 能耗(吨标准煤)	0.79	0.763	0.684	

1. 经济继续保持快速增长

2005~2010 年，广东省国内生产总值（GDP）、人均地区生产总值（人均GDP）年均增长分别为 13.15%、13.6%，其中 2010 年 GDP 超过 4.5 万亿元，人均 GDP 按现行汇率计算超过 7000 美元，各项主要经济指标均实现两位数增长，超额完成全年预期目标和"十一五"规划发展目标。

2. 经济增长方式转变明显

2005~2009 年，单位 GDP 能耗、电耗年均分别下降 3.54%、4%，2009 年单位 GDP 能耗、电耗分别为 0.684 吨标准煤/万元、1002 千瓦时／万元，单位 GDP 能耗的绝对值持续居全国第二低位。

3. 产业结构升级取得明显进展

三大产业比例由 2005 年的 6.3∶49.5∶44.2 调整为 2009 年的 5.1∶49.3∶45.6，2009 年末，规模以上工业轻重工业增加值比例由 2005 年的 41.8∶58.2 调整为 40.9∶59.1，高技术产业增加值由 2005 年的 2353 亿元增加到 2009 年的 4036 亿元，第三产业增加值由 2005 年的 9579.44 亿元增加到 2009 年的 17805.09 亿元。外源型经济转型发展，2005～2009 年，广东省实际吸收外商直接投资 827.03 亿美元，其中第三产业占 38.8%。

4. 内源经济呈良好发展态势

以产权制度改革为核心的国有企业改革重组取得积极进展，国有及国有控股企业利润 5 年增长 1.39 倍；民营经济实现的增加值由 2005 年的 7163.29 亿元增加到 2009 年的 13691.56 亿元，年均增长 17.6%。

5. 基础设施建设取得突破

2005～2010 年前 11 个月，全社会固定资产投资累计完成 63044.25 亿元，年均增长约 19.65%，基础设施建设加快，交通网络进一步完善。

6. 区域协调合作快速推进，区域发展差距扩大势头得到初步遏制

2005～2009 年，东西两翼和山区的投资、消费和进出口贸易等主要指标增速已经接近或快于全省平均水平。

7. 科技创新成绩显著

2009 年，全省专利申请量达 125673 件，专利授权量 83621 件，分别比 2005 年增长 74% 和 127%。

8. 生态环境逐步改善

节能减排成效明显，全省二氧化硫排放总量从 2005 年的 129.4 万吨下降到 107.1 万吨，下降 17.2%；工业固体废物综合利用率达 84.2%，接近 85% 的目标。同时，行政管理体制和经济体制改革不断深化，经济社会呈现和谐稳定发展的良好局面。

"十一五"期间，广东经济社会发展虽然取得了显著的成绩，但也面临着问题与挑战，主要是：①资源、环境、人口问题依然严峻。人均水资源量从 2005 年的 1900.69 立方米/人下降到 2009 年的 1682 立方米/人，年均下降 3.1%；"耕地保有量"指标严重下滑，2009 年全省耕地保有量仅为 253.09 万公顷，比规划目标低 22%；城镇生活垃圾无害化处理率 67%，低于规划目标的 80%。②推动

经济内生增长的力度不足，经济结构调整任务仍然繁重。消费率逐年下降，消费对经济增长拉动乏力。2005～2009 年，全省最终消费率分别为 52.8%、48.4%、47.7%、47.2%、47.5%，消费率呈下降趋势，消费对经济增长的拉动作用明显乏力。③科技创新综合能力不理想，产业优化升级不如预期。科技创新投入强度偏低，2009 年，广东全社会研发投入占国内生产总值的比重（R&D/GDP）只有1.52%。农业结构的调整优化比较缓慢，具有地方特色和区域比较优势的农业主导产业还未形成；工业产业结构升级不够明显，制造业的 70% 仍属低端产业，高新技术产业也处于产业链低端；第三产业发展相对滞后，就业贡献相对不足。④重点领域和关键环节的改革不到位，制约经济发展方式转变的体制机制障碍依然突出。社会管理体制改革相对迟缓，公共事业的监管体系不健全，社会中介组织发展滞后，社会保障体系、就业和收入分配制度不够完善，构建和谐劳动关系任务艰巨，保障和改善民生工作亟待加强；经济体制改革创新不够，财政体制改革相对滞后，现代企业制度尚不完善，农村经济体制难以适应城乡统筹发展的要求。⑤区域发展不平衡问题仍然突出，建立长效稳定脱贫致富机制的任务艰巨。

二 "十二五"时期广东经济社会发展的总体思路与主要任务

（一）"十二五"时期广东经济社会发展的总体思路

受国际经济危机导致西方发达国家增长速度放缓、外贸需求明显萎缩的影响，广东"十二五"时期经济社会发展的转型特征将更为明显，这些转型特征主要表现在：在经历适度重型发展阶段后，工业发展进入成熟时期，制造业将从劳动密集型为主转向适度的资本与技术密集型，伴随着现代服务业的发展，第三产业对经济增长的贡献将逐步提升，在经济较为发达的地区将逐步超越工业成为经济发展的主导；随着经济增长和居民收入的提高，城市居民的消费需求将从舒适型向高额大众消费转变，农村居民的消费需求也将从侧重量的增加转向质的改善，消费进入转型升级阶段，随着居民高额消费的增长，在国际贸易相对萎缩的背景下，内需转而成为拉动广东经济增长的关键性力量；随着工业化和城市化进程的深入，现代化进程将在全省范围内得以稳步的推动，欠发达地区的现代化水平将逐步提高，现代化推进的过程必将伴随着社会组织形式、就业结构、社会结构的变革加快，各种社会问题和矛盾将会不断增多并趋于复杂。

因此，"十二五"期间的广东经济社会发展应当坚持一个统领：以科学发展为统领；围绕两大主题：以"创新"与"和谐"为主题；深入实施五大发展战略：产业现代化、自主创新、区域协调、内外需并举、绿色低碳（见图1）。

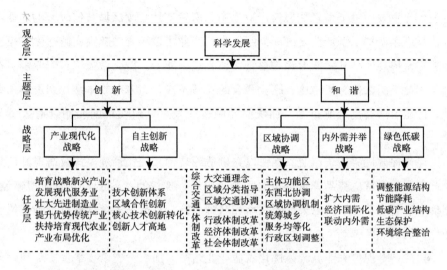

图1 广东省"十二五"时期经济社会发展总体思路与战略框架图

（二）"十二五"时期广东经济社会发展的主要任务

1. 推进产业现代化，构建现代产业体系

加快培育发展若干战略性新兴产业。改变过度技术依赖国外的被动局面，加强自主创新和自主品牌培育，加快发展电动汽车产业。突破核心技术发展瓶颈，加快平板显示产业发展，加速形成和完善平板显示产业链。重点发展广州与深圳两大国家级文化创意基地，支持与高新技术和现代制造业相关的工业设计、商务会展以及网游动漫、文化传媒等产业。加强新药研发能力，积极发展海洋生物制药，继续实施"中医药强省"战略，建设现代中药制造业和流通体系。

大力发展现代服务业。促进现代金融业的发展，强化金融业对实体经济的支持。建立粤港金融合作区，将香港与珠三角地区有机联系起来并形成更紧密的战略合作关系。大力发展现代物流业，优化发展"制造业物流、现代展贸市场、

大宗商品交易中心"的产业物流体系,继续深化粤港澳物流合作。发展移动商务平台、物联网及 RFID 电子卷标技术、云计算技术即大规模分布式计算技术等高技术信息服务业。

做大做强先进制造业。以珠三角、特别是珠三角东岸国家级和省级高新区为载体,加快提升大中型企业自主创新能力,培养若干个广东本土的世界级企业,打造世界重要的电子信息和通信产业生产和研发基地。改造提升传统家电产业集群,促进生产加工型产业集群向创新技术型产业集群转变。继续实施适度规模扩张战略,提高产品开发能力和主要企业核心竞争能力,做大做强汽车产业链。按照一体化、园区化、集约化、产业联合的发展模式,完善产业体系,加快结构调整,优化沿海石化产业布局。加快船舶制造业发展,建设华南船舶制造大型基地。

优化提升优势传统产业。加快以先进适用技术和现代管理模式改造提升优势传统产业,支持优势品牌企业跨地区兼并重组,加快技术改造和创新能力建设,推动产业整合,继续实施大集团战略和名牌战略,打造一大批具有自主创新技术和专利的名优品牌。

扶持培育现代农业。调整优化农业产业结构,加快发展以技术、质量和效益为导向的现代农业,提高农产品的科技含量和附加值,发展以技术、质量和效益为导向的现代农业。

深入实施"双转移"战略。从促进区域协调发展、优化全省产业布局的大局出发,深入实施"双转移"战略,加快珠三角地区向东西北地区产业转移,形成一批布局合理、产业特色鲜明、集聚效应明显的转移型产业集群,促进东西北地区经济发展。

2. 实施自主创新战略,建设创新型广东

以建设创新型广东为目标,不断完善自主创新的体制机制和政策环境,加快构建以企业为主体、市场为导向、人才为根本、产学研紧密结合的开放型国际化区域创新体系,率先建成全国创新型省份,成为亚太地区重要的创新中心和成果转化基地。

健全以企业为主体的技术创新体系。加强企业自主创新能力建设,扶持和培育一批具有国际竞争力的创新型企业,强化本土企业自主创新主体地位。加强行业公共技术平台和创新服务体系建设,为企业自主创新提供公共服务支撑。

加快构建开放型区域合作创新格局。全面推进粤港澳联合创新,探索粤港澳科技合作新模式,建设"粤港澳联合创新区"、深港创新圈和粤港澳科技产业园,支持联合开展科技攻关和共建创新平台。深化国家与地方创新联动机制,加快推进广东自主创新综合试验区建设,进一步深化省部院产学研合作,促进国家与地方创新资源的高效配置和综合集成。深化国际科技合作,加强引进消化吸收再创新,加快建设国际科技合作基地。

　　大力推进现代产业核心技术的创新和转化。着力抓好关键领域的引进消化吸收再创新和集成创新,积极推进原始创新,加快创新成果转化,实现产业技术跨越式发展,攻克产业核心技术和关键技术,掌握一批核心技术,争取占领产业竞争的技术制高点。

　　建设自主创新人才高地。大力培养高端创新人才,以重点实验室为依托,以优势学科为载体,培养具有国际领先水平的科技创新团队。广泛引进高层次创新人才,建立健全激励创新人才的新型机制,完善创新人才动态考核评价机制,健全以能力和业绩为导向的人才选拔机制与评价体系。

3. 创新路径机制,促进区域协调发展

　　在发展战略上逐步摆脱对非均衡发展路径的严重依赖,从过于依赖局部地区发展转变到区域均衡协调发展的轨道上来。充分发挥珠江三角洲地区经济发展的辐射能力,通过不断的体制创新和政策引导,在珠三角地区和东西北地区建立起一个协调联动的发展机制,逐步实现全省的均衡联动发展。

　　明确主体功能区划,促进不同地区的适度开发。珠三角主要携手港澳,共建"珠港澳经济同盟",成为我国在更大范围、更广领域、更高层次参与国际合作与竞争的"排头兵",成为全面辐射与服务全国,直接带动"泛珠三角"经济发展的"发动机"。环珠三角经济带可承接珠三角的产业和人口转移,并带动广东山区和边远地区的发展。沿海经济带应充分发挥其港口资源和海洋资源的优势,加快建设世界级石化产业基地,形成重化工业优势产业集群。山区4市总体上属于限制开发区域,主要在环境保护优先的前提下适度开发。

　　推进和完善实施双转移战略。通过"双转移"战略的推进,在珠三角和东西北地区建立起基于比较优势的产业联系与协作,通过产业的互动、劳动力的有序转移,促进广东珠三角地区与东西北地区的协同联动发展,构建起基于产业和劳动力双向转移的区域协调发展机制。在统筹规划基础上,进一步推进双转移战

略的实施，制定东西北地区承接产业转移的差异化政策，有效承接优势产业的转移。

统筹协调城乡发展。加快县域经济发展，以工业化为龙头，以产业集群为载体，加快工业化和新型城镇化进程。统筹协调，逐步改变城乡二元经济结构，切实解决"三农"问题，加强农业基础地位，推进农业和农村经济结构调整，促进农业增效、农民增收、农村繁荣。

促进公共服务的均等化。加快建立统一覆盖全省的公共服务和社会保障体系，为全省城乡居民提供均等化的公共服务、共享型社会保障，建立惠及最广大群众的公共福利体系、社会财富分配机制和发展成果分享机制。

促进行政区划与区域经济的协调发展。结合《珠江三角洲地区改革发展规划纲要》的实施以及"大部制"改革的深入，推进行政区划调整，打破广东分域自治的行政割据格局。扩大地级市的管辖范围，减少地级市的数量。扩大县级行政所管辖的范围，并赋予更多的管理权限，逐步推进省直管县的行政区划体制改革进程。

4. 打造现代化综合交通网络体系，促进交通一体化协调发展

树立大交通发展理念，促进综合交通运输一体化发展。大力推进综合交通基础设施建设，继续加强高速公路及县乡公路网、轨道交通网、高等级航道网、集装箱运输系统、能源运输系统和民用航空运输系统等"三大网络、三大系统"的建设，促进各种运输方式之间协调发展，建立综合运输一体化体系。

实施区域分类指导，促进综合交通网络现代化水平的全面提升。推进交通基础设施的一体化，打破行业条块分割和行政区划限制，打造一体化的现代化综合交通网络体系。加快东西北综合交通网络的建设，大力提高粤北山区和东西两翼交通网络的现代化程度，加强东西北地区与珠江三角洲地区的快速交通联系，形成全省高效便捷的一体化高速公路网。

加快港澳交通衔接和出省通道建设，实现区域交通协调发展。创新合作模式，加强粤港澳地区的交通衔接，促进大珠三角交通网络的一体化。加快广东出省通道建设，强化广东省在泛珠三角现代综合交通运输体系中的辐射带动作用。

5. 实施内外需并举战略，增强经济发展的持续动力

扩大内需，强化经济发展内循环。进一步促进国民消费由传统消费方式向科学消费方式转变，充分发掘广东消费潜力，增强经济自主发展能力。扩大政府投资，增加公共产品供给，积极吸引多元投资主体参与投资建设，争取更好地发挥民间投资对拉动社会性消费的带动作用。大力拓展企业国内销售市场，增强经济内渗透能力。调整和创新企业销售模式，逐步建立起国内营销和物流体系。推动广东与其他省份具有国内市场优势的企业合作发展，加强企业的国内市场竞争力。

巩固、优化和拓展外需，提高经济国际化水平。优化进出口结构，支持企业开拓新兴市场，加快加工贸易企业转型，促进投资和贸易互动，提升对外贸易质量与水平。强化企业开拓市场、技术创新和培育自主品牌的能力，重点培育和扶持一批掌握核心技术、具有自主知识产权的出口品牌。创新国际区域合作机制，推进与港澳紧密合作、融合发展，推动经济国际化战略转型。

联动内外需，增强经济增长动力。促进内外贸一体化，打破国内、国外市场的分割。构建加工贸易与一般贸易相结合的混合贸易模式，促进国内外市场的协同发展。制定和出台内外资统一的法规政策，建立内外贸企业在国内外公平竞争的经营环境。促进内外贸的协调和资源的合理配置，实现内外需联动。

6. 深化体制改革，完善科学发展的体制机制

深化行政管理体制改革。加快转变政府职能，建设服务政府、责任政府、法制政府和廉洁政府。深化政府机构改革，继续推进职能有机统一的大部门体制改革，优化政府组织体系。进一步理顺各级政府的职责权限，依法界定各级政府的事权范围。探索机构编制管理与财政预算、组织人事管理的配合制约机制，全面推进事业单位分类改革。创新政府管理方式，深化行政审批制度改革，提高政府服务水平和效率。

深化经济体制改革。深化农村经济体制改革，支持佛山、惠州、中山及广州增城等市开展统筹城乡发展综合改革试点。深化财政和投资体制改革，完善公共财政体系，完善政府投资管理制度。加快金融改革与创新，健全内部控制和风险防范机制。完善现代市场机制，建立稳定规范的政策和法制环境。深化公有经济领域体制改革，建立多元化的投资机制和规范高效的运营机制。

深化社会体制改革。完善就业和收入分配制度，缩小社会不同阶层收入差距。健全社会保障体系，推进城乡一体化的社会保障体系建设。完善社会管理制度，鼓励和支持广州、深圳、珠海等地开展社会管理综合改革试点。深化文化、教育、卫生体制改革，完善公共卫生服务体系。

7. 实施"绿色低碳"战略，发展低碳经济

合理发展可再生能源与核电，调整能源结构。改变广东现阶段的一次能源结构仍以煤炭为主的状况；大力推进节能降耗，不断提高单位能源和单位资源消耗的产出水平；加强能源、资源开发利用等各个环节的管理。

逐步形成低能耗、低污染、高效益的产业结构。根据减量化、再利用、再循环的"3R"原则，大力发展循环经济和低碳经济。以优化能源和资源利用方式为核心，积极发展先进制造业、绿色建筑业、生态农业和环保型产业，实现农业、工业和第三产业的生态化，逐步构建形成低能耗、低污染的产业体系。

加强生态保护与环境综合整治。集约利用资源，引导私人汽车的使用，重视解决跨流域、跨区域的环境污染问题。加强水环境综合整治，强化大气污染防治，加强固体废物和危险废物处理，加快林业生态省建设，改善海洋生态环境，优化生态保护和环境整治的管理机制和政策环境。

B.17

广东省区域经济空间结构演变趋势探析

冯邦彦　张　燕*

摘　要：本文通过四个指标从不同角度综合分析了广东省区域经济空间结构演变态势。集中度指数反映了广东省 GDP 集聚程度不断提高，越来越多的人口集中在少数大城市；变异系数反映出广东省整体空间经济差异稳定略微上升的趋势；泰尔指数表明区域内部差异在总体差异中发挥主要作用；Moran's I 指数详细分析了区域经济空间的演变过程。

关键词：区域经济　空间结构　区域差异

一　问题的提出与文献综述

20 世纪 50 年代后，区域发展问题成为学者们研究的热点之一，其中区域经济空间结构最早是由区位论学者证实了其存在的客观性，即：在均质和未开发的区域内，任何一个经济客体要存在和运行，必须有其他客体同它发生联系；若干个社会经济客体的出现，就会在一定范围内产生一定的空间组织。随后的发展中不同的学者对其概念有不同的表述，比如陆大道（1995）认为区域经济空间结构是指社会经济客体在空间中的相互作用和相互关系，以及反映这种关系的客体和现象的空间聚集规模和集聚形态。陈才（2001）认为区域经济空间结构是人类的经济活动在一定地域上的空间组合关系，是区域经济的中心、外围、网络诸关系的总和。综合分析各学者的观点，能够发现所谓区域空间结构包括两个最基本的方面：一是强调经济客体之间的相互作用和关系，二是强调经济活动和经济

---

* 冯邦彦，暨南大学经济学院教授、博导，广东省政府参事，广州市政府决策咨询专家，研究方向为粤港澳经济、区域经济；张燕，暨南大学经济学院区域经济硕士研究生。

客体在一定区域内的空间集聚性。而区域经济空间演变过程就是区域经济活动的空间格局、空间联系在时间轴上的变化。

此后一些学者开始从区际之间研究区域经济空间结构问题，例如佩鲁的增长极理论经过区域经济学家的完善，形成了区域经济增长及理论，其主要观点是：经济增长首先发生在增长极上，然后通过各种方式向外扩散，从而影响整个区域经济发展；同这个理论相关的还有赫希曼（Hirschman）的"极化—涓滴"理论和默戴尔（Myrdal）的"循环积累论"。弗里德曼（Friedman）在前人基础上提出了"核心—边缘理论"，该理论认为区域经济空间结构是由中心和外围两个系统构成，在经济发展过程中，中心和外围的边界会发生变化，从而引起区域的空间关系不断调整，最终达到区域经济空间一体化阶段。

国内关于这方面的研究同整体宏观环境有很大联系，20 世纪 80 年代以前，学者们主要是从宏观角度研究区域经济空间结构，探讨生产力布局和原则（曾菊新，1996）。80 年代以后的研究开始从不同角度关注区域经济空间结构，陆大道（1995）把空间结构理论的研究概括为 5 个方面，即：社会经济发展各阶段上的空间结构特点及其演变、社会经济空间组织的模式、中心地等级体系与城镇等级体系、以城镇型居民点为中心的土地利用空间结构和空间相互作用。叶大年、郝伟、许文东（2001）从地质构造的对称性提出了地理学的对称原理，探讨了中国城市的空间分布规律。陆玉麒（1998，2002，2003，2004）基于流域经济提出了双核结构模式，并对该模式的形成机理和应用范围进行了深入的探讨。

区域经济空间结构作为社会发展的结果，必然会随着社会生产力的变化而发生改变，根据薛普文（1988），刘卫东、张玉斌（1993），胡序威（1998），方创琳（2000），王合生、李昌峰（2000），陆大道（2001）的研究发现区域空间结构演变中呈现出一定的规律性，处于不同发展阶段的区域具有不同的空间结构特征，发展阶段大致相同的不同区域具有相似的空间结构特征。李小建总结了空间结构的基本要素：点、线、面、网络及其空间结构的演变规律和形成机制，形成了关于经济空间结构的理论体系。

本文在分析前人研究的基础上发现：国内关于空间经济结构研究的出发点主要是从国家层面和大区域层面出发，而从省份小区域出发的研究还不充分，其中关于广东区域经济问题作过分析的主要代表有：崔新生（2006）从三次产业的比重、轻重工业的比重、国内生产总值、全社会固定资产投资额等几个方面分析了广东的区域经济不平衡问题；张长生、白国强（2003）借助基尼系数、绝对差异和 RHI 值以人均 GDP 为对象，分析了广东省区域经济差异；李翠兰（2008）通过分析各区位的优劣势、各区域的产业结构、基础设施和人口水平，进而分析出各区域的经济发展存在的情况。罗浩（2005）通过把广东省划分为三大区域，从地区角度和部门角度对广东省区域经济差异进行了分解。

通过学者们对广东区域经济所作分析发现：目前从区域空间经济结构系统研究广东省的还不多，即使已有涉及的也较少考虑把区域间差异和区域内部差异分解分析，也很少把空间因素引入到分析当中。本文基于这两点出发，选取了四个具有不同代表性的指标来综合分析广东省的空间经济结构演变状况。即：集中度指数从整体反映经济集聚情况，变异系数反映整体空间结构差异变动趋势，泰尔指数从区间和区内反映变动趋势，而 Moran's I 指数则把空间因素加入后，分析空间经济演变趋势。

二　研究方法和数据选取

本着数据可得性和完整性的原则，本文把时间段界定在 1994 ~ 2009 年间，因为云浮市的统计数据最早只可以追溯到 1994 年。本文选取了四个不同指标，它们所需要的变量也不一致，这样能够较为全面地反映区域的变化，避免单一指标分析存在的弊端。所需要的变量有：各市人均 GDP、各市每年 GDP、各市年末常住人口、全省年末常住人口、全省人均 GDP、全省各年 GDP，所有数据均来自相关年份的《广东统计年鉴》。

1. 集中指数

集中指数可以反映一个区域某一要素的空间集聚情况，本文通过计算 GDP 的空间集中指数来反映广东省经济变化情况。

本文采用的计算公式：

$$S = 1 - \frac{M}{N}$$

S：表示集中 GDP 一半的地域人口在总人口中的比重，反映 GDP 在广东省的集中程度；N：表示广东省总人口；M：表示占广东省 GDP 产量半数的人口。

2. 变异系数

变异系数是从全局自相关性出发对整个区域空间结构分布情况的总体特性描述，通过对区域经济发展的相对差异测算，分析在现有的空间结构下整个区域经济的发展相对差异变化，注重于反映数据之间的离散程度而没有考虑到空间结构。因此，能反映总的发展差异规律而不能反映出各个市之间的空间联系作用。

本文采用的计算公式：

$$CV = \frac{1}{\bar{y}} \left[\frac{1}{n} \sum_{i=1}^{n} (y_i - \bar{y})^2 \right]^{\frac{1}{2}}$$

n：表示研究的单位个数；y_i 是区域的人均 GDP；$\bar{y}$ 是人均 GDP 均值。CV 是一个大于零的数，其值越大表示区域差异越大。

3. 泰尔指数

泰尔指数最大的优点是在衡量区域经济差异的变化过程中可以进行空间分解，把区域差异总体变化过程分解为区际经济差异和区内经济差异，从而分析出区域差异整体变化过程中是区际差异占主导还是区内差异占主导。泰尔指数越大，说明区域经济差异水平越大，反之成立。

本文采用的计算公式：

$$I_{theil} = I_{BR} + I_{WR}$$

$$I_{BR} = \sum_{i=1}^{n} \left[\left(\frac{y_i}{Y} \right) \times \log \left[\frac{\frac{y_i}{Y}}{\frac{p_i}{P}} \right] \right]$$

$$I_{WR} = \sum_{i=1}^{n} \frac{y_i}{Y} \left[\sum_j \left(\frac{y_{ij}}{y_i} \right) \log \left[\frac{\left(\frac{y_{ij}}{y_i} \right)}{\left(\frac{p_{ij}}{p_i} \right)} \right] \right]$$

I_{BR}：表示区域间的经济差异；I_{WR}：表示区域内的经济差异。

y_i：表示 i 区域的 GDP；Y：表示全省 GDP；p_i：表示区域的年末人数；P：表示全省年末人数；y_{ij}：表示区域内 j 城市的 GDP；p_{ij}：表示区域内 j 城市的年末人数。

4. Moran's I 指数

Moran's I 指数最大的特点就是引入了空间权重矩阵的概念，考虑到经济单元所在的地理位置对其自身发展的影响。该指标不仅可以反映整个区域空间中的分布情况，还可以通过构造局部 Moran's I 指数度量每个区域与周边区域之间的局部空间关联和空间差异程度。

本文采用的计算公式：

$$\text{全局 } Moran's\ I = \frac{\sum_{i=1}^{n} \sum_{j=1}^{n} W_{ij}(X_{it} - \overline{X})(X_{jt} - \overline{X})}{(\sum_{i=1}^{n} \sum_{j=1}^{n} W_{ij}) \sum_{i=1}^{n} (X_{it} - \overline{X})^2}$$

$-1 \leqslant Moran's\ I \leqslant 1$；$W_{ij}$：表示空间权矩阵 W 中的元素；X_{it} 和 X_{jt}：表示 t 年 i 区域和 j 区域的人均 GDP；$\overline{X}$：表示 t 年人均 GDP 均值。

全局 Moran's I 指数是用来分析整个研究区域某一要素的空间模式，反映出空间相邻或相近的区域单位属性值的相似程度，如果值为正，表示区域经济的总体相关性为正，即目标区域数据在空间位置上相似的同时也有相似的属性值的时候，空间模式整体上就显现出正的空间自相关性且有聚集现象，越接近 1 表示单位间的关系越密切，性质越相似，其值越大表示空间分布的相关性越大。如果值为负，表示区域经济的总体相关性为负，即在空间上邻接的目标区域数值具有不相似的属性，越接近 -1 表示单位间的差异越大或是分布越不集中。接近 0 表示单位间不相关。

本文借助了 ARCVIEW 软件，来计算全局 Moran's I 指数和分析局部自相关性，其中权重 W_{ij} 的确定依据衔接密度较高的 Queen 空间矩阵。

局部 Moran's I 指数：

$$LWI_I = Z_i \sum_{j \neq i}^{m} W_{ij} Z_j$$

根据局部 Moran's I 指数可以把每个城市按照如下分类：

$$\text{区域经济空间相关性} \begin{cases} Z_i > 0, \sum_j W_{ij} Z_j > 0 (HH) \text{ 扩散效应区} \\ Z_i > 0, \sum_j W_{ij} Z_j < 0 (HL) \text{ 极化效应区} \\ Z_i < 0, \sum_j W_{ij} Z_j > 0 (LH) \text{ 过渡区} \\ Z_i < 0, \sum_j W_{ij} Z_j < 0 (LL) \text{ 低速增长区} \end{cases}$$

三 广东省区域经济空间结构实证分析

1. 广东省区域经济空间集聚演变过程

本文首先计算集中指数，从经济总量集中程度分析广东省经济中心变化情况，结果见图1：

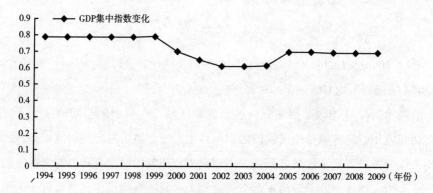

图1 1994～2009 年广东省 GDP 集中指数变化

注：由于累计各市 GDP 时不能保证恰到 50% 这个幅度，本文计算的范围在 50% ～ 52% 之间。

图1 表明：1999 年之前，广东省 20% 左右的人口创造了广东省 50% 左右的 GDP，这个时期的经济中心是：广州、深圳、佛山、江门。而在 2000 年到 2005 年之间 20%～40% 的人口创造了全省 50% 左右的 GDP。这一时期的经济中心在前四个的基础上增加了东莞。2005 年之后大概 30% 的人口创造了全省 50% 的 GDP，这个时期的中心城市是：广州、深圳、佛山。从中可以发现广东省的经济中心个数在不断减少，人口分布集中程度不断增加，以前要 5 个城市的人口能占到全省人口的 40%，而今只需要 3 个城市就可以占到 30%，并且所创造的 GDP 也占到全省的 50% 左右。这在一定程度上说明广深佛发展成为大型都市的趋势在不断增强，集聚周围资源的能力不断增强，但是这种极化效应是否占据主导，接下来在 Moran's I 指数分析中详细说明。

2. 广东省区域经济空间差异演变分析

1994～1999 年之间两个指数计算都表明广东省区域差异不断上升，1999～ 2001 年之间从变异系数发现省区域差异略微下降，2001 年之后变异系数表明广东省区域差异呈现稳定略微上升的趋势。而从泰尔指数发现1999~2001年省内差异的变动幅度非常大，呈现出差距的急速缩小和快速扩大，而在2001年之后呈现出差距不断缩小的趋势。出现2001年后两种指标所表现的不同趋势原因是：变异系数只处理数据，泰尔指数要考虑到区域因素。纵观1994~2009年的数据，能够发现广东省区域经济差异表现出缩小的势头非常短暂。

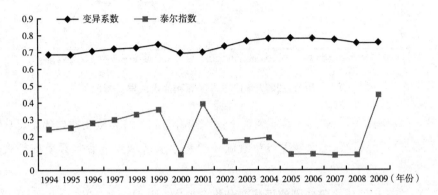

图2　1994~2009年广东省变异系数和泰尔指数变动表

图3和图4展现的是一个问题的两种表象，图3表明除了1998、1999、2001三年出现了区际差异高于区内差异，其余年份都是区内差异高于区际差异，即：区域之间的差异并没有区域内部差异严重。说明广东省空间经济结构呈现出各个区域内部分散化趋势快于区域间分散速度。图4表现的是1994~2009年之间区域内部差异对省内经济差异的贡献度不断上升，区际差异对省内经济差异的贡献

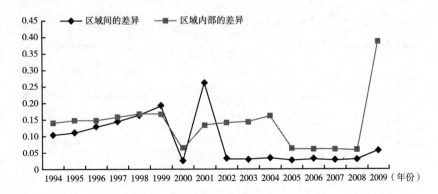

图3　1994~2009年广东省区域差异变动分析

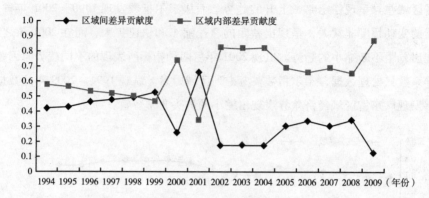

图4　1994～2009年广东省区际和区内差异贡献度

呈现下降趋势。图3和图4共同表现出：广东省空间经济结构变动趋势需要从两个层面分析，从区际层面看差异呈现缩小趋势，从区域内部看差异呈现扩大趋势。

3. 广东省区域经济空间格局演变分析

图5表明当以市为单位分析时：Moran's I指数都为正，并且集中分布在0.4左右，说明省内相邻城市间的空间经济发展水平具有相似性，并且相邻城市之间在空间上呈现出聚集现象。当以区域为单位分析时：Moran's I指数都为负，集中在 -0.5左右，说明相邻区域之间经济发展水平不相似，并且相邻区域之间呈现出一种分散趋势。结合局部Moran's I指数可知珠三角地区在广东省经济增长中发挥主导作用，处于极化效应区，其余三个区域都处于过渡区域（见表2）。联合泰尔指数可知：区域之间经济发展差距虽然在整个省内经济差异中发挥的程度

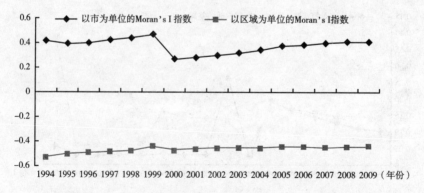

图5　1994～2009年广东省人均GDP的全局Moran's I指数

不大,但是他们之间呈现出一种缓慢的离散趋势,即各区域之间互动性不断下降。区内整体差异扩大,但是区内相邻城市出现集聚态势,说明更小区域在区域内部形成。比如广佛同城化就是珠三角内部小区域的典型。

表 1 以城市为单位广东省区域经济空间结果演变分析（局部 Moran's I 指数分析）

城市所属类型	1994 年（城市名称）	2000 年（城市名称）	2009 年（城市名称）
扩散效应区（HH）	广州、深圳、佛山、珠海、江门、中山、东莞、**惠州**	广州、深圳、佛山、珠海、江门、中山、惠州、东莞	广州、深圳、佛山、珠海、中山、东莞
极化效应区（HL）	无	无	无
过渡区（LH）	清远、**肇庆**、韶关、**云浮**	清远、韶关	**惠州、江门**、清远、韶关、**云浮、肇庆**
低速增长区（LL）	阳江、茂名、湛江、汕头、潮州、梅州、汕尾、河源、揭阳	**云浮**、阳江、茂名、湛江、汕头、潮州、梅州、汕尾、河源、揭阳、**肇庆**	河源、阳江、茂名、湛江、汕头、汕尾、梅州、揭阳、潮州

注：黑色字体代表的城市表示其所处区域发生了变化。

表 1 表明：处于扩散效应区的城市有：广州、深圳、佛山、珠海、中山、东莞六个城市。说明这六个城市同其相邻的城市人均 GDP 增量变化都高于全省均值,具有同步增长的趋势,即这些城市同其周围城市的快速增长具有关联性。需要注意的是：尽管一个城市具有很高的经济增长率,但是经常会受到经济规模、人口规模等因素的限制,导致其不能发挥较强的经济扩散能力,这样其就只能被认为是经济增长较快的区域。在这六个城市中发挥扩散效应显著的城市是：东莞和中山,其余四个城市属于经济增长快速地区。侧面反映出一个城市能否发挥显著的扩散效应同它的地理位置也有很大关系,比如东莞紧邻惠州,惠州的发展明显落后于东莞,因此更容易受其影响。

极化效应区内没有一个城市,说明没有一个城市能够对相邻城市发挥非常显著的吸收资源的能力。一定程度上说明广东省目前作为增长中心的城市发挥出来的扩散效应大于极化效应。

1994～2000 年间,肇庆和云浮从过渡区演变到增长区,到了 2009 年又演变到过渡区。处于过渡区是指：这些城市的人均 GDP 增长量低于全省均值,但是同其相邻的城市人均 GDP 增长量高于全省均值。处于低速增长区是指：这些城市和相邻城市的人均 GDP 增长量都低于全省均值。因此说明 1994～2009 年肇庆

和云浮的人均 GDP 增长量都低于全省均值，他们的变化是由于相邻城市的变化而引起的。江门和惠州在 1994 年属于扩散效应区，而在 2009 年属于过渡区，说明其增长量不仅低于全省均值，也落后于彼此相邻的城市。

其中处于低速增长区中发展最慢的城市在 1994 年是：梅州、揭阳、汕尾，在 2009 年是：潮州、梅州、揭阳，可以说明汕尾的发展速度在广东省内有所提高，而潮州则出现了发展缓慢的趋势，梅州和揭阳的发展依旧是非常缓慢的。

表2　以区域为单位广东省区域经济空间结果演变分析（局部 Moran's I 指数分析）

区域类型	1994 年（区域名称）	2000 年（区域名称）	2009 年（区域名称）
扩散效应区（HH）	无	无	无
极化效应区（HL）	珠三角	珠三角	珠三角
过渡区（LH）	粤西、粤东、山区	粤西、粤东、山区	粤西、粤东、山区
低速增长区（LL）	无	无	无

四　主要结论和相关建议

通过以上分析可以看出广东省区域经济空间结构演变呈现出以下特点：

第一，经济总量集聚趋势不断上升，累计 GDP 占全省 GDP 50% 左右的城市个数不断减少，广州、深圳、佛山发展成为大型都市的趋势在不断增强，集聚周围资源的能力不断增强，同时这些城市集中了全省越来越多的人口。

第二，广东省区域经济差异保持一种稳定略微上升的状态，表明广东省经济发展还未走上协调发展之路，同样局部 Moran's I 指数表明惠州和江门从扩散区域演变到过渡区域，说明其发展不但落后于全省均值，也落后于相邻城市的发展。虽然泰尔指数表明广东省区域内部差异比区际差异严重，但是全局 Moran's I 指数表明各区域之间呈现的是不协调的发展趋势。

第三，广东省不论是从区域角度还是从城市角度出发，都呈现出"中心—外围"模式，珠三角在经济发展中起主导作用，所发挥的主要是极化效应，但是珠三角内部有六个城市，包括广州、深圳、佛山、珠海、中山、东莞等，处于扩散效应区，其中扩散效应最显著的城市是东莞和中山。其余三个区域发展落后于全省平均水平，其中发展速度最慢的城市是梅州和揭阳。

第四，广东省目前区域结构差异中区内差异贡献大于区际差异，但是区内呈现出扩散效应，未来区内差异会逐渐下降，而区际之间极化效应的加强，会使得将来它们之间的差异越发显著。

区域经济空间结构同区域经济差异有着密切的联系，合理的区域结构有助于区域差异维持在一定范围内，进而可以保持区域经济发展的活力。基于以上结论，本文提出几点相关性建议：

（1）制定科学合理的区域经济空间结构优化战略。广东省形成这种典型的中心—外围结构模式更多的是由于人为因素发挥了主导作用。珠三角地区本身具有地利的因素，在发展中由于注入了许多有利的人为支持因素，例如政策支持、基础设施的大力完善等，使得其在广东省的地位越来越突出。因此，在以后的发展中要制定科学合理的区域经济空间结构优化战略，从全局出发，按照系统的观点在规划中考虑到空间布局之间的衔接和技术经济外溢效应。要把珠三角地区同其他三个区域在发展中结合起来，使其积极发挥辐射、服务和带动功能，促进区际之间要素流动和产业转移，使区际之间形成一种梯度发展，优势互补、分工合理的产业群。比如要强化广佛同城化效应，使得广深两大城市能够发挥显著的扩散效应。

（2）区域经济空间结构重组的目标是为了构建有序的经济流动空间体系，一方面要利用区域基础设施，释放区域内力；另一方面要积极融入高级经济体系当中，有效地参加竞争和加强合作。因此，各区域之间要加强联系，合理布局产业结构，充分利用各地的自然资源，形成各地具有优势的产业。加快两翼地区石油、化工等能源型产业发展，形成沿海重化工地带，珠三角地区侧重发展先进制造业，培养山区为珠三角地区的配套基地。完善珠三角地区对其他三个地区的挂钩帮扶机制，非珠三角地区要积极承接珠三角地区劳动密集型和出口加工企业的大规模转移。而珠三角地区可以通过产业转移，转移出低附加值的加工产业，腾出空间发展高附加值和技术含量高的产业。要加大对落后地区的金融政策支持，制定区域发展金融政策，实行差异化的信贷管理制度，配合财政转移政策和对口支援等制度，加快缩小区域经济差距。

（3）巩固基础设施建设，对内政府要加大对两翼和山区基础设施资金的投入，特别是加大对欠发达地区交通建设的投资，增加路网密度，改善交通状

态；对外要加快省际通道建设，构成以珠三角为核心，向周边地区辐射的综合交通网络。形成连接周边区域的高速公路、铁路通道、航运通道网络，促进区域基础设施一体化发展，从而加快资金、人才、信息、资源等要素的流动性。积极参与东盟的经济合作，承担国际产业转移，促进自身产业升级和结构优化，在发展现代服务业和现代物流业时要借助 CEPA 政策优势，积极向香港地区学习，使得香港地区能够在广东省的发展中发挥扩散效应，带动整体经济发展。

参考文献

樊新生：《20 世纪 80 年代以来河南省经济空间结构演变研究》，博士学位论文，2005。

陆大道：《区域发展及其空间结构》，科学出版社，1995。

陈才：《区域经济地理学》，科学出版社，2001。

曾菊新：《试论空间经济结构》，《华中师范大学学报（哲社版）》1996 年第 2 期。

刘再兴、周起业：《区域经济学》，中国人民大学出版社，1989。

叶大年、郝伟、徐文东：《中国城市的对称分布》，《中国社会》（D 辑）2001 年第 7 期。

陆玉麒：《双核空间结构模式的探讨》，《地域研究与开发》1998 年第 4 期。

陆玉麒：《区域双核结构模式的形成机理》，《地理学报》2002 年第 1 期。

陆玉麒：《双核结构模式与福建区域发展战略》，《人文地理》2003 年第 2 期。

陆玉麒、董平：《双核结构模式与淮安区域发展》，《人文地理》2004 年第 1 期。

王沁源：《自然地理因素对城镇体系空间结构影响的样式分析》，《地理科学进展》2001 年第 1 期。

张景秋、杨吾杨：《中国临海地带空间结构演化及其机制分析》，《经济地理》2002 年第 5 期。

薛普文：《区域经济成长与区域结构的演变》，《地理科学》1988 年第 4 期。

刘卫东、张玉斌：《区域资源结构、产业结构与空间结构的协调机制探讨》，《经济地理》1993 年第 4 期。

胡序威：《沿海城镇密集地区空间集聚与扩散研究》，《城市规划》1998 年第 6 期。

方创琳：《我国新世纪区域发展规划的基本发展趋向》，《地理科学》2000 年第 1 期。

王和生、李昌峰：《长江沿江区域空间结构系统调控研究》，《长江流域资源与环境》2000 年第 3 期。

陆大道：《论区域的最佳结构——提出"点—轴系统"和"T"结构以来的回顾与再分析》，《地理学报》2001 年第 2 期。

崔新生:《广东经济不平衡及其缘由》,《商业研究》2006 年第 3 期。

张长生、白国强:《广东区域经济差异发展的态势及协调发展的对策思路》,《岭南学刊》2003 年第 5 期。

李翠兰:《广东区域经济新格局协调发展探微》,《广东财经职位学院学报》2008 年第 12 期。

罗浩:《广东省区域经济差距的分解研究》,《地域研究与开发》2005 年第 1 期。

国家发展和改革委员会:《珠三角地区改革发展规划纲要》,广东省新闻出版社,2008。

B.18
论中心城市在区域人才资源
配置中的地位和作用

——以广州为例

朱名宏　王世英*

摘　要：中心城市是区域人才资源配置的枢纽，扮演着关键的角色。广州作为国家中心城市在珠三角区域人才资源配置中扮演了人才工厂、区域人才高地、区域中心人才市场和国际人才门户四重角色。广州在促进珠三角人才资源有效配置中发挥了重要作用。

关键词：中心城市　广州　区域人才资源　人才资源配置

一　引言

人才资源配置是将人才放置到需要和能够发挥作用的位置的经济社会活动，是将人才供给方与需求方连接起来的桥梁。让最适合的人才在最适合的地方、最适合的时间和最适合的岗位发挥最大作用是人才资源配置永恒的追求。对于一个企业，有效的人才资源配置直接影响企业竞争力；对于一个地区也是这样，区域人才资源是否能够有效配置直接关系其区域竞争力。增强区域人才资源配置的有效性是提高区域综合竞争力的关键之一。

近几十年来，全球经济竞争已经呈现出明显的区域化特点，代替以往单个城市之间竞争的是城市群之间的竞争。为了在未来全球经济竞争中胜出，各个城市

---

* 朱名宏，广州市社会科学院副院长、研究员；王世英，广州市社会科学院产业经济与企业管理研究所副研究员、博士。

群都在积极推进一体化进程。国内外许多研究者都认为，未来 20 年，包括港澳地区在内的大珠三角地区城市群，最有希望成为世界最大的城市圈，成为世界经济发展的重要一极。为了实现这一宏伟目标，《珠江三角洲地区改革发展规划纲要（2008～2020 年）》明确提出了推进珠江三角洲区域经济一体化的战略，要求以广州和深圳为中心，以珠江口东岸、西岸为重点，推进珠江三角洲地区区域一体化，带动环珠江三角洲地区加快发展，形成资源要素优化配置、地区优势充分发挥的协调发展新格局。

广州作为国家中心城市和省会城市，被赋予高端要素集聚、科技创新、文化引领和综合服务功能。要求不断强化国家中心城市、综合门户城市和区域文化教育中心的地位，为此，广州提出要充分开发利用国内国际两种人才资源，建设国际人才港，形成"连通四海，汇聚羊城、辐射九州"的人才工作大格局，对珠三角乃至全国产生巨大的人才辐射作用。总而言之，国家中心城市的角色，赋予了广州在珠江三角洲区域人才资源配置中枢纽地位，也赋予了广州在区域人才资源配置中发挥着多方面作用的空间。

二 广州在珠三角人才资源配置中的四重角色

广州作为国家中心城市在珠三角地区人才资源配置中具有举足轻重的地位，扮演着关键和积极的角色。第一，广州是珠三角最大的人才工厂。广州作为中国重要的区域文化教育中心，到 2009 年底，拥有 76 所普通高等院校，在校大学生人数达到 79.6 万人，在校研究生人数超过 6 万人，分别占广东全省在校大学生和研究生的 60% 和 91%。广州近几年每年的高校毕业生数量都在 10 万人以上，是名副其实的珠三角人才制造工厂，也是珠三角区域人才配置中主要人才供应者之一。第二，广州市是广东省高端人才聚集中心。广州著名高等院校、科研院所和大中型企业聚集了一大批高层次人才。广州地区的中国科学院和中国工程院院士已经达到 65 人（含柔性引进）。全国著名的岭南文化艺术人才也主要集中在广州，这使广州成为广东省，乃至华南地区的人才高地。高层次人才的聚集，使广州拥有对珠三角其他城市提供人才服务的辐射能力。第三，广州是珠三角的区域中心人才市场。广州拥有华南地区最大的人才市场——中国南方人才市场；拥有广东省最多的人才服务机构，2009 年，广州地区的人才服务机构已经超过了

800 家，从业人员超过了 10000 人，涌现了南方人才、前程无忧、韦博俊杰、南方智尊、中国人才热线等在行业内有影响的品牌。第四，广州是珠三角的国际人才门户。每年举办的中国留学人员广州科技交流会吸引了众多海外高层次人才和国内各个城市的用人单位参会，架起了连接一条条国内外人才航线。2010 年，广州又确定了建立"国际人才港"的发展定位，将进一步提升广州在国际人才交流合作中的地位，为珠三角地区和全国各地以及世界各地开展人才交流发挥更大的作用。

三　广州在珠三角人才资源配置中的八大作用

（一）推动珠三角人才工作联盟建设

广州与珠三角九城市组织部门发起成立了珠三角人才工作联盟，为区域人才工作一体化建立总体框架、发展重点和路线图。2009 年 6 月，广州、深圳等九城市组织部门负责人签订了《珠江三角洲人才工作联盟合作框架协议》。协议规定：珠三角九市将联手参与国内外人才竞争，重点在人才市场建设、人才培训、人才工作体制机制、人才政策研究等十个领域开展密切合作。联盟还建立了合作协调机制来保证有效开展合作：建立了九市人才工作协调小组组长联席会议制度，九市人才工作协调小组办公室协调制度，九市各职能部门对口衔接、沟通、落实人才工作合作事项制度和"珠江三角洲人才工作论坛"制度。

珠三角人才工作联盟鼓励和支持各地人力资源部门的人才交流中心，建立操作层面的人才交流合作，落实人才工作联盟的各项决策。与此同时，广州还非常注意发挥协会学会等民间社会组织在区域人才一体化和区域人才交流中的作用。通过构建多层次的人才工作联盟共同致力于推动人才交流一体化工作。

（二）促进珠三角人才互动共享平台建设

通过区域人才信息平台的合作、联合打造共享的人才信息平台是珠三角城市人才资源有效配置的重要基础工程。在这方面，珠三角各城市进行了积极探索。特别是广州和佛山，在广佛同城化的大背景下，致力于建立人事人才信息化公共服务平台，两市联合发布人力资源公共服务信息，联合发布薪酬调查报告，联合发布年度人才供求报告，共同推进大学生就业见习基地的建设，探索合作建设就业见习基地，促进广佛两地高校毕业生跨市开展就业见习活动。进一步简化大学生就业与流动的手续，共同制定简化广佛两地生源高校毕业生就业手续的办理指南，促进两地高校毕业生充分就业。

广佛两地人才服务机构合作，建立人力资源信息共享机制，实现两市人才网站链接。通过相互委托的形式，开展异地人事代理、人才租赁（派遣）服务。联合开展人才测评服务。联合开展赴省外招聘紧缺人才和应届高校毕业生活动，联合举办高校毕业生供需见面会。

广州作为国家中心城市和区域文化教育中心，具有强大的人才聚集能力，为了带动佛山发展，广州致力于通过公共信息平台的建立，致力于与佛山共享人才，特别是共享高层次人才。具体做法是：①评委库专家共享。在广州市专业技术资格评审委员会评委库资源上实现两地共享，按照两地评审工作需要，实现在年度评审工作层面上评委库委员差额或全额交叉抽取评委会委员。②评委会共享。实现两地专业技术资格评审委员会资源共享。根据两地评审委员会设立和职称评审的各自优势专业等实际情况，在年度职称评审时互相接受对方提出的委托评审，并按照职称政策的有关规定和程序办理具体的评审、证书发放等操作事宜。实现专业技术资格异地申报，专业技术人员的人事档案和工作单位分别在两城允许其自选在档案所在地或工作单位所在地申报评定专业技术资格。③高层次人才、博士后工作站资源共享。两地政府人事部门，积极沟通、互相配合，为各自区域内的高层次人才和博士后工作站在科研、课题立项、建站、成果转化等方面提供及时、畅通的沟通交流平台，更好地促进广佛产业同城化的实现。

统一的网络信息平台对于区域人才资源配置具有非常重要的作用，广州与珠三角城市通力合作，进行了一系列新的探索。比如，在 2010 届大学生网络服务月期间，广州、深圳、佛山、江门、中山、惠州、肇庆七城市人才市场网站于 2009 年 11 月 28 日同时启动了为期一个月的网上高校毕业生招聘服务活动。各城市配合上传的应届生招聘信息在南方人才网平台上进行了发布，同时各城市人才市场网站进行了网页链接。为进一步建立珠三角九城市统一的网络信息平台进行了探索。

（三）营建珠三角人才资源市场配置的主渠道

人才资源市场在人才资源配置中具有基础性作用。市场是人才资源配置的最

有效方式。在广州，以中国南方人才市场为代表的人才资源市场，在珠三角人才配置中发挥了巨大作用。

经过多年发展，中国南方人才市场已经成为华南地区最成熟、最权威、规模最大的人力资源专业服务机构，是全国第一家通过 ISO 9000 认证的人才市场。其下属网站南方人才网每日总访问量超过 880 万人次，是华南地区最具影响力的专业人力资源网站。目前，85％的异地人才都是通过南方人才市场引进的，南方人才市场已经成为珠三角地区引进人才的主渠道。

南方人才市场的发展壮大有力地推动了区域人才自由流动。一直以来，中国南方人才市场在开展粤港澳人才交流，推动大珠三角人才一体化方面作出了积极的努力。2001 年 7 月中国南方人才市场在广州成功举办"首届赴港专才招聘会"，2002 年 2 月、6 月又在香港举办"大陆知名企业赴港招聘会"，首开内地企业赴香港招聘吸引人才先河。这些大胆的举措，大大密切了广东和内地企业与香港的交流，也加快了与国际接轨的速度，增强了企业在国际市场的竞争力，同时也拉开了粤港澳人才交流一体化的序幕。

（四）打造高校毕业生就业服务平台

由于广州是中国区域文化教育中心之一，高等院校数量多，因此，广州除了发挥好常规性区域人才资源市场配置主渠道作用外，特别重视做好高校毕业生就业服务工作。在这方面，广州已经加强与珠三角其他城市的合作，如：为整合和促进高校毕业生就业信息的交流沟通机制，推动信息共享和人才跨城市就业，同时进一步加强对大学生的就业指导，实现就业培训、就业指导、就业实现的对接，广佛两地人力资源和社会保障部门于 2009 年 6 月 2 日在中国南方人才市场联合主办了首届"广佛一体化大学生专场招聘会"；珠三角九城市召开了 2010 届高校毕业生联合招聘大会。以广州为主会场，深圳、珠海、佛山、江门、东莞、中山、惠州、肇庆设分会场。由广州地区龙头人才资源市场为牵头单位，通过实施一系列重点项目，对珠三角的人才资源的深度配置起到了推动作用。

（五）率先突破人才流动的政策障碍

完善的人才市场机制是促进区域人才自由流动和有效配置的根本。广州为了实现人才资源在区域内的有效配置，以立法为手段，以市场为导向，制定人才引进及相关的配套政策，清除人才流动的行政壁垒，营造人才自由流动的宽松环境，促进区域人才资源的合理配置和效用发挥。

20世纪80年代末以来，广州先后通过下放干部调出审批权、下放高层次人才引进审批权，清除了人才流动的障碍。20世纪90年代后期到21世纪初，广州实施"人才不设防"战略，实行人才准入制度，取消城市增容费，加速引进本科以上毕业生人才，对促进珠三角地区人才流动产生了深远的影响。2003年年底，广州市率先打破人才的干部和工人身份界限，进一步规范建立健全了广州市人才引进的基本准入制度和直接申报制度。2004年底，广州市实施引进人才的居住证政策，鼓励各类人才不迁户口，不转档案，到广州创业或就业。对柔性引进的人才给予市民待遇。通过"柔性引进人才"开辟了保障广州市经济社会发展人才需求的新渠道。2008年，广州市与广东省其他地区一道实现了本省内各地人才社保账户的自由转移。

珠三角各城市还放开从事人才服务的行政许可门槛，允许本区域内的人才服务机构按照有关规定在任意一市设立分支机构和开展业务。广州正按照《珠三角规划纲要》提出的"加快发展人力资源服务业"的要求，着力扶持一批立足本地、辐射全国、具有国际竞争力的人力资源服务机构，促进人力资源合理流动和有效配置。

（六）催生珠三角人才同城化效应

以广州为中心的珠三角城际轨道交通圈正在加速建设，到2015年，以广州为中心的城际轨道交通将连接珠江三角洲九个城市：广州、深圳、珠海、佛山、惠州、东莞、中山、江门、肇庆。届时，广州到香港36分钟，到深圳20分钟，到珠海47分钟，到江门30分钟，广州到其他珠三角城市基本都可以在1个小时内到达，从而形成珠三角半小时和一小时交通圈。随着珠三角半小时和一小时交通圈形成，珠三角九城市将出现明显的同城化效应。

珠三角同城化效应对珠三角区域人才资源配置已经产生了重大影响，并将产生更大的影响。广佛同城化是珠三角城市同城化发展最早的地区。2010年亚运会前开通广佛地铁，使广佛同城化跨出了一大步，广佛同城化从此已经不是一个抽象的概念而是活生生的现实。居住在广州工作在佛山，或居住在佛山工作在广州的人数每天都在大量增加。随着广深港高铁广州至深圳段的开通，可以预见，

居住在广州工作在深圳，或居住在深圳工作在广州的情况将变得司空见惯。

同城化为珠三角九个城市进行柔性人才资源配置提供了广阔的前景，九个城市可以在更大范围和更大规模上共享人才，特别是共享高层次人才。珠三角九城市的人才可以在不考虑户口迁移、档案转移、购买住房等问题的情况下，只要有适合的工作机会，就可以到对方城市去工作。交通的同城化使人才资源配置中的"使用为本"策略更加容易实现。由于广州作为中心城市聚集了总量庞大的人才种类，在同城化的效应下，广州的人才特别是高层次人才就可以直接为珠三角地区其他城市所共享，从而发挥中心城市的人才辐射作用。

（七）构建联系海内外的国际人才航线

在推动珠三角人才自由流动的同时，广州充分发挥综合门户城市的功能，致力于打造国际人才交流共享平台，促进国际人才自由流动。在中央部委和广东省政府的支持下，1998 年在全国首创中国留学人员广州科技交流会（简称留交会），秉承"面向海内外，服务全中国"的办会宗旨，秉持"开放，务实，创新"的工作方针，向国内各地完全开放、直接为海外高层次人才服务，为全国各地需求单位服务。为广大国内人才需求单位和海外留学人员搭建一个相互了解、沟通、交流的平台，让供需双方能够在集约的时空内通过实时交流寻求人才或项目合作，共谋发展。

11 年来，近 2 万名海外留学人员（其中获海外博士学位者超过半数）携 1.6 万个高科技项目参加了留交会。遍布世界各地的中国海外高层次人才每年冬天通过无数条国际人才航线在广州登陆，再从广州走向全国，他们从这里迈出回国创业服务的坚定步伐。在留交会的影响和带动下，全国的留学回国人员从 1998 年的不足 4 万人，上升到现在的 39 万人；广东省的留学归国人员 10 年来从不到 2000 人发展到目前已超过 4.5 万人，留学人员企业 3000 多家；广州市作为留交会的东道主和主办单位之一，以其完全开放的姿态、优越的投资创业环境吸引了一批留学人员在此落户生根。广州地区留学人员回国人数每年以超过 30% 的速度递增，2009 年新登记留学回国人员已达两千多人，目前在穗工作的留学人员总数超过 2 万人（不含部分自主择业的留学人员），留学人员创办的企业超过 1500 家。

留交会经过 11 年的努力，规模不断扩大，内容不断丰富，形式不断创新，服务不断完善，成为我国最大的留学人才资源库，最大的海外留学人员项目信息库，最大的留学人才需求市场，成为国内规模最大、开放度最高、在海内外最具影响力的留学人才与科技信息交流平台。

（八）提升珠三角人才服务业国际化水平

广州作为国家中心城市，致力于发展成为区域人才服务业中心，将人才服务业作为人才发展工作的强大推动力量。为了提升广州及珠三角人才服务业的水平，广州以开放的胸怀吸引国际著名人才服务机构落户广州开展人才服务。目前已有万宝盛华、光辉国际、艺珂等多家世界人力资源服务业巨头在广州开展业务。这些跨国人力资源服务业巨头带来了先进的人才服务业理念，带来了多元化的人才服务业业态，对促进广州及珠三角地区的人才服务业发展，进而对区域人才资源的有效配置起到了积极作用。

四 进一步提升广州在珠三角人才资源配置中的作用

为进一步推进珠三角人才发展一体化进程，强化中心城市在区域人才资源配置过程中的作用，必须采取以下措施：

（一）加快构建大珠三角人才交流一体化平台

近两年来，珠三角九城市人才交流合作日益深入，区域人才开发一体化进展顺利。但是目前与香港、澳门地区的人才交流则还欠缺通道，信息不对称情况还比较严重。应该在珠三角城市人才工作联盟的基础上建立大珠三角城市人才一体化联盟。大珠三角各城市和地区可以在互相尊重，自愿互利的基础上，形成畅通的人才交流渠道。

同时，充分发挥中国南方人才市场的区域牵头作用，进一步增强中国南方人才市场在珠三角人才交流一体化中的凝聚力、号召力。建设中国南方人才市场的英文网络平台和高级人才寻访服务平台，推进国际化进程。

（二）建立统一的人才供求信息发布机制

广州应该与珠三角其他城市联合发布人才资源公共服务信息、联合发布薪酬

调查报告、联合发布年度人才供求报告，包括供求比、职位及需求总量、前十位需求专业及职位、供过于求的专业及职位等。

（三）完善珠三角高校毕业生就业服务大平台

广州应该与珠三角其他城市共同打造珠三角高校毕业生就业服务平台，进一步探索区域人才服务和就业工作一体化的合作新机制，扩展合作内容和项目。将"珠三角九城市高校毕业生联合招聘大会"作为九城市人才服务机构的常态工作，每年联合举办一次，组织形式为广州为主会场，深圳、珠海、佛山、江门、东莞、中山、惠州、肇庆为分会场；进一步丰富九城市高校毕业生就业服务活动的内容；进一步做好联合招聘大会的组织和企业发动工作，形成规模、扩大影响；改进和完善网上联合招聘活动的合作方式，丰富网上招聘信息和服务功能，提升合作效果。

（四）联合珠三角城市组团赴外地招聘优秀人才

从 2003 年开始，中国南方人才市场每年组织广州市属机关企事业单位赴外省招聘优秀的应届高校毕业生，取得了明显效果。珠三角城市应该以珠三角人才联盟的统一品牌形象，组织珠三角用人单位统一到外地招聘应届高校毕业生和各类专业技术人才。可以安排在每年的 10 月或 11 月，在全国重点高校集中的各大城市招聘优秀应届高校毕业生。

（五）联合开展人才测评服务

在广州已有的人才测评工作基础上，进一步发展珠三角的人才测评工作。中国南方人才市场测评中心是华南最具实力的高端人力资源服务机构之一，拥有自主知识产权的《企业实用人才素质测评系统》等完善的测评模块 40 个，是全国首家通过 ISO 9001 国际质量体系认证的测评服务机构。在珠三角人才同城化合作中，可在此基础上广泛开展珠三角各城市人才测评机构的交流沟通，寻求商业化运作的新路子，力争在考核评估、薪酬诊断、管理咨询等高端领域实现深层次合作。通过建立珠三角各城市人才测评工作合作体系，为珠三角人才配置提供重要基础。

总而言之，广州作为国家中心城市，通过发挥区域中心人才市场的人才配置主渠道作用，通过人才互动共享平台，催生区域人才同城化，打造国际人才航线，在区域人才资源配置中起到枢纽作用。

B.19

海峡西岸经济区：
建设先进制造业基地研究[*]

伍长南[**]

摘　要： 国务院 2009 年公布的《关于支持福建省加快建设海峡西岸经济区的若干意见》（简称《若干意见》），提出要建设"东部沿海地区先进制造业的重要基地"，作为海峡西岸经济区的"四大战略定位"之一，这是从国家层面上对我国东部沿海地区制造业发展的战略定位，对加快海峡西岸经济区先进制造业基地发展，推进两岸先进制造业深度对接与合作，具有重要的现实意义。

关键词： 海峡西岸经济区　先进制造业　产业对接

建设"东部沿海地区先进制造业的重要基地"，作为海峡西岸经济区的"四大战略定位"之一，要求海峡西岸经济区要发挥自身优势，立足现有制造业发展基础，加强两岸先进制造业对接，加快转变经济发展方式，提升产业发展水平，努力建成在全国具有竞争力的先进制造业基地。

一　立足先进制造业基地的发展定位

在 2008 年国务院《关于进一步推进长江三角洲地区改革开放和经济社会发展的指导意见》（国发〔2008〕30 号）中明确提出：要把长三角地区建成"全

---

[*] 本文系福建省科技厅《建设海峡西岸经济区先进制造业基地建设》（2010R0029）课题的部分研究成果。

[**] 伍长南，福建社会科学院经济研究所所长、研究员。

球重要的先进制造业基地";国家发改委关于《珠江三角洲地区改革发展规划纲要（2008～2020年）》提出：要把珠三角地区建成"世界先进制造业基地"，在《若干意见》中提出，要把海峡西岸经济区建成"东部沿海地区先进制造业的重要基地"。从国家发布的三个重要区域发展定位看，体现了加快长三角、珠三角、海峡西岸经济区发展先进制造业基地重要性的科学定位。

国家对长三角、珠三角、海峡西岸经济区发展先进制造业基地的定位是有所差异的。如对长三角、珠三角地区，其定位分别为全球重要的先进制造业基地、世界先进制造业基地。而对海峡西岸经济区的定位为：建成"东部沿海地区先进制造业的重要基地"，即要立足于中国东部沿海地区，包括海峡东岸的台湾地区，依托海峡西岸经济区所具有侨台、港口优势，立足现有制造业基础，加强两岸产业合作，积极对接台湾制造业，具备形成科技含量高、经济效益好、资源消耗低、环境污染少、人力资源优势得到充分发挥的先进制造业基地和两岸产业合作基地的基础条件。

二 闽台制造业发展基础

（一）福建省制造业发展情况

海峡西岸经济区战略实施六年来，福建工业增加值以每年超过13%的速度增长，在全省地区生产总值中占据"半壁江山"。目前，以福建省为主体的海峡西岸经济区先进制造业基地已初步形成。2010年前三季度全省累计实现地区生产总值9355.74亿元，同比增长14.5%，其中，第二产业实现增加值5029.35亿元，同比增长20.4%，工业对全省经济支撑作用凸显。前三季度全省规模以上工业累计实现增加值4263.69亿元，同比增长21%。总体来看，工业已摆脱了金融危机造成的增长疲弱态势（见表1）。

（二）台湾地区制造业发展情况

中国台湾地区自20世纪70年代提出经济转型产业升级以来，实施了一系列政策措施推动产业结构的升级。20世纪90年代，推出了"促进产业升级条例"，该政策积极推动传统产业升级，且以通信、信息、消费性电子、半导体、精密器械与自动化、航天、高级材料、特种化学及制药、医疗保健及污染物防治等十项

表 1　2010 年第三季度福建省工业增长情况

单位：亿元，%

	工业增加值	同比增长	规模以上工业增加值	同比增长	规模以上工业总产值	同比增长	产品销售率	同比增长
福州	765.20	19.6	755.78	21.0	3190.31	23.2	96.86	0.7
厦门	658.17	25.4	647.23	26.6	2669.22	36.8	99.50	-0.4
莆田	316.04	19.9	309.68	21.0	938.99	27.6	98.98	0.8
三明	294.59	19.9	292.54	21.2	932.36	24.1	98.33	0.8
泉州	1302.54	17.6	1294.86	19.7	4368.00	27.2	97.27	0.8
漳州	372.10	22.3	371.16	24.4	1353.99	33.9	97.54	1.8
南平	153.03	14.9	149.00	15.9	522.53	21.0	97.21	0.8
龙岩	320.44	17.8	301.52	19.2	812.19	29.1	97.74	0.5
宁德	159.47	28.4	157.71	32.6	622.64	41.6	95.51	0.5
全省	4357.69	20.2	4263.69	21.0	15410.24	27.8	97.72	0.7

高科技产业作为产业发展重点，推动上述十大高科技产业主导的新兴工业发展。2000 年以来，中国台湾地区经济发展进程进入工业化中后期，工业增速趋缓，服务业发展加快，开始由工业经济向服务业经济转型。到 2008 年中国台湾地区第一、二、三产业占 GDP 比重分别为 1.69%、25.04%、73.27%。在制造业中，电子信息、金属机械产业等成为具有发展潜力的关键产业。2009 年台湾制造业受国际金融危机影响，消费性电子产品需求萎缩，企业产能下降。2010 年第三季度，中国台湾地区经济逐步走出金融危机阴影，增长率达 9.8%，连续呈现四个季度增长，其中，民间投资因受经济景气持续回升、制造业产能利用率提高影响，带动高科技企业加大投资，前三季度制造业投资增长 28.71%，其中，民间投资增长率达 34.28%，工业增长 19.44%，对经济增长贡献率达 6.01 个百分点（见表 2）。

表 2　中国台湾地区制造业产值与增长率

单位：新台币百万元，%

业　别	过去四年复合增长率	2010 年 1~7 月			2009 年 1~12 月		
		金额	增长率	结构比	金额	增长率	结构比
制造业	-0.85	7939888	43.41	100.00	10582351	-19.27	100.00
金属机械工业	-4.15	1998421	50.46	25.17	2556870	-30.23	24.16
信息电子工业	0.33	2808088	55.08	35.37	3619706	-13.54	34.21
化学工业	0.86	2387418	37.43	30.07	3231805	-18.79	30.54
民生工业	-1.11	745960	12.94	9.40	1173970	-8.12	11.09

资料来源：《工业生产统计月报》，"台湾经济研究院"。

（三）闽台制造业对接

改革开放以来，福建省主动承接台湾地区产业转移，截至 2009 年底，全省累计（含第三地转投）吸收台资项目 11644 项，合同台资 316 亿美元，实际到资 252 亿美元；赴台投资实现新突破，福建新大陆电脑公司成为大陆首家赴台投资企业。目前，台湾地区已是福建省第二大外资来源地、第三大贸易伙伴和第一大进口市场。全省台资企业数、合同金额、实际到资分别占全省外资总数的 26.7%、22.1%、26.8%，台资企业出口额占全省出口总额的 1/3 以上，已成为福建省外贸出口的主力军。截至 2009 年，福建省吸收台资平均单项合同额已达 300 万美元，全省投资总额千万美元以上的台资企业 700 多家，其中亿美元以上台资项目 30 多项，在台湾地区百大企业中，已有 50 多家来闽投资 70 多个项目。

目前，闽台制造业已形成多形式、多领域、多层次对接格局，特别是承接台湾电子信息、机械装备、石化等产业转移，吸引台湾友达光电、冠捷电子、灿坤集团等一批大型企业投资，四个台商投资区成为对台制造业合作的重要基地。2010 年前三季度，全省新签外商直接投资项目 836 项，同比增长 31.7%；合同外资 51.61 亿美元，同比增长 60.5%；实际到资 48.77 亿美元，同比增长 0.7%。按历史可比口径统计，合同外资 92.20 亿美元，同比增长 59.7%；实际到资 81.31 亿美元，同比增长 6.9%，其中，吸收合同外资各月累计增幅均保持在 40% 以上。前三季度全省吸收港、澳、台（含第三地转投）合同外资 49.56 亿美元，占全省合同外资总额比重达 96%。

表 3　台商对中国大陆投资—地区比

单位：家，万元

年度	全国合计		福建合计	
	家数	金额	家数	金额
1991	237	174158	59	55961
1992	264	246992	47	29584
1993	9329	3168411	1528	473800
1994	934	962209	108	96624
1995	490	1092713	52	121656
1996	383	1229241	66	110884
1997	8725	4334313	1026	472229

续表

年度	全国合计		福建合计	
	家数	金额	家数	金额
1998	1284	2034621	137	150793
1999	488	1252780	44	58899
2000	840	2607142	32	99486
2001	1186	2784147	37	120122
2002	3116	6723058	536	749942
2003	3875	7698784	522	491778
2004	2004	6940663	591	452831
2005	1297	6006953	157	398326
2006	1090	7642335	155	519939
2007	996	9970545	115	388360
2008	643	10691390	69	808537
1991～2008	37181	75560456	5281	5599751

资料来源：台湾核准对中国大陆投资分区统计。

三 提升海峡西岸经济区先进制造业基地发展水平

与发达国家、东部发达省份相比较，海峡西岸经济区先进制造业基地发展中仍存在诸多薄弱环节。为此，要采取有效措施促进先进制造业基地的发展。

（一）先进制造业发展路径

1. 以新型工业化提升先进制造业基地发展水平

要加快转变经济发展方式，按照"科技含量高，经济效益好，资源消耗低，环境污染少，人力资源优势得到充分发挥"的思路，围绕做大制造业经济总量，破解"量"的难题；围绕提升制造业竞争力，破解"质"的难题，抢抓发展机遇，发挥后发优势，推动海峡西岸经济区先进制造业基地实现跨越式发展。

2. 以两岸合作提升先进制造业基地产业竞争力

在《若干意见》中提出要加快推进"两岸产业合作基地"建设，即加快建设海峡西岸经济区先进制造业基地，要立足对台优势，培育产业对接载体，拓展产业合作领域，加强与台湾机械产业、石化产业、信息产业以及生产性服务业对接，促进先进制造业与现代服务业有机融合、互动发展。

（二）先进制造业对接重点

建设海峡西岸经济区先进制造业基地，要着力提升产业对接集中区发展水平，以国家级和省级高新技术开发区为载体，加快培育发展产业集群、产业基地，提升工业园区产业集聚区的功能。电子信息产业以福厦沿海国家级信息产业基地及国家级信息产业园区建设为重点，推进厦门火炬高新区建设国家"光电显示产业集群试点"，加快建设国家级海峡软件产业基地，提高国家级动漫产业基地建设水平。石化产业形成以炼化一体化为龙头，上中下游配套合理、竞争力强的湄洲湾、漳州古雷石化产业基地，加快推进三都澳溪南半岛工业园区、福州江阴石化专区、泉港"台湾石化专区"建设。装备制造业要建设好福厦汽车产业集中区等汽车及零部件生产基地，加快形成厦门湾、湄洲湾、闽江口、三都澳、东山湾等修造船集中区，做大厦门、泉州飞机维修基地，推动龙岩、泉州、三明、南平、福安、福清装备制造基地建设，促进输配电及控制设备、精密铸锻件、电工器材、中小型电机生产，形成在全国具有竞争力的特色装备制造基地。冶金产业要建设福州、厦门、漳州、龙岩有色金属及深加工产业集群、三明金属材料及深加工产业集群、南平铝精深加工产业集群，加快形成上杭铜加工、长汀稀土产业基地。纺织服装业要进一步做大做强泉州纺织服装、长乐纺织产业集群，培育发展三明、南平、长汀等纺织产业集群。轻工业要培育发展食品、制鞋、塑料、工艺美术等一批在国内外有一定知名度的产业集群。建材产业要发展南安石材和水暖器材、泉州建筑陶瓷等产业集群，加快培育特种玻璃产业基地。林产工业要推进林浆纸一体化，加快莆田秀屿木材加工区建设，形成林产品深加工基地。

（三）先进制造业对接布局

重点是推进两岸产业对接集中区建设：一是加快三大产业对接集中区建设。加快厦门湾、闽江口、湄洲湾等沿海一线产业集中区建设，培育发展闽台产业对接专业园区，促进两岸产业对接进一步集聚、提升。重点推进厦门、福州台商投资区扩区和新设立泉州、漳州等台商投资区，促进台商投资区、各类开发区整合，提高产业承载能力。二是推进高新技术产业带建设。发挥福州、厦门国家级高新区的作用，加快推进省级高新区二次创业和整合升级，推动产业集聚和特色产业基地发展，提高高新技术产业在区域经济中的比重，建成海峡西岸高新技术产业带，成为承接台湾高新技术产业与技术转移的载体。具体产业对接集中区发展布局是：以沿海交通干线枢纽为依托，加快厦门湾、闽江口、湄洲湾等沿海一线产业集中区建设，形成环三都澳、闽江口、平潭综合实验区、环湄州湾、环泉州湾、厦门湾、东山湾（古雷）以及沿闽江流域、九龙江流域（南平、三明、龙岩）产业对接集中区的发展，优化海峡西岸经济区产业发展布局。

1. 环三都澳产业集中区

依托三都澳经济开发区、闽东赛岐经济开发区、闽东物流集散中心，构建以船舶、石化和钢铁工业为重点产业的漳湾—赛江—溪南重点产业集中区，主动对接台湾制造业，加快发展能源、冶金、机械、船舶、石化、风电设备等产业，鼓励发展新材、新能源等高新技术产业，建成海峡西岸先进制造业基地。以环三都澳区域开发为核心，抓住国际产业结构调整和国内重化工业布局向沿海转移机遇，引进战略投资者，积极争取在环三都澳等区域布点建设一批符合国家产业政策、技术先进的大型临海产业项目，着力培育临海重化产业集群，形成漳湾片区、赛江两岸、溪南半岛和沙埕湾四大临海工业区块，使临海产业成为推动宁德经济快速发展的重要支撑。

2. 闽江口产业集中区

积极有序推进开发区、投资区扩区升级，加快榕台产业深度对接，促进形成闽江口产业对接集中区，大力发展电子信息、机械制造、冶金、纺织、船舶修造等支柱重点产业，加快工业经济向江阴、罗源湾两大港区为重点的"南北两翼"集聚，打造在全国具有较强竞争力的先进制造业基地和两岸产业合作基地。

推动产业向"南北两翼"集聚。加快载体建设，创新投入机制，引导"南北两翼"突出发展化工、冶金、能源、船舶修造、装备制造等一批带动力强、影响力大的临港工业，推动工业经济向"南北两翼"集聚，构建以冶金、物流为重点产业的可门—白水—大官坂重点产业集聚区，培育壮大临港工业集群。坚持港区建设与园区发展有机联动，加快推进铝深加工产业园、不锈钢产业园、光电科技园、精细化工园等一批特色产业园区建设，构建闽江口产业集中区，打造沿海先进临港产业带。推动环闽江口区域与台湾产业对接，明确区域产业对接的重点，形成闽江口产业对接集中区。重点推进台商投资区扩区、福州经济技术开发区与融侨开发区扩区，提升产业对接能力。

——福州台商投资区扩区：以罗源湾南北岸为主体，包括大官坂垦区、松山片区、牛坑湾片区，主要依托港口重点发展冶金、电力能源、石化、船舶修造、装备机械制造、轻工食品加工、建材等产业为主导的港口经济产业集群，提升台商投资区的载体功能，促进两岸产业深度对接。

——福州经济技术开发区：规划跨江向琅岐岛拓展，扩区面积33平方公里，由西部电子信息及临港新型工业园区、南部研发及服务贸易区、东南部对台创意及海洋新兴产业区组成，充分利用临海资源，促进两岸产业深度对接，形成闽江口产业对接集中区，重点打造"生产性服务业、电子信息业、冶金机械业、装备制造业、轻工食品业"五个百亿产业，推动台湾大企业、大项目落户。

——融侨经济技术开发区：立足"一区多片"发展模式，加快电子信息产业（中心片区，光电显示器为主体）、机械制造产业（洪宽片区）、临港物流产业（江阴片区）的发展，延伸产业链，提升产业附加值，建成全球最大的显示器产业协作加工基地、全国最大的汽车玻璃生产研发基地，建成海峡西岸经济区先进制造业重要基地、高新技术产业带重要组成部分、对台交流合作先行先试示范区域、现代服务业重要发展节点、台湾产业转移重要承接载体，建成省会中心城市"南翼"重要的经济社会发展区域。

此外，依托福清、马尾电子信息产业基地和福州软件园、高新园区产业基地，重点加强软件、IC设计、信息服务以及光电子产业、平板显示产品产业链、计算机硬件、集成电路芯片产业对接，增强电子信息产业配套能力。依托东南汽车和戴姆勒汽车整车厂，鼓励引进台湾汽车零部件生产企业配套项目，做大做强海峡（青口）汽车城。完善提升福清洪宽台湾机电园，承接台湾数控机床、精密仪器、风电机组等产业转移，建设两岸机电产业合作示范区，打造福清装备制造业基地。依托长乐两港工业区、福州青口投资区、江阴经济开发区和福州物流节点及江阴港物流园区等，构建以纺织、汽车、集装箱物流为重点产业的松下—青口—江阴重点产业集中区。

3. 平潭综合实验区

依托综合实验区，推进两岸产业深度对接，优先发展旅游业，积极发展高新技术产业、高优农业、现代服务业，把平潭建设成为科学发展先行先试区、海峡两岸交流合作先行先试区、省会中心城市的重要组成部分。重点对接高新技术产业、商贸加工业（台湾半成品深加工）、海洋产业（水产加工、船舶修造、精致农渔业）和现代服务业。

4. 环湄洲湾产业集中区

依托湄洲湾北岸经济开发区、泉港石化工业园区、泉惠石化工业园区，构建以石化、造纸及木材加工、干散货物流为重点产业的秀屿—肖厝—斗尾重点产业集聚区。北岸：加快推进环湄洲湾北岸和兴化湾南岸临港工业带建设，积极承接台湾及国内外先进制造业转移，建成LNG、林浆纸、石化、冶炼、装备制造等若干个具有较强竞争力的制造业产业群；围绕国家LNG接收站、抽水蓄能电站等重大能源项目的布局和建设，加快发展能源产业（太阳能、生物能、潮汐能），建成辐射能力强劲、门类基本齐全的能源产业群，努力构筑海峡西岸先进制造业和能源基地。重点推进湄洲湾北岸经济技术开发区、北岸临港工业园区、仙游经济开发区、兴化湾南岸经济开发区的发展，加强对接台湾高端产业转移，加强与台湾相关行业协会、重点企业的沟通联系，促成台湾重化工业向湄洲湾地区转移，建成闽台产业深度对接集中区。南岸：推进湄洲湾南岸泉港"台湾石化专区"规划建设，推进泉港、泉惠石化园区建设，以福建炼化一体化、中化重油加工等项目为龙头，重点发展合成纤维、合成塑料、合成橡胶三大合成材料，带动中下游产业发展，形成千亿石化产业集群，建设全国重要的石化基地，把石化专区建成海西对台产业合作的新载体。

以申报国家级台商投资区为契机，加快泉州台商投资区、绿谷台商创业园区光电产业园、新材料产业园、现代装备制造产业园、现代物流产业园、文化产业园和企业研发中心等若干专业园区建设；推进与台湾光伏产业合作，重点发展物理法生产多晶硅、非晶硅及CIGS薄膜三大系列产品，促进产业链延伸、衔接、完善，建成太阳能硅材料及硅基薄膜太阳能生产及应用基地；统筹两岸产业分工，重点发展纺织、石材、制鞋、食品、包装印刷等民生产业装备，建成两岸装备制造业对接园区；依托泉州经济技术工业区（含清口出口加工区）、泉州高新技术产业开发区（江南、石狮园）和泉州物流节点及石湖物流园区等，构建以纺织、服装鞋帽为重点产业的石狮—晋江重点产业集聚区。

5. 厦门湾产业集中区

整合港口资源，依托厦门海沧、杏林、集美台商投资区、角美工业开发区，构建以石化、机械装备、新型金属材料、集装箱物流为重点产业的海沧—龙池—角美重点产业集聚区。厦门湾北岸：加快海沧、杏林、集美三个国家级台商投资区扩

区，增强对接台湾产业转移的载体功能。着力推进与台湾地区在先进制造业、农产品加工业对接，建设海峡西岸先进制造业基地和高新技术产业带，打造厦门湾产业对接集中区。着力推进与国家产业调整振兴规划对接，做强做大电子信息、机械制造等支柱产业，发展壮大光电、生物医药、新材料、新能源等新兴产业，用高新技术和先进适用技术改造提升化工、轻纺、食品等传统优势产业，集中力量支持关键零部件、重要元器件的生产、引进和开发，促进产业链向上下游延伸，促进企业向工业集中区集聚，引导关联企业集聚化发展，提升产业核心竞争力和整体发展水平。厦门湾南岸：加快推进南太武滨海新区的整体规划，做好与台湾、厦门产业对接，形成厦门湾南北岸优势互补、合作密切、互动双赢、共同发展的区域一体化新格局。积极承接台湾电子信息、装备制造、船舶修造、钢铁冶金、食品加工和航运物流等产业转移，建成两岸产业合作的重点先行区和海西先进制造业重要的新兴基地。

新设漳州台商投资区，吸引台资项目落户，带动台湾产业整体转移，把漳州建成对台产业对接集中区；推进招商局漳州经济开发区升级，打造厦门湾南岸承接大产业、大物流的重要区域，培育临港产业集群，壮大临港经济实力，促进南太武滨海新区加快发展；加快建设漳州高新技术园区，整合芗城金峰、龙文蓝田两个省级开发区和南靖高新技术园区，建设漳州高新技术园区，发展电子信息、生物医药、新能源、新材料、新环保等高新技术产业，形成高新技术产业对接密集区。

6. 东山湾产业集中区

以漳州湾"四县一区"为主体，完善发展定位、功能分工和产业布局，以港口岸线开发为龙头，依托古雷港经济开发区，积极承接台港澳、珠三角地区产业转移，加快建设若干临港工业区，构建以石化、新型金属材料为重点产业的漳州古雷重点产业集聚区，推动东山湾区域协调发展。依托国家级东山经济技术开发区更名扩区，整合东山湾区域港口资源、产业布局，加快推进集临港重化工业、高新技术产业、物流仓储业和旅游休闲业为一体的现代化滨海新区建设，建成东山湾发展的重要引擎。

7. 南平产业对接走廊

发挥南平农业、林业等资源优势，建立海峡两岸（南平）现代农（林）业合作示范区，主动承接台湾现代农业新理念、新技术、新种苗、新机具和新产业转移，促进与台湾农业及其加工业的深度对接；围绕提升传统产业、培育新兴产业，依托现有产业园区，建设一批台商投资集中区或专业园区，积极承接台湾生物、食品、电子、机械等产业转移，建设海峡西岸绿色产业深度对接腹地。依托闽北新兴发展区域，发挥武夷山"双世遗"品牌、区域交通枢纽、土地资源丰富等优势，集聚生产要素，承接沿海发达地区、台湾地区产业转移，着力发展高科技、高附加值、高效益新兴产业，以产业集中区机械电子产业组团、海西林产工贸城为主体，发展旅游、生物、创意、休闲养生等新兴产业和高科技产业，为建成海峡西岸经济区绿色腹地提供强有力的产业支撑。

8. 三明产业对接走廊

依托海峡两岸（福建）现代农业合作试验区、海峡两岸（三明）现代林业合作实验区、海峡两岸（三明）林业博览会、国家级现代农业示范园区，加快海峡两岸林业、农业合作示范基地建设，建成海峡两岸交流合作的重要平台。围绕打造东部沿海地区先进制造业重要基地，做大做强冶金及压延、林产加工、机械及汽车制造、矿产加工、生物医药及生物产业等五大产业集群，改造提升纺织、化工、建材等三大传统产业，建成主业突出、特色鲜明、核心竞争力强的海峡西岸经济区重要制造业基地。围绕打造海西三明台商投资区，以大田—永安—明溪—三元—沙县—将乐等地为重点，采取"一区多园"方式，建设面积 130 平方公里的台商投资区，重点对接装备制造、农业机械、生物医药、林竹加工等企业，拓展明台经贸合作领域，提升两岸产业对接水平。

9. 龙岩产业对接走廊

围绕提升龙台经贸合作水平，加大对台招商引资，突出机械、光电、农产品加工、旅游、现代服务业等重点产业，全面推进龙台产业对接。强化对台经贸合作载体建设，加强连城庙前台商工业集中区、永定德泓台商电子工业园、新罗闽台农业机械产业园和硬质合金产业园、漳平机械电子工业园、长汀（台湾）特色食品加工园的基础设施和服务设施建设，健全园区管理和服务机制，提高产业承载能力，吸引更多台资企业落户，壮大园区规模，推进对接园区产业发展。

（四）先进制造业基地发展建议

1. 明晰先进制造业基地发展的重点

以科学发展观为指导，把节能、减排、降耗放在突出的位置，发展循环经

济，推进资源综合利用，实现海峡西岸先进制造业基地的可持续发展。着力推进电子信息、装备制造、石油化工等三大主导产业的发展，着力推进集成电路设计和软件、光电、消费电子、生物医药、精密仪器、环保、新材料等高新技术产业，着力推进高新技术和先进适用技术改造提升建材、冶金、纺织、食品等传统优势产业进程，推动传统优势产业技术提升，培育壮大高新技术产业，全面提升福建省先进制造业基地发展素质，增强先进制造业基地的整体竞争能力。

2. 抢占先进制造业领域发展制高点

以制造业结构调整为主线，以产业技术创新为先导，按照"传统产业品牌化、主导产业高端化、新兴产业规模化"总体要求，着力优化提升产业结构发展水平，提高制造业经济运行质量与效益，逐步提升制造业产业分工、产业延伸的拓展能力。从福建省制造业发展基础分析，抢占产业领域发展制高点要坚持有所为、有所不为的原则，集中力量提升高新技术产业和优势产业特别是三大主导产业竞争力，集中力量重点抢占电子信息、机械装备、石化（精细化工）以及传统产业的高端环节；重视以先进适用技术提升传统产业竞争力，促进产业技术、产品升级，实现核心技术自主化、国产化。要狠抓产业重点环节，以点带面，突出抓好优势产业关键环节，抓好一批重点企业、重点项目竞争力的提升，优化产业空间布局，促进产业发展。

3. 推动先进制造业基地的协调发展

一是重点培育闽台产业对接载体，以继续办好现有台商投资区扩区、争取在泉州等地新设台商投资区为契机，深化两岸产业深度对接，形成以台商投资区以及厦门湾、闽江口、湄洲湾等区域为主的产业对接集中区，鼓励台资企业协会创新投资方式，培育新的台商投资集聚点。二是加快培育新的经济增长区域，在环三都澳、罗源湾、江阴半岛、湄洲湾、厦门湾、古雷湾等临港区域和南平、三明、龙岩等产业集中区，推出一批后劲足、带动力强、科技含量高的大型投资项目招商，吸引各类投资主体投资。三是拓宽区域协作范围，发挥跨省区域协作组织的作用，以工业园区为载体，建立区域协调机制，拓展合作渠道，促进产业链跨地市、跨省区延伸，构建内陆地区特色产业发展带，形成沿海一线、南北两翼及内陆地区间协调发展格局。

4. 培育先进制造业基地的创新能力

注重提高原始创新、集成创新和引进消化吸收再创新能力，努力掌握先进制造业技术，提升先进制造业基地整体技术水平。突破制造业发展技术瓶颈，构建区域技术创新平台，组建产学研联合体，完善产学研合作机制，办好专业产学研现场会，促进拥有自主知识产权的产业、项目对接；实施企业技术创新引导工程，支持企业技术中心建设，加大行业前瞻性技术、共性技术、核心技术等研发力度，提高原始创新、集成创新、引进消化吸收再创新能力；加快培育发展高新技术产业，引导各级财政、各类企业加大基础研究、应用研究投入，促进光伏电子、生物技术、纳米材料、环保、海洋等产业发展。

5. 提升先进制造产业品牌带动能力

扶持重点骨干企业发展，培育一批拥有自主知识产权、主业突出、竞争力强的大企业、大集团。为此，要营造争创品牌氛围，形成"提升一批、生成一批、储备一批"的品牌滚动发展势头，推动省级、国家级、世界级品牌多层级递进发展的格局；要实施品牌发展工程。以提高产品质量为核心，着力指导、培育一批优势明显的产业品牌、带动力强的区域品牌、自主创新的科技品牌，增强品牌综合实力；要加强品牌梯队建设。以三大主导产业、传统产业为主体，以建立行业领先优势、做大品牌为目标，引导品牌企业跨行业跨区域兼并、重组，强化行业分工合作，发展定牌加工，做大企业规模，做大第三梯队。

中西部及东北地区
Mid-Western and the Northeast Region

B.20

中部地区"十二五"发展
趋势分析与对策

江西省社会科学院课题组*

　　摘　要："十二五"是全面建成小康社会打下具有决定性意义基础的关键时期，也是中部地区加速崛起极为重要的时期。本文对中部地区"十二五"所面临的发展态势进行了分析，指出要加快中部地区崛起，必须在实施"两轮"驱动，大力推进新型工业化、城镇化；继续扩大开放，推进区域经济合作常态化；加强区域合作与沟通，实现交通体系的网络化、高速化；注重生态保护，增强中部地区可持续发展能力以及不断提高现代农业产业发展水平等方面，从战略高度谋划中部地区的发展思路。

　　关键词：中部地区　"十二五"　发展态势　对策建议

＊　课题组组长：汪玉奇，江西省社科院院长、首席研究员，研究方向为区域经济；副组长：毛智勇，江西省社科院副院长、副研究员，研究方向为财政与金融；成员：孙育平，江西省社科院应用对策研究室主任、研究员，研究方向为区域经济；龚建文，江西省社科院办公室主任、研究员，研究方向为产业经济；甘庆华，江西省社科院应用对策研究室副主任、副研究员，研究方向为党建与经济；何雄伟，江西省社科院应用对策研究室助理研究员，研究方向为数量经济。

一 中部地区"十一五"经济发展形势

（一）经济增长进入快车道

"十一五"中部六省 GDP 总量保持快速增长。按可比价格计算（以 2005 为基准），2006～2009 年间，中部六省年均增长率为 12.1%，其增长速度超过全国平均增长水平。2009 年，中部六省 GDP 总量为 70138 亿元，其中河南、湖南、湖北、安徽四省 GDP 总量都超过万亿元。最高的河南省 2009 年 GDP 总量达到 19367 亿元。

从 GDP 占全国比重来看，"十一五"期间，中部地区 GDP 占全国 GDP 的比重不断上升，2006 年中部地区占全国 GDP 的比重为 18.7%，到 2009 年上升到 19.3%，提高了 0.6 个百分点（见表 1）。

表 1 "十一五"中部六省 GDP 总量*

单位：亿元，%

	2006 年	2007 年	2008 年	2009 年
GDP 总量	42970	52040	63188	70138
占全国比重	18.7	18.9	19.3	19.3

* 本文数据均来自 2007～2010 年《中国统计年鉴》。
数据来源：2007～2010 年中国统计年鉴。

"十一五"中部六省全社会固定资产投资增长迅速。2006～2009 年，中部六省固定资产投资年均增长率达到 33.6%，中部六省全社会固定资产投资总量全部实现翻番。其中最高的河南 2009 年固定资产投资超过万亿元，达到 13705 亿元。

从固定资产投资占全国比重来看，中部地区固定资产投资占全国的比重不断上升，2006 年中部地区在全国固定资产投资中所占的比重为 19.3%，到 2009 年上升到 22.8%，提高了 3.5 个百分点（见表 2）。

表 2 "十一五"中部六省固定资产投资总量

单位：亿元，%

	2006 年	2007 年	2008 年	2009 年
固定资产投资	20897	27746	36695	49852
占全国比重	19.3	20.6	21.7	22.8

区域蓝皮书

"十一五"时期，中部六省工业化进程不断加快，工业增加值占生产总值的比重不断提高。2009年中部六省实现工业增加值30684亿元，是2006年的1.69倍，年平均增长率达到19.2%。

从工业增加值占全国比重来看，"十一五"期间，中部地区工业增加值占全国工业增加值的比重不断上升，2006年中部地区在全国工业增加值中所占的比重为17.7%，到2009年上升到19.5%，提高了1.8个百分点（见表3）。

表3 "十一五"中部六省工业增加值总量

单位：亿元，%

	2006 年	2007 年	2008 年	2009 年
工业增加值	18135	22508	28331	30684
占全国比重	17.7	18.2	19.0	19.5

（二）经济结构调整取得新突破

"十一五"中部六省经济结构更加优化。2006年中部地区三次产业结构为15.3：48.5：36.2，到2009年三次产业结构调整为13.6：50.4：36.0，总体形成了"二三一"的新格局。

从第二产业占全国比重来看，中部第二产业在全国所占的比重不断上升。2006年中部地区第二次产业在全国所占的份额是18.1%，2009年则提高到19.8%，提高了1.7个百分点（见表4）。

表4 "十一五"中部与东部第二产业占全国的比重

单位：%

	2006 年	2007 年	2008 年	2009 年
东部地区	57.8	56.7	55.0	53.9
中部地区	18.1	18.6	19.3	19.8

（三）经济国际化程度明显提高

开放型经济吸引了境外资金的大量涌入，为中部地区经济发展注入了新鲜的血液。2009年，中部地区实际利用外资223.1亿美元，是2006年的1.8倍。

2006~2009 年间，中部六省直接利用外资年平均增率达到 21.6%。

中部六省外贸进出口持续快速增长。2008 年中部六省外贸进出口总额达到 989.4 亿美元，2009 年由于受到国际金融危机影响，进出口有所下降，但也达到 831.6 亿美元，是 2006 年的 1.54 倍。中部地区经济的外向度和对外依存度逐步提高。

从外贸进出口总额占全国比重来看，"十一五"期间，中部地区进出口总额占全国的比重不断上升，2006 年中部地区在全国进出口总额中所占的比重为 3.1%，2009 年上升到 3.6%，提高了 0.5 个百分点（见表5）。

表5 "十一五"中部六省进出口总额总量

单位：亿美元，%

	2006 年	2007 年	2008 年	2009 年
进出口总额	539.7	743.1	989.4	831.6
占全国比重	3.1	3.4	3.9	3.6

（四）城镇化进一步提速

"十一五"时期，中部六省城镇化水平不断提高。2006 年中部地区城镇化率为 38%，2009 年则为 43.2%，提高了 5.2 个百分点。城镇化的加快发展带动中部六省经济的发展。

从全国城镇化发展水平来看，东部地区的城镇化发展水平相对较高，但中部地区发展相对速度较快。2006 年东部地区的城镇化水平为 54.1%，中部地区为 38.0%，低于全国平均水平的 43.9%。2009 年东部地区城镇化水平为 58.0%，中部地区为 43.2%，与全国平均水平的 46.6% 只相差 3.4 个百分点。从发展速度上看，中部城镇化发展速度超过东部和全国平均水平。2006~2009 年，中部地区城镇化率提高 5.2 个百分点，超过东部 1.3 个百分点，超过全国平均增速 2.5 个百分点（见表6）。

表6 "十一五"中部城镇化水平与其他地区比较

单位：%

	2006 年	2007 年	2008 年	2009 年
东部地区	54.1	55.0	55.9	58.0
中部地区	38.0	39.4	40.9	43.2
全国水平	43.9	44.9	45.7	46.6

（五）人均 GDP 增幅较大

从全国人均 GDP 指标来看，东部地区人均 GDP 水平较高，中部地区则较低。2006 年东部人均 GDP 为 27567 元，中部为 12269 元，低于全国平均水平的 16084 元；2009 年东部人均 GDP 为 40800 元，中部为 19862 元，低于全国平均水平的 25575 元。但从人均 GDP 增速来看，中部地区快于东部地区。2006~2009 年，中部地区人均 GDP 年均增幅达到 17.4%，比东部地区增幅高了 3.5 个百分点（见表 7）。

表 7　"十一五"中部与其他地区人均 GDP 比较

单位：元

	2006 年	2007 年	2008 年	2009 年
东部地区	27567	32283	37213	40800
中部地区	12269	14754	17860	19862
全国水平	16084	18934	22698	25575

虽然中部地区在"十一五"期间经济发展形势好，速度快，但仍然要看到中部地区存在的不足，如经济总量指标方面占全国比例偏低，城镇化率还不高，人均 GDP 目前远低于东部发达地区等，因此中部地区在"十二五"期间仍然面临严峻的发展任务。

二　"十二五"中部地区发展态势分析

"十二五"是中部发展的重要时期，中部地区加速崛起面临新的机遇和挑战。认清发展所面临的形势，分析未来发展中可能出现的情况和问题，明确破解难题的基本思路，是中部地区把握机遇，实现跨越式发展的重要前提。

展望未来五年，中部地区面临若干发展的关键时期，即经济发展方式转变、产业结构调整优化、加速推进工业化城市化、进一步融入全球化和统筹经济社会协调发展的五大关键时期。中部地区"十二五"发展所面临的关键时期，也将是我国经济社会实现科学发展、绿色发展、和谐发展和可持续发展的重要时期。中部地区只有把握机遇，乘势而上，努力实现自我突破，不断赶超，中部崛起的步伐才能越走越稳健。

（一）进一步转变经济发展方式的关键时期

经济发展规律表明，在经济波动的情形下，区域经济结构调整和产业结构优化将迎来重要的机遇期。"十二五"处于后金融危机时期，经济处于恢复性增长的阶段，将是区域经济结构和产业结构调整优化的关键时期。这一时期，中部地区面临既要加速经济发展，同时又存在资源与环境约束的双重矛盾。落实科学发展观，实现经济的又好又快、可持续发展，是我国"十二五"规划的重要指导思想，也是中部地区实现跨越式发展、绿色崛起的重要选择。"十二五"时期，将是中部地区实现资源优势向产业优势转化、传统产业调整升级、战略性新兴产业加速发展的重要时期。中部地区要增强区域竞争力，提高可持续发展能力，必须以科学发展观为指导，围绕经济发展方式的转变，加大经济结构和产业结构的调整力度，推动技术引进与创新，从广度和深度上拓展资源型产业链，提高产业附加值，着力发展具有中部地区特色的战略性新兴产业，改造升级传统优势产业，走出一条科技含量高、经济效益好、资源消耗低、环境污染少、人力资源优势得到充分发挥的新型工业化路子。生态立省必将成为中部地区各省的重大战略选择，武汉——长株潭"两型社会"综合配套改革实验区、鄱阳湖生态经济区、山西资源性产业的转型，纷纷列入国家和区域发展战略，标志中部地区以环境保护与资源开发、产业发展相结合的新型经济形态，逐渐成为经济社会实现科学发展和可持续发展的主流发展模式。

（二）进一步调整和优化产业结构的关键时期

"十二五"时期，中部地区要实现加速崛起，缩小与发达地区的差距，必须保持一定水平的 GDP 增速，投资拉动、项目推进仍然是当务之急，偏低的经济外向度促使中部地区必须加大招商引资力度，增强产业的全球竞争力和出口能力。在"十二五"时期，我国将进入工业化和城市化加速发展阶段，对资源性产品的需求更为急迫。同时，受劳动力、土地等成本上升的影响，东部地区的加工制造业将加速向中西部转移。这些都为中部地区进一步调整和优化产业结构，大力发展资源精深加工业，实现传统产业的转型升级创造重大机遇。在这一关键时期，中部地区良好的生态环境、广阔的市场、低廉的土地和劳动力资源，将成为吸引沿海加工制造业向内地转移的最为有利的条件和因素。中部地区将依据

"三个基地,一个枢纽"的战略定位,在先进制造业基地建设、能源与原材料基地建设、高新技术产业发展、传统产业的升级换代以及现代服务业发展等诸多方面,充分利用较为完备的工业体系、基础设施和产业配套条件,进一步优化产业结构,企业的市场竞争能力将得到极大提升,经济迎来又好又快的加速发展期,为中部崛起奠定良好的经济基础。

(三) 加速推进工业化和城镇化的关键时期

在"十二五"时期,中部地区将迎来工业化的加速发展期,而工业化的快速发展必然加速城市化的进程。两者互为依托,相互促进,成为中部崛起的两只巨轮,驱动中部崛起的列车疾驶向前。在这个时期,中部地区工业化将进入发展的中后期,工业整体水平和质量将实现历史性的跨越,构筑起产业布局合理、产业集群效益不断提升、产业链条不断延伸和战略性新兴产业不断壮大的现代工业体系,形成工业的集约化、基地化、低碳化、循环化、高效化发展的崭新局面,成为中部崛起的坚强支柱。城市化步伐逐渐加速,武汉城市圈、长株潭城市群、皖江城市带、中原城市群以及环鄱阳湖城市群的兴起和做大做强,将推动中部城市化进程的加速,城市化水平进一步提升。工业化的提速和县域经济的飞速发展,为中部地区城市群建设的加速发展,奠定了良好的经济基础。中部地区必将在新一轮工业化的浪潮中,进入新型城镇化发展的鼎盛期。

(四) 进一步融入全球化的关键时期

随着沿海地区产业的加速向中西部转移,以及中部地区经济外向度的不断提升,在"十二五"时期,中部融入全球化的步伐将进一步加快。中部的经济转型和产业结构调整优化,将在外来资金、技术和先进的经营管理理念催生下,得到全面的促进和提高。在这一时期,现代服务业的发展,尤其是金融业、服务外包产业、旅游业和总部经济的迅速发展,将吸引国内外大量的资本和人才进入,成为中部崛起的一道亮丽风景。未来五年,中部地区利用紧邻长江三角洲经济区(泛长三角)、珠江三角洲经济区(泛珠三角)、海西经济区以及环渤海经济区的区位优势和交通枢纽的便利条件,将在大通关、路铁海联运的背景下,实现无障碍的对外贸易,从而进一步提升区域经济的国际竞争力,经济的外向度将不断提高,成为吸引外资的洼地。

（五） 进一步统筹经济社会协调发展的关键时期

经济发展的黄金期，也正是社会矛盾的凸显期。"十二五"时期，中部地区经济快速发展，必然导致社会的巨大变迁，社会各阶层的利益冲突将会进一步加剧，社会矛盾集中体现在收入分配、就业、社会保障、养老保险、教育、环境保护等焦点问题上。统筹经济社会的协调发展，成为中部地区保持经济健康稳定发展的关键，是和谐社会构建的必然要求。现代区域经济发展战略目标的确立，不是仅仅在于地区经济总量的提高，经济与社会的相互促进、和谐发展，人与经济、社会的共同发展和进步，改革成果的共享和地区之间的协调发展、共同繁荣，将成为时代发展的主旋律。经济发展只是手段，不是目的。人与社会的共同进步、全面发展是经济活动的出发点和根本目的。因而，中部地区在制定规划和经济发展战略时，必须考虑到经济与社会的协调发展与繁荣，努力实现人与社会的全面发展。

三 "十二五"促进中部地区发展的对策建议

中部地区是我国重要粮食生产基地、能源原材料基地、装备制造业基地和综合交通运输枢纽，在全国经济社会发展格局中占有重要地位。中部崛起战略提出以来，中部六省的发展取得明显成效。但是，中部地区也面临着诸多制约长远发展的矛盾和问题。在"十二五"时期，需要我们在加快经济发展方式转变的过程中，进一步发挥中部地区的比较优势，以增强中部对全国发展的支撑能力。

（一） 实施"两轮"驱动，大力推进新型工业化

"十二五"期间，中部六省要坚持实施"两轮"驱动，即发挥战略性新兴产业和承接东部劳动密集型制造业转移这"两轮"作用，加快产业结构调整升级，走新型工业化道路。

1. 发挥战略性新兴产业的引领作用，促进高技术产业发展

一要建设在国内有影响的电子信息产业基地。积极发展通信网络设备、数控系统等制造产业以及中文语音等软件开发和服务外包。大力发展光电子器件、激光、光显示产业。二要壮大新能源和新材料产业。有序发展高效率、低成本太阳

能光伏发电、热发电及建筑一体化技术与设备。提高基于晶体硅的新能源材料产业技术水平，加快发展超硬材料和硬质合金材料。三要加快民用航空配套产业基地建设。依托南昌、长沙等地区产业基础，参与国家大飞机制造项目，提高研发设计和生产能力，培育航空工业相关高技术产业集群。

2. 继续承接东部劳动密集型制造业的转移

在新一轮产业转移中，中部六省越来越引起世人关注。国家选择中部重点地区给予政策倾斜的同时，东部产业也加快了向中部转移的步伐。如安徽主动融入长三角地区；湖南主动融入泛珠三角区域协作，接受粤港产业的梯度转移；江西借助长珠闽、港澳台地区的辐射带动中部劳动密集型产业的发展，努力形成长珠闽、港澳台的产业基地，等等。"十二五"时期，劳动密集型制造业仍然是推动中部地区经济发展、解决区域大量劳动力就业的主体产业。为此，一要加大区域经济的发展力度，为劳动密集型产业提供平台，要在形成特色上、在抓好项目建设上、在借助外力激活内力上取得突破性进展，推动区域经济跨越式发展。二要加大特色产业的招商引资力度，特别是对中部各省自身特色产业的招商力度，加速特色产业集群发展。

（二）继续扩大开放，推进区域经济合作常态化

当今的世界是开放的世界，没有大开放就没有大发展。在进一步扩大开放方面，中部六省有"四大优势"，即资源比较丰富的优势、市场比较广大的优势、大中型企业众多的优势、劳动力丰富且成本低廉的优势。为此，"十二五"期间，中部六省在对外开放的策略上要避其资金之短，发挥"四大优势"，以实现新的跨越。

1. 进一步提高对外开放水平

一要努力拓展开放平台。继续加大对中部地区国家汽车及零部件出口基地和重点企业的支持。建立特色农产品出口生产基地。大力发展金融、软件、文化等服务贸易，积极承接国际服务外包，建立一批承接国际服务外包基地。继续支持办好中部地区投资贸易博览会、中国国际机电产业博览会，扩大中部发展论坛影响。二要推进全方位对外开放。要提高劳动密集型出口产品附加值，扩大具有自主知识产权、自主品牌的产品和服务出口。在中部地区培育加工贸易重点承接地，引导加工贸易有序转移，鼓励加工贸易延伸产业链。支持企业加快"走出

去",鼓励有条件的企业在境外建立生产基地、营销中心、研发机构,进行境外资源合作开发和国际科技合作。继续支持企业开展对外承包工程和劳务合作业务,鼓励中部各省建立外派劳务基地,打造外派劳务品牌,开拓国际劳务市场。三要加快口岸大通关建设。要加强中部地区口岸基础设施建设,完善口岸功能布局,推进铁路公路水路联运,增加口岸作业区,开辟航空口岸通道。建设电子口岸,建立大通关联络协调机制,促进信息资源共享。

2. 加强区域经济合作

一要加强与东西部地区的合作。扩大与京津冀、长三角、珠三角和海峡西岸地区的合作交流,积极推动泛长三角、泛珠三角产业分工与合作,有序承接沿海产业转移。支持区域一体化进程,鼓励有条件的地区联合推进跨省交通通道建设,支持地方在电力、煤炭、天然气、油品供应和运输,以及水资源利用等方面开展合作,加强中部粮食主产区与沿海销售区的合作,建立长期稳定的供销协作关系。加强与西部毗邻地区的合作,鼓励晋陕豫黄河金三角地区突破行政界限,开展区域协调发展试验。提升中部地区与港澳台地区合作层次,拓宽合作领域。二要深化中部地区省际合作。区域内经济联系密切的经济圈、城市群、经济带要编制区域合作规划,打破行政界限和市场分割,加快建设区域市场体系,合力规范和整顿市场秩序。加快区域内基础设施、公共服务和社会管理等方面的对接与整合。加强产品质量和生产安全等方面的联合执法。建立区域生态建设和环境保护协作机制,联合制定跨界污染联治和污染事故应急处理预案。三要健全合作机制。强化政府在区域合作中的统筹、协调、指导和服务职能,完善地方政府间定期联席会议机制。发挥区域性合作组织的作用,支持建立跨行政区的行业协会、商会,加快形成政府、企业、社会团体等共同参与、相互协作的多层次区域合作体系。在跨地区的发展规划、基础设施建设、生态环境保护、市场要素流动等重点领域建立协调机制,推进区域务实合作。建立公开透明、及时准确的区域合作信息交流和发布机制。

(三) 加强联网,实现交通体系的网络化、高速化

当前,中部六省高速公路体系、航空体系、铁路体系已经基本完善,下一步要重点加强各省的联网、各体系间的联网,构建起连通东西、纵贯南北的全方位交通体系,实现交通体系的网络化、高速化、便捷化。充分发挥中部地区在全国

综合运输大通道中的作用，强化其综合交通运输枢纽地位。

1. 加快完善公路干线网络，建设统一便捷的中部高速公路体系

加快国家高速公路网建设，积极推进省际高速公路和城市群内城际高速公路建设。注重路网改善，以国省干线公路建设为重点，提高干线公路技术等级，加强国道改造和干线公路省际断头路建设，提高路网连通能力。

2. 加快铁路网建设，突出高铁在网络建设中的作用与地位

要以客运专线、城际铁路、区际通道、煤运系统和重要枢纽为建设重点，扩大铁路网总规模，完善路网结构，提高铁路运输能力和服务水平。要以高铁时代来临为契机，加速形成连接中部六省主要城市的高速铁路。

3. 加快机场的布局与建设

以改善中心城市航空运输条件和促进旅游资源开发为重点，通过新增布点机场建设和既有机场改扩建，完善干线机场功能，稳步发展支线机场，实现航空枢纽、干线和支线有机衔接，客货航空运输高效安全、全面协调的发展格局。进一步提升武汉、长沙、郑州机场在全国的地位，实施太原、南昌、长沙、张家界等机场改扩建工程，合肥机场迁建工程和吕梁、九华山、神农架、宜春等机场新建工程。

4. 加快水运、管道运输能力建设

以长江干线等高等级航道和主要港口为核心，形成航道干支通畅、江海直达，港口布局合理、设施完备，运输船舶标准化、专业化，支持保障系统完善、技术先进，与其他运输方式相互衔接、协调发展的内河水运体系。

（四）注重生态保护，增强中部地区可持续发展能力

孕育了中华文明的长江与黄河，贯穿中部地区而过。作为两条重大河流的中段，中部地区有责任、有义务保护好两个流域的生态质量与生态安全。"十二五"期间，要通过有效的生态保护举措，使长江流域、黄河流域的生态质量有明显提升。

1. 加强生态建设与保护

加强大江大河及其主要支流源头区、重点水源涵养区、水土流失严重区、自然保护区、调水工程水源地等重要区域和生态敏感区、生态脆弱区的生态建设与保护，提高国家和区域生态安全的保障能力。实施水土流失综合治理。继续实施

三峡库区、黄土高原区、武陵山区、丹江口库区及上游地区等重点区域的水土保持工程。以坡改梯和坡面水系建设为重点，加强晋西及晋西北、豫西、桐柏山区、大别山区、皖南山区、伏牛山区、赣南山区、井冈山区、太行山区和湘西等地区小流域综合治理。积极推进大东湖生态水网构建工程建设。加强防护林体系建设，保护天然林和生态公益林，落实好巩固退耕还林成果专项规划，开展石漠化综合治理。加强自然保护区能力建设，切实提高管护水平。加强鄱阳湖、洞庭湖、洪湖等重点湿地恢复与保护，改善湿地生态环境，合理开发利用湿地资源。保护和合理利用草地资源，恢复和增加草地植被。

2. 加大环境污染防治力度

加强淮河、海河、巢湖、三峡库区、丹江口库区等重点流域水污染防治。积极开展长江中下游、黄河中游、湘江、汉江、鄱阳湖等流域的污染防治规划编制工作。加强取、用、排水的全过程管理，严格控制入河污染物排放总量。强化工业点源污染治理，按照《清洁生产促进法》的要求，鼓励工业企业在稳定达标排放的基础上进行深度治理。加快城镇污水处理厂及配套管网建设和改造步伐，推进再生水利用，逐步推行排污权有偿使用和交易制度。加大农村面源污染防治力度。加快大气污染治理，加大重点城市大气污染防治力度，推进重点企业二氧化硫、氮氧化物、烟尘和粉尘的多污染物协同污染防治。建立武汉城市圈和长株潭城市群的区域大气污染联防联控机制，研究制定区域大气污染联合防治方案。

（五）不断提高现代农业产业发展水平

中部地区承担着"中华民族粮仓"的重要使命，其农业的发展，维系着中华民族的粮食安全乃至国家的安全。"十二五"期间，中部地区要进一步调整产业结构，提高农业的产业发展水平、集约发展水平，为国家的粮食安全再作贡献。

1. 加快农业结构调整

一要大力发展棉花、油料等经济作物生产。稳定棉花播种面积，促进棉花生产向优势区域集中。继续支持长江中游"双低"油菜带建设，实现规模化、标准化、优质化生产。因地制宜地发展水果、蔬菜、花卉、茶叶、蚕桑、苎麻等经济作物和特色农产品生产，加快品种更新换代。积极发展花生、芝麻、胡麻、油葵、小杂粮等作物生产。合理利用山区资源，培育以油茶、核桃为主的木本粮油

产业。二要加快发展畜牧水产业。加强畜禽标准化规模养殖场（小区）和良种繁育体系建设。积极发展节粮型畜牧业，积极推行秸秆养畜和种草养畜。充分利用长江和淮河流域丰富的水域资源，建设现代渔业生产基地。积极发展湖泊、水库等大水面生态养殖，科学发展稻田和庭院水产养殖，合理开发低洼地水产养殖。

2. 进一步提升农业产业化经营水平

要大力发展粮油、畜禽产品、水产品、果蔬及特色农产品深加工，强化质量和品牌建设。发展农业产业化经营，扶持农业产业化龙头企业，引导大型和特大型龙头企业向优势农副产品产区集聚，加快培育和发展农民专业合作社，引导龙头企业与农户建立利益联结机制，提高农业经营的组织化程度。

3. 努力推进特色农产品优势产区建设

推进农业产业化，必须重点扶持特色农产品优势产业。要重点推进：山西晋南和晋中、河南西部黄土高原苹果优势区；赣南—湘南、鄂西—湘西柑橘带；湖南和江西油茶产区；山西和湖南核桃产区；安徽西部和南部、江西中北部、河南南部、湖北西部、湖南北部茶叶产区；山西南部，安徽南部，江西北部，湖北东部、西南部和西北部，湖南北部和西部蚕桑产区；河南西部和南部、湖南南部和西北部烟叶产区。要将这些区域建设成为现代农业产业发展的示范基地。

参考文献

《胡锦涛主持政治局会议研究促进中部地区崛起工作》，2006 年 3 月 28 日《人民日报》。

《温家宝在十一届人大三次会上作政府工作报告》，2010 年 3 月 15 日新华网。

国家发改委：《促进中部地区崛起规划》，2009 年 12 月 16 日《人民日报》。

2006～2009 年《中国统计年鉴》，中国统计出版社，2006～2009。

汪玉奇、高平：《中部地区战略定位与促进崛起的机制设计》，《促进中部崛起高层论坛论文集》，大象出版社，2005。

B.21
关中—天水经济区"十一五"发展回顾与展望

裴成荣 韩 东*

摘 要：《关中—天水经济区》是国务院 2009 年 6 月批准成立的经济区，也是我国"十一五"规划确定的西部大开发三大战略高地之一。本文站在新的历史起点上，对"十一五"以来关中—天水经济区发展历程进行了回顾总结，分析"十二五"面临的发展环境，对"十二五"经济区发展前景进行展望。

关键词：关中—天水经济区 回顾 展望

一 关中—天水经济区概况

关中—天水经济区（以下简称"关天经济区"）是 2009 年 6 月国务院正式批准成立的国家级经济区，也是继成渝经济区、环北部湾经济区之后，我国西部第三个开发区，也是《国家西部大开发"十一五"规划》中确定的西部大开发三大重点经济区之一。其范围包括陕西省西安、铜川、宝鸡、咸阳、渭南、杨凌、商洛部分县（商州区、洛南县、丹凤县、柞水县）和甘肃省天水所辖行政区域，面积 7.98 万平方公里，2009 年末，总人口 2853.83 万人。直接辐射范围包括陕西省南部的汉中、安康，陕北的延安、榆林，甘肃省的平凉、庆阳和陇南地区。在空间上形成"一核、一轴、三辐射"的空间发展框架体系，构建由核心城市、次核心城市、三级城市、重点镇和一般镇五级组成的城镇体系。西安

---

* 裴成荣，女，陕西省社会科学院经济研究所所长，研究员，研究方向：区域经济、产业经济、城市经济；韩东，男，陕西省社会科学院经济所，博士，研究方向：区域经济。

（咸阳）作为经济区的核心，将建设成国际化大都市，对西部和北方内陆地区具有引领和辐射带动作用。2020年，经济区将建设全国内陆型经济开发开放战略高地、统筹科技资源改革示范基地、全国先进制造业重要基地、全国现代农业高技术产业基地、彰显华夏文明的历史文化基地。科技创新能力和综合科技实力居全国领先地位，基本建成以西安为中心的统筹科技资源改革示范基地、新材料基地、新能源基地、先进制造业基地、现代农业高技术产业基地。实现西（安）咸（阳）经济一体化，形成国际现代化大都市，城镇群集聚发展，城乡统筹取得突破，城镇化率达到60%。最终建设成为在我国整体经济格局中拥有重要影响力的、对周边地区具有强大辐射力的内陆发达地区。

二 关中—天水经济区"十一五"发展回顾

1. 经济实力稳步增长，居民收入大幅度提高

关天经济区是新中国成立后，国家"一五"、"二五"与"三线"建设时期通过布局及沿海一批骨干企业、高等院校、科研单位内迁形成的老工业基地。改革开放后，尤其是90年代的开发区建设，依托雄厚的科教资源，关中经济区高新技术及先进制造产业得到了快速发展。以西安为中心的关中高新技术产业带成为带动关中区域经济增长的动力源。21世纪以来，随着国家西部大开发战略的实施，使关天经济区在基础设施建设、产业发展、城市化和工业化进程，生态与环境保护等方面得到国家的有力支持，经济建设取得长足进步。尤其是"十一五"以来，随着西部大开发战略的加快推进，关天经济区的综合实力大幅度提升。地区国民生产总值由2005年的2840.91亿元，增长到2009年的5720.33亿元（见图1），2010年预计达到6565.87亿元。关天经济区财政收入由2005年的116.27亿元，增加到2009年的303.88亿元（图2）①，2010年预计比上年增长30.47%，达到396.48亿元。

"十一五"以来，随着经济稳步增长，关天经济区城乡居民收入也不断提高，从图3和图4可以看到②，2005~2009年关天经济区各地市城镇居民人均可

---

① 关天经济区内商洛财政收入是以全市计人。
② 图3和图4是根据陕西和甘肃统计年鉴数据整理得出。

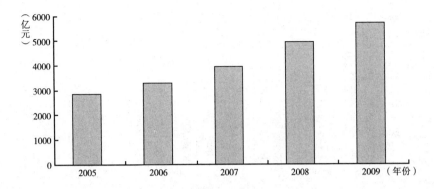

图1　2005～2009年各年度关天经济区地区国民生产总值

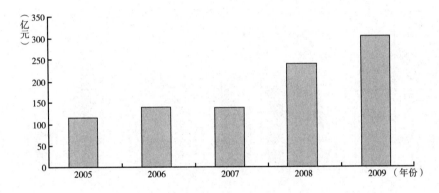

图2　2005～2009年各年度关天经济区财政收入

支配收入和农村居民人均纯收入都有了大幅度增加。如西安市2009年农村居民人均纯收入达到6275元，杨凌区城镇居民人均可支配收入达到19372元，铜川城乡居民人均收入增幅最大，城镇居民人均可支配收入从2005年的5871元增加到2009年的13717元，增长了2倍多。总体上看，经济区已经进入了历史上人气最旺、速度最快、质量最好的发展时期。

2. 基础设施明显改善，投资环境不断向好

关天经济区地处我国内陆中心，是亚欧大陆桥的重要支点，多条铁路、公路、航线、管线在此交会，是全国交通、信息大通道的重要枢纽和西部地区连通东、中部地区的重要门户，是辐射全国陆域空间最大的核心区域，区内核心城市西安附近的泾阳县是我国大地原点所在地。以西安为中心的航空、铁路、公路（高速公路、国省道、干线公路）等构成的交通体系四通八达，五条高速公路和

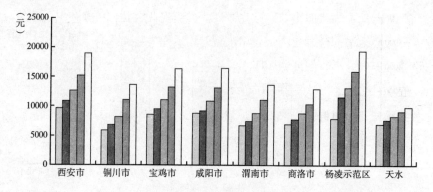

图3 2005～2009年各年度经济区内各地市城镇居民人均可支配收入

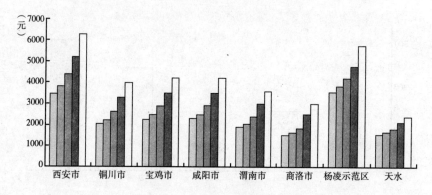

图4 2005～2009年各年度经济区内各地市农村居民人均纯收入

多条国省道交会于此，西安是我国六大铁路枢纽之一，已有90多条国内航线和27条国际航线，还有光纤、数字微波、卫星、程控交换、数据与多媒体等多种通信手段，加强了关中城市群与周边地区的联系，使关中地区成为连接我国东、中部地区的枢纽。尤其是"十一五"以来，关天经济区作为国家西部大开发战略的重点建设区，随着投资力度不断加大，基础设施明显改善。"四环＋辐射"的公路和城市快速干线交通网络体系逐步形成。以西安为中心的关中城市群轨道（地铁、轻轨、城际铁路）交通网规划格局为"十"字加"环"加"辐射"的关中城市群城际铁路网规划方案加快实施，其范围包括宝鸡以东、华阴以西、铜川以南、秦岭以北5个市和杨凌示范区，涉及54个县区。以西安为中心，将关中内的各大城市和主要历史文物景点连接起来，总规模达1204公里。目前，郑西、西宝快速客运专线已经运营，西安—南京、西安—重庆铁路复线加快建设，对现有南北向骨干线路加快电气化改造；建成西安北客站，扩建西安火车站，新丰编组站及货运站；开通与兰州、郑州等中心站间集装箱班列。规划期末西安高速铁路客运实现一小时到宝鸡、两小时到郑州、三小时到武汉、四小时到北京和南京、五小时到上海。该规划方案的实施，将优化和完善关中城市群的交通网络，对实现关中城镇群快速崛起，促进区域经济协调发展具有重要意义。2009年关天规划的实施，对天水市从根本上改善综合交通运输体系创造了新的机遇，为天水以更快的速度和更高的层次融入关中—天水经济区提供了基础支撑。

3. 园区经济快速扩张，集群化发展不断加快

关天经济区是我国西部科教密集区，科技实力雄厚。现拥有 80 多所高等院校、100 多个国家级和省级重点科研院所、100 多万名科技人才。是我国西部产业资源最为密集的区域之一，集中了全国近三成的航空工业研发生产能力，是我国的航天动力之乡。拥有国家级和省级开发区 21 个、高新技术产业孵化基地 5 个和大学科技园区 3 个，是国家国防军工基地、综合性高新技术产业基地和重要装备制造业聚集地，形成了关中国家级高新技术产业带和关中国家级星火技术产业带，集中了 16 个省级以上星火技术密集区。这些产业园区已成为高新技术、装备制造、航空航天产业的聚集地，成为关天经济区的增长极。目前这些产业园区（基地），已经进入了二次创业期，产业规模加速扩张，产业结构不断优化，产业升级步伐进一步加快，集群化快速发展。尤其是西安作为国家综合性高技术产业基地，我国首批服务外包基地城市之一，加快了以现代服务为核心的第三产业的发展，旅游文化、商贸物流、金融保险、信息与传媒、咨询设计等现代服务业发展迅速，不断提升关天经济区先进服务业的产业规模。西安日益成为我国内陆地区旅游、文化、物流、金融、会展中心，西北地区重要的现代服务业集中地。"十一五"以来，经济区规模以上工业企业工业总产值由 2005 年的 2244.64 亿元，增加到 2009 年的 5732.23 亿元（图 5）。规模以上工业企业工业增加值由 2005 年的 726.96 亿元，增长到 2009 年的 1740.64 亿元，预计 2010 年比上年增长 20.35%，达到 2094.85 亿元（图 6）①。

产业集群初步形成。"十一五"以来通过推进兼并重组、招商引资和引进战

---

① 图 5 和图 6 根据陕西和甘肃统计年鉴及甘肃经济信息网提供数据计算而得，其中 2005 年和 2006 年天水的数据采用全部国有和限额以上非国有企业工业总产值和增加值计算。

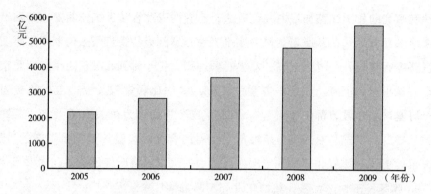

图5 2005～2009年各年度关天经济区规模以上工业企业工业总产值

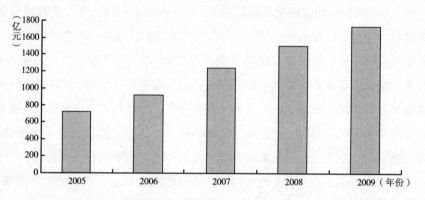

图6 2005～2009年各年度关天经济区规模以上工业企业工业增加值

略合作等方式，加快优势企业和优势资源的整合，大力培育发展大企业、大集团，产业集中度不断提高，经济区产业集群效应日趋明显。关中地区，沿宝（鸡）潼（关）一线，以西安为中心，已经初步形成了产业聚集。其中，关中工业的40%以上集中在西安市，80%左右集中在西安、宝鸡、咸阳三市。服务业的60%以上集中在西安城区。高技术、装备制造、医药、纺织、食品加工主要分布在陇海沿线的西安、咸阳、兴平、杨凌、蔡家坡、宝鸡等地。能源化工、建筑材料等主要分布在铜川以及宝鸡、咸阳、渭南的渭北地区。关中地区的装备制造业、高新技术、旅游业、农业和农产品加工业优势突出。目前关中已经形成了航空航天、输变电设备、汽车、数控机床、冶金煤炭化工等重型装备、工程机械、电子通信设备、元器件及石油装备等九大产业集群，这些产业集群是关天经济区建设"一高地四基地"的重要依托。

新兴产业发展迅速。"十一五"以来,陕西省政府和省级相关部门就陆续出台了《关于进一步加快新能源发展的若干意见》、《太阳能光伏和半导体照明产业发展振兴规划》、《航空产业振兴规划》等一系列推动新兴产业发展的政策措施。并从项目、资金、土地等多方面积极扶持,使新兴产业具备了整体跨越发展的良好基础和条件,部分新兴产业已初具规模。在新材料领域,已形成了有色金属材料、复合材料和液晶高分子材料为主体的产业体系。太阳能光伏、风电设备制造等产业发展迅猛,已经在全国具有一定的地位。太阳能光伏产业已形成了关键设备研制与生产、硅材料生产和加工、电池与组件生产等产业链各个环节。风电装备制造产业也已经形成了较完整的产业链。新能源汽车产业已经聚集了比亚迪、陕汽等一大批企业,为新能源汽车产业规模的扩大和发展创造了条件和基础。

文化产业不断发展壮大。关天经济区是华夏文明的重要发祥地,文化积淀深厚,著名的丝绸之路源头和羲皇故里,也是 13 个王朝古都所在地,拥有大量珍贵的历史文化遗产和丰富的人文自然资源。特别是以西安为核心的关中地区的文化产业发展优势非常明显,西安已成为关天经济区文化产业发展的中心和引擎。2008 年西安市企业和单位文化产业增加值、企业和单位数、年末从业人数和总资产分别占到陕西省的 69.1%、43.8%、54.8% 和 77.4%。西安"曲江品牌"已经成为我国文化产业的知名品牌。围绕文化资源以大资本运作、大项目带动、大集团运营、大产业集聚等方式,在文化项目和文化企业领域,已经形成了包括旅游、会展、影视、演艺、出版传媒、文化商贸等六大产业门类,初步形成了以六大文化企业集团为依托的跨区域文化产业集群。其中,曲江文化产业(投资)集团开发建设了大雁塔北广场、大唐芙蓉园、曲江池遗址公园、大唐不夜城、法门寺文化景区等一批重大文化产业项目,极大地提升了陕西文化的影响力,推动了陕西文化体制机制改革,加快了陕西文化产业的市场化进程,已经成为广为传颂的"曲江模式"。

4. 投资保持高速增长,城镇化进程不断加快

进入 21 世纪,随着国家西部大开发战略的实施,尤其是国家在基础设施、生态环境等方面的大规模投资,极大地促进了以高速公路、农村路网为核心的基础设施的不断改善,加快了关天经济区的城镇化进程。"十一五"以来,经济区全社会固定资产投资不断加大,由 2005 年的 1413.87 亿元增加到 2009 年的

4983.78 亿元（图 7）。2009 年，区内各地市固定资产投资增长率都在 30% 以上，渭南的固定资产投资增速最快，达到了 52.7%。宝鸡、咸阳、天水的固定资产投资增幅均在 40% 以上。西安固定资产投资额最高 2500 亿元，比上年增长 31.2%。预计 2010 年将达到 6516.14 亿元。

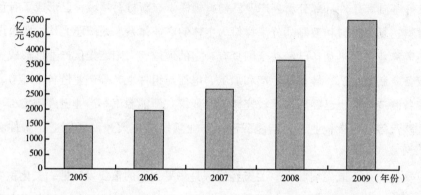

图 7　2005～2009 年各年度关天经济区全社会固定资产投资总额

与全国城镇化率差距逐年缩小。"十一五"期间，在不断完善大中城市功能的同时，关天经济区重点加强了小城镇基础设施建设，建制镇基础设施取得了重大进展。沿陇海铁路、连霍高速轴线城镇带已具雏形，2007 年城镇化率已经达到 43% 以上，2008 年陕西关中百镇建设，以及 2009 年启动的 107 个重点镇建设，进一步加快了关中的城市化进程。尤其是以西安为中心的关中城市群建设的加快，进一步提升了中心城市对周边区域的辐射带动作用，加快了区域内城镇化速度。

5. 综合治理成效显现，生态环境明显改善

一条渭河串起了关中—天水经济区的天水、宝鸡、咸阳、杨凌、西安、渭南。渭河的综合治理是关系关天经济区可持续发展的重要基础。"十一五"以来，关天经济区不断加大生态综合治理的力度，截至 2009 年 7 月，渭河流域已建成 30 座污水处理厂，生态环境有了明显改善，空气质量优良天数超过了 300 天。尤其是国家批复的《渭河流域重点治理规划》与《陕西渭河流域水污染上下游补偿机制管理办法》的出台，加快了渭河流域的综合治理。西安 2008 年 10 月底正式启动了《渭河西安城市段综合治理规划》，咸阳市开始了渭河生态长廊的建设。目前渭河中下游防护林带已扩展到 197 公里，全流域完成退耕还林、荒

山造林 660 多万亩，水土流失得到有效控制。渭河经多年综合整治，综合污染指数大幅下降，水质不断恶化的趋势得到遏制，水质有所好转，关中成为国内人居环境最好地区之一。

6. 开放水平不断提高，对外联系日益紧密

改革开放以来，关天经济区的对外开放水平不断提高，国际交往日益增多。"十一五"期间，开放型经济发展迅速。其中，西安已与 140 多个国家和地区建立了经贸关系，以"五区一港两基地＋区县工业园区"的联动发展，出口加工区日益成为西安市发展对外贸易的主要基地，加速了与世界经济接轨的步伐。预计"十一五"期间实际利用外资 57.67 亿美元，是"十五"期间的 3.89 倍，平均增速达到 20.65%；预计累计实际利用内资 3006.81 亿元，平均增速达到 19.24%；预计累计自营进出口总额 224.29 亿美元，是"十五"期间的 5 倍，平均增速达到 30%。"十一五"末，西安进出口总值将达到 250 亿美元，平均增速达到 30%。世界 500 强企业在西安设立 123 家企业或办事机构，与 182 个国家和地区建立直接贸易往来。西安出口加工区进出口贸易额居西部 15 个出口加工区第 2 位，西安保税物流中心建成并投入运营。接待海内外游客 5000 万人次，是 2005 年的 2.35 倍。实现旅游总收入 42 亿元。启动国际化大都市建设，韩国总领事馆、泰国驻西安领事办公室相继设立，国际友好城市达到 20 个。欧亚经济论坛机制形成和 2011 年世界园艺博览会的成功申办，使西安的国际知名度和美誉度进一步提升，荣获"中国国际形象最佳城市"称号。天水也已同美、法、德、意等 10 多个国家和地区建立了经贸关系，同澳大利亚本迪戈市缔结为友好城市。

三 关中—天水经济区"十二五"发展环境

（一）发展机遇

1. 新一轮西部大开发带来的历史机遇

"十二五"时期也是我国深入推进西部大开发战略第二个十年的关键时期。西部大开发将进入基础设施与产业发展的并重阶段。目前经济区的软硬环境已经得到极大改善，产业投资的集聚效应逐步凸显，为跨越式发展奠定了坚实基础。2010 年，中共中央、国务院《关于深入实施西部大开发战略的若干意见》吹响

了新一轮西部大开发的号角。随着关天经济区规划的逐步落实，一批重大基础工程项目立项和建设，将进一步改善该地区的基础设施条件，有效地吸纳和集聚产业发展需要的技术、人才和资金，增强自我发展能力，促进产业结构的优化升级和新兴产业的发展。

2. 国家实施经济区发展战略带来的机遇

长期以来，我国区域经济发展不协调的问题，不仅关系地区经济的发展，更关系到整个国家经济社会的持续稳定发展。"十一五"以来，国家通过实施经济区发展战略，激活板块经济发展，促进区域协调发展，正在成为未来时期我国经济发展的重要支撑。关天经济区地处我国东西部过渡区，承担着协调东西部均衡发展的战略使命，在国家经济发展中的战略地位日益重要。该地区的发展无论从经济、政治和国家安全方面都是其他地区无法替代的。因此，在国家区域经济发展中，必将得到国家更多的支持。

3. 国家扩大内需战略带来的发展机遇

我国已经进入工业化中期阶段，正在全面建设小康社会，居民消费总体上由温饱型向小康型、宽裕性转变。扩大国内需求成为保持经济增长最重要的推动力。尽管我国也受到国际金融危机的影响，但是经济的基本面没有破坏，经济仍保持了较高的增长速度。伴随着产业结构和消费结构的逐步升级，需求对产业的拉动效应越来越明显。关中—天水经济区正处在工业化中期的工业加速发展阶段，一些战略性新兴产业在国内占有重要的战略地位。此外，区域人口密集、市场广阔，需求日益旺盛，对吸引海内外资金、技术、人才等各类生产要素在此集聚带来机会。

4. 承接国内外产业转移带来的机遇

国际金融危机后经济全球化和新一轮世界产业分工的调整重组正向纵深发展，一些发达国家加快了新兴产业发展及向发展中国家转移的步伐，国内资本和产业梯度转移也趋势明显。关天经济区地处中西结合部，科技资源丰富，工业基础好，基础设施比较完善，要素成本优势明显，具备了承接产业转移的有利条件，这将为经济区产业结构的优化升级和新兴产业发展创造更多的机会。

5. 实施创新型国家战略的机遇

国家实施创新型国家战略，加大淘汰落后产能，加大对技术创新、新能源推广利用的鼓励、激励，积极加快工业结构调整，推进粗放式增长向集约型、特色化方向转变，大力发展循环经济和低碳经济，为关天经济区加强科技资源整合，提高自主创新能力带来了难得的机遇。

（二）面临挑战

1. 总体经济实力较弱

突出表现在经济区特别是关中地区所具有的优势与其经济发展不相配，更与国家赋予的辐射和带动周边地区发展，作为承东启西重要经济纽带地区的战略地位有很大差距。非公经济比重低，经济增长主要依靠投资拉动。自主创新能力不强、发展方式较为粗放等问题，大中型企业研发经费投入低于全国水平，结构性不平衡问题制约明显。尤其是随着经济发展方式的转变，国内地区间在资源、人才、资金、市场等方面竞争的日趋加剧，对地处内陆，以内向型经济为主、资源与加工混合型的工业结构、能源、原材料、装备制造业所占比重较大的经济区来说，节能减排的压力将日益增大，加快经济规模提升与实现发展方式转变的任务将更为艰巨。

2. 产业结构层次较低

从三次产业结构看，目前，关天经济区第二产业特别是工业比重较高，第三产业比重较低，整体上仍处在工业化中期的工业加速发展阶段，工业仍将保持较高的增长速度，第三产业比重难以在短时期内有较大幅度的提高，产业结构不合理的问题将仍是制约经济区发展的主要矛盾，并且日益成为制约经济发展的重要因素。第二产业效益偏低，产值小，大企业大集团少，产业集群效应较弱，产业链短。第三产业，特别是现代服务业的发展相对滞后。这种结构的不协调很难在短时期内有明显改变。"二元经济"特征明显，增长方式比较粗放的格局，短时期内难以改观。

3. 环境制约依然明显

关中—天水经济区地处西部，属于干旱半干旱地区，水资源贫乏，生态环境十分脆弱，对产业发展形成较大制约。此外，关天经济区地跨陕甘两个省级行政区，区域发展受到跨行政区划的制约。突破行政制约，建立区域合作协调推进机制，统筹整个经济区的发展，制定和实施有利于经济区整体发展的政策措施，有效整合各类资源，显得十分紧迫。

四 关中—天水经济区"十二五"展望

1. 统筹科技资源改革成效显著呈现

关中科教资源密集，研发优势显著，但由于分属不同的部门，长期以来难以形成整体合力。要统筹科技资源首先要打破现有的条块分割、各自独立的科技资源管理体制，整合优化配置各类科技资源更好地为经济发展服务，建立起研发与生产、科技发展与经济发展有机联系的体制机制。关天规划的批准，为西安统筹科技资源方面先行先试提供了难得的机会，也为西安改变一直以来的科技和产业不相衔接的困境提供了政策环境。使得西安有可能在"十二五"期间逐步摸索出一个统筹科技资源，打破科技生产力"二元"体制，提升创新效能，变科技优势为经济优势的突破口。目前，西安已经提出，要加快构建产学研合作新体系，建立创新服务的共享机制，创新科技人才的机制，建立军民结合共建机制。争取用3～5年时间，通过综合配套改革，突破科技资源条块分割、配置不当的体制性障碍，率先建立高效整合利用科技资源的体制机制，为统筹科技资源、拉动经济发展提供制度支持，成为国家重大政策的试验基地，创新型城市的示范窗口，为关天经济区统筹科技资源，实现经济大发展起到积极的示范带头作用。

2. 对外开放开发战略高地逐步形成

1999年西部大开发战略的推行，是改革开放以来第一次将关天地区纳入了国家对外开放的发展规划。随着新一轮西部大开发战略的实施，关天规划提出把关天地区建设为全国内陆型经济开发开放战略高地，要求经济区优化对外开放格局，创新区域合作机制，拓展对外开放空间，提升对外开放水平。第一次将关天地区的对外开放提升到了国家的战略高度，也将把关天地区的对外开放推向一个新的水平。随着国家"十二五"规划建议所提出的我国加快高铁网络建设，西安与北京、上海、乌鲁木齐等地将构成高铁经济圈，关天经济区的区位劣势将得到彻底改变，其地处我国区域中心的战略地位将更加凸显，发挥其承东启西的战略作用及辐射带动作用将更加重要，对外开放的规模和水平将得到更进一步提升，内陆型对外开放的战略高地作用日益增强。

3. 特色优势产业基地规模快速提升

按照"大集团引领、大项目支撑、集群化推进、园区化承载"的总体思路，围绕关天经济区规划确定的"高新技术、先进制造、历史文化、现代农业"等四大产业,不断加强产业的集群化发展,提高产业集中度,促进各类生产要素加速向优势产业聚集,发挥产业集群在区域经济发展中的龙头带动作用,做大做强优势特色产业及重点支柱产业集群。依托西安国家综合高技术产业基地,围绕航空航天、电子信息、生物、新材料等产业领域,加大实施航空、航天、生物、钛材料、集成电路、软件、半导体及光伏、电连接器等八大产业化工程,积极有效地发挥"国防军工集聚地"优势,必将加快关中—天水经济区高新技术、先进制造业基地的建设。充分发挥区域历史文化资源富集优势,依托现有文化品牌,通过资源整合、专业化集团引领,打造西部文化产业大型航母,使华夏历史文化基地建设初具规模。依托杨凌国家级农业高新技术产业示范区,加快现代农业基地建设,实现农业发展新的突破。

4. 战略性新兴产业带动作用不断增强

关天经济区正处在工业化中期的工业加速发展阶段,一些战略性新兴产业在国内占有重要的战略地位,大功率激光器、钛及钛合金材料、新能源汽车等新兴产业也已形成相当规模,产品在国内市场上占有较大的份额。"十二五"时期,旺盛的国内市场需求,将给关中的战略性新兴产业提供更大的市场空间。关天经济区规划明确提出:"以西安、咸阳、宝鸡、天水为集中布局区域,加强重点产业集群建设,强化区域整体实力和竞争能力,全面提升重大装备制造水平。加快企业优化重组和战略性调整,打造一批主业突出、技术领先、管理先进、具有核心竞争力的装备制造企业集团。"将进一步加快区域战略性新兴产业的发展。

5. 统筹城乡一体化发展取得重大进展

"十二五"期间,关天经济区将加快建设宝鸡—蔡家坡、铜川—富平、渭南—华阴、杨凌—武功—扶风、彬县—长武—旬邑、韩城—蒲城、天水—秦安、礼泉—乾县、商州—丹凤等城乡统筹重点示范区。积极推进农村综合改革,加快建立以城带乡、以工促农的长效机制。促进有条件的农村居民进城落户。以撤乡并镇为契机,打造一批特色城镇,使之成为吸引农民落户的主要承载地。初步建立城乡规划建设一体化体制,促进公共资源在城乡之间均衡配置、生产要素在城乡之间自由流动。初步建立城乡统一的基本公共服务制度,支持统筹城乡公共服务示范区建设。探索建立有利于统筹城乡发展的行政管理体制,推进城乡社会管理一体化。这些都将进一步提升区域的城乡统筹水平。

6. 核心城市规模提升，城镇体系逐步完善

关天经济区规划提出要打造西（安）咸（阳）国际现代化大都市，构筑"一核、一轴、三辐射"的空间发展框架体系，建设由核心城市、次核心城市、三级城市、重点镇和一般镇五级组成的城镇体系。"十二五"期间，以打造西安国际化大都市为重点，将进一步推进大中城市的协调发展，以西咸一体化建设为着力点，促进泾渭和沣渭两个板块加快发展。西咸新区建设将重点推进核心功能区建设，构建相对完善的基础设施和公共服务网络，增强对要素资源的吸纳能力，形成初具规模的产业体系，初步建设成为基础设施完善、服务功能健全、产业优势突出、环境优美宜人的西咸都市圈最佳居住区和重要经济增长极。宝鸡、渭南、杨凌、天水等城市规模将进一步提升，综合承载力将大大增强，并将建成人口超百万的区域性中心城市，经济区的城市化水平大大提高，对周边地区和整个西部地区的辐射和带动作用大大增强。

参考文献

陕西省发展和改革委员会：《陕西省"十二五"规划重大问题研究》，陕西出版集团，2010。

陕西省社会科学院：《陕西经济发展报告（2009）》，社会科学文献出版社，2009。

陕西省统计局：《陕西省统计年鉴（2010）》，中国统计出版社，2010。

甘肃经济信息网，http：//www. gsei. com. cn/。

B.22

经济增长方式转型与湖北长江经济带
新一轮开放开发

彭智敏　汤鹏飞*

摘　要： 湖北长江经济带是推动全省加快转变经济发展方式、促进中部地区崛起的重要战略支点。本文分析和阐述了湖北长江经济带开放开发的背景、战略地位、主要内容，提出了湖北长江经济带转变经济发展方式的具体途径。

关键词： 湖北长江经济带　经济增长方式转型　开放开发

《中共中央关于制定国民经济和社会发展第十二个五年规划的建议》把实施区域发展总体战略作为我国深化改革开放、加快转变经济发展方式的重要内容。"十一五"期间，湖北省委、省政府在科学发展观的指导下，进一步深化对省情认识，并在此基础上提出了"两圈一带"的发展战略，其中湖北长江经济带是推动全省加快转变经济发展方式、建设成为促进中部崛起的重要战略支点的主战场。

一　湖北长江经济带概况

1. 湖北长江经济带的范围

长江自西向东横贯湖北省，境内全长 1061 公里。湖北长江经济带包括长江沿岸的武汉、黄石、宜昌、荆州、鄂州、黄冈、咸宁、恩施等 8 个市州的 48 个县市区，国土面积 54168.5 平方公里，占全省的 29.1%；2008 年，人口 2750.1

---

* 彭智敏，湖北省社会科学院研究员，研究方向为区域经济、流域开发；汤鹏飞，湖北省社会科学院长江流域经济研究所。

万人，占全省的45%。

2. 湖北长江经济带新一轮开放开发的历程与新背景

长江是我国最大的河流，是一条得天独厚的黄金水道，也是开发条件最好、潜力最大的河流。"九五"时期，中央政府就把长江三角洲及沿江地区作为七大经济区之首来部署，实现经济重心从沿海向内地的战略转移。1984～1985年，中国生产力经济学研究会首先提出了"长江产业密集带"之说。20世纪90年代，随着浦东开发和三峡工程建设等重大决策的相继实施，特别是1992年6月中央召开了"长三角及长江沿江地区经济规划会议"，并提出发展"长三角及长江沿江地区经济"的战略构想。党的十四届五中全会进一步明确指出，要建设以上海为龙头的长三角及沿江地区经济带。至此，"长江经济带"的开发已被提上国家和沿江省市的议事日程。

20世纪80年代中期开始，湖北省就提出并实施长江经济带开放开发战略，并取得了一定的成效。"十一五"以来，湖北长江经济带迎来了千载难逢的重要战略机遇期：从湖北内部看，随着三峡工程的建成、长江干堤的加高加固、长江黄金水道的开发，沿江县市重大基础设施的改善，湖北长江沿江地区已经基本摆脱了防洪任务繁重、水运日渐萎缩、工业经济落后的状况，具备了进行新一轮大开放、大开发的有利条件。从科学发展观的角度看，统筹人与自然和谐发展的理念更加深入人心，随着党的十七大提出建设生态文明，人水和谐、健康长江成为我国实现可持续发展的重大课题，时代要求湖北省乃至全国合理利用长江水利资源、保护长江水质、发展长江流域经济。从世界范围看，国际资本转移与沿海产业转移的规模不断扩大，湖北长江沿岸作为区位条件优越、交通运输便利、科技实力雄厚、工农业基础良好的区域，正日益成为国内承接海外资本和产业转移的重要基地。在这种形势下，湖北省委、省政府因势利导，抢抓机遇，于2009年7月出台了《关于加快湖北长江经济带新一轮开放开发的决定》（以下简称《决定》），标志着湖北长江经济带新一轮开放开发进程全面启动。

2010年8月，湖北省人民政府印发了《关于湖北长江经济带开放开发总体规划（2009～2020年）的通知》。此后，《沿江产业发展规划》、《长江水资源开发利用和环境保护规划》、《沿江城镇体系建设规划》、《长江沿岸城市开发合作与承接产业转移规划》、《沿江综合交通体系建设规划》、《土地资源利用与矿产资源开发保护规划》六个专项规划也相继出台；8个市州也均已编制本地长江经济带的发展规划，与《总体规划》衔接。《总体规划》和六个专项规划的编制完成，预示着湖北长江经济带新一轮开放开发进入实施阶段。

二 湖北长江经济带新一轮开放开发的主要内容

1. 战略定位与发展目标

湖北长江经济带战略定位体现在三个方面：一是推动湖北经济社会协调发展的空间主轴；二是促进中部地区崛起的重要增长极；三是全国水资源可持续利用的典型示范区。

规划发展目标是：充分发挥长江"黄金水道"的水运、水利、水能、水景观等优势，通过10年左右的不懈努力，把湖北长江经济带建成引领湖北经济社会发展和促进中部地区崛起的现代产业密集带、新型城镇连绵带、生态文明示范带。

2. 六大重点任务

一是坚持交通先行，构建现代化基础设施体系；二是坚持以"水"兴带，建立现代产业体系；三是坚持城市带动，建设新型城镇连绵带；四是坚持"两型"开发，建设生态文明示范区；五是坚持创新体制机制，增强发展活力；六是坚持开放先导战略，进一步扩大开放。

3. 核心内容

（1）基础设施建设

按照"畅通一网络、构筑五枢纽、建设一系统"的发展思路，努力构建资源节约型、环境友好型的一体化综合交通体系。"一网络"即综合运输网络，涵盖航道、港口、公路网、铁路网、航空港和过江通道建设。"五枢纽"是形成"一主四辅"五个综合交通枢纽，即武汉建成全国性综合交通枢纽；黄石、鄂州、黄州建成组合型区域性综合交通枢纽；咸宁建成地区性综合交通枢纽；荆州建成地区性综合交通枢纽；宜昌建成区域性综合交通枢纽。"一系统"是指综合交通支持保障系统。同时，积极加强水利、信息等基础设施建设。

（2）现代产业密集带建设

一是加快发展沿江先进制造业，重点打造国家级冶金、石化工业基地；振兴汽车、船舶及装备制造业。二是突破性发展沿江高新技术产业，重点发展电子信息与生物医药产业、新能源、新材料与环保产业。三是积极发展沿江现代服务

业，建设武汉现代服务业核心区和宜昌区域性服务业中心区，发展沿江现代物流业、旅游业和文化产业。四是稳步发展沿江现代农业与农产品加工业，重点发展种植业优势农产品生产与加工产业带，构建优质畜牧水产养殖与加工产业带，开发特色林果生产与加工产业带。

（3）新型城镇连绵带建设

一是围绕"一核六点"布局沿江城镇体系，"一核"，即核心城市武汉；"六点"，即宜昌、荆州、黄石、鄂州、黄冈、咸宁6个重要节点城市；二是抓好"三段两端"，形成错位发展，有序开发，即武汉—黄石段、宜昌—荆州段、武汉—荆州段，东端的黄梅、武穴等县市，西端的巴东县和秭归县；三是重点整合沿江经济开发区和工业园区，推进县域经济发展，提高重点镇发展水平，大力开展新农村建设，统筹沿江城乡发展。

（4）生态文明示范带建设

重点突出水资源利用与保护、长江岸线资源开发与保护、土地矿产资源节约集约利用、生态保护与污染防治和大力发展循环经济。

（5）体制机制创新

涵盖了港口资源整合、沿江地区产业联动、沿江市县协作、投融资和自主创新等体制机制。同时，充分发挥"两型"社会综改区、可持续发展实验区、资源枯竭型城市转型试点、城乡一体化试点和仙洪新农村建设试验区的示范带头作用。

（6）对外开放与区域合作

提升外资的规模和水平；推动外贸出口；实施"走出去"战略；强化与"两圈"的对接；促进与上中下游省市的更紧密合作；创新对内对外开放的平台和环境。

三　湖北长江经济带发展是湖北转变经济发展方式的重要战场

1. "两圈一带"战略与转变经济发展方式

包括湖北长江经济带在内的"两圈一带"战略是湖北省委、省政府基于对省情深化认识的结果，是指导湖北今后相当长一个时期发展的总体规划。这个战略从思路到具体实施方案都成为推进经济发展方式转变的重要内容。例如，武汉城市圈获批成为全国资源节约型和环境友好型社会建设综合配套改革实验区后，策划并实施了大东湖水网连通、武汉新港、花山新城、城际铁路等工程，提出了建设现代服务业示范区、高新技术产业示范区、新型工业化工业园等加快转变经济发展方式的项目。

湖北长江经济带新一轮开放开发，则按照远近结合、分工负责的原则，出台了《湖北长江经济带开放开发三年实施方案》。该方案依据《决定》和《总体规划》确定的主要任务，围绕湖北长江经济带战略定位，在产业发展、生态补偿及环境保护、土地利用、能源、财税、金融、科技、人才等八个方面制定相应的具体政策措施，确立了三年的工作目标。提出了长江综合交通体系、现代产业密集带、新型城镇连绵带、生态文明示范带、对内对外开放和财税金融等六大重点领域和关键环节共计29项建设内容。明确了实施主体、责任单位和具体的工作要求。

2. 以发展循环经济为突破口，推进产业升级、城市转型

循环经济作为一种有效平衡经济增长、社会发展和环境保护三者关系的经济发展模式，是生态文明建设的具体体现。湖北长江经济带以发展循环经济为突破口，推进产业升级和城市转型，积极探索具有区域特色的循环经济发展新模式。

位于长江南岸的武汉市青山区是目前国内省会城市中唯一的重化工企业高度集中的工业城区，其资源、能源消耗总量和"三废"排放量在武汉市占有很大比重。青山区从2007年12月成为全国第二批循环经济试点单位以来，立足区情，根据青山重化工高度集聚的特点，以武钢、武石化、青山电厂"三个企业"为重点，推进循环型企业建设；加快都市工业园、环保产业园和高新技术孵化园"三大园区"建设；围绕建设"生态产业区、生态宜居区和生态保护区"三大生态功能区，推动循环型城市建设。

青山区循环经济模式涉及企业、园区和社会三个层面，三个层面相互依赖、相互嵌套，循环型企业构成循环型园区的基础，循环型园区又构成循环型城市和社会的基础，进而共同服务于青山循环经济建设。该模式的主要特点是政府主导，初步形成发展循环经济工作体系；以建设和培育钢铁、石化、电力三大循环经济型产业链为重点，构建青山循环经济型产业体系；通过生态城区创建工程、清洁生产审核工程、淘汰落后产能工程、探索新的投融资方式等手段探索建立生态建设和环境保护体系；项目兴区，建设循环经济项目支撑体系；强化管理，探

索建立资源综合利用管理控制体系；以绿色创建工程、两型创建工程、绿色出行工程为抓手，全民参与，启动宜居城区绿色创建体系建设。

在此基础上，青山区和长江对岸的武汉市阳逻港、相邻的鄂州市共同构建大青阳鄂大循环经济试点，在更大范围内实现资源的综合利用和深度开放，推进产业升级和经济结构优化。

四　湖北长江经济带开放开发新进展

1. 完善组织结构与完成总体规划

2009 年 10 月，成立了由省长李鸿忠任组长，省政府多名领导任副组长的湖北省人民政府湖北长江经济带新一轮开放开发工作领导小组，负责湖北长江经济带新一轮开放开发工作的组织领导。

2009 年 10 月，省委、省政府在武汉东湖宾馆召开全省湖北长江经济带新一轮开放开发工作会议，罗清泉书记和李鸿忠省长亲自出席会议并作了重要讲话，全面动员和部署了湖北长江经济带新一轮开放开发工作。

2010 年 3 月，省长李鸿忠同志主持召开省政府常务会议，对《湖北长江经济带开放开发总体规划（送审稿）》进行了专题研究。省政府常务会议原则通过《总体规划》，并要求修改后报省委常委会审定。

2010 年 7 月上旬，省委书记罗清泉同志主持召开省委常委会，对《湖北长江经济带开放开发总体规划（送审稿）》进行了专题研究，省委常委会原则通过。

2010 年 7 月，省人大召开主任会议，专题审议《湖北长江经济带开放开发总体规划（送审稿）》。2010 年 7 月下旬，省政协召开十届十四次常委会议，会议的内容是围绕加快湖北长江经济带开放开发问题建言献策。会议讨论通过了《关于实施湖北长江经济带新一轮开放开发战略的若干建议》。

2010 年 8 月，省政府以鄂政发〔2010〕51 号文件印发了《关于湖北长江经济带开放开发总体规划（2009~2020 年）的通知》。要求各市州和省直部门切实做好实施工作。

2. 经济总量增长速度较快

2009 年，湖北长江经济带生产总值达到 7995.3 亿元，占全省 GDP 的

62.3%，增长速度达到 15.9%，超过全省增长速度 2.7%；固定资产投资额达到 5048.82 亿元，是 2007 年的 1.8 倍，占全省的 61.48%；地方一般预算收入 455.96 亿元，占到全省的一半以上，2007～2009 年的年均增长速度达到 20.5%；财政支出达到 964.43 亿元，占全省比重呈逐年上升的趋势；社会消费品零售总额占到全省的 64.78%，比上年增长 22.47%，超过全省增长速度 3.47 个百分点；外贸出口额达到 84.41 亿元。

3. 基础设施建设全面启动

（1）港口码头建设步伐加快

2009 年，全省港口货物吞吐量为 1.67 亿吨，比上年增长 4.39%。目前，随着促进中部崛起战略深入实施和国际资本、沿海产业加速向中西部转移，中部进出口贸易日趋活跃，对物流的需求与日俱增。为此，湖北整合武汉和黄冈、鄂州和咸宁的部分长江岸线资源，建设武汉新港。武汉新港港口岸线长 548.2 公里，港区及腹地面积达到 9300 平方公里，重点建设一个新港商务区、两大集装箱港区、五个临港新城和十二个临港产业园。武汉新港 2009 年完成投资 40.77 亿元，港口吞吐量达 8657 万吨，增长 4.11%；集装箱吞吐量达 56.46 万标准箱，增长 20%。2010 年，武汉新港建设 80 个项目，计划完成投资 120 亿元，同比增长 195%。

在武汉新港加快发展的同时，湖北长江各地也积极加快港口的改造和建设。荆江段打造荆州组合港，规划建设形成"一港十区"的发展格局。宜昌积极建设三峡物流中心，规划形成"一心两轴五片"空间布局结构，同时宜昌港主城港区乐天溪磷矿码头改扩建工程、宜昌港主城港区云池作业区二期工程、太平溪新港一期工程已全部完成前期工作，即将开工建设。鄂东组合港全面开工建设，截至 2010 年 2 月，工程总投资约 4 亿元，年设计吞吐能力总计近 1500 万吨。湖北长江经济带的港口建设如火如荼，同时长江中游航运中心上升为国家战略，湖北长江黄金水道正在迈入一个良好发展期。

（2）综合交通体系初步形成

铁路方面，宜（昌）万（州）铁路建成通车，汉宜铁路（沪汉蓉铁路湖北段）进展顺利，荆岳铁路完成前期工作即将动工。这些铁路的建设，不仅大幅度提高了湖北长江经济带的通达性，而且将实现与京广、焦枝—焦柳铁路以及与长江沿线各城市的多点对接，促进整个长江经济带的联系。

公路方面，以纵横交通网络体系建设为目标，完成了三峡翻坝公路，目前正

在积极建设宜巴高速、武监高速公路、江南高速等。同时，湖北长江经济带的武汉、鄂州、黄石、黄冈、咸宁均属于武汉城市圈范围内的城市，随着2010年10月武鄂高速和左段开通营运，武汉7条城市高速出口路全部打通，武汉城市圈1小时快速交通网形成，这将更有利于湖北长江经济带交通体系的形成。

过江通道方面，是湖北长江经济带基础设施建设的重点之一。鄂东长江公路大桥已经通车，荆岳长江大桥年内即将完工通车，规划建设荆州长江二桥、荆州长江公铁两用大桥、巴东长江二桥等，将长江经济带南北两岸更紧密地连接起来，更有利湖北长江经济带两岸的经济合作与交流。

航空方面，武汉天河机场第三航站楼和第二跑道已经动工，国际航站楼交付使用，宜昌三峡机场进行改扩建。

4. 产业发展态势良好

农业方面。湖北长江经济带已形成了以优质粮、优质棉、双低油菜、蔬菜和水产品为主体，注重特色，农林牧副渔全面发展的格局，尤其江汉平原是我国重要的农业商品基地。2009年第一产业生产总值达到722.8亿元，占到全省的37.73%。

工业方面。湖北长江经济带已形成了以装备制造、纺织服装、建材和食品等为代表的传统优势产业；以水电、汽车、钢铁和化工为主的主导产业；以电子信息、生物、光机电一体化、新材料和磷化工产业为主的新兴产业。2009年工业增加值达到3129.6亿元，比上年增加17.82%，保持了较快的发展速度。在省经委和省财政确定的《2009年度湖北省重点成长型产业集群名单》中，湖北长江经济带拥有32个，占到全省的53.3%，比2008年多出4个。

服务业方面。湖北长江经济带是湖北服务业发展的重要载体，根据《湖北省服务业发展规划（2008~2012年）》，湖北长江经济带布局"一个现代服务业核心区、两个区域性服务业中心区"：以武汉为中心的现代服务业核心区、以宜昌省域副中心城市为载体的区域性服务业中心区。三个生产性服务业功能带（武鄂黄冶金建材生产性服务业功能带、武襄十汽车产业生产性服务业功能带、武荆宜化工纺织生产性服务业功能带）。四大消费性服务业板块（武汉城市圈都市消费性服务业板块、"一江两山"生态文化旅游板块、荆—襄—随生态文化旅游板块、清江土家生态文化旅游板块），也全部依托湖北长江经济带为核心。2009年湖北长江经济带第三产业实现生产总值3478.8亿元，占全省的69.49%，从2007~2009年的增长速度和占全省比重两项指标来看，均呈上升趋势，发展态势良好。

随着武汉 80 万吨乙烯项目的开工建设，武汉新建洪山北湖化工新城，鄂州在葛店开发区规划建设石化及材料工业园；宜昌加快三峡物流中心建设，项目总投资 40.98 亿元，规划建成后园区各类货物配送总量达到 4000 万吨；黄石、荆州、咸宁大力建设临港工业园和物流园；恩施也大力发展临港旅游业。目前，湖北长江经济带已形成了以武汉东湖高新技术开发区、武汉经济技术开发区为核心，以长江为轴线分布的省级高新区为重点的发展格局。截至 2009 年底，全省沿江开发区实际开发总面积 52504.51 公顷，实现生产总值 2669.04 亿元。

5. 城镇建设步伐加快

湖北长江经济带特大城市与中小城市相结合，已初步形成了以武汉为中心的布局较为合理的城镇规模体系。湖北长江经济带 2009 年总人口达到 2550.1 亿人，其中人口规模在 500 万以上的城市 1 个，100 万以上的城市 4 个，50 万～100 万的城市 12 个，50 万以下的城市 9 个。

为促进湖北长江经济带的发展，各地区积极探索临江城镇的发展规划。公安埠河镇与荆州城区一桥相连，规划作为荆州的江南新区，其战略地位日益重要，发展潜力巨大。监利白螺镇，地处两湖平原的结合部，北邻洪湖，与岳阳隔江相望，不仅是随岳高速和汉洪监高速交会点的重要城镇，还是仙洪试验区建设试点的中心镇，规划依港建设一个人口规模达 10 余万的县域副中心。松滋陈店镇，毗邻宜都和枝城，有利于接受宜昌的经济辐射，规划建设车阳河港区和长江港口工业园，这将进一步促进陈店镇成为荆州市经济发展快速的口子镇。此外，武汉金口、黄石富池、荆州小河口、宜昌枝城、鄂州燕矶、黄冈小池、咸宁潘家湾等沿江省级重点镇，正在规划利用岸线资源，积极兴办工业集中区，加快本地经济发展和辐射带动作用。

五 促进湖北长江经济带转变经济发展方式的途径选择

1. 树立新思维

一是以创新为动力，改革不适应时代发展要求的体制、机制，增强发展活力。重点是破除传统体制束缚，减少行政区、行业界限，扩大要素配置的空间范围，加大资源整合力度。

二是构筑"沿江开发"为主、兼顾"垂江开发"现代产业密集带和城市连绵带。所谓"沿江开发",就是进一步打通和增强由东向西的长江干流辐射通道,在加速沿江工业化和城镇化建设的同时,推动湖北长江经济带与上游的重庆市、四川省长江沿线和下游的皖江及长江三角洲建立更紧密联系。

三是实施错位发展,有序开发。湖北长江经济带全长1000余公里,鄂东、荆江和鄂西三段由于资源禀赋不同、发展基础不同、发展目标也不同,这就决定了三个区段在新一轮开放开发的重点不同、路径不同。也就是说,只有实行错位发展的差异化战略,三地才能充分发挥比较优势,实现快速发展。

2. 明确新突破口

第一,以打造荆江"钢腰"为核心的区域突破口。荆州历来为我国重要的农业基地和文化中心,但最近20年发展滞后,成了国家重大战略的边缘区,成为湖北经济的"洼地"。湖北长江经济带建设,使得荆州市迎来千载难逢的重大发展机遇。打造"钢腰"的核心就是加快交通重大基础设施建设和产业项目布局。

第二,以交通基础设施建设为重点的行业突破口。交通等基础设施滞后是制约湖北长江经济带快速发展的主要因素,而造成这一问题的原因,一是因为防洪压力巨大,二是国家投入不足。以交通基础设施为突破口,就是要提高长江航道等级;建设武汉新港,打造长江中游水运枢纽;加快宜昌三峡物流中心和荆州组合港建设;加快建设以沪渝高速和沪蓉高速鄂西段、沪汉蓉铁路等重点的沿江高等级公路、铁路;建设一批过江通道,提高南北贯通能力。

第三,以涉水产业为特色的产业突破口。长江最大的优势在水,长江经济带产业比较优势最大的在涉水产业。这意味着,湖北要以长江干流为发展主轴,以沿江重点城市为支点,优先发展涉水产业,如冶金、化工、船舶制造产业,还要发展对水质有很高要求的电子信息、生物医药、新能源、新材料、环保产业,以及旅游休闲产业。

3. 发展新节点

洪湖、石首由于其独特的地理位置、在总体战略中的特殊使命,成为湖北长江经济带新一轮开放开发的"新节点城市"。

一是给予适当的政策支持。比照仙洪新农村建设示范区的做法,整合各种资源,制定与新节点城市发展相适应的综合配套政策。重点在金融、财政、城市发展、农业、土地等政策方面倾斜,将武汉城市圈综改实验区的一些行之有效的措施和优惠政策，推广到新节点城市。

二是优先建设新节点城市的基础设施。作为湖北长江经济带打造"钢腰"的重要组成部分，新节点城市的交通基础设施必须在近期有一个比较大的飞跃，这就需要省市把其具有区域性影响的重点工程重点放在新节点城市。①

三是探索港城、港园互动模式，建设以港兴城的示范城市。以荆州组合港的建设为切入点，积极探索港口与城市、港口与产业、港口与园区的发展模式，充分发挥岸线、航道、码头等多方面的比较优势。做好荆州的以港兴城不仅有利于重振荆州雄风，缩小区域差距，而且有利于发挥水运特点，注重长江流域生态保护。

4. 构建长江中游城市群，共同打造"第四极"

湖北沿江地区产业密集，科技资源丰富，市场潜力巨大，在湖北长江经济带加快转变经济发展方式，不仅具有良好的产业基础和智力资源，也有大展身手的舞台。根据其特点，湖北长江经济带要在加速老工业基地改造、升级的同时，大力发展战略性新兴产业，同时加强湖北长江经济带的对外开放和周边地区的交流合作，积极促成长江中游城市群的形成，共同构建中国经济增长的第四极。

长江中游城市群，是指以湘鄂赣三省现有的武汉城市圈、宜荆城市群、长株潭城市群和环鄱阳湖城市群等四大城市组团为依托，通过整体规划和集成发展形成的长江中游地区一体化的跨省域城市集群。

2009年，长江中游城市群主要经济社会发展指标占全国的比重，人口为7.86%，地区生产总值为7.46%，社会消费品零售总额为7.86%，固定资产投资规模为7%，实际使用外商直接投资为12.19%，地方财政一般预算收入为1.95%。经济总量全国比重直逼珠三角和京津塘，全面超过川渝城市群，发展潜力和后劲巨大。

目前，在中部崛起、长江黄金水道治理和长江经济带新一轮开发开放的背景下，四个城市圈在交通便捷、经济社会联系和产业互补等方面具备了一定的基础，可突破传统区域协作概念和行政区划的限制，整合市场、政府和社会三种力量，启动合作交流机制，将长江中游城市群纳入国家发展规划，加大重大基础设施和重大项目投入，将其建设成紧随长三角、珠三角、京津冀城市群之后的全国第四大城市群。

---

① 彭智敏、汤鹏飞：《打造长江经济带开放开发新亮点》，2010年8月12日《湖北日报》。

B.23

鄱阳湖生态经济区建设

——探索绿色崛起新路径

孙育平　甘庆华*

摘　要： 2009 年 12 月 12 日国务院正式批准《鄱阳湖生态经济区规划》。这项重大战略得以正式确立和颁布，标志着江西在全国发展格局中地位更重、更实，掀开了江西进位赶超、科学发展、绿色崛起的新篇章。鄱阳湖生态经济区建设的本质内涵，即特色是生态，核心是发展，关键是转变发展方式，目标是走出一条科学发展、绿色崛起之路。推进鄱阳湖生态经济区建设，必须在加快建设生态产业体系，加快建立生态补偿机制，建立资源环保市场机制，加快建设科技创新支撑体系等方面，探索绿色崛起新路径。

关键词： 鄱阳湖　生态经济区　绿色崛起　发展路径

鄱阳湖位于长江中下游南岸、江西省北部，是我国最大的淡水湖，是四大淡水湖中唯一没有富营养化的湖泊，是我国唯一的世界生命湖泊网成员，被联合国列入世界湿地保护名录。鄱阳湖是长江的重要调节器，约占长江径流量的15.6%，水质长年保持在Ⅲ类以上。鄱阳湖承担着调洪蓄水、调节气候、降解污染等多种生态功能，是全球 95% 以上的越冬白鹤栖息地，在保护全球生物多样性方面具有不可替代的作用，在我国乃至全球生态格局中具有十分重要的地位。2009 年 12 月 12 日，鄱阳湖地区的发展迎来历史性突破，国务院批准《鄱阳湖生态经济区规划》。这是江西发展史上一次具有重大里程碑意义的事件，是新中

---

* 孙育平，江西省社会科学院应用对策研究室主任，研究员，研究方向为区域经济；甘庆华，江西省社会科学院应用对策研究室副主任，副研究员，研究方向为党建与经济。

国成立以来江西第一个上升为国家战略的区域性发展规划，开启了江西科学发展、进位赶超、绿色崛起的新纪元。

一 鄱阳湖生态经济区建设的战略意义

江西是一个经济欠发达省份，也是一个生态环境相对较好的省份。如何既加快发展、富民兴赣，又保护好江西的生态环境，是历届江西省委、省政府一直认真思考并不懈探索的重大课题。早在 20 世纪 80 年代，江西省委、省政府就作出了实施"山江湖开发治理工程"的重大决策，把山、江、湖的开发与治理作为一个整体，把生态与经济作为一个系统，统筹规划，协调推进。进入 21 世纪以来，江西省委、省政府认真贯彻落实科学发展观，明确提出"既要金山银山，更要绿水青山"的发展理念，把建设富裕文明江西与建设绿色生态江西有机统一起来。党的十七大第一次提出"建设生态文明"的目标后，江西省委、省政府进一步深化和创新发展理念，确立"生态立省、绿色崛起"的发展战略，并于 2008 年初在深入调研、反复论证的基础上，提出了建设鄱阳湖生态经济区的战略构想。鄱阳湖生态经济区建设上升为国家战略，不仅对江西的发展具有里程碑意义，而且具有超出省域范围的重大创新和示范意义。

（一）建设鄱阳湖生态经济区，是探索生态与经济协调发展新路子的生动实践

在工业化与城市化快速发展进程中，协调生态与经济的关系，解决生态与经济的矛盾，是一个世界性难题。环境库兹涅茨曲线表明：环境质量与经济增长一样呈倒"U"型曲线关系，即环境污染在经济发展初期随人均收入增长而由低趋高，到达某个临界点（拐点）后又会随人均收入的进一步增长而由高趋低。大多数发达国家的拐点在人均 GDP 5000 美元左右，目前世界上还没有一个国家在人均 GDP 3000 美元以下实现生态与经济协调发展。江西地处我国中部地区，处于经济最发达地区和最不发达地区之间，属于典型的发展中地区。近年来，江西经济始终保持两位数增长，生态环境的质量不但没有下降，反而有所提升。这样一个省份，如果能够努力将生态环境好转的拐点前移至人均 GDP 3000 美元左右，

成功探索出一条生态和经济双赢的发展模式，将为全国各地转变发展方式、实现科学发展提供有益的经验和现实的示范。

（二）建设鄱阳湖生态经济区，是构建国家促进中部地区崛起战略实施新支点的重要抓手

促进中部地区崛起，是国家统筹区域发展的重大战略。鄱阳湖生态经济区位于京九铁路与长江的交叉部位，属于党的十七大报告所说的"沿干线铁路与沿长江经济带"，2008年国土面积5.12万平方公里，人口2006.6万，地区生产总值3948亿元，分别占江西全省的30%、50%与60%，具有区位条件优越、自然资源丰富、产业基础较好等特点，是中部地区崛起的重要战略支点。鄱阳湖生态经济区内有南昌、九江、景德镇等重要城市，这些城市将因生态经济区的纽带作用而结成联系紧密的经济增长极，这个增长极今后不仅同时接受来自长三角、珠三角与闽三角的经济辐射和文化影响，还可望与武汉城市圈、长株潭城市群鼎足而立，在不远的将来形成中部地区沿长江一带的"金三角"板块。建设鄱阳湖生态经济区，有助于打造长江中下游地区新的城市群，形成中部地区崛起的重要战略支点，加快实现中部地区"三个基地、一个枢纽"的战略目标。

（三）建设鄱阳湖生态经济区，是探索大湖流域综合开发新模式的具体行动

大湖流域开发，是世界各国推动经济发展的重要着力点。国内外大湖流域的开发历程，既有成功的经验，也有深刻的教训。鄱阳湖对长江流域发挥着巨大的调蓄洪水和保护生物多样性等特殊生态功能，经鄱阳湖调蓄注入长江的水量年平均值达1450亿立方米，占长江多年平均径流量的15.6%，这一数字超过长江以北所有河流入海水量的总和。目前长江的自净能力严重不足，鄱阳湖构成长江中下游地区生态安全、饮水安全和粮食安全的一道重要屏障，鄱阳湖如果丧失了"生命湖泊"的性质，江西的受害还在其次（江西南高北低，鄱阳湖在赣北），长江的江西段以下的广大地区都将受到严重影响。在我国最大的淡水湖——鄱阳湖探索大湖流域开发、保护、治理的新经验，有利于跳出国内外一些大湖流域"先破坏，后治理"的泥淖，总结出符合生态文明要求的开发建设与综合治理新模式，从而为全国乃至世界积累大湖流域综合开发治理的新经验。

（四）建设鄱阳湖生态经济区，是树立我国坚持走可持续发展道路新形象的重要窗口

鄱阳湖周边古城名镇星罗棋布，湖边有入选世界文化和自然遗产名录的庐山和世界地质公园龙虎山，湖区内有国际重要湿地和亚洲最大的候鸟栖息地，全球95％以上的白鹤每年从西伯利亚飞来此地越冬。这一地区集名山（庐山）、名水（长江）、名湖于一体，其生态环境之美，为世界所罕见。国际社会和学术界对鄱阳湖的生态环境高度关注，前来考察的环保人士一直络绎不绝。通过鄱阳湖生态经济区建设，保护好鄱阳湖"一湖清水"，有利于纠正国际上某些人对我国的误解，似乎我们只会靠大量占用土地、大量消耗资源和大量排放污染来实现经济较快增长。更为重要的是，鄱阳湖生态经济区建设可以向世界展示，中国作为发展中的大国，具有承担环境保护责任的坚强决心和务实态度。今后鄱阳湖生态经济区可以为包括生态论坛在内的国际合作交流活动提供重要平台，天蓝水绿、众鸟翔集的鄱阳湖将成为中国的一张重要生态名片。

正是基于上述多个方面的原因，国务院于2009年12月12日正式批准《鄱阳湖生态经济区规划》。这项重大战略得以正式确立和颁布，标志着江西在全国发展格局中地位更重、更实了，从此掀开了江西进位赶超、科学发展、绿色崛起的新篇章。

二　鄱阳湖生态经济区建设的本质内涵

建设鄱阳湖生态经济区，内涵丰富，寓意深远。只有深刻理解和全面把握鄱阳湖生态经济区的本质内涵，我们才能更好地推进鄱阳湖生态经济区建设。按照国务院的批复，江西省把鄱阳湖生态经济区建设的本质内涵，概括为四句话：特色是生态；核心是发展；关键是转变发展方式，在发展中保护生态，在保护生态中加快发展；目标是立足江西实际，顺应时代发展潮流，走出一条科学发展、绿色崛起之路。具体来说，主要体现在以下四个方面。

（一）特色是生态

良好的生态环境是江西最大的优势、最大的财富、最大的潜力、最大的品

牌，鄱阳湖更是江西省生态环境优势的集中体现。建设鄱阳湖生态经济区，就是要突出生态这一最大特色，坚持把生态建设和环境保护放在首要位置，努力实现经济与生态协调发展、人与自然和谐发展。一方面，特别注重环境保护，绝不为了眼前的发展而破坏生态环境。严格遵守"两区一带"（即湖体核心保护区、高效集约发展区，滨湖控制开发带）功能分区要求，在湖体核心保护区强化生态功能，绝不开发建设；在滨湖控制开发带构建生态屏障，严格控制开发；在高效集约发展区，注意集聚经济人口，进行高效集约开发。另一方面，江西提出，要加大生态建设力度，巩固发展生态优势。继续实施"五河一湖"（即与鄱阳湖相连的赣江、抚河、信江、饶河、修河）源头保护、造林绿化等生态工程，加快发展以低碳经济为主导的生态产业，推行清洁生产，大力发展循环经济，培育现代服务业，倡导生态环保的生活和消费方式，打造绿色家园，使生态优势真正变成不可多得、不可替代的发展生态经济和生态文明的后发优势。

（二）核心是发展

建设鄱阳湖生态经济区，绝不是单纯地保护生态，更不是守着金山受穷。科学发展观的第一要义是发展，建设鄱阳湖生态经济区的核心也是发展，根本出发点和落脚点是把生态文明与经济社会发展有机统一起来，既保护好"绿水青山"，又垒筑起"金山银山"，更好地为全省人民和子孙后代造福。《鄱阳湖生态经济区规划》涉及经济社会发展的各个领域和方面，具有十分丰富的内容。建设鄱阳湖生态经济区的基本原则是：坚持生态优先，促进绿色发展；坚持科学布局，促进协调发展；坚持改革开放，促进跨越发展；坚持以人为本，促进和谐发展。发展定位是：全国大湖流域综合开发示范区；长江中下游水生态安全保障区；加快中部崛起重要带动区；国际生态经济合作重要平台。主要任务是：着力构建安全可靠的生态环境保护体系、调配有效的水利保障体系、清洁安全的能源供应体系、高效便捷的综合交通运输体系等"四大支撑体系"，重点建设区域性优质农产品生产基地，生态经济旅游基地，光电、新能源、生物及航空高技术产业基地，改造提升铜、钢铁、化工、汽车等传统产业等"十大产业基地"。具体目标是：构建保障有力的生态安全体系，形成先进高效的生态产业集群，建设生态宜居的新型城市群，为到21世纪中叶基本实现现代化打下良好基础。为此，江西省委、省政府提出从经济欠发达这个基本省情出发，始终抓住发展不足这个主要矛盾，把加快发展、科学发展贯穿于规划实施的全过程，着力创新发展理念，以发展的实际成效检验建设鄱阳湖生态经济区的成效。

（三）关键是转变发展方式

在中央提出加快转变发展方式的要求下，江西立足鄱阳湖生态经济区，认为实现经济与生态的协调发展，关键在转变发展方式；鄱阳湖生态经济区建设成败，关键也在转变发展方式。鉴于此，江西提出：一要坚持经济文明与生态文明的有机统一，坚持把推进环境友好型产业发展作为重中之重的任务，把发展低碳经济、绿色经济作为江西转变发展方式、调整产业结构的重点，以推进江西科技创新"六个一"工程为抓手，大力发展江西十大高新技术产业，积极培育新的经济增长点和竞争优势，加快抢占未来发展的制高点；二要突出发展高效安全的生态农业，突出发展高效低耗的先进制造业，突出发展水平领先的高技术产业，突出发展旅游商贸等现代服务业，努力构建以生态农业、新型工业和现代服务业为支撑的环境友好型产业体系，促进产业经济生态化、生态经济产业化，使低碳与生态经济成为江西崛起的经济脊梁；三要以制度建设为抓手，充分用好先行先试权，加快形成有利于结构调整、有利于转变发展方式的体制机制，积极研究绿色国民经济核算方法，探索将发展过程中的资源消耗、环境损失和生态效益纳入经济发展水平的评价体系，在创新发展理念和发展模式上率先取得突破，率先建立符合生态经济发展、适应未来趋势的体制机制和开放环境，努力做到在全省有推广效应、在全国有示范作用、在世界有广泛影响；四要深入研究建立健全考核体系问题，把推进鄱阳湖生态经济区建设作为加强党的执政能力建设的重要内容，作为检验班子、考察班子的重要依据，作为培养干部、识别干部、选拔干部的重要条件，形成人人思发展、个个建功业的浓厚氛围。

（四）目标是走出一条科学发展、绿色崛起之路

当今世界，环境和资源问题日益严峻。如何实现经济与生态协调发展和人类社会可持续发展，是一个国际性的重大课题和难题。建设鄱阳湖生态经济区的根本意义和最终目标，就是要通过不断探索、积极实践，走出一条科学发展、绿色崛起的路子，使江西人民既能过上现代化生活，又切实保护好、建设好、发展好江西的青山绿水。这既是在探索一条科学发展的新路，也是在朝着绿色崛起的美

好愿景而努力奋斗。

鄱阳湖生态经济区建设的四个方面内涵，构成了鄱阳湖生态经济区建设的整体构架。在这一整体构架的指导下，江西探索的就是一条以鄱阳湖生态经济区建设为龙头，推动经济与生态协调发展的新路径。我们有理由相信，鄱阳湖地区在为全国大局服务的过程中，必将取得更大的成功，迎来更加美好的未来。

三　切实推进鄱阳湖生态经济区建设，探索绿色崛起新路径

建设鄱阳湖生态经济区是一项探索性很强的战略工程、系统工程，既无成功先例可循，更无现成模式可搬，在推进过程中，既要加强领导，强化责任，凝聚合力，又要实事求是，开拓创新，与时俱进。具体来说，要按照鄱阳湖生态经济区的功能定位要求，突出重点，立足生态，着眼经济，注重在以下几个方面加快探索绿色崛起新路径的进程。

（一）加快建设生态产业体系

生态产业是以市场需求和生态平衡为前提，以和谐共生为基础，以可持续发展为目标，以产品的生产、消费、回收再利用为内容，促进物质流、信息流、能量流和价值流的运转，确保生态系统稳定、有序、协调发展，实现生态和经济融合，经济发展和环保"双赢"。

1. 大力发展生态工业

生态工业是以生态经济原理和系统工程方式组织工业企业生产，使上游企业排放的废弃物成为下游企业所需的生产原料，通过物质循环和能量转换形成相互依存的生态产业系统。要以现有工业园区为依托，积极推行清洁生产，加快工业园区生态化改造，加大基础工业的技术改造升级。要重点加大对昌九经济带及南昌经济开发区、南昌高新技术产业开发区、九江经济开发区、永修星火经济开发区、江西铜工业园、景德镇高新技术产业园区等循环工业发展的资金、技术投入，让工业园区成为循环工业、节能减排的生态园。

2. 积极发展生态农业

发展生态农业关键要将标准化贯穿到生态农业的生产、加工、储运、消费整

个行业链中，促进农产品、食品生态安全、资源安全，提高农业综合效益。鄱阳湖地区是长江中下游的冲积平原，土地肥沃，水质良好，基本农田占全省50%以上，是全国重要的商品农业生产基地，农业商品率达到73%，集约化生产程度较高。实施生态经济区建设的主要目标之一，就是把鄱阳湖地区由全国重要的农业商品生产基地，变为既是农业商品基地，更是全国重要的现代生态农业基地、绿色食品和有机食品生产基地。为此要加大生态农业示范县建设力度，继续成为全国粮食主产区之一，全国优质棉花、油料、畜禽、特色水产生产基地。建立农产品生产、加工绿色认证体系，扩大绿色农产品的出口。

3. 发展生态旅游业

生态旅游是一种以保护生态环境为前提，把环境教育和自然、人文知识普及作为核心内容的旅游活动。鄱阳湖地区自然资源与人文历史资源极为丰富，名山名水名镇名楼星罗棋布，赣鄱文化的特色与魅力均在其中，如享誉中外的陶瓷文化、铜文化、茶文化、书院文化、宗教文化、戏曲文化、候鸟文化等，具有较强的发展潜力与优势。要进一步发掘和整合生态旅游资源，规划、设计并推出一批生态旅游产品。坚持旅游开发与生态环境建设、历史文化遗产保护同步规划、同步实施，把生态观念和生态文化融入旅游的各个环节。

4. 加快发展现代绿色服务业

加快建设现代物流基地和配送中心、大型商业服务中心和批发贸易中心，逐步形成集信息、仓储、加工配送等功能于一体的多层次、专业化、标准化的现代物流网络和绿色通道。加快发展金融业，积极引进境内外金融机构，以金融手段支持生态产业、环保产业的发展。

5. 大力发展新型生态环保产业

要着力发展水污染防治、大气污染防治技术，以循环经济为特征的固体废弃物处理和资源综合利用技术，生态保护和生态功能修复技术，清洁生产技术和环境规划、评估、监测技术等。为促进环保产业的发展，政府要发挥引导作用，完善促进环保产业发展的法规和政策；提高环保产业自主创新能力，以科技创新提高市场竞争力；创新环保产业投融资体制机制，推进污染治理市场化进程，充分发挥市场机制在发展环保产业中的作用。

（二）探索并加快建立生态补偿机制

建立健全相应的生态环境补偿机制，是确保资源的开发利用建立在生态系统

自我恢复能力的可承受范围之内，实现鄱阳湖生态经济区可持续发展战略的基本要求。当前，应坚持"谁开发谁保护、谁破坏谁恢复、谁受益谁补偿、谁排污谁付费"，因地制宜、分类指导，循序渐进、协商共识，国家指导、地方推动、公众参与，先试点、后推广等几项原则，探索并建立生态补偿机制。

1. 构建财政转移支付补偿的常态机制

运用"财政转移支付"形式，建立国家对鄱阳湖生态经济区的常年补偿机制，把鄱阳湖生态经济区因保护生态环境而造成的财政减收，作为计算财政转移支付资金分配的一个重要因素。鄱阳湖生态经济区生态建设是公共产品，受益是全国性的。提供公共产品，并以税收等手段向公共产品的受益者收回公共产品成本，以维持公共产品的运行是中央政府的主要职责之一。政府通过支付系统为鄱阳湖生态经济区提供补偿资金，是生态建设补偿资金的主要途径。

2. 建立生态转移支付专项基金

专项基金是中央部门开展生态补偿的重要形式，国土、林业、水利、农业、环保等部门都制定和实施了一系列生态补偿的资金和项目，建立专项资金对鄱阳湖生态经济区生态保护和建设的行为进行资金补贴和技术扶助，如新能源建设、生态公益林补偿、水土保持补贴和农田保护等。也可以由国家从下游地区获益中提取一定比例的资源费作为专项基金，返还给鄱阳湖生态经济区相关部门。如从水电站按用水量提高电价；航运按吨位收取水使用费；江河水库排淤减少后，由水利建设费中提取一部分资金；从森林旅游业中收取一定费用；减少水、旱灾害，由抗洪抢险专项费用和国家的农业投入中提取一定比例等。

3. 构建长江下游流域对鄱阳湖生态经济区补偿常态机制

作为长江中下游最大的通江湖泊，鄱阳湖是全国人民的公共财产，大家共同享有对该河流资源与环境利用、保护和治理的权利和责任；鄱阳湖处于长江的中游，它对稀释长江污染、调蓄长江洪水功能具有至关重要的作用。建议中央政府和有关部门在积极借鉴国外发达国家经验的基础上，及早制定科学的全流域上中下游利益补偿、责任共担的定量核算办法；财税部门要研制出一套切实可行的上中下游利益补偿的财政转移支付方案、操作规程和配套政策，把下游地区每年因鄱阳湖调节作用而受益的一部分，预先、转移支付到上游鄱阳湖生态经济区的生态环境建设事业。

4. 完善"项目支持"形式，提高补偿资金使用效率

依托项目管理来实现生态补偿是发达国家在生态环境保护上的一条成功经验。美国的生态补偿除了依靠法规以强制性形式执行外，还通过大量的生态补偿项目建设，推动人们对环境的保护。如水质改善项目、自然保护区计划、农业资源保护项目、环境质量激励计划、野生动物栖息地激励计划等。目前，我国一些地区实施的生态建设补偿政策也是采用"项目支持"形式，运用市场方式来实施、运作。鄱阳湖生态经济区补偿机制也可以试行这一模式。国家可将公益性补偿运作机制转变为利益性补偿机制，即通过政府政策的引导、扶持，保障企业投资开发生态治理项目，促进生态经济区在环境得到保护的同时，经济也能得到较快发展。

5. 完善鄱阳湖生态经济区补偿机制的其他办法

建议将生态经济区监测和科研工作纳入保护区工作经费预算，从财政资金中予以保障，提高生态经济区管护能力。对区内原居民进行补偿，筹集经费对原居民的湖面、林场、园地、农田等进行租赁或收购，用经济手段改变保护区内原居民的生产生活方式，使之适应生态经济区工作需要。鼓励生态经济区和旅游部门或公司合作，将旅游收入的一部分用于生态经济区建设补偿等。

（三）探索并建立资源环保市场机制

鄱阳湖生态经济区建设是一项系统工程，需要借鉴国内外生态补偿的经验，引入市场竞争机制，逐步完善生态环境产权机制、交易机制、价格机制，发挥市场机制对生态环境资源供求的引导作用，建立公平、公开、公正的生态利益共享及相关责任分担机制。

1. 资源交易机制

国内外的经验证明，市场生态补偿机制，是一种真正意义上的"绿色消费"，通过市场化的手段，使生态的保护者、提供者和受益者之间形成一种良性互动，更有利于推进生态文明建设进程。要解决我国资源利用低效及相关环境问题，必须进行产权结构的调整——即通过建立以重要资源国家所有为基础的，包括一定范围资源个人所有在内的多元资源产权体系。如排污权、资源交易权，用水优先权以及个人资源限量等均是适应市场机制的调节手段。

2. 水权交易机制

一是在政府层面上建立水权转让制度。要在政府层面做出有关水权转让的制度安排，包括水资源初始产权的界定及水权交易的法规或规章，对水权交易的交易规则、交易范围、交易价格的形成原则等。同时，要规避水权交易中的政府行为失范。二是完善水价形成机制。要实现水权交易逐步向包括资源水价、工程水价和环境水价的全成本定价模式过渡，努力顾及水资源的稀缺性，兼顾供水企业成本，同时将水污染的成本内部化，让造成污染的生产者或消费者自身承担。三是建立水资源交易机制和交易市场。要通过水资源交易机制和交易市场对水资源进行二次分配，努力满足过度用水用户的需要，对节约用水的地区和用户进行补偿。水资源的交易价格则要在国家相关部门的监控下由市场自发形成，根据市场供求情况自动调节。

3. 排污权交易机制

从国外实践看，排污权交易的一般做法是：政府机构评估出一定区域内满足环境容量的污染物最大排放量，并将最大允许排放量分成若干规定的排放份额，每份排放份额为一份排污权。政府在排污权一级市场上，采取一定方式，如招标、拍卖等，将排污权有偿出让给排污者。排污者购买到排污权后，可根据使用情况，在二级市场上进行排污权买入或卖出。具体操作中包含以下几个主要环节：一要明确排污交易对象。首先在法律上对可交易的排污权作出具体规定。从美国等国外情况来看，排污权交易对象主要有二氧化硫、温室气体二氧化碳，以及较少的污水等。二要科学核定区域内排污权总量。排污总量一般由环境主管部门根据区域的环境质量标准、环境质量现状、污染源情况、经济技术水平等因素综合考虑来确定。三要建立排污权交易市场。排污权交易市场分为一级市场和二级市场。一级市场是政府与排污者之间的交易。二级市场是排污者之间的交易场所，是实现排污权优化配置的关键环节。四要制定排污权交易规则和纠纷裁决办法。除了要建立一般市场的交易规则和纠纷裁决办法外，还要充分考虑如何防止"地下交易"和"搭便车"等行为。

（四）加快建设科技创新支撑体系

鄱阳湖生态经济区建设，离不开科技的支撑和推动。从江西的情况看，建设好鄱阳湖生态经济区，必须做好环境保护与经济发展两篇文章，以科技体制的创新推动鄱阳湖生态经济区建设，实现经济发达、生态文明、文化繁荣、社会和谐的目标。

1. 大力推进自主创新

鄱阳湖地域科技资源相对匮乏，自主创新能力不强，深层次原因还是观念落后和体制机制不活。因此，要进一步深化科技体制改革，推进科技管理创新，完善政策措施，促进科技资源高效配置和综合集成，形成科技创新的整体合力。一要建立健全技术创新、技术开发的激励机制。坚持先进技术引进和消化、吸收、创新相结合，鼓励开发具有自主知识产权的核心技术。二要建立健全区域知识创新的发展机制。以高校建设为突破口，建设区域知识创新平台。三要建立健全更加开放的创新体系。加强与跨国公司和外商研发机构合作，实现嫁接式开放；鼓励鄱阳湖生态经济区内企业"走出去"兴办研究开发机构，充分利用国际科技资源，实现外源性开放。四要建立健全自主创新的投融资机制。建立起以政府投入引导企业投入为主体的高新技术研发投资体系，以民间风险投资为主要支撑的高新技术成果转化投资体系，以企业和金融机构投入为主体的产业化投资体系。五要建立健全自主创新技术和产品交易交流的市场机制。积极鼓励自主创新技术产品交易市场的建立，通过互惠互利、共促发展，形成科学合理的市场体系。

2. 努力建立产学研合作机制

鄱阳湖生态经济区拥有全省80%以上的高校和科研机构，在产学研方面具备创新的能力与基础。为此，一要构建产学研有机结合的技术创新体系。以应用为目的、市场为导向、科研机构和重点实验室为载体，构建产学研有机结合的技术创新体系，形成源头创新网络。二要完善产学研合作机制。要通过税收、金融等政策促进企业增加研究开发投入，为企业实现产学研结合创造基础条件；扶持中小企业的技术创新活动。三要加强重点科研机构和高等院校的体制创新。建立区域技术创新平台；建立科技活动差别运作机制；建立开放性的科技创新体制。四要加强科技中介服务和融资平台建设。通过推动创业风险投资机构的建设，实现创业风险投资资金上规模上水平，为中小企业科技创新提供资金保障；建立健全一系列产学研转化机构；大力创建鄱阳湖生态经济区的留学生创业园、博士创业园、民营科技园、大学科技园等。

3. 加快人才培养引进

鄱阳湖生态经济区建设，关键在人才。因此，要大力实施人才强区战略，把发现、培养、吸纳、使用、凝聚和服务优秀科技人才作为科技发展的重要任务。一要创新科技人才引进机制。加强科技人才生成的环境建设；实行柔性人才引进机制，鼓励"高、精、尖"人才来赣鄱大地创业；加强高层次创新型人才的引进。二要创新科技人才培养机制。大力培养科学研究人才，为建设稳定的、高水平的专业科学研究队伍输送人才；大力培养工程技术人才，以此提高区域的工程技术水平，提升产业竞争力；大力培养科技企业家人才，推动科研成果的转化；大力培养科技管理人才，通过他们对科技人才进行科学、公正、高效的管理，提高科技创新的效果和能力。三要健全科技人才激励机制。大力鼓励表彰优秀人才，形成鼓励人才长期为江西服务的氛围；形成尊重人才、用好人才的制度和机制保障；完善职务发明的权属政策和激励机制，建立用人单位内部人才激励机制，鼓励技术创新；完善对企业家的激励和监督机制。四要完善科技人才管理机制。进一步明确用人导向，科学制定人才考核指标；加强在职人才培训与对外交流；打破人才的行业壁垒、所有制壁垒和地区壁垒，形成人才在不同单位、不同区域和不同行业自由流动的管理机制，为各类优秀人才进入政府工作开辟通道，为优秀人才在学术机构潜心研究创造条件，为政府优秀人才到企业、高校发挥聪明才智提供便利，从而营造人尽其才、才尽其用的氛围，让合适的人在合适的位置上发挥最有效的作用。

参考文献

《苏荣在建设鄱阳湖生态经济区动员大会上的讲话》，2010 年 1 月 31 日中国江西网。

《鄱阳湖生态经济区规划》，2010 年 2 月 22 日《江西日报》。

江西省社科院课题组：《鄱阳湖生态经济区建设——欠发达地区经济生态化与生态经济化模式的探索》，《江西社会科学》2008 年 08 期。

郭杰忠等：《鄱阳湖生态经济区体制机制创新与政策法规研究》，2008 年江西省鄱阳湖生态经济区建设重大招标课题。

B.24
皖江城市带承接产业转移
示范区的发展研究

王开玉 司海云*

摘 要：皖江城市带承接产业转移示范区正式上升为国家战略，这是全国首个以"产业转移"为主题的区域规划。皖江城市带承接产业转移示范区将打造以长江为轴、合肥和芜湖为双核、宣城和滁州为两翼的产业布局。横贯安徽东西800里的皖江，是连接长江中游和下游的重要渠道，是安徽崛起的重要战略资源，也是皖江城市和承接东部产业转移的重要依托。安徽正举全省之力，把皖江城市带打造成为集聚产业、集聚资本、集聚人气和集聚政策的大平台。

关键词：皖江城市带 集中区 优惠政策

一 皖江城市带发展概况和背景

长江自西向东流经安徽800里，称之为"800里皖江"，沿江两岸有安庆、池州、铜陵、巢湖、芜湖、马鞍山等6个城市。这里不仅有丰富的自然资源、人力资源，全省95所高校、200多个省级以上科研院所、45个国家及省部级以上重点实验室，也主要集中在这个区域。

从全国地理位置上来说，安徽居中靠东，沿江通海，皖江经济带是泛长三角地区的重要组成部分。皖江城市带承接产业转移示范区规划范围，包括合肥、芜湖、池州、宣城、安庆、六安、铜陵、巢湖、马鞍山9市全境和六安市的舒城县、金安区，共59个县（市、区），土地面积7.6万平方公里，人口3058万人，

---

* 王开玉，男，安徽省社会科学院，研究员；司海云，女，安徽省市场经济研究会，硕士。

2008 年 GDP 为 5818 亿元，分别占全省的 54%、45% 和 66%。

1990 年，安徽省委省政府为抓住机遇，对接浦东开发，作出了开发皖江的重要决策。沿着这条思路，1995 年，实施了《关于进一步推进皖江开发开放若干问题的意见》，同年，又提出了"外向带动、整体推进、重点突破、形成支柱"的发展战略，制定了《安徽省长江经济带开发开放规划纲要》，以芜湖等城市带动的沿江城市的开发开放格局初步形成。

2008 年 1 月，胡锦涛总书记来安徽考察，要求安徽积极参与泛长三角区域发展分工合作，主动承接沿海发达地区产业转移。2008 年 8 月，国务院《关于进一步推进长江三角洲地区改革开放和经济社会发展的指导意见》正式出台，从此，安徽成为"泛长三角俱乐部"成员。2010 年 1 月，国务院正式批复《皖江城市带承接产业转移示范区规划》，这是全国唯一以"产业转移"为主题的区域规划。

二　皖江城市带承接产业转移示范区的战略意义

正如皖江城市带承接产业转移示范区规划中指出的：皖江城市带承接产业转移的意义，不仅仅在于促进长三角工业化迫于生态环境和要素成本压力的工业化后期转型、推动中部崛起，更不仅仅是推动安徽本省的发展。更具战略意义的是，促进资源配置、产业分工、基础设施建设、原材料供应和劳动力转移，激发内需，形成国内新一轮经济景气循环，促进我国内生型经济的成长，以适应国际金融危机后我国外向型经济推动模式面临的挑战。同时，通过促进长三角大力发展现代服务业和高技术产业，以及中西部地区产业转型与升级，提升我国在国际产业分工中的地位，增强经济持续发展的话语权和控制权。皖江城市带的发展当胸怀全局，突出"示范"的意义；它的建设，对于充分发挥中西部地区比较优势，挖掘发展潜力、探索承接产业转移新途径和新模式，在全国范围内推进形成更加合理的区域产业分工格局，保持经济平稳较快发展，具有十分重大的意义。

1. 设立示范区，是建立承接产业转移新模式的客观需要

改革开放以来，特别是进入 21 世纪以来，中西部地区承接产业转移规模明显扩大，招商引资工作取得重大进展，促进了地方经济的发展。但总的来看，产业承接的质量还不高，地方比较优势没有得到充分发挥，重复建设、恶性竞争不时出现，可持续发展受到影响，迫切需要从国家层面选择重点区域，加强引导，

探索科学承接产业转移的新模式，促进产业承接转移有序开展，为其他区域提供示范。这个历史性的任务，光荣地落到了安徽身上。因此，我们要站在国家的战略层面，在建设示范区的过程中，充分发挥政府的推动作用，加强政策和规划引导，严格执行产业准入标准，坚决转变传统的产业承接方式，积极优化要素资源配置，提高资源节约集约利用水平，发展循环经济、低碳经济。

2. 设立示范区，是深入实施中部崛起战略、推动区域协调发展的重大举措

通过科学承接产业转移，引导生产要素合理流动与优化配置，可以充分发挥中部地区比较优势，集聚发展要素，壮大产业规模，加快发展步伐，同时为东部地区腾出更大的发展空间，推动产业结构升级，提升发展质量和竞争力，更好地辐射和带动中西部地区发展，促进资源要素优化配置和区域经济布局调整，形成东中西良性互动、优势互补、相互促进、协同发展的新格局。

3. 设立示范区，是推动安徽又好又快发展的现实要求

皖江城市带基础较好、条件优越。通过大规模承接产业转移，积极参与泛长三角区域分工合作，有利于安徽加快构建现代产业体系，转变发展方式，推进经济转型，加速新型工业化和城镇化进程，实现跨越式发展。按照规划，示范区要建设成为全国重要的先进制造业和现代服务业基地，到2015年，地区生产总值比2008年翻一番以上，其经济规模将快速扩大，实力将大大提升，对全省经济发展的贡献度将进一步提高。

4. 设立示范区，是保持全国经济平稳较快发展的重大举措

为应对国际金融危机，国家采取了一系列的政策措施，确保"保增长、保民生、保稳定"的调控目标得以实现。设立皖江城市带承接产业转移示范区，通过有序承接国内外产业转移，可以进一步优化产业布局，稳定扩大就业，激发内需潜能，拓展区域发展空间，增强经济发展动力和后劲，夯实全国平稳、可持续发展基础。

三 皖江城市带承接产业转移示范区的
目标、构想与支持政策

"皖江城市带承接产业转移示范区"是中部地区承接产业转移的试验区，也是安徽参与泛长三角区域发展分工，构建区域分工合作、共同发展新格局的示范区，是安徽等中部地区跨越式发展的新的增长极和新的动力。

（一）皖江城市带承接产业转移示范区的目标与构想

皖江城市带承接产业转移示范区规划从定性和定量两方面提出了到 2015 年的发展目标。一是综合实力明显提升，地区生产总值比 2008 年翻一番以上，人均生产总值超过全国平均水平；二是产业结构优化升级，三次产业协调发展，农业基础地位稳固，非农产业比重进一步提高；三是开放合作不断加强，区域合作机制进一步健全，全方位对外开放格局基本形成，基础设施、市场体系、体制机制等与沿海发达地区全面对接；四是公共服务日趋完善。教育、卫生、文化、体育等社会事业加快发展，基本公共服务水平明显提高；五是人居环境更加良好，资源利用效率持续提高，节能减排效果明显，生态环境保持良好。规划还对 2020 年的发展目标进行了展望，皖江城市带将致力建成——合作发展的先行区、科学发展的试验区，全国重要的先进制造业和现代服务业基地，成为全国具有重要影响力的城市带。

为了实现上述目标，规划提出了构建"一轴双核两翼"产业空间格局的构想。"一轴"包括安庆、池州、铜陵、巢湖、芜湖、马鞍山 6 个沿江市，这是承接产业转移的主轴线；"双核"指合肥、芜湖；"两翼"指滁州和宣城市。"一轴双核两翼"空间发展格局的构想成为示范区大手笔设计，为"皖江"腾飞点燃了"助推器"，即依托现有产业基础，以沿长江一线为发展轴，推进安庆、池州、铜陵、巢湖、芜湖、马鞍山 6 市合理分工，构筑沿江产业发展轴；以合肥、芜湖两市为双核，充分发挥区域中心城市的作用，进一步强化城市综合功能，提升产业集聚和创新能力，着力打造示范区两大产业集聚核；以滁州和宣城为两翼，充分发挥两市毗邻长三角地区等优势，形成示范区承接产业转移的前沿阵地。推动皖江各地形成"合理分工"、"有序承接"、"错位发展"的新格局。

（二）皖江城市带承接产业转移示范区的支持政策

为了进一步推动皖江城市带承接转移示范区规划的实施，国家和安徽省委、省政府出台了一系列优惠政策。

1. 国家层面的政策支持

投资政策。编制示范区产业发展指导目录，对目录内的投资项目，享受国家鼓励类产业产品相关支持政策。对示范区内重大基础设施建设和重大产业项目，国家在规划编制、产业布局、审批核准及投资安排、资金补助、贷款贴息等方面给予支持。

财税政策。规划期内，中央财政加大转移支付力度，支持示范区基础设施、自主创新和环境建设。对示范区内符合条件的企业，落实新税法规定的各项税收优惠政策。

金融政策。银行业金融机构加大对符合国家产业政策和节能环保要求等产业转移的信贷投放力度。支持符合创业板上市条件的自主创新及其他成长型创业企业进入创业板融资，鼓励符合条件的企业发行企业债券、短期融资券和中期票据。支持多种所有制金融企业、外汇管理政策等方面进行改革试验。支持设立股权投资基金，发展创业投资，建立担保风险基金。探索开放短期出口信用保险市场，开展跨境贸易人民币结算试点。

土地政策。优化土地利用结构，创新土地管理方式，统筹协调承接产业转移特别是集中区的用地需求。加快土地利用总体规划修编，产业集中区等各类建设用地统筹纳入当地土地利用总体规划安排。国家在编制土地利用年度计划时，适当增加安徽省用地指标。建立城乡统一的建设用地市场，稳步推进农村集体建设用地使用制度改革，探索新增耕地指标、新增建设用地规划指标有偿调剂使用制度。推进城镇建设用地增加与农村建设用地减少挂钩试点，允许城乡建设用地增减挂钩指标在示范区内调剂使用。

对外开放政策。鼓励世界500强企业和全球行业龙头企业在示范区设立地区总部、研发机构、采购中心和产业基地。鼓励在华外资金融、保险、会计、审计机构设立分支机构。鼓励外资并购示范区内企业，参与区内企业改造。引导和鼓励海内外优秀人才到示范区创业、投资。支持区内企业广泛承接服务外包。帮助企业境外上市和融资。鼓励外商投资企业增资扩股和利润再投资。支持合肥、芜湖等符合条件的地区设立海关特殊监管区域。

目前，国家层面细化的具体政策正在衔接落实之中，随着示范区建设的快速推进，将陆续出台到位。

2. 省级层面的政策支持

国务院批复《规划》后，安徽省先后出台了一系列政策性文件，特别是《中共安徽省委、省人民政府关于加快推进皖江城市带承接产业转移示范区建设的若干政策意见》，提出了40条更加具体的政策措施，具有涵盖面广、含金量

高、针对性强的特点。《政策意见》从载体建设、产业创新、用地供给、税收价格、财政金融、环境保护、人才智力、内外贸易、社会事业、政务环境等十个方面，提出了优惠和支持政策，尤其是对大规模、集群式产业转移的利益方所关心的合作载体和模式、利益分享机制等，作了较为全面的规定。概括起来有三大方面：

（1）建立区域合作和承接转移的利益机制。一是集中区内新建和新增企业所得税省级分成部分全额奖励市县；二是在集中区和省级以上开发区中设立合作园区，鼓励政府、开发园区、企业和战略投资者对其进行整体开发，2010年起连续6年，合作园区增值税、所得税市、县留成部分全额补贴给合作园区；三是鼓励发展"飞地经济"，积极探索不同的管理模式和利益分享机制。

（2）改革承接产业转移的体制机制。一是完善集体建设用地使用权流转制度，将集体建设用地纳入统一市场；二是实行大用户直供电试点；三是先行开展排污权有偿使用和交易试点；四是制定城镇职工社会保险和城乡居民社会保障制度衔接办法。

（3）优化承接产业转移的政务环境。一是整体搬迁的企业在沿海评定的管理类别，来示范区后予以办理相应的工商、海关、外汇管理类别；二是允许转移到示范区内的企业将原进口设备转到符合国家鼓励政策的新企业继续使用，监管期限可以连续计算；三是对外省已认定的高新技术企业和综合利用资源企业，在有效期内不再重新认定，继续享受企业所得税的优惠政策。

四　具体实现路径的探索

为了贯彻落实规划，安徽省建立了"江北产业集中区"和"江南产业集中区"。江北集中区东至长江中心线，南至淮南铁路，北至太阳河，西至历阳镇戚镇村至沈巷大丁村一线，区域总面积220平方公里，区内人口125万人，起步区位于和县最南端的沈巷镇，规划面积20平方公里。江南集中区位于池州市贵池区境内，北临长江，东邻铜陵市，规划面积216平方公里，其中先期工作将从37平方公里的起步区开始。起步区东起九华山机场，南至机场迎宾大道，西至九华河，北至长江。将合肥、芜湖定位为示范区的中心城市，加快推进芜马同城化、铜池一体化和跨江联动发展，共同构建现代化滨江组团式城市发展格局，努力建成长江流域的现代化城市群。

皖江示范区的两个集中区抓住机遇，科学承接转移。江北集中区由中铁四局投资 28 亿元的起步区一期 5.7 平方公里的基础设施项目已经实施，总投资近百亿元的土地一级开发协议正在商谈中，皖能集团总投资近 30 亿元的热点联产和天然气供应项目顺利推进。产业招商方面，圣来光电科技项目、美时投资集团闽海物流园、五星级酒店及投资服务中心，同时一批装备制造、高新技术、商务物流、职业教育等领域均有投资。安徽省江北集中区位于沿海经济带和长江经济带黄金十字交叉点，准备建设成为继上海、南京、武汉、重庆之后的长江岸边第五城，集中区内，"水、陆、空、铁"四位一体的格局，将成为重要的综合交通枢纽。目前，起步区的建设正在全面拉开，资金需求预计在 120 亿元。江南集中区内已集聚了安徽江南九华湖工程有限公司（包括安徽交通兴源路面有限公司、安徽省交通建设有限责任公司）、安徽省九华湖生态文化旅游度假区开发有限公司和安徽江南投资有限公司。此外，2010 年 12 月底皖江路、黄山路、迎宾大道等 4 条主干道正式开工，计划按照"九通一平"的标准修建，在一年内全部建成，形成"三横一竖"的交通网络，伴随 2011 年底九华山机场通航，江南集中区的区位优势将逐步凸显。两个集中区坚持低碳发展、生态发展，在市政公共设施建设中，自来水厂、污水处理厂、垃圾处理厂等将率先启动。

两个集中区的定位是打造宜居、宜业、宜游的滨江现代化生态新城。规划建设做到基础设施、群众安置、社会事业统筹协调发展。

破除市民与农民的界限，城乡一体化将在皖江示范区的产业集中区开始试水。在江南集中区发展中，会产生 5 万失地农民，他们将在住房、子女就业等各项保障方面享受市民同样待遇，集中区内将不再有市民、农民的区别。江北集中区内有 125 万人口，将全部成为居民，再就业、住房、社保等公共服务上将享受一样的待遇。为了给来这里创业的蓝领工人和大学毕业生解决住房问题，这里将建 3 万平方米的公共租赁房。

2011 年 1 月 2 日，国务院各部委，先后与安徽省签署了 17 项合作协议。中央企业抢滩示范区，先后与安徽省签订 372 个合作项目，总投资超过 12000 亿元。目前已经开工 177 个，总投资 4966 亿元。同时国内知名民营企业也积极跟进，已签订合同项目 1435 个，总投资 10236 亿元。安徽省皖江办最新发布的数据显示，示范区已经成为省内外投资者看好的发展"热土"。2010 年 1～10 月，示范区共新批内外资项目 8032 个，合同利用外资金额同比增长 59.2%，实际利

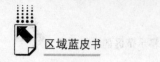

用外资同比增长 11.9%，合同引进省外境内资金同比增长 77.3%，实际利用省外境内资金同比增长 51.4%。2010 年前 11 个月，示范区引进省外资金 4503 亿元，增长 52%；落户千万元以上项目 1.2 万个，总投资 18686 亿元，增长 60%。皖江城市带启动建设一年来，合肥、芜湖继续保持着高歌猛进的发展势头，同时带动周边兄弟城市共同发展。

皖江城市带承接产业转移示范区规划获批以来，2010 年 1~10 月，合肥招商引资总量达 1372.7 亿元，同比增长 33.4%。京东方六代线、彩虹玻璃基板……大项目不胜枚举。作为皖江城市带的另一核心城市，芜湖一年来社会经济各方面也取得了不俗的成绩。2010 年末，作为芜湖主城区的镜湖区好戏连台，皖江金融大厦投入使用，以金融投资服务业为主的 13 家企业入驻，注册总资金达 5 亿元；5 家国内知名企业区域性总部同时签约落户，总部经济实现新的突破；皖江物流产业投资基金成立，成为全省首家、中西部省份第二家大型产业投资基金。

五　皖江城市带与合肥经济圈、合芜蚌自主创新试验区的整体推进

在区域经济上，安徽不仅实施了皖江城市带承接转移示范区，从 2006 年开始，就已经实施了"合肥经济圈"的发展战略。中共安徽省委加快实施以合肥为中心的中心城市发展带动战略，出台了《关于加快"合肥经济圈"的若干意见》。合肥经济圈包括合肥、六安、巢湖、淮南和桐城等周边地区，土地面积约 3.86 万平方公里。合肥经济圈的总量达到了全省经济总量的 1/3 左右，预计 10 年后，合肥经济圈经济总量将占全省的四成以上，经济圈的核心地位不断巩固，将在中部省区的都市经济圈中占据发展先机。合肥经济圈以合肥为区域对外开放的龙头城市，已发展成为安徽省泛长三角的重点城镇群，与武汉城市圈、中原城市群、昌九城镇群、长株潭城市群等竞争合作，实现中部崛起战略。省委、省政府还实施了把合肥建设成为有影响的、区域性的特大城市，着力增强中心城市带动能力，促进城市人口与产业同步扩张；坚持转型发展，加快新型工业化、新型城镇化的进程。合肥、六安、巢湖不仅是合肥经济圈的重要城市，也是皖江城市承接转移示范区的重要城市，合肥经济圈成为承接转移示范的一个重要载体。

2008 年初，胡锦涛总书记在安徽视察时，明确提出"安徽教育资源丰富，科技实力比较强，应该在自主创新方面有更大作为"。胡锦涛总书记视察安徽后，安徽省及各地、各部门对自主创新的认识有了新的提高，把推进自主创新工作摆到了更加突出的位置。为深入贯彻总书记考察安徽时关于"在自主创新方面有更大作为"的重要讲话精神，省委、省政府及时提出了建设合芜蚌自主创新试验区的设想，出台了《关于合芜蚌自主创新综合配套改革试验区的实施意见（试行）》（皖发〔2008〕17 号），正式启动了合芜蚌自主创新综合配套改革试验区（以下简称为"合芜蚌自主创新试验区"）建设工程。合肥市不光是皖江经济带的双核之一，也是全国唯一的科技创新型试点市，在安徽省启动建设的合芜蚌自主创新试验区中，合肥既是区域自主创新体系的代表，也是建设创新型安徽的一个重要突破口，更是推进国家创新体系的有机组成部分。

安徽实施皖江城市带承接产业转移示范区战略的同时，合肥经济圈、合芜蚌自主创新试验区整体推进，使安徽区域发展战略形成了一个完整的体系。

六　对策建议

皖江城市带承接产业转移示范区要科学地发展，还要解决好以下几个问题。

一是要按照社会主义市场经济的规律发展。在项目发展中一定要按照市场经济的游戏规则去运作、规范，特别是要注意引进一些高质量、大型的、有利于创新环境优化和生态保护的项目。二是建立新型的融资方式。按照科学发展观的要求，改革创新，逐步建立起财政投入、资源整合和市场化运作的多元化融资体制，探索债务管理的新模式，最大限度地发挥财政性资金的杠杆作用。三是坚持自主创新。安徽是国家技术创新工程试点省，通过五年的发展，自主创新在全国发展格局中的战略地位显著提升。我们在承接转移中，突出"高端引领、产业提升、先行先试、辐射带动"，努力在对接中逐步实现战略性新型产业发展、创新型企业培育、创新载体建设、产学研一体化和体制机制创新。四是和谐发展。在征地、社会建设等方面，要坚持群众路线。只有充分考虑群众的利益，才能和谐发展。拥有和谐发展的良好开局，方能为将来的发展打下坚实的基础。

B.25
东北地区经济社会发展的
"十一五"回顾及"十二五"展望

丁晓燕*

摘　要：本文回顾、总结了"十一五"时期，东北地区经济和社会发展的主要成就，分析了"十二五"时期东北三省经济社会发展的方向和目标，并提出促进东北地区加速发展的重点任务。

关键词：东北地区　"十一五"回顾　"十二五"展望

过去的五年，是极不平凡的五年，东北地区全面振兴取得重大阶段性成就。这五年是东北地区经济实力提升最快、社会建设成效最好的五年，也是城乡面貌变化最大、人民得到实惠最多的五年。进入"十二五"时期，国内外经济形势和环境发生重大变化，东北地区将进一步加快经济转型，增强综合经济实力和竞争力；加快社会转型，提高人民生活质量和水平；加快体制转型，激发经济社会发展动力和活力。

一　"十一五"时期经济社会发展回顾

"十一五"时期，面对国际环境的巨大变化、金融危机的巨大冲击和改革发展的巨大压力，东北地区深入贯彻落实科学发展观，紧紧抓住中央振兴东北战略、辽宁沿海经济带开发开放和长吉图开发开放上升为国家战略以及沈阳经济区被确定为综合配套改革试验区的难得机遇，有效应对国际金融危机，胜利完

---

* 丁晓燕，吉林省社会科学院软科学所所长、研究员，主要研究方向为宏观经济、区域经济。

成了"十一五"规划的主要目标任务，东北老工业基地全面振兴取得了重大阶段性成就。

（一）经济发展整体水平大幅提升

"十一五"以来，东北地区紧紧围绕全面建设小康社会的目标和振兴老工业基地的任务，推动经济社会快速、协调发展，经济保持高速增长，总量迅速扩张，成为历史上发展最好最快的时期。辽宁省生产总值年均增长13%，人均生产总值超过5000美元，主要经济指标增速超过预期、高于"十五"，持续达到振兴以来及东部地区平均水平，实现了历史性跨越。吉林省2010年全省地区生产总值达到8500亿元，比2005年增加4880亿元，年均增长14.7%，增速比"十五"快4个百分点；人均GDP达到31000元。地方级财政收入增加到560亿元，年均增长22%。黑龙江省预计2010年全省地区生产总值有望突破1万亿元，年均增长11.6%以上；地方财政收入可突破1千亿元，年均增长20.6%；固定资产投资五年累计可达到2.1万亿元，年均增长31.4%；社会消费品零售总额五年累计可达到1.5万亿元，年均增长17.1%，经济实力明显增强。

（二）经济结构调整取得重要进展

在国民经济保持快速增长，经济总量不断扩大的同时，经济结构也发生了显著的变化。辽宁省以科技创新引领产业结构升级，支柱产业优势增强，服务业和现代农业加快发展，经济结构基本实现了以工业、服务业为主，向三次产业协调发展的方向转变，体现了经济结构优化的总趋势。吉林省结构调整取得明显成效，十大产业发展计划全面启动，支柱优势产业继续发展壮大，融合配套逐步加深，产业链条不断延长，支撑能力进一步增强。黑龙江省现代化大农业稳步推进，农业综合生产能力大幅提升，粮食生产连年迈上新台阶，2010年可达到1000亿斤；传统产业优化升级，战略性新兴产业加快发展，规模以上工业增加值五年累计可达到1.5万亿元，比"十五"时期增加6273亿元，高新技术产业产值3900亿元，比"十五"期末增长2倍，经济结构明显优化。

（三）基础设施建设力度空前

积极发挥重大项目带动作用，谋划并实施了一大批具有战略性、基础性的重大基础设施项目，进一步增强了发展基础和后劲。辽宁省基础设施建设明显加大，能源、交通、水利等基础设施建设取得突破，重大项目建设成效明显。吉林省全面加快交通、能源、水利等基础设施建设。新增高速公路里程815公里，全省高速公路通车里程达到1850公里；长吉城际铁路通车，吉林至珲春高速铁路开工建设；长春西客站换乘中心、长春龙嘉机场扩建等项目进展顺利，哈达山水利枢纽等重点水利工程全面推进。黑龙江省新建成高速公路、一二级公路和农村公路分别达1094.2公里、3132.2公里和92365公里，总里程比"十五"期末增长114%、20%和156%；哈尔滨至大连铁路客运专线主体工程完工，哈齐客运专线等10个项目开工建设；全省机场总数达到9个，居东北地区首位；松花江大顶子山航电枢纽工程、三江平原大型灌区建设工程和尼尔基水利枢纽工程扎实推进。

（四）民生工程扎实推进

辽宁省城乡居民收入增幅超过"十五"平均水平和全国平均水平，人民生活明显改善。就业工作成效明显，社会保障体系日益完善。文化事业和文化产业快速发展，各项社会事业全面进步。社会和谐稳定局面继续巩固。吉林省加快富民步伐，推出了一系列富民惠民工程，推动了城乡居民生活水平和生活质量的全面提升。"十一五"期间全省城镇登记失业率呈现持续下降态势，均控制在5%的规划目标之内。农村新型合作医疗覆盖率100%，提前达到"十一五"规划预期目标要求。"六路安居"和"暖房子"等民生工程有效实施，棚户区和农村泥草房改造成效显著，截至2009年，施工面积7297.14万平方米，改善104.46万户居民生活条件。黑龙江省民生得到极大改善，城乡居民收入大幅提高，预计2010年全省城镇居民人均可支配收入、农村居民人均纯收入达到13760多元、5700多元，分别比"十五"期末增加5400元和2400元以上；就业规模不断扩大，社会保障逐步完善，文化事业快速发展，医疗服务不断完善，重点民生问题得到有效解决。到2010年底，全省"三棚一草"累计完成投资1731亿元，建设210.8万户，改造164万户；完成"三供两治"项目624项；建设廉租住房78万户。进一步加快构建公共文化服务体系、文化市场体系、文化创新体系步伐，先后新建了一批重点文化设施，较好地满足了广大人民群众基本文化需求。

（五）改革开放实现新突破

辽宁省沿海与腹地良性互动的开放格局初步形成，利用外资规模位居全国前列；农村综合改革逐步深化，医药卫生等体制改革扎实推进。吉林省国有企业改制取得重大突破，全省3366户国有企业基本完成改制，国有及国有控股企业户数由2005年的2229户下降到2009年的781户，国有经济布局和所有制结构进一步优化；行政管理体制改革继续深化，在全国率先实行了省直管县的财政管理体制，分三批下放了审批权限；金融体制改革取得新进展，组建吉林银行、东北地区中小企业再担保公司，引进民生、招商、浦发、兴业、韩亚等一批国内外银行机构；稳步推进水资源费、差别电价等资源要素价格改革；农村综合改革不断深化，集体林权制度改革试点顺利完成；长吉图先导区获国家批复，为全面提升对外开放水平提供重大历史机遇。黑龙江省改革开放不断深化，经济管理体制、行政管理体制和社会管理体制等重点领域和关键环节改革取得新突破；高水平、宽领域、深层次对外经贸合作格局初步形成，预计2010年外贸进出口总额实现240亿美元，比"十五"期末增长1.5倍，改革开放明显加快。

（六）生态文明建设力度进一步加大

辽宁省生态建设和环境保护取得显著成效。吉林省积极推进辽河、松花江流域水污染治理工作，水土流失、土地沙化得到有效控制；加大基本农田保护力度，层层落实耕地保护责任制，保证耕地总量动态平衡目标的实现。黑龙江省大小兴安岭生态功能保护区建设纳入国家战略，《松花江流域水污染防治条例》全面实施，单位生产总值能耗和主要污染物排放总量得到有效控制，全省森林覆盖率达45.2%，生态环境明显改善。

二 "十二五"时期东北地区发展展望

（一）"十二五"时期发展环境

"十二五"时期，是东北老工业基地全面振兴的重要战略机遇期。虽然国际国内形势发生新的深刻复杂变化，发展面临着新的风险和挑战，但仍处于可以

大有作为的重要战略机遇期，发展面临难得的历史机遇。从国际环境看，后金融危机时期全球经济进行深度调整，各国间贸易进一步深化，有利于东北地区承接国际和发达地区产业转移及要素重组，发挥区位和地缘优势，充分利用"两个市场"、"两种资源"，提高经济发展外向度，提升开放的层次和水平。同时，全球性经济危机孕育着科技革命，为我们加快科技创新，发展高新技术产业提供了新的机遇。从国内环境看，我国仍处于重要战略机遇期，经济社会发展的基本面和长期向好的趋势不会发生根本改变，为东北地区发展提供了广阔的空间；国家推进由外需为主向内需为主的转变，有利于进一步完善基础设施，扩大产品市场；国家推进城镇化步伐，有利于尽快消除城乡二元结构，实现城乡一体化发展；国家加快经济发展方式的转变，有利于进一步实现结构的优化和产品的升级。尤其是国家加大实施东北老工业基地振兴战略力度，在企业兼并重组、发展装备制造业、石化产业、现代农业、资源型城市接续产业及重点产业集聚区、生态环境建设等方面给予重点支持，为东北地区加快振兴提供了重大机遇。

同时，东北地区还面临不少突出问题和严峻挑战。主要是：受金融危机影响和体制性、结构性等深层次矛盾的制约，面临着扩大对外开放、区域竞争、调整结构和改善民生等方面的巨大压力。

（二）"十二五"时期发展展望

"十二五"时期是加快实现东北老工业基地全面振兴和全面建设小康社会的关键时期，是深化改革开放、加快转变经济发展方式的攻坚阶段。这一时期，东北三省将明确发展目标，加快发展步伐。

辽宁省充分利用好中央进一步实施东北振兴战略、辽宁沿海经济带开发开放上升为国家战略以及沈阳经济区被确定为综合配套改革试验区的优势，以科学发展、创新发展、和谐发展为主题，以加快经济发展方式转变和社会管理模式转型为主线，坚持增量带动结构优化、创新促进产业升级、发展保障民生改善，显著增强综合经济实力和竞争力，显著提高人民生活质量和水平，大力促进社会公平正义。到"十二五"末，基本实现辽宁老工业基地全面振兴，总体发展水平进入东部沿海发达省份行列，综合经济实力、人民生活水平、生态环境质量、社会文明程度都要再上新台阶。

吉林省以科学发展、加快振兴、富民强省为目标，以解放思想、改革创新、转变方式、科学发展为主题，以加快经济发展方式转变为主线，统筹推进工业化、城镇化和农业现代化建设，着力实施投资拉动、项目带动和创新驱动战略，以增量带动结构优化，以创新促进产业升级，以发展保障民生改善，强化改革开放和人才战略支撑，加快推动富民进程，全面加强社会事业，推动经济社会逐步走上良性循环、又好又快的科学发展道路。经过5年建设，要使吉林省经济结构调整取得明显成效，可持续发展能力显著增强，改革开放取得突破性进展，初步建立起充满活力的内生发展体制机制，加快实现吉林老工业基地全面振兴。要着力解决生存性、发展性和安全性民生问题；加快推动富民进程，加大社会事业和社会管理创新力度，促进社会公平正义，推动文化事业和文化产业共同繁荣发展，坚定不移地发展社会主义民主政治，切实加强社会主义精神文明建设，努力让城乡居民生活得更加美好。

黑龙江省把经济结构战略性调整作为加快转变经济发展方式的主攻方向，把统筹兼顾作为加快转变经济发展方式的根本方法，把改革开放和科技创新作为加快转变经济发展方式的强大动力和重要支撑，把建设资源节约型、环境友好型社会作为加快转变经济发展方式的重要着力点，把保障和改善民生作为加快转变经济发展方式的根本出发点和落脚点。坚持以经济建设为中心，紧紧扭住发展不放松；更加注重以人为本，坚持发展为了人民、发展依靠人民、发展成果由人民共享；更加注重全面协调可持续发展，坚持走生产发展、生活富裕、生态良好的文明发展道路，实现经济社会永续发展。采取得力措施，全面推进"八大经济区"和"十大工程"建设，将呈现出发展之势、崛起之势、振兴之势；随着改革的不断深入，体制机制的不断创新，资源、科技等优势逐渐转化为经济优势，发展的潜力进一步释放。

三 "十二五"时期东北地区发展重点

国际金融危机影响深远，巩固和扩大应对国际金融危机冲击成果，是"十二五"时期的重要任务。要处理好保持经济平稳较快发展、调整经济结构和管理通胀预期的关系，防范各类潜在风险，避免经济大的起落。东北地区要认清形势、解放思想、抢抓机遇，着力推动市场制度及体系建设，加大开放力度，深化区域合作，优化产业结构，强化城市体系及功能建设，增强经济发展活力，着力加快经济社会发展建设，促进经济社会的全面协调可持续发展。

（一）积极扩大内需，努力实现经济平稳较快增长

"十二五"时期，经济将面临着通货膨胀压力与经济增长下调共生并存、各种制约经济增长的因素叠加影响、国内外因素相互传导和影响增强等新情况、新矛盾，但所有这些困难和问题都不足以扭转我国经济较快发展的大格局。当前和今后一个时期，东北地区要认真贯彻落实中央宏观调控政策，坚持扩大内需战略，加快形成消费、投资、出口协调拉动经济增长的新局面，保持东北地区经济平稳较快发展。

1. 调整优化投资结构，促进投资持续增长

"十二五"时期，东北地区处在工业化、城镇化快速发展阶段，投资需求有较大增长空间，既要保持投资合理增长，又要不断优化投资结构，提高投资质量和效益，有效拉动经济增长。一是优化投资结构。突出抓好有优势的装备制造业，特别是船舶、汽车、轨道客车等制造业投资，提升装备制造业水平；突出抓好传统产业升级改造投资，加快壮大农产品深加工、冶金、建材、纺织等龙头企业，加大对"两高一资"及产能过剩行业的节能降耗技改投资力度；突出抓好高新技术产业投资，重点培育扶持光电、新材料、新能源、新医药、信息等战略性新兴产业的发展；突出抓好基础设施和薄弱环节的投入，提高农林水利、交通能源、节能减排和社会事业等方面的能力和水平。二是继续推进投资体制改革。进一步放宽市场准入，引导非公有资本进入法律法规未禁入的基础设施、公用事业及其他行业和领域，鼓励、引导民间资本投向政府鼓励项目和符合国家产业政策的领域，广泛参与各种民生工程、基础设施和生态环境建设。

2. 提高消费对经济增长的拉动力，建立扩大消费需求的长效机制

扩大内需特别是居民消费需求，是一项长期战略方针。要充分挖掘东北地区内需的巨大潜力，着力破解制约扩大内需的体制机制障碍，把居民消费潜力有效转化为现实消费需求。一是千方百计地增加城乡居民收入，提高居民购买力。要合理调整收入分配格局，逐步提高城乡居民收入在国民收入分配中的比重和劳动报酬在初次分配中的比重。二是积极利用政策引导和激活消费，有效化解消费需求增长的瓶颈因素，提升居民消费预期。以增强居民消费信心为关键，制定出台鼓励和引导消费的政策措施；扩大社会保障覆盖面，健全基本公共服务体系，积极促进消费结构升级，合理引导消费行为。三是以满足群众基本消费为基础，保障市场供给，维持物价基本稳定；以拓展消费领域为重点，改善消费环境，培育消费热点，积极开拓农村消费市场，提高消费对经济增长的贡献率。

（二）加快转变经济发展方式，切实提高自主创新能力和经济发展质量

在保持经济总量较快增长的同时，要以调整产业结构为有效途径，以增加自主创新能力为核心环节，以推进节能减排为重要突破口，全面提升经济发展质量和效益。

1. 加快推进产业结构优化升级，促进三次产业协调发展

（1）推进农业现代化，加快社会主义新农村建设

第一，大力提升农业综合生产能力。粮食生产是农业生产的核心。重点加快实施龙江千亿斤粮食产能工程和吉林增产百亿斤商品粮能力建设工程，建设旱涝保收高标准农田，促进粮食生产能力再上新台阶。同时，推动畜牧业扩能升级，发展壮大林特产业，提升农业综合生产能力。第二，加快构建现代农业产业体系。农业现代化离不开现代农业产业体系的支撑。要依托资源优势，发展循环农业、节约型农业、特色农业、休闲农业和农村第二、第三产业，优化农产品加工结构，推进农产品市场体系建设和农村流通现代化，加快推进为农业服务的相关产业建设，加强农业标准化和农产品质量安全工作。第三，加强农村基础设施建设和公共服务。必须按照推进城乡经济社会发展一体化的要求，搞好社会主义新农村建设规划，加快改善农村生产生活条件。特别要以水利为重点，大幅度增加投入，全面加强农田水利建设。第四，积极推进现代农业制度创新。现代农业的重要特征是市场化、组织化、规模化、专业化程度高。要不断创新体制机制，大力发展农民专业合作组织，建设农业社会化服务体系，探索建立市场化的土地使用权流转制度，提高农业集约化水平。

（2）发展现代产业体系，提高产业核心竞争力

发展现代产业体系，提高产业核心竞争力，是加快转变经济发展方式的重要途径和主要内容，是适应国际需求结构调整和国内消费升级新变化，提高经济增长的质量、效益和国际竞争力的战略重点。一要改造提升制造业。东北地区制造业总体水平还比较低，产业结构调整的要求十分迫切，提升空间很大。按照"调优调高调轻"的要求，推动产业链向高端攀升，抢占现代产业发展先机。加

快建设制造业强省，积极推进主导产业高端化、新兴产业规模化、传统产业品牌化，促进制造业由一般加工向高端制造转变、产品竞争向品牌竞争转变、东北制造向东北创造转变。二要培育发展战略性新兴产业。抢抓国家实施"十大产业振兴规划"和"战略性新兴产业规划"的有利时机，把握新兴科技和产业发展方向，将发展战略性新兴产业作为转变经济发展方式的先导力量，作为未来经济增长的核心增长极，统筹谋划，全力推进。立足高端产业和产业链高端环节，着力培育发展新材料、新能源、新能源汽车、生物产业、节能环保、新兴信息产业、高端装备制造业等战略性新兴产业，明确规划近期建设和远期发展目标、产业布局、关键领域和实施路径，集中力量在骨干企业、领军人才、核心技术、创新平台、拳头产品、知名品牌上重点突破。三要加快发展服务业。要把推动服务业发展作为产业结构优化升级的战略重点，把发展服务业与扩大城乡居民消费有机结合起来，与扩大就业紧密结合起来，使服务业发展迈上一个新台阶。以扩大总量、改善结构、提高效益为目标，积极推进生产服务业集聚化、生活服务业连锁化、基础服务业网络化、服务外包国际化、旅游产业品牌化，促进服务业发展提速、比重提高、层次提升。依托省会经济圈、哈大经济带，培育若干现代服务业集聚区。大力发展现代物流、技术交易、信息咨询、金融、会展等生产性服务业，加快发展汽车服务、医疗保健、物业管理等生活服务业，打响东北旅游品牌。

2. 加快科技进步，提升自主创新能力

把自主创新能力作为战略支撑，促进经济发展转移到依靠创新驱动的轨道上来，加快形成以科学进步和创新为基础的综合竞争优势。一是全力推进企业自主创新。大力提倡同业或上下游企业的联合研发、合作研发，建成若干个企业技术创新联盟；在注重原始创新和集成创新的同时，大力支持企业引进技术，并消化吸收再创新；研究制定有利于企业自主创新的产业和技术政策，重点在汽车及关键零部件、装备制造、生物医药等领域取得突破；依托有条件的企业，逐步培育各地有特色的高新技术产业集聚发展；加强面向企业自主创新的服务平台建设；不断创新体制机制，努力为企业营造一个良好的自主创新氛围。强化企业技术创新的主体地位，引导和鼓励企业健全创新机制，增加研发投入，加快产业链延伸配套，提高产品科技含量和附加值，提升企业研发投入占全社会研发投入的比重。二是促进产学研紧密结合，强化省级科技创新与成果转化引导资金作用，培育具有自主知识产权的科技成果。加强对引进技术的消化吸收再创新，促进科技成果转化为现实生产力。三是加快引进和培养高层次人才，努力把东北建成人才高地、创新基地和创业福地。

（三）推进城镇化发展战略，促进区域协调发展

实施区域发展总体战略，积极稳妥推进城镇化。发挥各地比较优势，有针对性地解决各地发展中存在的突出矛盾和问题，增强发展的协调性，构筑东北地区区域发展新格局，形成优势互补、相互促进、共同发展的局面。

1. 辽宁省

要以沿海经济带和沈阳经济区这两大战略区域为引擎，以沈大经济带为轴线，构建"双擎一轴联动"、三大板块互动的发展格局。一是加快建成大连东北亚国际航运中心，支持沿海重点区域率先崛起。二是以建设沈阳国家中心城市为重点，以同城化为突破口，推进沈阳经济区一体化发展，建设全国最具竞争力的城市群。三是促进两大战略区域对接，使沈大经济带成为独具特色的战略性新兴产业带和现代服务业聚集带。四是强力支持突破辽西北，落实扶持政策，加快产业基地建设，完善基础设施，力争五年大变样。五是落实主体功能区规划，形成区域互动机制，实施海洋发展战略，推进资源型城市转型。

2. 吉林省

在空间布局上，主要突出长吉一体化、区域中心城市、县域和发展基础较好的中心镇4个层面。重点是推进长吉一体化，加快长吉图开发开放进程，依托"两区四轴两带"的省域城镇体系框架，加快形成长吉为核心、哈大和珲乌大十字交通主轴为支撑的全省城镇化发展新格局。要发挥各地比较优势，加快中部城市群建设，推进延龙图一体化，构建白（山）—通（化）—丹（东）经济带，合理开发东部生态经济区，大力培育西部特色经济区，促进边境地区、少数民族地区加快发展，努力形成区域发展新格局。

3. 黑龙江省

依托"八大经济区"，全面推进区域经济发展。一是哈大齐工业走廊建设区，通过核心示范区和重点园区建设，加快形成装备制造、石化、食品、医药、高新技术和以现代物流业为主的服务业等特色产业集群，建成多种产业相互配套，新体制、高科技、外向型、生态化、结构合理、高速增长的经济密集区、战

略性新兴产业聚集区。二是东部煤电化基地建设区，通过延长煤炭产业链条，发展循环经济，加快资源型城市转型，建成以煤电化产业为主导、相关产业配套支撑、煤电资源综合利用、非煤产业快速崛起、区域经济协调发展，生态环境更加改善、生活环境更加良好的重要经济增长板块。三是东北亚经济贸易开发区，通过完善区域性中心城市功能，加快建设国际经贸大通道、物流网和外向型产业基地，创新发展各类特色园区，建成我国面向东北亚重要的产业聚集区和进出口贸易加工基地，成为我国开展东北亚经贸科技合作示范区。四是大小兴安岭生态功能保护区，通过修复和提升生态功能，大力培育和发展生态主导型经济，加快发展与资源环境相适应的接续和替代产业，积极稳妥推进林区改革，建立较为完备的林业生态体系、发达的产业体系和繁荣的生态文化体系，初步建成生产发展、生活富裕、生态良好的社会主义新林区。五是两大平原农业综合开发试验区，通过发挥农垦发展现代农业的示范带动作用，推进农业水利化、农机化、科技化、产业化、规模化、组织化，率先实现农业现代化；推进农业综合配套改革，构筑城乡经济社会一体化发展新格局，建成全国现代化大农业示范区。六是北国风光特色旅游开发区，通过加快建设哈尔滨冰城夏都旅游区等十大旅游开发区，重点建设五大连池等 12 个旅游名镇，突出冰雪、生态、边疆特色，开发建设具有国际化、地域性和较强市场竞争力的旅游精品，使冰雪、湿地风情、五大连池等北国风光旅游成为国际知名品牌，旅游业成为重要支柱产业，实现旅游资源大省向旅游经济大省转变。七是哈牡绥东对俄贸易加工区，通过加快建设对俄经贸合作加工、商贸、旅游、物流、会展五大产业中心，重点建设哈尔滨江北工业新区等 18 个境内园区，积极建设康吉经济贸易合作区等境外园区，打造沿边开放先导区，建成新型产业基地和内陆走向海洋的开放经济走廊，在全国对俄经贸科技合作中的领先地位进一步巩固提升。八是高新技术产业集中开发区，通过完善科技创新体系，加快各级各类高新技术产业开发带、开发区和特色产业基地建设，促进高新技术产业集聚发展，哈尔滨、大庆两大高新区进入全国一流园区行列，其他各类科技园区跨越发展，高新科技产业领先发展，全省产业结构实现战略升级。

（四）提高外向经济水平，努力开创对外开放新优势

充分发挥地处东北亚腹地中心区位优势，大力发展对外贸易，巩固提升对俄合作，积极推进对韩日合作，寻求开展对欧美、中东、非洲、东盟、印度等国家

和地区合作，引进国际战略投资者。

1. 扩大外贸规模，转变外贸增长方式

一是保持进出口稳定增长。优化进出口结构，加强出口企业、出口基地和服务外包基地建设，提高机电和高新技术产品出口比重，积极扩大产品出口区域，增强出口的抗风险能力。鼓励企业尤其是装备制造业引进国外先进适用设备和技术，同时做好消化吸引再创新工作。二是完善促进机制和鼓励引导政策，加快加工贸易转型升级。积极打造出口企业自主品牌，大幅提升出口利润空间，以更好地应对诸如人民币升值、原材料、能源成本上涨等不利因素对企业生存发展的影响。三是加快形成国际市场多元化的格局。对美、欧、日等主要出口市场，应密切关注其市场走势和技术、环保等新要求、新规定，通过提高产品质量和服务、不断推出新品种和新功能、规范贸易秩序等措施，保持出口的稳定增长；充分利用我国参与的区域贸易合作协议，重点开拓东盟、南亚和南美市场，通过建立多元化的国际市场，减少贸易摩擦和贸易壁垒，降低国际经济波动对东北地区出口增长的影响。

2. 扩大利用外资规模，提高利用外资质量

一是突出招商引资重点，引进新兴产业、现代农业、现代服务业和基础设施投资。引导外资投向先进制造业、现代服务业和节能环保等领域，引导外资以合资、合作、参股、并购等方式参与国有企业改组、嫁接、改造。加快服务业、农业利用外资步伐。二是加快承接产业转移步伐。利用东北地区现有的各类优势资源和产业基础，重点承接能够做大做强的成长性产业，能够带动新兴产业发展、提高现有产业技术水平的高新技术和先进适用技术产业，能够延伸产业链的配套性产业，能够弥补和丰富主导产业组合条件的关联性产业，能够提升现有产业上档次的品牌性产业，能够尽快大规模开发利用资源的深加工型产业，能够大量吸纳就业的劳动密集型产业，能够为经济发展提供各类要素支撑的生产性服务产业。

3. 加快企业"走出去"步伐

当前，国际经济形势十分有利于我国企业加快"走出去"步伐，开拓海外发展空间。今后一个时期，东北地区应重点支持企业在五个方面加快"走出去"：一是支持有条件的企业以周边国家和发展中国家为重点，到境外投资建立一批生产基地，稳步推进境外经贸合作区建设。二是支持企业并购境外技术先

进、品牌知名、营销顺畅的企业，直接进入国外市场。三是支持企业以合资、合作及独资等形式利用境外资源，建立资源、能源供应基地。四是支持企业到境外融资，开拓国外资本市场，做强做大企业。五是支持企业主动参与国际科技合作，到境外设立研发机构，或与国外跨国公司、科研院所联合设立研发机构，更多地利用国外智力资源。

（五）加强体制机制创新，创造更加有利的制度环境

要加快改革攻坚步伐，以更大决心和勇气全面推进各领域改革，大力推进经济体制改革，积极稳妥推进政治体制改革，加快推进文化体制、社会体制改革，不断完善社会主义市场经济体制和社会主义民主政治，使上层建筑更加适应经济基础发展变化，充分调动人民群众的积极性和创造性，为科学发展提供有力保障。

1. 深化国有企业改革

从有利于东北地区国有企业做大做强、提高国有企业的核心竞争力出发，重点围绕建立国有企业产权多元化、增强国有企业控制力、发挥国有企业产业整合上的主导作用等展开，进一步加快改革步伐，完善企业法人治理结构，健全现代企业制度，建立与市场经济相适应的现代企业收入分配制度，消除不公平、不合理收入分配差距。

2. 推动民营企业加快建立现代企业制度

以提升民营企业整体竞争力为出发点，重点加快推进民营企业由家族式传统管理模式向现代企业管理体制转变，构建现代企业法人治理结构。进一步改善民营企业的国内外投融资环境，拓宽投融资渠道，积极引导民营企业参股国有企业和其他经济组织。鼓励民营企业加大研发投入，打造自主品牌，提升企业综合实力。

3. 积极稳妥地推行农村改革

在稳定和完善农村基本经营制度的前提下，努力实现农村土地经营制度建设的新突破。按照依法自愿有偿原则，允许农民以转包、出租、互换、转让、股份合作等形式流转土地承包经营权，发展多种形式的适度规模经营。培育多元化土地流转市场，健全土地流转管理、服务体系，全面实行农村土地合同纠纷仲裁制度，完善土地承包关系，明晰农村土地产权，积极推行土地股份合作制，稳妥推进农村集体土地融资制度。

（六）加大改善民生工作力度，建立健全基本公共服务体系

1. 着力改善民生

把稳定物价工作放在突出位置，进一步强化政府社会管理和市场监管职能，健全价格监测、预警和应急机制，继续发挥经济手段在价格调控中的主导作用，保持价格总水平相对稳定。高度重视农产品质量安全和农业环保。完善安全生产和应对各类突发事件的管理机制。建立体现公平的收入分配制度，完善公共财政分配功能，规范分配秩序，努力提高低收入群体的收入，逐步扭转收入分配差距扩大趋势。

2. 加强就业服务和社会保障

一是千方百计扩大就业。就业是民生之本，是保障改善民生的头等大事。坚持发挥政府引导和创业带动的双重效应，实施积极的就业政策，完善城乡公共就业服务体系，以创业带动就业，鼓励多渠道自主就业和灵活就业。坚持扩大就业规模与优化就业结构并举，加强职业技能培训，推动劳动力资源与就业岗位对接，有效缓解就业结构性矛盾。要多渠道开发就业岗位，提高劳动者就业能力，促进充分就业。要加强政策支持和就业指导，着力做好重点人群就业工作。二是健全覆盖城乡居民的社会保障体系。加快推进覆盖城乡居民的社会保障体系建设，在扩大覆盖范围、提高保障水平、提高统筹层次和实现制度统一等方面迈出更大的实质性步伐。进一步提高社会基本养老保险参保率，尽快实现省级统筹。完善城镇职工基本医疗保险，加快建立面向城镇全体居民的医疗保障制度。三是加快医疗卫生事业改革发展。根据中央深化医药卫生体制改革的重大决策，重点推进基本医疗保障制度、国家基本药物制度、基层医疗卫生服务体系、基本公共卫生服务、公立医院改革试点等五项改革，基本建立覆盖城乡居民的基本医疗卫生制度，实现人人享有基本医疗卫生服务。

区域经济发展大事记

Chronicle Events of Regional Economic
Development in 2010

B. 26

2010 年京津冀经济圈区域
经济发展大事记

杨维凤*

1 月 14 日，北京银行与北京市文化局签署了"支持文化创意产业发展战略合作协议"。根据协议，北京银行将在未来三年，为文化创意企业提供 100 亿元人民币的专项授信额度，并优先对北京市文化局推荐的优秀文化创意企业和重点项目提供融资支持和绿色通道。

2 月 2 日，北京市将全面整合长城景区旅游文化资源，以八达岭长城为龙头，建设长城旅游文化产业集聚区。

4 月 23 日，中国南车天津产业园在北辰区正式开建。

4 月 23 日，北京市科委、市经信委、市投资促进局、中关村管委联合启动了北京生物医药产业跨越发展工程（G20 工程），并将中药纳入 G20 工程中进行

* 杨维凤，北京市社会科学院经济所，博士，助理研究员。

重点支持。

4 月 28 日，天津风电产业园与河北省秦皇岛市盛景集团签署 70 亿元投资协议，建设服务中心配套项目。

5 月 6 日，中国 RFID 产业联盟（天津）基地在天津滨海新区空港经济区正式挂牌。

5 月 18 日，全国最大规模数据中心产业园——润泽国际信息港在河北廊坊开工奠基。

5 月 18 日，澳大利亚与天津市蓟县政府签署一项协议，该集团将投资 7 亿澳元建设生态绿色产业。

5 月 24 日，河北在台湾举行"2010 河北—台湾经济合作交流周"，举办光伏、生物科技、旅游三大产业交流会，河北省区域发展战略暨重点产业恳谈会。

5 月 27 日，北京市旅游局局长张慧光在第十届世界旅游旅行大会上表示，北京市已经确定国际一流旅游城市的发展目标。通过一段时期的努力，北京将实现"一、十、百、千、亿"发展目标，即：创建国际一流旅游城市，旅游的收入增加值占全市 GDP 的 10% 以上，年入境旅游收入超过 100 亿美元，入境游接待量超过 1000 万人次，国内游客达到 2 亿人次。

5 月 26 日，天津市子牙循环经济产业区被国家发改委、财政部列为国家首批七个"城市矿产"示范基地之一。

6 月 7 日，宣武区诞生北京市首个文化创意产业孵化园。

6 月 9 日，北京航空产业园发动机产业基地一期工程在北京市顺义区开工建设，军民两用。

6 月 23 日，《建设中关村国家自主创新示范区行动计划（2010～2012 年）》获得通过。北京市未来两年将重点建设一南一北两大规模超 6000 亿元的高端产业聚集区。

6 月 26 日，河北省政府通过《河北省环京津地区产业发展规划》。按照规划，河北在京津冀都市圈的发展定位为：中国北方地区先进制造业基地、现代物流基地和战略资源储备调配中心区；京津冀都市圈科技成果转化、高端休闲旅游、绿色健康食品和二次能源基地；河北省京津冀一体化发展先行区，产业聚集发展样板区，循环经济发展示范区。

6 月 29 日，河北航空集团与河北航空公司正式宣告成立，河北省无本土航

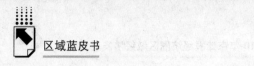

空公司的历史从此结束。

7月9日，中关村云计算产业联盟在北京成立，力争在2015年使北京成为世界级的云计算产业基地。

7月29日，国家邮政局审议通过《京津冀地区快递服务发展规划》（2010~2014年），它是我国第三部获得通过的区域快递服务发展专项规划。

8月2日，北京市发布《首都中长期人才发展规划纲要（2010~2020年）》，提出京津冀高层次人才可自由落户。

9月1日，河北省政府出台《关于深入推进蔬菜产业示范县建设的实施意见》，决定加大扶持力度，力争2012年建成15个蔬菜产业示范县（市、区）。

9月10日，河北省文化厅命名蔚县为河北省文化产业示范基地。

9月15日，北京市政府和河北省政府共同主办首届"河北蔬果节"，该活动是双方落实《北京市—河北省合作框架协议》的一项重要举措。

9月18日，河北航空城基地项目在石家庄开工建设。

9月24日，华夏干细胞科技创新联盟在天津成立。

9月28日，京津冀高速路不停车收费系统（ETC）正式联网，一卡通行实现不停车收费。

10月9日，天津国家生物医药国际创新园产业区正式启动。

10月15日，三大游艇项目先后落户天津滨海新区，天津打造北方最大游艇产业基地。

10月16日，京津间第三条快速通道——京津塘南通道（京台高速）廊坊段开工，建设工期为3年。

10月22日，河北省召开加快推进环首都经济圈建设工作会议。会议圈定涿州市、涞水县等13个县（市）区加快建设环首都经济圈，并下放部分审批事项。河北建设环首都经济圈的总体战略构想是"13县1圈4区6基地"。

10月27日，河北省为促进工业向沿海转移，将在曹妃甸新区和渤海新区分别设立冀东北工业区和冀中南工业区，打造沿海经济隆起带。

11月10日，河北省和北京市举行"进一步加强冀京合作座谈会"，北京市常务副市长吉林和河北常务副省长赵勇就加强京冀区域合作进行深入交流。

11月18日，河北大厂回族自治县正式启动新能源汽车产业——大厂中华汽车城。

11 月 24 日，第 14 届北京·香港经济合作研讨洽谈会在香港举行。双方共签约项目 26 个，金额总计 88 亿美元。

11 月 26 日，河北省委宣传部与中国传媒大学文化产业研究院签署了合作建立文化产业发展研究基地的协议。

11 月 29 日，我国首个国家级地理信息科技产业园在北京市顺义区国门商务区奠基。

12 月 6 日，京津冀名胜文化休闲旅游年票在北京市各大公园开售，旅游年票卡包含京、津、冀三地加盟景区及加盟优惠商家，景区可全年不限次数入园游览。

12 月 10 日，中关村发展集团首创"集群投资"方式，在北京与 8 家最具成长性的物联网企业签约，打造覆盖物联网整条产业链的"超级舰队"。

12 月 25 日，北京经济技术开发区与北京大学合作成立"北京低碳高端园区发展研究中心"。

12 月 27 日，北京经济技术开发区移动硅谷产业园核心项目京芯产业园、中电华通无线宽带物联网产业园项目奠基仪式举行。

B.27
2010 年长三角区域经济发展大事记

李 妍*

1月3日，我国首个国家卫星导航应用产业项目在上海启动。全面建成后的浦江基地，将成为国内一流的北斗卫星应用产业发展的示范基地。

1月19日，上海市金融服务办公室与香港特别行政区政府财经事务及库务局在香港签署《关于加强沪港金融合作的备忘录》。双方将鼓励和支持金融机构互设，支持两地商业银行、保险公司、证券公司、基金管理公司、私募股权基金等互设分支机构和拓展业务。

2月4日，上海世博会万科馆自愿减排项目在上海环境能源交易所正式挂牌。这是世博会首个自愿减排的交易项目。

3月6日，国家发改委已正式发函，把浙江省确定为转变经济发展方式综合试点省。试点具体包括加快推动中心镇新型城市化，大力建设海洋经济发展带，推进义乌国际商贸综合改革试点，加强产业集聚区战略规划和布局引导，促进民营经济平稳健康发展等。

3月18日，国务院常务会议《关于率先形成服务经济为主的产业结构，加快推进上海国际金融中心和国际航运中心建设的意见》正式通过，这意味着上海国际金融中心的建设正式成为国家战略。

3月26日，长三角协调会第十次市长联席会议在浙江嘉兴召开。会议宣布，吸纳安徽的合肥和马鞍山、浙江的金华和衢州、江苏的盐城和淮安等6个城市为长三角协调会的新成员。至此，长三角协调会成员城市将由此扩容至22个。

3月28日，沪、苏、浙人民政府和中国人民银行在上海签署《共同推进长三角地区金融服务一体化发展合作备忘录》。各方一致同意，将加大创新力度，通过金融促进长三角地区产业整合和协调发展；加快研究和推动实施金融服务一

---

* 李妍，上海社会科学院经济法律社会咨询中心。

体化，从整体上提升金融服务长三角经济社会联动发展的能力和水平。

4 月 6 日，浙中城市群规划（2008～2020）评审通过，这是浙江省第三个城市群建设规划。根据规划，浙中城市群将形成"一主一次"发展轴。

4 月 27 日，《上海推进物联网产业发展行动方案（2010～2012 年）》正式发布，三年内上海将在 10 个方面建成一批物联网应用示范工程。

5 月 1 日，中国 2010 年上海世界博览会开幕。上海世博会以"城市，让生活更美好"为主题，总投资达 450 亿元人民币，创造了世界博览会史上最大规模纪录。

5 月 16 日，上海世博会"信息化与城市发展"主题论坛在宁波完美闭幕。

6 月 8～11 日，第十二届浙江投资贸易洽谈会、第九届中国国际日用消费品博览会在宁波举行。

6 月 18 日，2010 中国（宁波）节能环保技术与产品博览会宁波国际会展中心开幕。并举办"后危机时代的节能降耗"和"发展低碳经济、保障空气质量"两场高层论坛。

6 月 22 日，国家发改委正式下发《国务院关于长江三角洲地区区域规划的批复》。长三角规划明确了长三角区域总体布局和发展目标，并详细阐述"优先发展现代服务业、做强做优先进制造业、加快发展新兴产业和巩固提升传统产业"的产业发展和布局。在规划中，长三角被定位为：亚太地区重要的国际门户、全球重要的现代服务业和先进制造业中心、具有较强国际竞争力的世界级城市群。明确长三角城镇体系发展"一核五副"的整体思路。

7 月 1 日，沪宁城际高铁正式通车。上海—南京最快只需 72 分钟，平均每 5 分钟即有一班客车，长三角"一日城市圈"正式形成。沿线城市进入"同城时代"。

7 月 4 日，2010 年上海世博会"环境变化与城市责任"主题论坛在南京开幕。

7 月 6 日，以"绿色经济——长三角新兴城市转型发展之路"为主题的长三角绿色经济峰会在镇江市举行，峰会发表了《长三角绿色发展镇江宣言》。

7 月 17 日，京沪高铁上海虹桥站太阳能并网电站正式并网发电，该电站为世界最大单体建筑光伏一体化项目。

8 月 10 日，国家发改委复函安徽省发改委，原则上同意该省编制的皖江城市带承接产业转移示范区产业指导目录。

8 月 25 日，住建部批准将安徽省皖江示范区作为全国首个"国家级住宅产业现代化试验区"，鼓励大胆尝试改革。

8 月 26 日，国家质检总局正式批准安徽省建设国家城市能源计量中心。该中心将作为安徽省能源计量与能效测试评价和技术研发的公共服务性平台，为该省企业节能减排提供检测和评价服务。

9 月 8 日，以"城市合作走向美好生活"为主题的 2010 中国国际友好城市大会在上海开幕。

9 月 16 日，"江苏台湾周"开幕，这是海峡两岸经济合作框架协议（ECFA）签署后苏台双方举行的一次重要经贸活动。

10 月 13 日，长三角地区合作与发展联席会议在上海召开。会议以贯彻实施国家颁发的《长江三角洲地区区域规划》为主线，协调推进了交通、能源、信息、社保等 10 个专题组和城市经济合作组的重点合作事项。

10 月 26 日，沪杭高铁开通运营，从上海虹桥至杭州最快运行时间只有 45 分钟。

10 月 31 日，中国 2010 年上海世博会闭幕式在上海举行。在闭幕大会上宣读了《上海宣言》，并倡议将 10 月 31 日定为世界城市日。

11 月 5 日，华特·迪士尼公司与上海申迪集团签署上海迪士尼乐园项目合作协议，标志着上海迪士尼乐园项目正式启动。

11 月 15 日，京沪高速铁路全线铺通，这是京沪高铁建设取得的又一重大阶段性成果。

11 月 25 日，全球规模最大、技术领先的上海长兴岛海洋装备基地 6 座码头顺利通过验收，并获批正式对外开通启用。

12 月 6 日，京杭运河徐扬段续建二期整治工程顺利交工验收，这段航道全部建成国家二级航道，2000 吨级船舶可全年从江苏徐州直达长江，并可昼夜双向通航。

12 月 15 日，上海海事局与中国联通上海分公司签署战略合作协议，双方将共同促进上海海事信息化建设。

12 月 20 日，江苏、浙江、安徽和上海三省一市主要领导在上海举行座谈会。会议强调，要加强与国家区域规划的对接，促进长三角地区整合资源和发挥优势，实现新发展。

B.28

2010 年珠三角及泛珠三角区域
经济发展大事记

张建平*

1 月 6 日，"科学发展　先行先试——《珠三角改革发展规划纲要》颁布一周年发展论坛"在广东广州召开。

1 月 22 日，广东省政府常务会议审议并通过了《珠江三角洲绿道网总体规划纲要》等。

3 月 9 日，兰州—粤港澳地区经贸合作签约仪式在广东广州举行。现场签约22 个项目，总投资 366 亿元。

3 月 11 日，全国红色旅游办公室主办的泛珠三角区域红色旅游合作发展签约仪式在广东中山举行，并签订了《泛珠三角区域红色旅游合作发展协议》。

3 月 22 日，珠三角绿道网建设在广州启动，全长 1690 公里的绿道网将把珠三角的 9 个城市连接在一起。

3 月 25 日，广东省人民政府与国家环境保护部在广州签署了《共同推进和落实〈珠江三角洲地区改革发展规划纲要（2008～2020 年）〉合作协议》。

4 月 7 日，广东省人民政府和香港特别行政区政府在北京签署了《粤港合作框架协议》。

4 月 7 日，首届珠三角地区价格工作联席会议在中山召开。

4 月 13 日，大珠三角地区广州、深圳、珠海、香港、澳门五大机场在澳门召开落实《珠江三角洲改革发展规划纲要》第二次主席会议，并达成重要共识。五大机场负责人就进一步提升彼此商务、规划与基建等方面合作签署了备忘录。

5 月 6 日，宁夏·珠三角（广州）经贸合作推介会在广州举行。

---

* 张建平，广东省社会科学院信息中心，副研究员。

5月20~21日，中共广东省委、省政府在广州召开全省港澳工作会议。研究部署进一步贯彻落实《珠江三角洲地区改革发展规划纲要》、《粤港合作框架协议》以及起草《粤澳合作框架协议》工作。

5月23日~12月26日，"民间拍案——实施《珠江三角洲地区改革发展规划纲要》群众论坛总论坛"在广东广州召开。每月举办一场，共举办了8场。并发布了重要成果——《珠三角经济转型蓝皮书》。

5月26日，中共广东省委、省政府在深圳召开珠三角地区贯彻落实《珠江三角洲地区改革发展规划纲要》工作会议。

5月26~27日，2010年粤港海关业务联系年会在广东汕头召开。

5月27日，《〈内地与香港关于建立更紧密经贸关系的安排〉（CEPA）补充协议七》在香港签署。

5月31日，2010年粤澳合作联席会议在澳门召开。会上签署了《关于进一步做好粤澳合作框架协议起草工作的备忘录》、《关于探讨粤澳双方共建中医药产业合作基地的备忘录》和《粤澳旅游合作协议》。

6月1日，粤港两地政府联合主办的"粤港合作框架协议大型宣讲会"在香港召开。

6月1日，粤澳海关业务联系年度会议在广东湛江召开。

6月13日，珠江三角洲地区第一次检察长联席会议在广东广州召开。

6月17日，广州市外经贸局和香港投资推广署联合举办的"香港与广州——你在中国营商的业务伙伴"投资推广研讨会在以色列特拉维夫召开。

6月22日，广东省人民政府和香港特区政府联合主办的"2010粤港经济技术贸易合作交流会"在香港开幕。会上现场签约24个项目，签约总金额35.11亿美元。

7月15日，"9+2"区域机场合作启动。泛珠三角"9+2"区域机场（集团）首脑联合签署了《泛珠三角机场战略合作行动纲领》和《泛珠三角机场合作与发展论坛章程》。

7月30日，广东省人民政府办公厅印发了《珠江三角洲环境保护一体化规划（2009~2020年）》、《珠江三角洲基础设施建设一体化规划（2009~2020年）》、《珠江三角洲城乡规划一体化规划（2009~2020年）》、《珠江三角洲产业布局一体化规划（2009~2020年）》、《珠江三角洲基本公共服务一体化规划

(2009～2020 年)》5 个专项规划的通知。

8 月 3 日，粤港合作第十五次工作会议在香港召开。

8 月 11～12 日，粤港应急管理联动机制专责小组第二次会议在香港召开。

8 月 27～31 日，泛珠三角"9＋2"省市区主办的"第六届泛珠三角区域合作与发展论坛暨经贸洽谈会"在福建福州召开。会议联合签署了《2010 年泛珠三角区域合作行政首长联席会议纪要》。还召开了泛珠三角区域交通、旅游、计生 3 个专题磋商会和媒体合作峰会、商会联席会议，签署了《泛珠三角各省区加强大通道建设合作备忘录》、《泛珠三角各省区旅游合作福州宣言》、《泛珠三角各省区"一程多站"精品旅游线路》等 10 个合作框架协议或备忘录。

9 月 10 日，广东省粤港澳合作促进会周年会庆暨第四届"珠江论坛"在广州召开。会议讨论并通过了《粤港澳民间交流合作项目资助办法》及拟资助的首批民间交流合作项目，研究关于筹建粤港澳民间合作交流基金事宜等。会上还同时启动了促进会网站。

9 月 16 日，粤港合作联席会议第十三次会议在广州召开。会后，粤港双方签署了《有关〈粤港合作框架协议〉的落实安排》、《共同推进粤港产学研合作协议》、《粤港优质农产品合作协议》、《粤港海上搜救合作安排》等多份合作协议。

9 月 27 日，港珠澳大桥管理局在广东珠海九洲港大厦举行挂牌仪式。

11 月 3～4 日，泛珠三角区域内地 9 省（区）应急管理合作联席会议第二次会议在四川成都召开。会议签订了《泛珠三角区域内地 9 省（区）关于界河污染事件应急管理合作的协议》。

12 月 6 日，广东省粤港澳合作促进会金融专业委员会成立大会在广州举行。这是促进会成立的第一个专业委员会。

12 月 7 日，香港中华总商会珠三角委员会在广州成立。

12 月 13 日，2010 年深圳澳门合作会议在广东深圳召开。会后双方签署了《金融合作协议》、《旅游合作备忘录》等 5 项合作协议和备忘录。

12 月 21 日，"珠江三角洲地区人才工作联盟第二届论坛"在广州召开。

B.29

2010 年泛山东半岛城市群区域
经济发展大事记

杨维凤*

1月4日，山东省政府正式批复了青岛市《关于在青岛经济开发区设立山东省通用直升机航空产业园的请示》，将在开发区建立山东通用航空产业园。

1月11日，山东省唯一的新能源汽车高技术产业基地落户聊城，强化新能源汽车的研发生产和应用示范。

1月12日，山东省科学院、英国牛津大学与济南市政府签约，正式启动济南市低碳经济战略规划研究项目，以促成济南低碳经济发展，使济南市成为中国大中城市低碳经济发展的样板。

1月13日，山东省烟台市牟平区绿色农业示范区建设总体规划顺利通过了中国绿色食品协会的论证，被正式列为国家绿色农业示范区建设单位。

1月30日，山东省中小企业办公室批复夏津县棉纺织产业列入山东省过百亿产业集群规划。

3月21日，北方最大的摩托车生产基地——中国兵器装备集团公司轻骑产业园落户济南。

3月24日，国家牡丹高新技术产业基地落户山东菏泽。

5月14日，山东农业装备产业技术创新战略联盟成立，该联盟将围绕国家和山东省农业机械化发展的重大需求，开展一系列的重大技术创新活动，为技术创新成果大规模快速产业化运用提供保障，同时建设面向社会开放的公共技术创新平台。

5月16日，科技部正式批复同意在济南建立国家集成电路设计济南产业化

---

* 杨维凤，北京市社会科学院经济所，博士，助理研究员。

基地。

5 月 28 日，河北港口集团与山东省经济和信息化委员会在石家庄举行《电煤中转保障合作协议》签约仪式。

6 月 7 日，潍坊市和潍坊高新区启动 80 亿元高端产业基金，重点扶持光伏产业等新兴产业科研开发、招商引资、支撑体系和项目建设。

6 月 21 日，山东省在济南举行第四届生物产业大会，今后山东省将重点发展生物医药等七大生物产业，并鼓励生物企业积极利用资本市场，引导生物产业做大做强。

6 月 28 日，山东省经济和信息化委正式批准明水经济开发区等 34 个产业基地为第一批"山东省新型工业化产业示范基地"。

7 月 9 日，潍坊国家级半导体照明工程高新技术产业化基地获批，成为全省首家获批的国家级半导体照明特色产业基地。

7 月 23 日，CSP 太阳能光热发电产业研发生产示范基地项目落户东营，设计年产 1 万台 43 千瓦碟式斯特林太阳能发电机。

7 月 26 日，山东省潍坊市政府办公室印发了《潍坊市千亿级畜牧产业链发展规划（2010～2012 年)》。根据该规划，山东省潍坊市将加快推进全市现代畜牧业发展，到 2012 年，全市实现畜牧业及相关产业销售收入过 1000 亿元的目标，达到 1020 亿元。

8 月 23 日，台湾造船工业同业公会与青岛贸促会签署了"船艇产业战略合作协议"，双方约定将建立信息资源共享机制和互访机制，促进双方船艇行业共同发展。

8 月 27 日，《德州国家生物产业基地发展规划》获省发改委批复。按照规划，将把德州建成全国规模最大的生物制造产业基地、全国生物制造领域的技术创新中心和人才集聚地。

8 月 30 日，山东东营泰克拓普光电科技有限公司与美国 GE 照明公司在东营签署战略合作协议，启动绿色、节能照明技术合作。

8 月 31 日，山东省集成电路设计产业技术创新战略联盟正式成立。

7 月 8 日，《青岛高新区生态城及循环经济发展规划》在青岛通过专家组评审。

9 月 7 日，山东烟台市举行航空航天产业合作协议签约仪式。合作协议签署

后，烟台市将与合作单位在项目建设、人才培训、科技支撑、产品配套等方面开展全面合作，将极大地提高烟台市发展航空航天产业的能力和水平，促进烟台市工业经济结构持续优化升级。

9月8日，广西银河集团与德国艾迪万斯公司合作投资20亿元的风电产业项目正式落户威海。

9月21日，潍坊市WCDMA终端产业联盟正式成立。

10月13日，联相（山东）非晶硅薄膜太阳能电池项目在济宁高新区奠基，这标志着济宁贯通了从终端电站到高端电池研发制造的太阳能光伏产业链。

11月6日，浪潮（济南）光电子产业园在济南高新区正式奠基开工。这一园区建成后，将覆盖济南、潍坊、临沂三地，成为国内最大的LED产业基地和国内最大的半导体照明产业基地，而且拥有核心技术。

11月8日，烟台高新区开建山东首个地理信息产业园。

12月22日，济南市政府下发《济南市战略性新兴产业发展规划（2010~2015年)》，"十二五"期间，济南市将重点发展新一代信息技术、新能源、生物医药和高端装备制造等新兴产业。

12月25日，《潍坊市苗木花卉产业振兴规划》（2011~2015年）出台。根据规划，到2015年，全市花卉种植面积要扩大50%以上，把潍坊市打造成山东省最大的苗木花卉生产基地及北方最大的苗木花卉集散中心。

12月27日，山东省济南市人民政府印发《济南市战略性新兴产业发展规划（2010~2015年)》，将现代中药列入战略性新兴产业。

B.30

2010 年东北地区经济发展大事记

李林君*

1 月 1 日，沈阳市在全省率先实行户籍管理制度改革，实行取消农业和非农业户口性质划分，户口统一登记为"居民户口"的"一元化"户口管理制度。

1 月 3 日，我国首台集装箱式燃机发电机组在哈尔滨研制成功。

1 月 4 日，世界最大水电机组关键技术在哈尔滨率先被攻克。

1 月 6 日，长春市政府正式下发《关于支持战略性新兴产业发展的若干意见》，提出要将先进制造业、光电信息、生物医药、新能源、新材料等五大领域作为战略性新兴产业，采取一系列鼓励政策加以重点培育，以打造工业经济新增长极。

1 月 11 日，东北亚煤炭交易中心在大连启动。

1 月 13 日，由黑龙江省政府和国务院台湾事务办公室共同主办的首届亚布力两岸经贸论坛在哈尔滨举行。

1 月 15 日，大兴安岭被《国家地理》杂志评选为"中国三大低碳旅游区"的第二名。

1 月 18 日，吉林省制定的《〈中国图们江区域合作开发规划纲要——以长吉图为开发开放先导区〉实施方案》，经吉林省人大常委会原则批准。

1 月 22 日，辽宁省大连市瓦房店地区发现一座大型金刚石矿，预计蕴藏有21 万克拉宝石及钻石。

1 月 23 日，吉林省政府出台了《关于进一步推进特色工业园区建设的意见》，将围绕优势产业和特色资源，进一步加大对特色工业园区的扶持力度，以促进产业集聚和工业集约发展，做大做强工业经济。

1 月 26 日，东北振兴司在长春市召开"加快发展东北现代农业政策研讨会"。

---

* 李林君，吉林省社会科学院助理研究员，研究方向为区域经济。

1月28日，吉林省公布了《促进中小企业发展的若干政策》，从金融和财税等方面制定了具体扶持政策，并安排专项资金进行扶持。

2月3日，由沈阳市政府与浑南新区共同组织申报的"沈阳集成电路（IC）装备产业化基地"项目，被科技部正式批准为"沈阳国家集成电路装备高新技术产业化基地"。

2月4日，新民境内初步探明14亿吨特大油田，预计可开采100年。

2月6日，吉林首次实现空中直航台湾。

2月7日，国家发展改革委与俄罗斯远东代表团在北京举办"中俄地区合作座谈会"。座谈会就加强中俄地区合作，共同推进《中国东北地区与俄罗斯远东及东西伯利亚地区合作规划纲要（2009～2018年）》的落实交换意见。

2月20日，辽宁省出台《辽宁省人民政府关于加快发展新兴产业的意见》，其中要求在省内建立50只左右创业投资基金，用于支持新兴产业发展。

2月26日，吉林将启动实施产业集群培育计划，重点培育56个区域特色突出、产业集聚明显、综合竞争能力强的产业集群。

3月17日，我国发布《东北地区旅游业发展规划》。《规划》明确提出，将旅游业发展成为东北老工业基地产业结构调整的先导产业，现代服务业的主导产业，促进资源型城市转型的重要产业。

4月6日，沈阳经济区获批国家新型工业化综合配套改革试验区。

4月16日，五大连池风景名胜区成为我国政府2010年向联合国教科文组织申报世界自然遗产的唯一申报单位。

4月21日，黑龙江省·内蒙古自治区经济交流合作座谈会及两省区合作项目签约仪式在哈尔滨举行。

4月23日，亚行将为黑龙江省建造公路网提供2亿美元贷款，帮助中国东北地区的黑龙江省进行公路网建设。

4月27日，北京、天津、河北、山东、辽宁、山西、内蒙古等7个省、自治区、直辖市，在天津联合签署了打击传销规范直销工作合作框架协议。

4月29日，中国航空工业集团公司与哈尔滨市政府举行了建设轴承产业基地合作协议签字仪式，新组建的中航哈尔滨轴承有限公司将成为该基地建设的主体单位。

4月30日，经国务院批准，大连长兴岛临港工业区升级为国家级经济技术开发区，定名为大连长兴岛经济技术开发区。

5 月 5 日，吉林省政府与内蒙古自治区政府在长春市签署了七项合作协议，双方将在煤炭资源开发、利用、输送方面进行一系列合作。

5 月 11 日，沈阳市政府、沈阳工业大学和沈阳经济技术开发区管委会共同签订沈阳铁西装备制造业聚集区公共研发平台建设合作框架协议书。

5 月 27 日，由沈阳倡议发起，长春、哈尔滨、大连、鞍山、吉林、齐齐哈尔共同参与的东北三省七城市网络协作体正式成立。

5 月 28 日，辽宁、吉林、黑龙江、内蒙古四省区国资委在沈阳共同签署了《东北四省区产权交易区域合作框架协议》；四省区产权交易机构也于当日共同签署了《东北四省区产权交易市场合作协议》。

6 月 2 日，东北第一家环境能源权益交易机构——大连环境交易所在大连经济技术开发区正式揭牌。

6 月 3 日，黑龙江、吉林、辽宁、大连四大机场集团在沈阳签署《合作框架协议》，并宣布成立"东北四大机场高层论坛"。

6 月 6 日，由辽宁沿海产业基地、北京环境交易所、营口沿海绿色环保科技投资管理有限公司合作共建的东北首个国际环境能源交易平台——营口国际环境能源交易所，合作三方在北京正式签署合作协议。

6 月 15 日，吉林省组织成立了全省汽车和石化产业配套协作战略联盟。

6 月 18 日，辽宁省在大连长兴岛设立综合改革试验区。

6 月 21 日，黑龙江省与中央企业交流合作发展座谈会暨项目签约仪式在哈尔滨市举行。

6 月 23 日，国家技术创新工程辽宁省试点工作启动大会在沈阳举行。

6 月 24 日，俄联邦地区发展部专家委员会日前批准了《俄罗斯远东及东西伯利亚地区同中国东北地区合作规划纲要（2009～2018）》中的首批 8 个中俄合作项目。

7 月 1 日，大连市在东北地区率先全面启动跨境贸易人民币结算试点工作、6 家银行和企业签署了结算协议。

7 月 5 日，沈阳市投资规模最大的外商独资单体项目——东北总部基地在沈北新区全面启动。

7 月 7 日，国务院同意宾西经济开发区升级为国家级经济技术开发区，定名

为宾西经济技术开发区。

7月25日，吉林省人民政府与中国航空工业集团公司在长春签署战略合作框架协议。双方将围绕吉林省和中航工业的发展规划，积极构筑吉林省航空及相关产业基地。

8月1日，东北老工业基地区域发展论坛第六届年会在通辽市开幕。本届年会的主题为"促进发展方式转变，加强绿色清洁能源基地建设，推进区域经济合作"。

8月10日，辽宁成为发展低碳产业，建设低碳城市试点省份。

8月12日，黑龙江最大的新能源汽车产业基地在齐齐哈尔市成立。

8月19日，第六届东北四城市"4+4"市长峰会在大连举行。

8月26日，黑龙江、吉林、辽宁、内蒙古自治区四省区首届森林防火联防协作工作会议在黑河市举行。

8月31日，中俄边境唯一的综合保税区绥芬河综合保税区通过国务院联合验收组正式验收。

8月31日，由我国与联合国开发计划署共同合作的"中国东北黑土区应对气候变化、提高黑土可持续生产力、保障粮食安全"项目在哈尔滨启动。

9月6日，沈阳市铁西区日前被确定为全国37个首批服务业综合改革试点区之一。

9月21日，在沈阳召开环渤海区域合作市长联席会第14次市长会议，与会的40个城市市长发出了《环渤海区域合作沈阳倡议》。

9月27日，第二届东北东部（12+1）市（州）区域合作圆桌会议在通化市召开。

10月12日，中国一拖集团和长拖集团战略重组签约仪式在长春举行。

10月15日，《松花江哈尔滨城区段百里生态长廊总体规划》于日前通过水利部评审。

10月19日，京津冀晋蒙鲁辽七省（区、市）危险化学品道路运输安全监管联控机制建立，七省份已签署危险化学品道路运输安全监管联控协议，明确并建立了联控机制的总体目标。

图书在版编目（CIP）数据

中国区域经济发展报告.2010~2011/戚本超，景体华
主编.—北京：社会科学文献出版社，2011.5
（区域蓝皮书）
ISBN 978-7-5097-2202-2

Ⅰ.①中… Ⅱ.①戚… ②景… Ⅲ.①地区经济-经济
发展-研究报告-中国-2010~2011 Ⅳ.①F127

中国版本图书馆CIP数据核字（2011）第039551号

区域蓝皮书

中国区域经济发展报告（2010~2011）

主　　编／戚本超　景体华
副 主 编／王　振　游霭琼　魏书华

出 版 人／谢寿光
总 编 辑／邹东涛
出 版 者／社会科学文献出版社
地　　址／北京市西城区北三环中路甲29号院3号楼华龙大厦
邮政编码／100029
网　　址／http://www.ssap.com.cn
网站支持／（010）59367077
责任部门／皮书出版中心　（010）59367127
电子信箱／pishubu@ssap.cn
项目经理／邓泳红
责任编辑／田玉荣　周映希
责任校对／班建武
责任印制／董　然
品牌推广／蔡继辉

总 经 销／社会科学文献出版社发行部
　　　　　（010）59367081　59367089
经　　销／各地书店
读者服务／读者服务中心（010）59367028
排　　版／北京中文天地文化艺术有限公司
印　　刷／北京季蜂印刷有限公司

开　　本／787mm×1092mm　1/16
印　　张／22.5　字数／385千字
版　　次／2011年5月第1版　印次／2011年5月第1次印刷

书　　号／ISBN 978-7-5097-2202-2
定　　价／59.00元

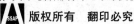

盘点年度资讯 预测时代前程

从"盘阅读"到全程在线阅读
皮书数据库完美升级

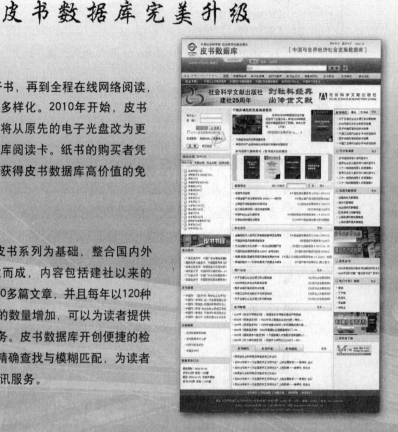

·产品更多样

从纸书到电子书，再到全程在线网络阅读，皮书系列产品更加多样化。2010年开始，皮书系列随书附赠产品将从原先的电子光盘改为更具价值的皮书数据库阅读卡。纸书的购买者凭借附赠的阅读卡将获得皮书数据库高价值的免费阅读服务。

·内容更丰富

皮书数据库以皮书系列为基础，整合国内外其他相关资讯构建而成，内容包括建社以来的700余部皮书、20000多篇文章，并且每年以120种皮书、4000篇文章的数量增加，可以为读者提供更加广泛的资讯服务。皮书数据库开创便捷的检索系统，可以实现精确查找与模糊匹配，为读者提供更加准确的资讯服务。

·流程更简便

登录皮书数据库网站www.i-ssdb.cn，注册、登录、充值后，即可实现下载阅读，购买本书赠送您100元充值卡。请按以下方法进行充值。

充值卡使用步骤：

第一步
· 刮开下面密码涂层
· 登录 www.i-ssdb.cn
  点击"注册"进行用户注册

第二步
登录后点击"会员中心"进入会员中心。

SSDB
社科文献资源库
SOCIAL SCIENCE DATABASE

社会科学文献出版社 皮书系列
SOCIAL SCIENCES ACADEMIC PRESS (CHINA)

卡号：30965780515503

密码：

（本卡为图书内容的一部分，不购书刮卡，视为盗书）

第三步
· 点击"在线充值"的"充值卡充值"，
· 输入正确的"卡号"和"密码"，即可使用。

如果您还有疑问，可以点击网站的"使用帮助"或电话垂询010-59367071。